Serge Doubro... ..., ...,
*Normale Supérieure, agrégé de l'Université, il a poursuivi une triple
carrière de professeur de littérature française dans les grandes
universités américaines, de critique littéraire et de romancier. Il est
l'auteur de plusieurs ouvrages, notamment* Corneille et la dialectique
du héros, Pourquoi la nouvelle critique, La Place de la madeleine,
écriture et fantasme chez Proust, *et de romans,* La Dispersion, Fils,
Le Livre brisé *(prix Médicis 1989).*

Étrange aventure, pour un universitaire qui enseigne confortable-
ment Proust à New York, lorsqu'il découvre un jour que Swann,
c'est soi. Qu'un amour tenace s'est tissé en lui, malgré lui, autour
d'une femme "qui n'était pas son genre". Toutes ses analyses de
Proust, toutes ses courses affolées chez son propre analyste ne lui
sont d'aucune assistance. Il assiste au déroulement inéluctable de
la passion qui va bouleverser son existence. Faute d'avoir pu se
maîtriser, il entend du moins, à la différence de Swann, s'écrire.
Rattraper ainsi sa vie, se rattraper. Ce règlement de comptes
exacerbé avec soi-même refusera donc les alibis du romanesque.
Seule, en effet, une "autofiction" assume réellement, dans le vif, le
fardeau des vérités pénibles, que l'on supporte uniquement dans
l'abstrait, ou sur le dos des autres. En notre fin de siècle, les
élégances raffinées des années Swann ont disparu : on bat
désormais sa coulpe, rageusement, ironiquement, à tripe ouverte.
Aujourd'hui, l'affrontement d'un homme et d'une femme que la
société a faits (presque) égaux, donc rivaux, n'est plus voluptueuse
invention de l'Autre, mais duel brutal des semblables. Obsédés par
le métier, les amants ne sont plus des amateurs, ce sont des
professionnels, comme les tueurs. L'art du non-aimer exige son
langage, cru et cruel. A civilisation décomposée, discours brisé. La
tête parlera théorie, le sexe argot. Le cœur ergote. Avec, toutefois,
ce résultat paradoxal qu'en cédant l'initiative au jeu inopiné des
mots, aux dérapages des sons et des sens, le malheur de vivre se
transmue peu à peu en joie d'écrire. Cette histoire tragique, ainsi
distanciée, en devient une histoire drôle.

S.D.

SERGE DOUBROVSKY

Un amour de soi

ROMAN

HACHETTE

Für Ilse

*die mir durch dick und
dünn mit diesem Buch
und allem Übrigen
geholfen hat*

Alles Liebe

« Dire que j'ai gâché des années de ma vie, que j'ai voulu mourir, que j'ai eu mon plus grand amour, pour une femme qui ne me plaisait pas, qui n'était pas mon genre ! »

Marcel PROUST,
Un amour de Swann.

PRÉLUDE

BROUHAHA

          dans la cohue je m'avan-
ce   invités agglutinés en groupes gesticu-
lants   assourdi du vacarme des voix des
verres

— Oui, elle voudrait faire votre connaissance.
Elle me l'a demandé.
— C'est vrai?
— Absolument. Venez, je vais vous présenter.

         raout universitaire foule des col-
lègues   à travers la masse hérissée de tintements au bout des doigts agités   souffle des
rires qui trillent au passage roucoulent ricanent
rauques jappements des gosiers savants avinés

        la maîtresse de céans me pré-
cède à peine j'arrive je pousse la porte entrouverte
bruissante à l'instant où je franchis le seuil me
happe

— Une camarade d'université, nous avons fait

nos études ensemble à Harvard. D'ailleurs, elle vous a déjà rencontré.

— Je ne pense pas, son nom ne me dit rien.

— Si, si, vous verrez.

si cela peut lui faire plaisir je n'y vois pas d'inconvénient   je suis Peggie dans son salon tourbillonnant d'échos   tohu-bohu cravaté tintamarre disert d'érudition endiman-chée   d'épaules en épaules elle nous fraie au coude à coude un chemin sinueux   bousculé de droite à gauche je titube   à peine entré elle me saisit m'entraîne à corps et à cris dans la mêlée fendant la presse *si si vous verrez*

VUE

je vois, à l'autre extrémité du grand salon où s'entassent les invités, contre la large baie vitrée, à travers laquelle la ville scintille à la verticale, en rangées de fûts lumi-neux, seule, au coin, une jeune femme. Peggie, son amie, l'hôtesse, nous présente. Nous échangeons les propos d'usage, noms, prénoms, profession. Professeurs, elle est identique. Je demande

— Vous enseignez depuis longtemps à Nor-thern ?

— Non, je débute, je viens de finir mon doctorat à Harvard.

— Alors, en somme, nous voilà rivaux.

Vieille plaisanterie du cru. L'université Northern, là-haut, coincée entre l'Hudson et Harlem. Southern University, en bas de la 5e Avenue, au sud. Eux, les anciens, les huppés, *uptown*. Nous, les récents, les parvenus, *downtown*. Nous nous disputons la clientèle payante. Entre nous, au milieu de la ville, le marais des universités municipales, gratuites. Elle rit

— Je n'en suis pas encore là...
— Et où est-ce que vous en êtes?
— Je voudrais reprendre ma thèse sur Balzac, pour en faire un livre.
— Tiens, moi aussi, je viens de commencer un livre. Il est sur quoi, exactement, le vôtre?
— Je ne sais pas encore au juste, j'aimerais reprendre ma thèse, mais la retravailler complètement, dans quel sens, cela reste à voir. Et vous, il est sur quoi, votre livre?
— Il est sur moi.

Elle a eu l'air surprise. Sa surprise m'a amusé.

— Je sais, les professeurs sont toujours payés pour parler des autres. Mais comme, à travers les autres, on ne parle jamais que de soi, il est temps de le faire à visage découvert. Du moins, à mon âge.
— Vous n'êtes pas si vieux!
— Non, sans doute, mais de nos jours, on s'autobiographise de bonne heure. La quarantaine, c'est déjà tard pour s'y mettre. Dès trente ans, on vit à l'envers, on est à la recherche du Temps perdu...
— Vous aimez Proust?
— Trop. Il y a des jours, je me prends pour lui! C'est grave. Je l'avoue à ma honte, je ne l'ai découvert que tardivement, mais cela a été pour

13

moi un choc extraordinaire. Comme d'entrer en analyse. Proust est un transfert supplémentaire, que je ne peux pas avoir, malheureusement, avec mon psy. Il est trop illettré !

— Il y a longtemps que vous êtes en analyse ?

— Deux ans, à peine une demi-tranche... Dépression, catatonie, vous voyez ça d'ici. Mais revenons à Proust, au vrai. Vous l'aimez, lui ? Un aspect particulier ?

Elle a répondu sans hésiter.

— *Un amour de Swann*, le reste aussi, bien sûr, mais c'est un de mes textes favoris, je l'ai enseigné très souvent.

— Nous n'avons pas le même Proust. Moi, c'est celui de Combray, de maman, de la madeleine, qui m'attire... Mais enfin, Proust est si vaste, chacun le sien ! Il y en a pour tout le monde.

Elle porte des lunettes, rondes, à monture marron. Un tailleur mauve pâle, serré. Le pantalon est finement coupé, la taille élancée, elle est plutôt grande. La jaquette à longues basques la fait paraître très droite, mince. Elle a un air de distinction. Objectivement, on peut la trouver assez jolie. Avec un genre particulier, le dessin du visage affiné qui s'effile en nez pointu, en menton légèrement saillant. Les traits, comme l'allure, la silhouette, ont un rien d'anguleux. Quelque chose de raide, d'aigu. Un charme piquant. Mains graciles, doigts fuselés, rehaussés d'une bague à gros cabochons, minutieusement ciselée, qui s'agite, par saccades, au bout des gestes. Elle a un profil accusé, son coude, quand elle porte son verre à ses lèvres, fait un pli brusque. Ligne svelte, elle a l'ossature manne-

quin. Elle pourrait sortir d'un magazine de mode.
Ses cheveux longs, d'un brun très foncé, presque
noirs, forment une frange bombée sur son front,
retombent, tout autour, sur les épaules. Son
casque bouffant lui arrondit la figure, atténue
l'arête du nez, assouplit les pommettes hautes, qui
tirent la peau mate des joues, fardées d'un rose
insistant. Mais, dévorant tout, mangeant le
visage entier, les yeux, amandes immenses,
mobiles, nageant au fond des lunettes, l'iris de
jais flambe, s'éteint, se rallume par à-coups, phare
à faisceau alternatif derrière ses verres, s'illumi-
nant d'un feu noir, jaillissant en gerbe d'éclairs à
fleur de tête. Et puis aussi, cet accent à peine
étranger, étrange

— Où donc avez-vous si bien appris...
— J'ai fait mes études au lycée français. C'est là,
d'ailleurs, que je vous ai vu pour la première fois,
quand vous êtes venu y faire une conférence...

la voix chaude, vibrante, aux modulations
sourdes, veloutées, ondulant au gré d'inflexions
inattendues, légères remontées soudaines, çà et là,
alanguissements traînants, au hasard d'un sourire, ralentissant le débit rapide, nerveux, mettant
dans la précipitation des phrases les nuances
inopinées d'une suavité tendre ou badine

— Quoi, cette conférence au lycée français, juste
après la parution de la *Critique de la raison
dialectique*, sur Sartre ? Un auditoire plutôt clair-
semé !
— J'étais dans la salle, je préparais ma philo.

dix ans tout juste dix ans déjà c'était en
1960   tiré brusquement en arrière je chan-

ge d'époque je coule à pic   vagues fantômes une dizaine perdus dans la vaste salle cherche en vain son simulacre   depuis cinq ans débarqué en Amérique moi je croyais encore à tout dur comme fer à la dialectique à Sartre à ça   où était-elle   je tâtonne dans ma mémoire poreuse je m'évapore

— J'avoue que...
— Notre professeur nous avait dit qu'il ne fallait pas vous manquer. J'y ai donc été, comme une bonne élève. Naturellement, vous ne pouvez pas vous souvenir de moi.
— Je ne me souviens pas de moi-même.

VILLAGE STREET

          à partir de Christopher Street, le long, étroit boyau de Bleecker Street se transforme, boutiques de pacotille orientale, on sort du souk, salumerias italiennes, la crasse napolitaine se dissipe, maintenant la rue principale s'entoure de petites rues bordées d'arbres, avec des perrons à l'anglaise, des plantes aux fenêtres, des rideaux aux vitres, tout est avenant, coquet, New York cesse. C'est le quartier homosexuel. C'est là. Charles Street coupe Bleecker à la perpendiculaire, au bout, avant d'aller se jeter dans le fleuve. Je m'arrête. Là-bas, sous la passerelle métallique du West Side Highway, au passage, on attrape le miroitement terne de l'Hudson, un morceau de falaise du New Jersey, en face, au fond de l'œil

flot de paroles coule de source si lointaine cascade
de mots   coincée contre la baie vitrée verre
après verre toute la soirée debout   derrière dans
le vide une galaxie clignotante étalée étagée
palpite le long des buildings   fûts fleuves en
dessous de lumières pendant des heures on boit on
voit

dans le vacarme d'après conférence savante   tohu-bohu de collègues brouhaha des
rites tintements de cristal éclats de voix   dans
notre coin me relate son enfance judéo-polono-
franco-américaine me raconte avec entrain   se
débite en état d'ébriété babillarde   son père
graveur peintre de genre folklore yiddish un
survivant du ghetto témoin sur toile sur argent
sur cuivre   mère artiste aussi orfèvre aussi
peintre

on se découvre chacun une sœur   moi je convo-
que mon grand-père né à Dombrowicz Pologne
mon père né à Tchernigov Ukraine   ma mère à
demi alsacienne toute la lignée d'ancêtres enterrés dans leur *Friedhof* campagnard juste à la
sortie de Strasbourg   farandole de fantômes on
rôde dans nos parentés parallèles   on furète
dans le terrier des origines   on se trouve des
alliances de clan à clan   *quoi votre amie
Micheline*

plus qu'une amie une seconde sœur   élevées
ensemble en miroir   toutes deux au lycée français toutes leurs études en commun   quand elle
a prononcé son nom   *tiens il y a un ami de mon
oncle qui s'appelle comme*   écho dans la grotte
à mémoire instantané   *et qui était acteur de
cinéma*   répond *c'est lui un cousin de son*

père surgi soudain de mes abîmes baryton-
nant ventripotent géant débonnaire de mon
enfance à menton triple   nos souvenirs se
redoublent monde de Varsovie comme à la mode
de Bretagne   tous cousins issus du même
tronc   liens se nouent lianes se balancent de
branche en branche immémoriale

                 voici, soudain, sur Hudson
Street, je tourne à gauche. J'ai dû aller garer ma
voiture sur les quais, dans le désert, à mes risques
et périls. Là, juste au coin, l'immeuble qui fait
l'angle. La façade de brique est peinte en gris
cendre. Au pied du perron, quatre poubelles, avec
leurs couvercles bosselés, enchaînées aux barreaux de la rampe de fer, enduits d'un noir qui
s'écaille. L'échelle d'incendie zèbre le mur en
zigzag, sur toute la façade, s'arrête net à la
hauteur du premier. S'il y a le feu, après, on saute
à pieds joints dans le vide. Le reste de la rue aligne
des maisons basses, provinciales. Celle du coin en
gris poussier, puis le rouge sang à côté, puis ocre,
puis le blanc défraîchi du garage, puis beige.
Ruelle en couleur, avec la frange des échelles
au-dessus de chaque fronton, coiffant les immeubles. Quatre érables grêles, fichés comme des
pieux à peine feuillus dans les interstices du
trottoir, sortent du ciment. Protégés par une gaine
de tôle contre les giclées canines, ils achèvent de
se rabougrir. À chaque feu vert, les embardées de
gros camions sur Hudson Street font battre
l'artère du West Village, tressaillir les vitres,
ensuite un silence épais retombe

je pousse la porte d'entrée en bois gauchi, peinte en noir, à poignée de cuivre terni, avec, au-dessus, le plein cintre de l'imposte vitrée. Dans le vestibule étroit, obscur, on trouve la rangée des petits boutons dorés, des boîtes à lettres fermées à clef, la grille de l'interphone, et tous les noms, imprimés, griffonnés, à peine lisibles. Il faut sonner, pour que la seconde porte, la vraie, s'ouvre. Devant le bouton de sonnette, j'hésite. Je me demande ce que je fais là. Je n'en suis pas sûr. J'ai accepté par habitude, sans conviction. Je n'ai pas eu le courage de refuser. La cage de l'escalier s'étrangle comme un puits à pic, où grimpent droit les marches raides, garnies de caoutchouc contre le bruit. Les murs sont ripolinés en bleuâtre, un remugle gluant m'enveloppe, des odeurs tièdes, poisseuses, flottent dans le clair-obscur. Huile, friture rances pour m'accueillir, à six heures, New York graillonne. J'ai beau monter lentement, j'ahane un peu. Poussif, pensif, je pause sur le paillasson, m'essuie les semelles. Mon doigt effleure le bouton comme une gâchette. Dans quel gâchis je vais me mettre, dans quel guêpier. Déguerpir. Il est encore temps, je n'ai pas encore appuyé, l'idée me tente. J'éprouve un trouble difficile à définir. Rêve, aventure, allant, élan, je ne sens rien qui me soulève. Je suis un Werther à terre. Je rampe, ma jambe traîne, jusqu'en haut de l'escalier, à pas lourds. Cela me pèse. J'aime à me sentir emporté, monter quatre à quatre. Je n'ai pas eu à appuyer sur le bouton, d'un seul coup, la porte de l'appartement s'est ouverte. *Entrez, je suis contente de vous voir.* La porte se referme.

Elle se tient là, toute droite, souriante dans le vestibule. Assez grand, armoire vitrée avec des livres, dès l'entrée. Nous sommes allés vers le living, vaste pièce claire encore, au jour baissant, les menus bruits de la rue s'infiltrant par la fenêtre entrouverte. Un bel octobre, l'automne est la saison des merveilles en Amérique. Forêts d'érables empourprées à l'infini des collines, ondulant le long des routes écarlates. Après une journée de voiture, dans le New Hampshire, flottaisons de grands troncs roux dans les sous-bois imbibés de lumière rose. Même ici, il flotte dans l'air un reste de l'été indien, une chaleur douce d'arrière-saison. Près de l'entrée, le coin-dînette, avec une belle table de pin rustique, astiquée.

— Ce sont mes meubles d'étudiante, à Harvard, mais, bien sûr, je les ai repeints depuis.

Autour, des chaises de paille à dossier noir. Plus loin, au fond de la pièce, un divan, rustique aussi, de même bois blanc vernissé, poli, avec un matelas à fourreau rose, des coussins rectangulaires de même teinte.

— C'est vous également, le canapé ?
— Oui. Je n'avais pas beaucoup d'argent, il fallait bien que je me débrouille toute seule. D'ailleurs, j'aime travailler de mes doigts, cela repose.

Au mur, une multitude de tableaux, répartis par groupe, par genre, de tailles diverses, dans des cadres variés. Des abstraits, lançant des rameaux ocre et or à travers une large toile horizontale, tordant des brindilles ocellées de bleu pâle sur un tableau jumeau, posé à la verticale.

— C'est de vous aussi ?
— Non, ce sont des toiles récentes de ma mère.

Sur le mur d'en face, tous sur fond mauve, on trouve une tribu de barbes blanches, au bas de longs visages émaciés. Des rabbins agglutinés autour d'une table oblongue discutent Talmud. Solitaire, à côté, une noble tête orientale enturbannée. Village, dans la mémoire mauve, les toits s'estompent, les rues s'écartent, les maisons, aspirées vers le haut, décollent.

— Ç'aurait pu être Tchernigov, en Ukraine.
— C'est le village de mon père, près de Varsovie.

Enluminées entre souvenir et fantasme, des scènes d'avant-extermination. Je regarde longuement tous ces survivants sur toile.

On fait le tour de l'appartement. Dans la chambre à coucher, sur la rue, l'espace est à demi occupé par un grand lit à couvre-pieds rose. Des livres encore, une commode. Du même bois blond que la bibliothèque vitrée du vestibule, elle a dû aussi la décaper, la revernir. La descente de lit étale une toison de gros poils blancs. Aux murs, dessins, gravures. Au fond, l'échelle d'incendie strie la vue, zigzague à travers la fenêtre, encagée par les barreaux de la plate-forme en fer, à chaque étage.

— Vous n'avez pas fait mettre de grillage à l'intérieur, comme votre voisin du dessous ?

— Non, je suis fataliste. J'ai l'habitude de vivre seule. D'ailleurs, c'est un quartier tranquille.

On est revenus à l'entrée. L'escalier étroit, étouffant, débouche sur cet enclos calme, lumineux, où un reste de chaleur s'attarde. Entre bourgeois et bohème, un ordre artiste. Je sens un étrange malaise.

WHY

— *Why did you do it, then?*

Pourquoi, toujours *pourquoi*, j'ai dit oui. Si elle ne me disait pas, si cela ne me disait rien. Réponse-déclic : *c'est elle.* La première, au bout de huit jours, qui m'a téléphoné, la première, le premier soir, qui a suggéré, *on devrait déjeuner ensemble un jour*. De mèche avec l'hôtesse, *venez, vous verrez*, collègue estimable, homme marié, avec pignon sur rue de banlieue, enfants à charge d'âme, la maîtresse de maison, à peine je pousse la porte, elle qui me happe sur le seuil, à peine entré, Peggie m'entraîne, veut à toute force me présenter à son amie de Harvard. Le rancart, une idée de son amie. Elle qui a demandé. Pourquoi j'ai accepté. Lui me demande. Mes comptes bihebdomadaires. Je vis, le reste du temps, ailleurs. Maintenant je me déverse. Dans le creux du fauteuil, de l'oreille. Mon essence, ma quintessence, je me recueille.

— *I can't figure out why.*
— *You try again.*

Passés, présents, il faut trouver
le pourquoi de chaque mot, de chaque geste. Je
scrute mes énigmes. Carré en face, dans son
fauteuil, il me regarde fouiller, d'un œil bleu
éteint.

racée   élancée   cou tendu
vers moi   grâce un peu raide   mais mince
dans le tailleur élégant mauve pâle joues
pâles   l'œil noir brûle flambe en gerbes entre
les gestes syncopés   voix veloutée voluptueuse
en contre-chant de la scansion nerveuse agile des
mains fuselées

douée évident cent fois assez
pour m'amadouer   ce qui m'attire   intellect
aigu   sensible à la cascade du verbe   me
change   des   étudiantes   un   tantinet   jeu-
nettes   hameçon professionnel je mords soirée
de collègues   la Juive new-yorkaise nec plus
ultra   allure svelte genre mannequin si on aime
le modèle

longs cheveux noirs tombant à
flots sur ses épaules iris de jais j'ai   comment
dire   ni désir ni répulsion   entre les
deux   un peu des deux   j'oscille entre goût
et dégoût   entre prurit et nausée   coup de
foudre mouillé dans l'eau des yeux   au fond
de l'aquarium trouble des verres   je barbote

Lunettes, je bute. Dès le début,
me débectent. J'ai la phobie des besicles. Ni sur
moi ni sur les autres ne peux supporter. Femme
binoclarde, je débande. Je ne peux pas non plus
me voir avec. Dans la glace, ma tronche me

répugne. Vingt ans que j'endure le supplice, dures, souples, globulaires, cornéennes, torture des lentilles. Pour ne pas porter de lunettes. *Why?* Aucune idée. C'est une idée à moi. Comme ça. Fixe. Une fixation.

　　　　　Sur le palier, après les marches raides, j'ai repris haleine. Venu, vu, pas convaincu. Il faut une petite flambée, poussée de fièvre me manque. J'ai hésité. La porte s'est à l'instant ouverte. Un détail me saute aux yeux, me griffe la rétine. Dans l'encoignure obscure du salon, chez Peggie, je n'avais pas vu. Soudain, sous l'éclairage cru du vestibule, me frappe, en pleine lumière une ombre au tableau. Légère, à peine un duvet, mince liséré, mais quand même. Cou, main tendus, *entrez je suis contente que vous*, là, au-dessus des lèvres pleines, sous la saillie du nez, sous les lunettes. De la *moustache.*

— *Go on, stay with that.*

　　　　　Détails idiots, il veut que je m'y arrête. Me vient à l'esprit comme ça. Sans intérêt, rien à en dire. Simplement, les lunettes sont un drôle d'instrument. Elles enlèvent leur féminité aux femmes, la refilent aux hommes. Un binoclard est seulement un demi-mec. Surtout pour un intellectuel, avec ce panneau-réclame en supplément. Il y a quelque chose qui manque. Tarzan ne porte pas de lorgnon. À peine un slip, thorax au clair. Moi, trois ans de pneumothorax. Tous les neuf jours, une grosse aiguille, crac, qui vous transperce l'entrecôte. Trois ans de décubitus dorsal, à moitié macab, relent macabre. Fini, plus jamais. Maintenant, un homme-singe, je me balance de liane en liane. Virilité, on n'attentera plus à mes poumons, à ma pudeur.

— *You see, it's totally stupid.*

Tellement absurde. Pourquoi il me fait dire des choses si bêtes. Un raisonnement sans queue ni tête. Si on a une tête à écailles, on n'a pas de queue. Le comble de la stupidité. La preuve, mon père. Pas plus courageux que lui, pas plus viril, même ma mère disait, *ton père est un Mensch*, et elle ne l'avait pas à la bonne, mon père. Pendant la guerre, pour obtenir un *Ausweis*, permis de survivre, il a été à la Gestapo, tout seul, dans un bureau de l'avenue Foch. Avec l'étoile sur le poitrail, quand on y entre. On a peu de chance d'en sortir. Eh bien, il y a été. Il a mis son paletot, en silence, mis la main sur mon épaule, m'a longuement regardé avant de partir. Il portait des lunettes, mon père.

Lui ne dit rien, m'écoute, l'œil bleu pâle, absent, perdu dans mes rêves. Songeries débiles, j'ai honte d'étaler ainsi. Mon idée fixe, ma fixation, phobie des besicles. C'est infantile. Une obsession, ça montre au moins que j'ai mes règles. D'or, absolue, il y en a une, inculquée dès ma naissance, dès avant même. LA SÉPARATION DES SEXES. *Ton père, il avait des défauts, mais c'était un homme. Écoute, fiston, ne parle pas de ces choses-là à ta mère, c'est une femme.* Ils avaient beau se chamailler sur tout le reste, mon père et ma mère étaient d'accord sur ce point. D'honneur. Chacun à sa place, chacun son sexe. Chaque sexe à sa place. Forcément, ça m'a fait drôle, quand la porte tourne, en pleine lumière, silhouette gracile, cou, main tendus, tout le duvet folâtre, cette mince, mais visible ligne velue tout le long de la lèvre. Ça m'a fait un choc.

— *Go on.*

Insatiable, il veut que je continue, poursuive, me poursuive. Je suis mon gibier. Visage rond, fort menton, le front dégarni, son œil s'éclaire. Il s'accoude sur le fauteuil, carrément. M'incite, m'excite. Lancé sur ma piste pileuse

À POIL

de choc en choc, moi, je croyais m'y connaître en femmes, je ne m'y reconnais plus. Abasourdi, suis pas sourd, n'en crois pas mes oreilles. Dans le restaurant arménien attablés tard, elle se déballe. Entre chichekebab et baklava, me raconte sa vie. Me dresse la liste de ses amants, monde universitaire est petit, je trouve un copain dans son plumard. *Ça, par exemple, c'est un ami! — J'étais étudiante à Harvard, il habitait le même immeuble, à un autre étage.* Elle rit. *Il est descendu me voir. D'ailleurs, ça n'a pas duré longtemps.* Avec Tom, liaison plus sérieuse, elle l'a suivi à Paris deux ans, quand on l'a envoyé à l'École normale, l'étudiant américain de service. *Je suis aussi normalien*, elle dit *je sais*, à vingt ans de distance, nos cercles se resserrent. Elle prend aussi des amants en dehors. Pour l'heure, un journaliste brésilien, Paulo, *ce n'est pas un intellectuel, mais il est beau.* Moi, beau, libre d'idées, pas bégueule, joyeux luron. Me renverse, elle est délurée. J'en suis ébaubi. Des amants tant qu'on en veut, plein le lit, d'accord. Mais plein la bouche

quand le restaurant arménien a fermé, nous sommes partis, parmi les derniers. Déjà onze heures, j'habite loin, à Queens, pour rentrer à la maison, j'ai vingt bons kilomètres qui m'attendent. Et demain matin, travail. Je presse le pas, la raccompagne. On a longé de nouveau Bleecker Street à rebrousse-poil, les boutiques des antiquaires encore éclairées. La rue titube sous les lampées de vin crétois, mais maintenant je m'y retrouve au labyrinthe. Devant sa porte, pendant qu'elle a cherché sa clef dans son sac, par prudence, je me suis retourné, j'ai scruté. Aucun assassin en vue, elle ouvre, je dis, *je monte un moment*, elle répond, *si vous voulez*. Elle me conduit au salon, je m'assieds sur le rebord du canapé rose saumon. Je l'ai saumâtre, quarante dollars l'addition, *venez je connais un petit bistrot*. La cuisine orientale était salée. Elle m'offre un verre de cognac, je n'en prends pas, elle en prend. Elle va se mettre dans les profondeurs du fauteuil de cuir à bras de chrome, juste en face. Ses jambes croisées lui donnent des genoux en pente, j'ai l'œil qui glisse. La voilà qui reparle littérature

— Ma thèse était trop éclectique, vous, vous aviez une approche précise pour votre Corneille...
— Écoutez, quand même...
Là, je n'y ai plus tenu, plus retenu, me suis levé, sang n'a fait qu'un tour, n'ai fait qu'un bond.

— ... je ne suis pas venu ici pour vous parler de Corneille.

Droit dans les yeux, à travers verres, regards se croisent. La prends dans mes bras, elle n'a pas trop résisté. Juste pour la forme.

— Vous allez vite...

Forcé, déjà minuit passé, ma maison de Queens, elle est à trois quarts d'heure de voiture.

recule un peu mon visage d'abord n'avais pas même regardé   pieu n'est pas fait pour épier   dans le noir sombrés coulant à pic ensemble dans les ténèbres du grand lit   enlevé ses lunettes défait son chemisier gestes hâtifs de part et d'autre mains qui tâtent   elle me pétrissant le cou et les épaules puis elle entrouvre ma chemise   moi son chemisier boutons à doigts gourds sautent soutien-gorge se dégrafe

goulu je porte les lèvres mamelon j'ouvre la bouche ivre tétin m'attire   soudain sensation étrange   je happe hop colle à ma langue comme le maïs   quand on mange un épi si on ne le nettoie pas bien filasse jaune vous reste entre les chicots   commence à lui sucer le sein me gratte m'égratigne je regarde

rideaux tirés   mais quand même réverbères laissent filtrer lueur jaune dansante   les pointes elle avait des poils autour comme un poitrail de lutteur forain   des centimères de filaments noirs mouillés agglutinés par ma salive entortillés sur les tétons

me soulève le cœur me penche sur une mamelle

femelle enroulés l'un à l'autre dans le noir   j'ai
l'habitude seins j'en ai vu dans ma vie tous
gabarits toutes les tailles de tous les styles   en
pomme en poire en pointe ou plats petits énormes
tombants qui croulent avalanche adipeuse ou
retroussis coquin coquet   recule un peu la tête
regarde à tâtons à franches lippées je mords
mammes de femme   soudain suce un mec

VINGT MINUTES

poils   avec elle ça pousse ça fuse de partout   Baudelaire il aurait été à la fête *O toison,*
moutonnant jusque sur l'encolure   moi c'est
pas dans mes goûts me dégoûte   villosité filan-
dreuse à la langue me la coupe   inspiration
suspendue je m'affaisse   m'affaire de nouveau
suis bien obligé noblesse oblige   me remets à la
peloter un peu partout par politesse   elle est
l'hôtesse moi l'invité lui fais les civilités
d'usage   pubis un sous-bois des fourrés une
fourrure d'ours ça foisonne   du périnée au
nombril orties ronces bras m'enlacent mes mains
errent me balance de liane en liane   redevenu
singe d'arbre en arbre quéquette de maca-
que   je grimpe de branche en branche forêt
diluvienne   je tombe taillis touffus je chois
m'enfonce buissons primitifs   dans la brousse
originaire dans les sentiers inextricables des
genoux au pelvis une vraie jungle   mon ama-
zone velue amant brésilien entre les rives à la
dérive bruissement à l'infini de fougères   entre
les jambes langue dardée tête dressée mon serpent

disparaît soudain englouti dans sa tripe tropicale

Réveil en sursaut. Le téléphone m'agite sa sonnaille en pleine oreille. Elle décroche. De trois quarts, les seins fermes, droits, d'un beau galbe, elle se redresse. Sa voix est tranquille, assurée, tact intact.
— Trop tard ? Mais non, voyons. Je lis au lit, je m'apprêtais à éteindre. Je suis heureuse que tu m'appelles. Dis-moi un peu comment ça va à ton journal...

Il est au marbre. Elle est de pierre. Pas un muscle du corps qui bouge, au-dessus du téléphone, au bord du lit, penchée. Avec son *Latin lover*, Valentino ténébreux, dans la nuit. Conversation paisible, entretien familier, familial. Échangent les nouvelles de la journée. Moi, derrière, de tout mon long étendu, me tiens coi, retiens mon souffle. Je suis soufflé.

— Tu veux qu'on se voie demain soir ? Mais oui, je suis libre, bien sûr...

Je m'enhardis. Me soulève sur un coude, de l'autre main, je lui effleure le dos. Sa voix riche, veloutée, chantonne. Je la caresse, pendant qu'elle lui parle.

— Tu veux voir un film d'abord ? Certainement.

Elle raccroche. Lit grand ouvert, draps, couvertures roulés au bout, en boule. Souriante, elle se tourne vers moi.

— C'était Paulo, vous savez, mon boy-friend.

— Je ne suis pas sourd.
— Quand il travaille tard, il m'appelle souvent.

Paulo, c'est le régulier, son ordinaire. Moi, elle me prend en supplément, en supplétif. Au dessert. Elle a un solide appétit. Toujours souriante, maintenant adossée à l'oreiller contre le mur, elle me toise, l'œil en arrêt, en fer de lance.

— Écoutez, la prochaine fois, tâchez de faire mieux. Ce n'était pas mal, mais essayez de faire durer ça vingt minutes. Je n'ai pas eu mon orgasme.

SURPRISE

        L'œil bleu s'allume, il a une lueur soudaine, dans son fauteuil, il se réveille.

— *What did you tell her then?*
— *Nothing. I was taken by surprise.*
— *Why?*

Ma surprise. A l'air de le surprendre. Il veut savoir pourquoi je n'ai rien dit. Pas rétorqué, j'ai avalé la couleuvre. Pourtant, j'ai la parole facile. Certains vivent de leur plume, moi de ma langue. Un prof, ça a toujours le mot pour dire. Là, interdit. C'est vrai, j'avoue, j'ai été estomaqué. D'une voix tranquille, posée, toute sa boutique à l'air, là, maintenant appuyée à l'oreiller, coude replié sous la tête, moi, debout, au pied du lit, tard, pressé, je me rhabille, elle, allongée, alanguie, repose. Après m'avoir lâché en plein visage. Explose comme une grenade. Éclats de colère.

— *Why did you say nothing ?*

Sert à rien de faire un esclandre nocturne. Voudrais être déjà rentré, temps de déguerpir, voudrais être au bas des marches. Forcé, j'ai l'esprit de l'escalier. Voilà pourquoi. Pas très convaincu, l'œil bleu acier me taraude. Mes faiblesses, il les connaît. Je me dorlote, *you mother yourself*, tard, au dodo, mes insomnies. L'intéresse pas. Veut autre chose.

— *What did you feel ?*

Ce que j'ai ressenti. Un coup, bien sûr, à un endroit sensible. J'ai la verge chatouilleuse. Mon point d'honneur. De plaisir, si une môme n'en prend pas avec moi. Me blesse. M'atteint dans ma dignité. *Essayez de faire durer ça vingt minutes.* Sa remarque, c'est le coup de pied de l'âne dans l'aine. Je l'ai reçue en plein bas-ventre. Chacun a son orgueil au lit. Connais le signe, menton en pointe, avec la petite cicatrice ronde comme un trou, quand il bouge. Signal, circulez. Je continue. Pas besoin qu'il ouvre la bouche, je peux l'entendre. *What do you associate with that ?* Amour-propre masculin, très vague, vaste. Sa remarque, elle réveille des échos pénibles. Passé personnel délicat, défaut de ma cuirasse, elle a trouvé d'un seul coup, virilité, mon talon d'Achille, elle a visé juste. Réformé à vie, conseil de révision, j'ai eu des BK aux couilles. Longtemps, ça m'a coupé la chique. Et puis, les oreillons à l'âge adulte, emplâtre, enduit noirâtre, de pommade en pommade, valse des valseuses. Après, trois ans de sana, sur le dos, ribambelle de toubibs, pas bon pour bander l'arc d'Éros, Cupidon ramolli, on m'a flanqué des dizaines de piqûres, folliculine, injecté des hormones femelles. En fin de compte, il m'est poussé quelques poils sur ma poitrine blanche, ils sont restés. Ça vous demeure.

— *Yes already talked about all that.*
— *Yes.*

Forcément, on en a déjà parlé. Deux milligrammes de gardénal, à prendre une heure auparavant, pour faire durer, *essayez de faire durer*. Mes vingt ans, j'ai mis vingt ans à m'en remettre. Elle remet ça. Sueurs froides, elle me replonge dans mes éjaculations précoces. Premiers essais amoureux, zob de mollusque. J'avais le panais en calmar. Même mon mariage, ma femme et moi, on n'est pas faits l'un pour l'autre au plume. Souvent suis mollasse au lit. Comme on fait son lit conjugal, on découche. Mes prouesses au pageot, venu à mi-trentaine, à mi-mariage, là que j'ai découvert mes talents d'artiste, dans les coulisses. J'ai fait mon entrée sur scène. Sur le tard, j'ai cessé d'être précoce. *Écoutez, la prochaine fois*, remarque cinglante, réveille des souvenirs cuisants.

— *Still, it doesn't explain why you said nothing.*

Explique ma colère, pas mon silence. D'habitude, je n'ai pas la langue dans ma poche. Là, debout, au pied du lit, enfile mon falzar, m'a cloué sur place, cloué le bec. Si j'ai reçu un tel choc. C'est que j'ai été choqué. *Je n'ai pas eu mon orgasme.* Ma femme, en quinze ans, ses orgasmes, on peut les compter sur les dix doigts. Elle n'en a jamais parlé. Pas un sujet de conversation. Celle-là, après une soirée, ses orgasmes, ses organes, m'assène son anatomie. Étale son vagin au grand jour. Délicat déduit, ici, c'est plutôt le rayon triperie. Entre les foies, les rates, les gésiers, dans la sanguinolence épaisse des cervelles, ébats parmi les abats. Vulve ouverte sans vergogne. Les lapins fendus en deux, avec les rognons restés accrochés, ce genre de boutique, rien que l'odeur, moi ça me donne la nausée. *Mon petit, je ne suis pas bégueule.* Ma mère ajoutait : *mais il y a des choses qu'on ne dit pas.* Qu'elle m'ait dit ça, de but en blanc, m'a laissé pantois. Déjà, pendant le dîner, stupéfait, m'en avait bouché un coin, je reconnais. *He was one of my lovers.* Ses amants, m'en dresse la liste, un palmarès. On est entrés dans les détails tendres, les ragots de bidet, les ragoûts intimes. Toute sa petite cuisine, confidence avinée, yeux qui chavirent. — *Vous savez, je vous aurais bien téléphoné plus tôt, je n'aurais pas attendu huit jours... — Mais ça ne fait rien. — Pour moi, si.* Elle rit, se penche. *Mais j'étais indisposée, souffrante, une drôle d'histoire.* Me la raconte. Aussi sec, à n'en pas croire mes oreilles. L'amant brésilien, il a voulu faire l'amour à l'italienne. Un fureteur, un vicelard, a voulu essayer des trucs. Le pot cassé, c'est elle qui a payé. Saignement, douleurs, deux jours sans pouvoir marcher. *C'est pourquoi je n'ai pas pu vous appeler plus tôt.* Bouche bée, qu'elle me déballe ainsi son baba. Amerloques, j'ai beau les connaître, suis resté interloqué. Avec moi, elle fait l'amour, après, la moue. Je prends la mouche. Une femme, des choses pareilles, si elle dit. Suis interdit.

— *Come on, it wasn't all that unpleasant...*

Bien sûr, ce n'était pas si désagréable, salacité, vous chatouille au tympan, ses papouilles avec son Paulo, m'a mis le pucier à l'oreille. Normal, à force de vous raconter des machins, on finit par imaginer des trucs. D'un côté, ça vous dégoûte. D'un autre, où y a de l'hygiène, y a pas de plaisir. Érogène, faut pas se gêner. Son aspect cochon m'allèche. Son impudeur me répugne. Entre les deux, à cheval, écartelé, j'hésite. Lui qui conclut, avec un mince sourire, il a le mot de la fin. À ma place. Son œil, son esprit pétillent.

— *Tell her next time that you'll bring a watch with you.*

Voilà. Ce que j'aurais dû lui dire. *La prochaine fois, j'apporterai une montre*, vlan. Je n'ai rien dit. Lui, sa pendule est toujours là, sur l'étagère, bien en vue. D'un geste bref du menton, il me la désigne. Pas qu'avec elle, avec lui aussi, le plaisir est minuté

FUGUE

Après le prélude, la fugue. Vie réglée comme du papier à musique. On a organisé notre escapade. Pour rompre la monotonie, prendre du champ, respirer. L'appartement, sur la rue calme, est confortable, mais, à l'usage, petit. Après la chaleur tiède, attardée, de l'été indien, le froid vient très vite. Dans les immeubles, on se met aussitôt à surchauffer. La fenêtre a beau être ouverte, au fond du living, à table, dans le coin-dînette, on sue à grosses gouttes. Mardi, jeudi, mes jours de cours. J'accours. Je courtise à heure fixe. Huit heures et demie, après avoir garé ma voiture, dans ce canton extrême, perdu, du West Village, on trouve sans trop de mal une place, je monte. Souvent, j'achète le dîner au delicatessen, en passant. Sustentations traditionnelles sous vitrine, alignées dans les compartiments du comptoir : *shrimp salad, chicken salad, egg salad*, ici, on fait des salades avec tout, même les macaronis, en ajoutant à la mayonnaise épaisse beaucoup de sucre. Je prends la salade de pommes de terre, du jambon de Parme. Harengs à la crème pour hors-d'œuvre, ou *schmaltz herring*, dans une marinade de vin douceâtre. Aussi, de la bière, en boîtes d'aluminium, du cru, ou en bouteilles, importée. Où je vais, en face, faire emplette de vin, portugais, espagnol, italien, grec, australien, chilien. J'évite de boire ce que l'on peut avoir à Paris. Autant varier les plaisirs. J'aime les libations exotiques. Paquets sous le bras, je grimpe l'escalier abrupt. J'arrive, essoufflé, elle m'ouvre d'avance, avant que je sonne. Elle m'attend, m'entend. Tantôt, c'est elle qui fait la cuisine. Elle a ses plats, chaque femme a son accompagnement culinaire. Son arôme masticatoire, son fumet gastronomique. Quand on se quitte, ne se retrouve jamais plus, on ne remange jamais pareil. Champignons farcis à larges chapeaux enrobés de chapelure persillée, filets de soles roulés, ficelés, cuits en court-bouillon bien épicé, côtes de porc à l'huile d'olive et au citron marinées, elle avait sa liste de recettes. Fruits, elle va les chercher jusqu'à la 6e Avenue, jusqu'aux bonnes boutiques, aux bonnes poires, doyennés du comice, ventrues, fondantes, ou *bosc*, pointues, rêches mais suaves, elle sait mes goûts. Elle satisfait aussi les siens, pamplemousses charnus, énormes, dont je lui laisse découper les tranches. Elle a la main preste. Repus, ripaille, après la bamboche. On passe à côté. Dans la coquille du grand lit, cocon ténébreux, l'ombre portée des barreaux de l'échelle en fer se découpe sur le carreau luisant de la fenêtre. Régulier, mardi, jeudi, j'ai mon horaire.

Me demande : *mais on ne pourrait pas se voir le samedi soir.* Week-end, soirées rituelles des couples. *Ça m'est difficile.* Pas tellement ma femme qui fait obstacle. Elle est arrangeante, avec elle, on peut toujours s'accommoder. Ma femme a ses nuits de sortie. Comme elle travaille la semaine, elle a ses vadrouilles plutôt le vendredi ou le samedi. Mais on peut s'entendre. Pas toujours les mêmes qui sont de garde. Baby-sitting, on peut partager. Une fois sur deux, tantôt l'un tantôt l'autre. De faction avec les enfants, dans la guérite de banlieue. Elle, de son côté, moi du mien. Pas le problème. Ma vie est rangée. Même mes dérèglements sont réglés. Chaque heure compte, chaque minute. J'ai une existence au chronomètre. Le travail passe avant le plaisir, c'est le plaisir. Suprême. Le reste de la vie s'ordonne autour. Père, le samedi et le dimanche. Professeur, deux fois par semaine. Amant, je courtise entre mes cours. Pour arriver à tout faire, il faut tout caser. La case est l'adjuvant du chronomètre, mes deux outils de précision, mes deux instruments à vivre. Je regarde ma montre. *Écoute, il est plus de minuit*. Les deux grandes amandes noires levées vers moi supplient. *Reste encore un peu, après je ne te verrai plus pendant quatre jours*. Je lui dis : *Tu sais bien, j'ai mon roman*. Si je me couche trop tard, je ne serai pas dispos pour écrire. La tête embourbée de sommeil, j'ai besoin de mes huit heures de Morphée. Mon logis est à trois quarts d'heure du sien. Williamsburg Bridge, étroite travée de métal trépidante, boyau étranglé à cent mètres au-dessus d'East River, une erreur de volant, écrasé contre les poutrelles ou carambolant dans le vide, longue, lancinante vibration du tablier de pont interminable entre les paupières clignotantes, picotantes, d'un coup d'airain vous emporte au-delà du fleuve, vous déverse sur l'autoroute, Queens-Brooklyn Expressway, précipité, catapulté entre des bolides dingues. Pas elle, moi. *Demain, tu sais bien, il faut que je me mette au travail*. Elle devrait comprendre cela. Elle a son bouquin sur Balzac qui l'attend, tout à reprendre, sa thèse de Harvard, l'ai lue. Un bon pensum de bonne étudiante, impubliable. Sans publications, règle d'or de notre métier, *publish or perish*, dans cinq ans, elle sera au chômage. Mais non, insiste. *Reste encore un peu, je t'en prie.* Pourtant, on a bien festoyé, bien coïté. Les vingt minutes, il y a longtemps que j'ai dépassé la mesure. Je fais durer le plaisir tressautant à la limite de l'organe. Mardi, jeudi, elle a maintenant son orgasme. Ses yeux s'emplissent de larmes. Une femme n'est pas un être raisonnable. Elle s'accroche.

FUGUE

            Seulement, toute médaille a son revers. On ne peut pas toujours travailler. On finit par ne plus travailler bien. Il faut s'interrompre. Les vacances. La vacance. Dans le plein des jours, on a organisé un petit vide, une petite fuite. Escapade, elle dit : *Je voudrais aller à la Martinique pendant les fêtes de Noël.* J'ai horreur de prendre l'avion. Je fais une contre-offre : *allons en Floride en voiture.* Le quotidien, il faut de temps en temps l'aérer, se mettre un peu d'oxygène dans les idées. Deux pièces du Village surchauffé, à la longue devient étouffant. Chez moi, à ma machine chaque matin dans ma banlieue gazonnée, enfermé dans mon bureau. Pour que ça gaze, il faut enfourcher Pégase. De temps à autre, je monte dans ma Plymouth blanche. Les grands départs, errances à travers continent, l'Amérique est vaste. On peut y rouler des jours de suite sans arriver. Sans but, sans bout. Immobile au volant, on se meut, pur plaisir de l'espace. Avec des haltes, n'importe où, dans les motels qui vous attendent. Sans quitter la bordure de la route, on couche tout droit. Tout du long, jusqu'au terme. Nulle part. Moi, j'aime. *Il faut choisir: vivre ou raconter.* Roquentin qui dit ça dans *La Nausée.* Si l'on choisit de raconter sa vie, alors on est bien forcé, par moments, de vivre. Pour avoir quelque chose à raconter. Tous les matins, au réveil, tranche d'autobiographie. La quarantaine est l'âge des retours sur soi, en arrière. Me mets en règle avec mon passé. Mais si je veux avoir de quoi écrire un autre roman, après celui-ci. Si je veux lui donner suite, dans l'avenir. Pour avoir un passé, faut bien se fabriquer un présent. Puisque ma vie nourrit mon écriture, faut aussi nourrir ma vie pour écrire. Nourrir d'inanition, si on a une vie vide, sans rien dedans, tarit la source. La Martinique est un peu loin. On ira en Floride.

à dix heures je l'ai attendue en bas devant la porte   glissant sur l'amas inégal de neige glacée   sitôt mes trois coups de sonnette apparue dans son ciré noir lourde valise à la main   je l'ai déposée dans le coffre

réfugiée frileusement entre les parois tièdes du nid de tôle se penche m'embrasse   départ on a attendu janvier   gèle à pierre fendre neige piétinée sur le trottoir carapace sale de verglas   sous les roues ornières durcies de la chaussée la Plymouth lentement

tressaille démarre   quinze janvier moins quinze à New York carcan hivernal de givre   roue arrière patine la voiture vibre   elle demande *qu'est-ce que tu as dit à ta femme* curiosité modulée   moi voix neutre *rien je lui ai dit que j'avais besoin de repos*   inflexion incurvation légère *elle trouve ça normal que tu prennes des vacances tout seul*   je ris *ma femme ne pose pas de questions*

voix plus aiguë *tu as de la chance avec moi ça ne se passerait pas ainsi*   je ris rétorque *justement nous ne sommes pas mariés*   là le charme là le secret du plaisir   autrement randonnée n'aurait pas de sens vadrouiller hors de la routine   voyage faut qu'il soit une rupture

profil fin long nez aigu entre la lourde retombée des cheveux noirs couleur de son imperméable jusqu'à l'encolure   lèvres de frais épilées   maintenant assise à côté tout contre depuis qu'elle porte des verres de contact me touche   côte à côte me frôle partir soudain avec elle me soulève

à l'aventure on s'en va à l'aveuglette à tâtons sur la banquise jusqu'à Holland Tunnel   cahotant à travers névés et congères jusqu'à l'orée du souterrain sous l'Hudson   on s'engouffre déjà de l'autre côté de New York déjà après Jacksonville quitté la grand-route dans la campagne rien que crissements de cigales au soleil dru files des orangers en fruit sillons charnus des arbustes à pamplemousses dans le dédale des plantations entre les arbres grumeleux d'agrumes de rangée en rangée odeur sourde errant rôdant aux narines pas martelant le sol dur sec dans une senteur de tisane douce pullulement des boules vertes virant au rose hérissement à l'infini de petits seins ronds en suspens au-dessus des mottes assoiffées

St Augustine entre les paupières vieux fort espagnol avec parapet abrupt sur mer bleue des murs ocre un reste d'Europe égaré intact posé là au XVIe siècle à même l'azur des promenades en fiacre sous parasol avec cocher nègre

Cap Kennedy nous propulse en plein XXIe siècle cinquante ans après ma mort immenses hangars fermés ou béants pour fusées géantes reliés par des rails au loin

bateaux plats à fond transparent de verre poissons versicolores surgissent de dessous les bancs de corail saignants on effleure les fougères pierreuses des polypiers gris

rebord de plage sans nom remblai massif de sable pente raide qui dévale nous déverse dans l'océan sous le fracas palpitant du ressac tête renversée on s'est allongés au fond du ciel brûlant

                                     Palm   Beach
Fort Lauderdale Miami miasmes des villes on a
évité comme la peste   plus avant tout droit
péninsule se rétrécit s'étrangle s'égrène en îlots
route s'arc-boute aux pitons de roc ponts en dos
d'âne se cambrent   à travers Keys   ruban
de goudron serré entre deux océans Atlantique
clapote sous les roues golfe du Mexique nous lèche
on roule en pleine mer à même le miroitement des
lames sur la jetée haletante de vagues accourues
de tous côtés de l'horizon écrasés sous un éblouissement de plomb   Key West neuf millions de
kilomètres carrés d'un coup s'engloutissent au
bout de la pointe exiguë

lumière rose teinte unie étirée comme une tenture
de soie céleste déployée comme une peinture
chinoise à travers airs   et puis grosses
stries des nuages noirs   au-dessus du golfe
soleil se couche au bout des marécages empourpre
la soirée toute tiède Flamingo Bay hôtel perdu
dans le bas-ventre des Everglades parc national
préhistorique au fin fond

assis à la fenêtre de la chambre   ou à la vitre de
la salle à manger au-dessus de la baie   regards
rivés au si lent déclin de soleil rose   roses
aussi les flamants montant la garde debout
immobiles sur la plage   arrivés au bout du
voyage au but

longé la côte   mangroves nouant les
criques d'un étranglement de tubercules à ras de
l'eau   racines voraces des palétuviers
enserrant les rives griffant les berges doigts de

terre crochus étouffant les bras de mer pullulement rugueux d'écorce noire encerclant les lagunes de vase   Venise vénéneuse

sinuant de marais en marais route étroite entre les bourbiers à crocodiles   sur le caillebotis parcours fléché on a suivi le chemin réglementaire   sur moi s'appuie à mon bras plus lourde joue tendre se penche m'effleure sa chemise relevée jusqu'au coude sous le soleil étincelant

corps écaillés sommeillent dans la fange gros yeux couverts par la coquille de cuir verdâtre dans la boue gueules acérées s'entrebâillent
crocs antédiluviens langues rêches hérissées d'un éclair de dents   dedans enfoncés des heures humides autour de la tourbière glauque pas à pas contre moi peu à peu à tâtons dans les entrailles du temps descendus

FLORIDE (SUITE)

— *So you had a nice trip ?*

                    Un beau voyage, naturellement, la nature d'avant l'homme, le Nouveau Monde, là qu'on touche au plus ancien, tuf primitif. Et cet orage, en Georgie, au retour, au milieu de l'après-midi, plongés soudain dans la nuit noire, noyés dans la trombe d'eau, fracassés d'éclairs éclatants. Extase au bord de la route, arrêtés dans les ténèbres

— *Yes, of course, I had a marvellous trip.*

— *Another of your trips.*

Mes voyages, il les connaît par cœur. Evidemment, j'en ai fait d'autres. Avec d'autres. Mon disque, ce n'est pas la première fois que je le joue. Ma scie, ma sciatique, mes habitudes, mes hébétudes, mes extases. Pour lui, quand je m'échauffe, toujours déjà du réchauffé. Je lui ressers mes voyages. Ils m'ont fait pas mal d'usage, les ai usés, ils m'ont usé jusqu'à la corde. Tiens pas en place, impossible de me fixer, mouvement perpétuel. Le *Grand Voyage* : parti en 55 pour l'Amérique. L'Amérique, j'en suis vite revenu. Au bout de trois ans. Fil à la patte, j'y suis resté. A condition d'en sortir. Régulièrement, aller-retour aériens, va-et-vient maritimes, fais la navette entre mes deux moitiés géographiques. Je suis à jamais séparé de moi par un océan. Le *Voyage Type* : naturellement, avec ma mère. L'inverse des grands arrachements transatlantiques. La *Promenade* : à pas lents, à pied, sur la terrasse de Saint-Germain, le long de l'île à Bougival, parmi les carottes à Croissy, les poireaux à Montesson, le tour du propriétaire, enfoncement dans la glèbe, nos jambes poussent des racines. L'œil errant parmi les arbres, la parole parmi les souvenirs, évocations, invocations familiales, on déambule. Le *Pèlerinage* : retour aux sources alsaciennes, à Strasbourg, à Soultz ; visite aux morts, le cimetière marin de Vierville, tombes blanches du débarquement, dans la solitude des champs, en surplomb des flots. On communie, on communique. Sans parler, marche lente, à pas voûtés, c'est l'âge. Le regard abîmé dans les lointains au bord des mers. Le *Trip* : la tripe. Se joue avec une môme. Avec sa maman, impossible. J'ai peur. L'œdipe adipeux.

Les prends maigres, grasses matinées, hôtels marins, relais de campagne, fenêtres ouvertes, lits défaits, délits d'adultère, flagrant délire, dans les rires, les larmes, adieux, retrouvailles. Ma trouvaille. M'a pris sur le tard. Avec Berthe, amours vadrouilleuses, zigzags en voiture, de montagne en océan, avec Elisabeth. Écartelé, déchiré, perdue, revue, disparue. Ressuscitée, passion sans cesse démembrée. Je me suis recousu main, à la plume. Premier roman, *la Dispersion*, raconter soulage. Avec lui, aussi. En même temps. Les deux à la fois. Comme ça que j'ai commencé à écrire. Quand il s'est mis à me fouiller dans le trou de l'âme. Avec lui, aussi. J'ai mes amours baladeuses. Détail en détail, de crique en roc, les yeux dans les yeux. On ne se quitte jamais. Inséparables. Il est du voyage. Floride, il ne me fait pas une fleur.

— *Let's go back to what you said at the beginning. When you stopped at that Howard Johnson for lunch.*

En rate pas une. On lui décrit des paysages merveilleux, on débite des béatitudes cosmiques. Il s'agrippe au détail bête. C'est idiot. En plein essor, me tire par la manche, me ramène. En partant de chez moi, dans la cuisine, sur le buffet. J'ai oublié un flacon de saccharine. Normal, à la première étape, quand on s'est arrêtés pour déjeuner. Howard Johnson, restoroute inévitable, s'égrène sur tout un continent, tous les vingt kilomètres, sandwich de *corned-beef* ou friture de Saint-Jacques sauce tartare, ice-crimes caloriques, inondés de chocolat chaud, au dessert, bardés de noix. Je l'installe à table, premier Howard Johnson venu, au fin fond du New Jersey, lui dis *je reviens tout de suite*. Je cours à la

cabine téléphonique, j'appelle chez moi. Je tombe
sur la baby-sitter, je lui demande de ranger le
flacon de saccharine, hors de la portée de ma fille.
À cinq ans, si jamais elle avalait. Mieux vaut
prévenir que courir. Logique, naturel que cela me
revienne à l'esprit. En cours de route. Eh bien,
non. J'ai droit à toute une scène. La première. *Il
fallait, à peine parti, que tu téléphones chez toi.*
J'explique. *Mais non, c'est à cause de ma fille, on
ne laisse pas traîner les produits chimiques.* Elle
persiste. *Tu t'arranges pour.* Je proteste, elle
exagère. *Écoute, j'avais juste oublié, ça arrive.* Sur
le buffet de la cuisine, bien en vue, peux pas le
laisser, peux pas me souvenir de tout. Médica-
ments, j'en ai déjà toute une valise. Voix aigre,
rétorque. *Les oublis, ça s'interprète.* Hoche la tête,
opine du bonnet. Lui aussi, il est du même avis
qu'elle.

— *What about the other incident at the end ?*
— *Which incident ?*
— *You know, in Georgia.*

      Sur la route du retour, après
l'orage fuligineux, engloutis tout vifs dans la
tornade crevée d'éclairs, voiture à peine roulant,
râlant dans le déluge. La nature ne l'intéresse pas,
face impassible. Pause-coca en Georgie, deux
mille kilomètres d'affilée fatiguent, on a fait halte.
Bouteille en main, on a promené notre sirop
réfrigéré à l'air, dans l'aire. Pompes, boutiques,
dans la cambrousse. On a fait le plein des sens,
maintenant, retour. Un temps d'arrêt. On a
regardé les étalages, tous les produits attrape-
nigauds, cartes postales criardes, pacotille, bim-
beloterie, tout le bric-à-brac peinturluré, le toc du
coin. On se dégourdit les jambes, entre les

jambons de pays et les pacanes partout, en paquets ou en tartes. Senteur encore détrempée, parmi les eucalyptus, en plein janvier, les arbres sont verts. Souvenirs, j'ai acheté, pour elle, pour moi, une paire de mocassins indiens. Faits main, dans la réserve la plus proche, pas chers. Pour ma femme, pour mes filles, chacune un sac en peau de reptile local. Déclic, dans la voiture, ensuite, déclenché une trombe. D'abord l'ouragan tout noir, maintenant elle voit rouge. *Même en voyage avec moi, tu ne penses qu'à ta femme et à tes fllles.* J'achète des cadeaux devant elle. Je suis un cynique, un sans-cœur. Je n'y mets aucune malice, honni soit qui. Naturel, quand je suis en voyage, lorsque je rentre au bout de quinze jours. Je ne peux pas revenir les mains vides. Commissions, ça se fait sur le moment, quand on trouve. Présents, se prévoient d'avance. Après les torrents de pluie, averse de larmes. Recroquevillée dans le coin de la banquette, regards inondés de pleurs, mes emplettes familiales, elle ne les voit pas du même œil. Lui, le sien pétille. Dès que quelque chose cloche, il jubile. Mes histoires d'Ève lui agitent la pomme d'Adam.

MARDI JEUDI

fini le voyage en Floride, mardi, jeudi, on a dû. Il a bien fallu reprendre le collier. Après le chemin des écoliers, retour à l'école, au carcan des cours. On a retrouvé nos habitudes. J'ai les miennes maintenant dans le quartier. Le fendant suisse, clos des Murettes, c'est dans la boutique au coin de Bleecker et de Christopher. Bière, jambon, salades, c'est au delicatessen, en bas, sur Hudson. Les meubles de bois blanc, de frais revernis, toujours astiqués, reluisent, quand j'arrive. L'appartement étincelle. Je raconte ma journée, résume mes classes, relate mes trouvailles. Attentive, l'œil tendre, à même le regard, à fleur de tête, pour me plaire, elle porte depuis deux mois des lentilles, flamboie quand je parle. Sa gerbe d'éclairs rallume mon feu. Ma chandelle est morte, ma mère disparue. Je monte me réchauffer chez elle. Poitrine écrasée, encombré de mes décombres, je peux à peine respirer. J'ai le cœur de glace. Je fonds un peu au soleil noir de ses regards, mon fantôme se ranime, carcasse s'allège. Elle m'allèche, forcément, suis pas insensible. Si on m'aime, j'en ai tellement besoin, d'amour. Le sien, à lui, compte pour du leurre. Il est payé pour, deux fois la semaine sympathise, calé au fond du fauteuil jaune. Amour de transfert, de ma poche dans la sienne, trente-cinq dollars. Suffit pas pour vivre, pour survivre. Si je n'ai pas ma ration hebdomadaire de sentiment, je m'étiole, je m'anémie. Dans ma lointaine enfance, on m'en a tellement gavé. Ou sevré. M'en rend malade, ma maladie. Je la soigne, avec elle, avec lui, tant bien que mal.

Au début, je n'avais pas vraiment envie d'elle. J'ai cédé au désir qu'elle avait de moi, par faiblesse. J'ai eu droit à ses commentaires, *you don't have to act on it every time.* Si une femme vous fait des avances, parfois, il faut savoir reculer. Je sais, Freud l'a dit, *civilization is repression,* je ne me réprime pas assez. Je ne suis pas civilisé. J'ai du mal à l'être. *You love yourself too much.* Pourtant, si je m'aimais tant, je n'aurais pas tant besoin que les autres m'aiment. Je pourrais m'aimer à leur place. D'ailleurs, il le reconnaît. *You can't feed yourself.* Vrai, je n'arrive pas à me nourrir. Je meurs d'inanition, d'inanité. Ma substance est fade, ma chair est molle, je suis indigeste. Je me reste sur l'estomac. Avec lui, j'ai mes renvois, me régurgite. Chez lui, déjà deux ans que je me rends. Pas encore réussi à me vomir. Mon édifice à terre, je recherche le fondement. À sec, je tente de remonter à la source. Qu'est-ce qui s'est passé au juste. À première vue, première bévue, je l'ai trouvée assez jolie. Grande, gracieuse, avec sa voix vibrante, veloutée, les amandes noires de ses yeux dansent en cadence, au rythme syncopé des doigts, des mains, une mélodie de gestes nerveux scande sa parole en cascade. La Juive new-yorkaise type, intelligente, névrotique. Pourquoi j'ai tiqué. Elle a tous les prénoms bibliques, genre hébraïque, pas mon genre. Comme l'Odette de Swann. *Pour lui plaire elle avait un profil trop accusé, la peau trop fragile, les pommettes trop saillantes, les traits trop tirés. Ses yeux étaient beaux, mais si grands qu'ils fléchissaient sous leur propre masse.* Moi, suis comme Swann. Je les aime roses, saines. En tout cas, blondes. Les mirettes céruléennes, le type aryen. Victime de guerre, à force d'avoir porté l'étoile sur le poitrail, j'ai la quéquette antisémite. Je n'y peux rien. Les détails qui clochent, lunettes, moustache, s'enlèvent, s'épilent, ne comptent pas. Alors quoi. Elle a quelque chose de raide, d'anguleux. En elle, il y a comme un mal. Malaise, j'ai peur d'attraper. Quoi, incapable de le dire. D'ordinaire, je ne suis pas si difficile. D'habitude, la première venue, la première Vénus fait l'affaire. Là, dès le début, je bute. Sur un roc, une sorte d'aspérité. Seulement, elle m'accroche. Jeune collègue, prometteuse et allumeuse, *quand vous avez fait cette conférence au lycée français, je vous ai trouvé tellement,* me flatte. Quand on me regarde avec désir, suis pas aveugle. Me vois par ses yeux, dans ses yeux. Du coup, j'en oublie de la voir, elle. Ce qu'il y a d'irrésistible en elle : je ne peux pas me résister, à moi. Si elle s'offre, comment faire pour me refuser. Si elle me propose un déjeuner, suis bien obligé de l'inviter à dîner. L'engrenage, fatal, c'est logique. Par ses pupilles dilatées, je m'agrandis. Dans ses prunelles flamboyantes, je scintille. Quand je m'y mire, je m'y admire. Eau du regard, Narcisse se noie. Ainsi que j'ai fait naufrage.

Trois mois suffisent pour former des habitudes. Suis un homme d'ordre. Judith-Rachel-Sarah est entrée dans mon armature. Le Brésilien ne me gêne pas. On ne peut pas être exclusif. Serait absurde d'être jaloux. Moi-même, je suis marié, un peu, très peu. Pourtant, mon fil à la patte, vers minuit, me tire vers Queens. Irrésistible, quand le sommeil me gagne, paupières qui s'appesantissent, je rêve de mon lit. Ma chambre endormie, parmi les pelouses paisibles, voudrais déjà être dans ma trop lointaine banlieue. *Reste encore un peu, mon chéri, je t'en prie.* Elle a passé tout le week-end à m'attendre. Des fois, je me laisse attendrir. Je m'attarde une demi-heure de plus. Je lui accorde une portion de moi supplémentaire. Des fois, je n'ai pas la force. Tombe de sommeil, m'écroule au volant, à cent à l'heure, les yeux fermés, dans l'écheveau d'autoroutes. *Écoute, il faut que je rentre.* Certains soirs, elle me laisse partir, sans rien dire. D'autres soirs, elle s'agrippe, bras jetés autour de mon cou, la main au collet, m'arrête. J'ai du mal à me dégager. On sait mal à quoi ça engage. Jambes ouvertes, ventre béant, on entre, comme dans un moulin, dans une histoire. Et puis, après, se referme sur vous comme un piège, implorant, les mains posées sur mes épaules, *reste,* éplorée, *je t'en prie.* Je me fais prier. Souvent, je cède. Elle tire la corde dans un sens, moi dans l'autre, pas toujours le même qui gagne. Parfois, le sommeil est plus fort. Parfois, mes petits dévergondages dérisoires dégorgent dans ma mémoire, les souvenirs de mes amourettes estudiantines flottent en moi comme des détritus. Mes passades de deux sous me donnent rétrospectivement la nausée. Et puis, au fin fond de moi, ce grand trou noir, ce vide. Forcé, elle me comble. Même si elle n'est pas mon idéal. Voilà la situation. Quarante-deux ans, marié, père de famille, deux enfants, inscrit au consulat de France à New York, nº 219/67. Profession : professeur. Ambition : écrivain. Trait particulier : néant. Je n'ai plus d'être. Mardi, jeudi, de onze à douze, j'ai mes insufflations d'existence, je monte chez lui, respiration artificielle, affalé dans le fauteuil jaune, me maintient en vie. Mardi, jeudi, de quatre à six, ou de six à huit, j'enseigne. Littérature française, Racine, Proust, en plein Manhattan. Cinq jours par semaine, je redresse mon pont-levis, me claquemure dans mon donjon, je taquine, bouquine la muse. Mardi, jeudi, suis de sortie. Le matin, je cherche des raisons de vivre. L'après-midi, je gagne ma vie. Mardi, jeudi, aussi, le soir, je fais la vie. Comme je peux, après tout, il faut bien vivre. Une fois le voyage en Floride terminé, prélude et fugue, on a dû, normal, inévitable, reprendre le traintrain quotidien, mes habitudes. Elle ne s'y est jamais tout à fait habituée.

en mai, quand les cours finissent, l'année universitaire à l'agonie, on tourne les vies, les pages, autour de points fixes, les passions pivotent, vies, livres, en juin se referment, se rouvrent en septembre

notre rythme, cadences sur calendrier, il faut prévoir, tout, horaires, liste des commandes, sujets de cours, adresse d'été, laisser au secrétariat, et puis chacun de son côté, dans tous les sens, l'univers universitaire éclate

au loin, pas un métier comme les autres, systoles, diastoles, le cœur bat avec des béances estivales, syncopes de trois mois, chacun s'évanouit, réanimation à l'automne, tout est réglé d'avance

moi, mes plans depuis longtemps établis, je suis lu, vu et approuvé, tampon de l'administration, cachet du doyen sur mes projets, je porte l'estampille officielle, en septembre je pars à Paris, directeur, nous avons un groupe d'étudiants là-bas, une centaine

elle, l'été, plage du Massachusetts à la mode, colonie d'artistes, peintres, sculpteurs, psychiatres aussi, beaucoup, tout le ghetto de New York se transporte en chœur à Yorkville

elle a une maison de famille, elle y passera l'été, saison rituelle, entre les bains, les promenades sur les dunes à droite, cocktails d'intellectuels à gauche, entre sa sœur et sa mère

moi, serai dans ma maison de Queens, en juillet ma banlieue flambe, quand le soleil incendiaire frappe, le goudron de la chaussée est mou comme du sable, j'irai à ma plage

Rockaway Beach, entre les retraités juifs, paralysés, à chapeau de paille, assis sur des chaises pliantes, et les Portoricains bedonnants à marmaille qui pique-niquent en groupe, les Noirs autour d'une radio hurlante en grappes, parmi les mouettes et les moutards stridents, tessons de bouteille,

s'étire sur dix kilomètres, grève immense, vite déserte, tournoyant sous le ciel qui aveugle, tous les matins, j'écrirai à mon bureau, dès mon réveil, et puis, l'après-midi, avec casquette, serviette, livre, j'irai, tout seul, des heures, une éternité étincelante, de juin à septembre, allongé parmi les éclats de vagues, de verre, de soleil

— Alors ?

Elle n'a rien dit, à demi tournée vers moi, profil aigu, nez d'aigle, sur la banquette de plastique rouge. Le capot blanc me picote déjà les yeux, les reflets m'agacent les paupières, je clignote. J'arrête la Plymouth au bord du trottoir, sur une espèce de terre-plein. Nous sommes à un tournant. Je suis immobile. Je la regarde, suspendu à son verdict.

— Qu'est-ce que tu as décidé ?

— Je ne sais pas, je ne suis pas sûre.
— Tu avais dit que tu me donnerais ta réponse.

De face, directement tournée vers moi, elle me dévisage. Ses prunelles noires flottent, entre les longs cils, éteintes, perdues, reviennent se fixer sur moi.

— Ce n'est pas facile. Il faut que je donne une raison au département, si je demande un congé.
— Écoute, coupons la poire en deux, demande un semestre. On exige que tu publies : tu demandes un congé de convenance personnelle, pour recherches. Après tout, tu ne leur demandes pas un sou, rien qu'un congé. Je ne vois pas ce qu'il y a là de difficile.
— Ce n'est pas le seul problème. Tu sais que je n'ai presque pas d'argent.
— Tu sais que l'argent n'est pas un problème, que je m'en charge. Je te l'ai déjà dit.

Depuis le temps qu'on en parle, maintenant j'attends sa réponse. Devant nous, en haut des marches, sur la terrasse, îlot inattendu où vient buter l'avenue fluviale, en bordure de l'Hudson, môle où se brise, se divise Riverside Drive en deux tronçons qui bifurquent, le monument à la gloire de l'ex-général nordiste, ex-président de l'Union, élève son péristyle massif. Couronnant le tertre herbu, le tombeau de Grant dresse ses colonnades de pierre blanche, nette, claquant au vent toujours vif, dans la lumière crue de l'esplanade. Ici, New York s'ouvre. Les défilés de verre, les canyons de brique, les boyaux de bitume, les rues-falaises s'évasent, l'œil s'évade, balaie l'espace, la ville bascule vers le ciel. Murailles tombées, comme des écailles, du haut lieu un large panorama se déploie. À droite, Riverside Church érige sa façade de cathédrale en une blancheur papillotante, hérissée de clochers néo-gothiques, déversant son énorme carillon au-dessus d'un vaste parvis. Les églises, d'habitude, rentrent la tête entre les gratte-ciel, tassées, écrasées, invisibles. On oublie que Riverside Church est lourde, sans grâce, tant le regard soudain respire. À gauche, la verdure de Riverside Park, le long du fleuve, protégée par un parapet qui court sur des kilomètres, précieuse réserve de chlorophylle en contrebas. Je tourne de nouveau le regard vers elle. Toujours assise de front, droite, sur la banquette, un mince sourire crispant ses lèvres charnues, elle reste silencieuse. Je répète.

— Je serai heureux de t'offrir le voyage et le séjour, tu sais bien. Je suis sûr qu'on t'accordera sans difficulté un congé.
— Je l'ai appris ce matin, on me l'accorde.
— Pourquoi tu ne me l'as pas dit plus tôt ?

Entre nous, il n'y a plus d'autre obstacle que nous-mêmes.

SPIRALE (I)

De la fenêtre, juste en face du palais de la Légion d'honneur, on avait une échappée sur la Seine, vers la Concorde. Je n'avais jamais vu Paris ainsi, dans cette perspective, étrange, étrangère. Ces quartiers, je les fréquente à pied, je n'y avais jamais encore plané. Par temps bleuté, doux, déjà d'automne, penchés sur l'appui de fer forgé, tête roulant dans le vide, tintant d'éclats de circulation, d'échos de ville, narines avides, humant, aimant. Dernière saison avant fermeture, nous sommes descendus à l'hôtel-restaurant de la gare d'Orsay, inconfortable, grandiose, antique. Dans la salle à manger à lambris vaste comme une nef, avec, au fond, un buffet de bois sculpté monumental, à la lueur vacillante des lustres, on dîne désuet, menu modique, vins fins endormis des années dans la cave, par tables discrètes, amidonnées, couverts d'argent dépoli, vaisselle ancienne, garçons en veste blanche voletant autour. Fastes d'antan, luxe éteint, dans l'agonie paisible, silencieuse, du vieux palace, personne. Une vingtaine de Chinois en uniforme Mao, dos courbés sur leur assiette, forment un cercle solitaire, dans un coin. On a soupé, seuls, dans le nôtre. Tête-à-tête d'arrivée, je l'ai cherchée à la gare du Nord. Dans son tailleur de velours côtelé beige, après tout l'été, après huit jours de traversée, les traits s'oublient. L'attrait, je l'ai retrouvé d'un seul coup, en provenance de Bruxelles, quand je l'ai aperçue sur le quai, quand elle s'est précipitée. Un peu chiffonnée par le voyage, *Icelandic Airlines,* il faut qu'ils s'arrêtent à Reykjavik, et puis qu'ils atterrissent à Luxembourg, après on doit prendre le train, à peine fatiguée. Sa veste ouverte, longs cheveux dépeignés, quand elle m'a vu dans la foule, ses grands yeux noirs soudain flamboyant, soudain accourue. Je l'ai serrée contre moi avec joie.

— As-tu bien voyagé, mon chéri ?
— Oui, mais c'était un peu long.

J'ajoute

— Sans toi.

Un an de bouquins et de bagages condamne à cinq jours sur le *Queen Elizabeth.* J'ai touché terre à Cherbourg, soulagé. Quatre-vingt-cinq mille tonneaux tiennent bien la mer, le pachyderme marin est stable, un peu de roulis, à peine de tangage, mais de la musique. A flots, susurrante, sirupeuse, les thés à pianoterie surannée, les airs vieux d'un demi-siècle à falbalas mélancoliques, parmi les vieilles dames à chapeaux fleuris et cheveux blancs frisés, le long du pont-promenade où le vent siffle et souffre par bouffées à travers vitres. Après deux jours de repos, de repas, le tunnel lugubre des heures est interminable. J'ai bondi vers elle, sur elle, dès l'instant où je l'ai vue, à la gare.

Lorsque le téléphone a sonné, je me suis précipité dans la cabine. J'aurais pu prendre la communication en chambre, mais c'est plus discret ainsi. A l'hôtel, on ne doit pas souvent demander l'Amérique. Il a fallu attendre, accoudés à l'appui de la fenêtre, l'œil flottant sur Paris matinal, automnal, vers les Tuileries. Parti depuis presque dix jours, j'ai voulu parler à mes filles, avoir des nouvelles, *Daddy, it's you,* cri du cœur, m'a été droit au mien, l'Amérique déjà lointaine, mon autre moitié à l'autre bout de l'espace, déchiré, écartelé, ma vie tient à un fil. Téléphonique, j'ai eu le besoin soudain. Quand je suis revenu dans la chambre, elle était toujours accoudée à la fenêtre. Elle est restée sans bouger. J'ai pris une voix gaie, gaillarde.

— Pas de problème, tout le monde va bien. Et maintenant, assez lambiné, au travail.

Elle ne dit rien. Moi, enjoué

— En route, mauvaise troupe...

Quand elle s'est retournée, elle était en larmes.

Rachel aurait voulu qu'on cherche dans le cinquième, par goût, autour du Luxembourg, sur les pentes de Sainte-Geneviève, ou encore, dans le sixième, du côté de la rue Jacob. Gauche à New York, forcé, à Paris, rive gauche. Ou alors, carrément, les quartiers populaires. *En 39, lorsque mon père a rejoint ma mère à Paris, ils avaient un petit logement à la République.* Une chaumière, un cœur, un drapeau rouge, chacun ses goûts. Des goûts et des couleurs, on ne discute pas. On se dispute, un peu. Moi, je suis rive droite. J'ai des souvenirs d'enfance dans le seizième. Réveil fébrile, chaque matin, on court acheter *Le Figaro*. À l'accueil aux professeurs étrangers, boulevard Saint-Germain, plus rien, début septembre, il est déjà trop tard.

— Il aurait fallu arriver plus tôt, mais tu voulais profiter de ta plage, à Rockaway Beach...
— Et toi, de la tienne, à Yorkville.
Ses quartiers, à elle, naturellement, n'étaient pas à portée de ma bourse. On s'est torturés, un tantinet, à la lecture.

— Tiens, ce beau trois pièces, soleil, rue de Tournon...
— Il y aurait quelque chose de formidable, rue de Bourgogne...

Pour la première fois de ma vie, je reviens passer une année entière à la belle étoile. Mon étoile éteinte, Paris est pour moi une ville morte. Depuis que ma mère est disparue, que la grande propriété ancestrale du Vésinet est vendue, je suis ici sans feu ni lieu. Plusieurs jours, on a scruté les annonces. Et puis, après les courses inutiles, replongé dans l'odeur tiède, fade, du métro, le long de la blancheur carrelée des couloirs, après les grimpées hâtives, essoufflées, d'étage en étage, j'ai soudain trouvé.

— Regarde, rue des Sablons, un deux pièces, salle de bains, cuisine, au troisième, avec ascenseur...
— Où est-ce ?
— Près du Trocadéro, à deux pas de mon futur travail.

— Mais c'est un quartier mortel !

— Comment, mortel ? C'est le quartier de ma jeunesse.

De la rue des Sablons, il n'y a qu'à traverser l'avenue Georges-Mandel, de son vrai nom, pour moi, Henri-Martin. De l'autre côté, je me déverse rue Cortambert, au 13, quatrième étage, en 38, mes grands-parents avaient les deux vastes pièces de devant, sur balcon et rue, avec le buffet Louis XVI, les beaux tapis épais et doux, nous à quatre, les deux petites chambres, sur la cour, mal meublées.

— Tu parles si je connais le coin, j'allais au lycée Janson, à deux pas !

Pourvu que l'appartement ne soit pas encore parti. Espoir qui brille, lueur sur la page terne du *Figaro* comme un phare. Plus loin, après la rue Cortambert, rue de la Tour, au 22, ma mère, avant la guerre de 14. Surprise, n'en a pas cru ses yeux, retour d'Angleterre, émue, quand elle a vu sa première ampoule électrique. Éblouissement, c'est là. Dans l'autre sens, après la place de Mexico, si on descend la rue de Longchamp, on arrive rue de la Pompe, au 118, chez mon oncle. Existe depuis mon avant-mémoire, je retrouve les escaliers cirés, le tapis rouge avec les tringles de cuivre, les portes vernissées. Butte témoin, là encore, je bute sur ma préhistoire. Impossible de me remonter plus loin.

— Tu y as peut-être des souvenirs, mais moi, je trouve le quartier terriblement ennuyeux.

— Tu t'y feras, tu verras.

On y est allés, sur rendez-vous. Propriétaire à chignon, voix flûtée, revêche, on a vite fait le tour. Peinture des murs défraîchie, sièges boiteux, brocante branlante, cuisine étranglée en boyau, couverts tordus, casseroles bosselées, mais de la fenêtre du living, la pointe de la tour Eiffel. Rachel n'a pas eu l'air enthousiaste. J'ai essayé de la convaincre.

— On sera un peu à l'étroit, c'est vrai. Mais on ne peut pas continuer à chercher ainsi indéfiniment. Et puis, tu n'y seras que pour six mois. Après, pour moi tout seul, ce sera largement suffisant, et, comme c'est situé tout près de la rue Chardin, je pourrai me rendre à mon travail à pied.

Toutes les raisons, sauf la bonne. Au café qui fait l'angle de la rue Greuze, dès que nous sommes redescendus, j'ai appris la nouvelle à mon oncle.

Comme Antée, je touche terre d'antan, jette racine. On a quitté l'hôtel d'Orsay, emménagé rue des Sablons. Et puis, à peine installés, nous sommes partis. Un mois avant la rentrée universitaire, en voyage.

— Nous ne sommes pas pressés, nous allons prendre tout notre temps...
— Je suis si heureuse d'être enfin seule avec toi.

C'était la première fois, en somme. Des contacts discontinus, des palpations subreptices, palpitations intermittentes, on est passés d'un seul coup aux vingt-quatre heures sur vingt-quatre. En Floride, ce n'était pas pareil, un simple interlude.

Maintenant, nous avions devant nous l'éternité à deux. Presque six mois. En février, il faudrait bien que Rachel reprenne ses cours à Northern. Une existence de professeur se découpe en tranches de vie. Nos passions sont saisonnières. À présent, nous sommes au début d'une nouvelle phase. Nous entrons dans une nouvelle lune. De miel. Le tapis magique de l'automne nous enlève, se déroule, à l'infini des routes, tout droit, plein sud. Il n'est pas d'autres voyages que solaires, après Lyon le long du Rhône, vitres baissées, on a retrouvé la moiteur d'été. A Montélimar, au Relais de l'Empereur, on a fait un dîner royal, avec un châteauneuf-du-pape de la maison, velouté à faire tituber les toits de tuiles rousses, quand on a erré nuitamment dans les ruelles, puis couché nus dans la chambre étouffante. À Nîmes on a bifurqué vers le sud-ouest, traversé le Languedoc, hôtellerie de Rabelais à Mireval, dans les entrailles desséchées descendus, au fin fond aride du pays, gorges désertiques, ravinées, avinées, par lampées rouges flambant aux incendies nocturnes, dans des lits, délices pourpres, délires écarlates éclatent

là que ça s'est passé étrange sensation démence d'amants passagère folie érotique nous gagne contact délétère dans quels miasmes amoureux dans quel gouffre aspirés dans quelle spirale absorbés dans quel creux désir élaboré où dans quel creuset élucubré

murailles de pierre chambre à coucher taillée en roc plafonds de cinq mètres comme un donjon frais comme une tombe caveau médiéval ouvert dans la torpeur lourde orageuse du soir devenu de cendres nuit charbonneuse tout le soleil a disparu dans un déluge

la salle de bains attenante presque aussi vaste les dalles résonnant sous nos pieds et puis le craquement lointain de l'orage tamisé par l'épaisseur des murs des siècles au fond du lit dans notre cloître enfermés échos d'où de quoi

sous le crâne qu'est-ce qui m'a pris poussé quel désir dartreux plaisir de lèpre lèvres contre les siennes pressées dans les bras enserrés dans le lit enlacés dans les vagues lointains crépitements d'éclairs quelle illumination baveuse

m'a saisi ma verge dégoulinante me retire longtemps la fouille la fouaille je la fourrage en soubresauts humides elle m'humecte dos cambré de contractures se soulève s'arc-boute sur le point à force de la fourrer de la fouir va jouir

se met à hurler commence son râle à mi-orgasme soudain me lève quelle idée subite quelle lubie je cours à la salle de bains des templiers rapporte une serviette plis immenses la drape dans la tenture blanche attentat quel viol quelle violence inattendue

me tend tout entier l'allonge sur le ventre à plat dans sa croupe plonge les doigts la main mon bras lui entre dans le rectum distendu lui fouille la tripe d'abord douleur elle a gémi maintenant vire à quel plaisir maléfique morbide pénétration appel se met à geindre doucement en gésine

un à un lui retire ses étrons durs qui viennent affleurent remontent jusqu'à mes phalanges avides les écrasant un peu les saisissant aussi délicatement que je puis je puise quelle ignoble jouissance nauséeuse en filaments nauséabonds qui poissent les déposant sur la serviette empuantie

transe merdeuse dans une longue gestation cloacale quelle descente dans quels boyaux au labyrinthe égarés tous deux saisis par quels spasmes soudain soulevés jeté sur elle juté contre elle nous secoue des pieds à la tête rejetés soudain pantelants sur la rive dans le lit obscur obscène du trou ténébreux tourbillonnant de sa carcasse

à Carcassonne, à l'hôtel de la Cité, trois étoiles. Le lendemain, malgré l'orage, on a longé lentement les remparts, suivi le chemin de ronde de l'enceinte, écrasés sous les énormes tours à poivrières, l'œil frottant contre l'amoncellement de pierre ocre, rugueuse, vers le ciel de suie. On avait laissé l'azur à Sète, nous traînant dans les embouteillages klaxonnants accrochés au port, nous avions fini, en haut de la côte, en surplomb, par rendre visite à Valéry dans le silence soudain du cimetière marin. Puis, redescendus à l'immense plage de sable, nous avions côtoyé la rangée des restaurants, des boîtes, et soudain, devant un bistrot vaguement russe, souvenir vague, me frappe.

— C'est curieux, j'avais oublié. Tiens, je crois qu'en 67, j'ai dû dîner là, avec Elisabeth, sur le chemin du retour.
— Pourquoi me racontes-tu ça ?
— Mais parce que ça me revient soudain, j'avais complètement oublié. Je ne passe quand même

pas par cet endroit tous les jours. Une telle coïncidence, c'est drôle, non ?

— C'est pour retrouver sa trace que tu m'as amenée ici ?
— Mais non, voyons, qu'est-ce que tu vas inventer ! Je ne me souvenais même plus, je te jure. Une réminiscence proustienne...

À Sète, elle a beaucoup moins goûté Proust que Valéry. Quand on est remontés en voiture, Rachel faisait un peu la tête. Ce n'est pourtant pas de ma faute. Pas prévu, je ne l'avais pas planifié. Une rencontre au hasard des itinéraires vagabonds. À mon âge, on n'a pas de passions vierges. Un amour ne s'écrit pas sur table rase. J'aime parfois boucler mes boucles, croisement subit, inopiné carrefour, forment un nœud. Dans une vie décousue, si on repasse par certains points, ça fait une trame. Elle en fait un drame. Dieu merci, après Sète, Carcassonne.

          À Saint-Aventin, en plein cœur des Pyrénées, face aux dents neigeuses, avec un immense pré dévalant sous nos fenêtres, les tintements continus de clochettes grêles montant jusqu'à nous des pâturages, au bord de la route grimpant à pic, nous avons trouvé un chalet à louer. Sur la rue, une façade de ciment gris, mais, de la chambre, par les volets en bois de pin odorant, explosion d'espace étincelant, au réveil, entre les paupières qui battent, un engouffrement de massifs emmitouflés de nuages ou de crêtes aiguës à découvert. Aux narines humectées, des bouffées humides d'herbe bariolée de fleurs sauvages. Dans le living en bas, ou sur la terrasse, Rachel s'est installée, avec livres, notes, machine à écrire, à la table de bois noueux, au grand air. Nous étions, modestement, agrestement, en ménage. À moi, les commissions, à elle, la cuisine. But du voyage, je touche aux thermes. Tous les matins, tandis qu'elle travaille, je fais mes insufflations de soufre, mes illutations de boue. Je soigne ma gorge, mes rhumatismes. À quarante-trois ans, l'entropie s'accélère, le désordre de ma matière va croissant, chaque jour, de plus en plus, mon énergie se dégrade. Rachel m'accompagne sur le pas de la porte, m'adresse un signe d'adieu. Signal, je fais démarrer ma Plymouth blanche, trop large sur la route trop étroite, avec précaution. Et puis, de coude en tournant, je sinue, je descends en ville, en vrille, sur Luchon

pendant des heures longues queues de pensionnaires bancroches cacochymes déversés de tous les petits hôtels miteux de la Sécu   à portions chiches ronds de serviette des habitués   bouteille de minervois acide qui fait la semaine sur les tables   maintenant en rangs serrés   en files de verres aux fontaines avides d'eaux putrides mains fébriles tendues vers les sources   je patauge dans les puanteurs embrumées on voit à peine à travers les nuages méphitiques   chaque salle noyée de vapeurs âcres   dans les toussotements picotements des quatre coins de la France souffrante soufreuse   yeux qui pleurent   corps qui fond   pieds nus dans les flaques   parmi les grognements piétinements du tourbillon de la tourbe en peignoirs et serviettes   je suis mon chemin de croix   toutes les stations prescrites   de

bains suffocants en massages gluants d'inhala-
tions fétides en gargarismes nauséabonds soûlé
de senteurs d'œufs pourris   je me traîne à
midi   vers la sortie

                    je reçois un petit soleil aigrelet,
allègre, sur le visage. Luchon baigne toujours
dans le brouillard, au creux du bassin, mais
parfois le voile se déchire, un peu de lumière
mouillée tombe en gouttes. Gorge prudemment
emmaillotée, je fais les achats, vite fait, dans les
boutiques rares au fond de la maigre province,
parmi les imperméables gris, les bérets noirs, sous
le ciel boueux. Je reprends ma voiture, je retourne
vers mon nid d'aigle, là-haut, là-bas. À mi-côte,
soudain, souvent, d'un coup de vent, le ciel se
découvre. On grimpe dans l'ouate bleue, on
s'envole dans de la gaze de lumière, on plane au-
dessus des nuages de plomb, emprisonnés, au-
dessous, dans la vallée. Au volant, je ne conduis
plus, je pilote, ma carlingue étincelle. À l'arrivée,
Rachel est sur le pas de la porte. Saint-Aventin
accroche ses masures ardoisées de pierre grossière
à flanc de montagne, en contrebas de la route
bordée d'un parapet. Notre maison est à l'entrée
du village, à peine le temps de me garer à ras
d'abîme, me crie

— Viens, tout est prêt, je meurs de faim !
— J'arrive, je t'ai apporté une surprise.

  Gambas grillées, un cassoulet du pays, on court
s'installer à la terrasse, entourée de la balustrade
en bois. Sous nous, les prés, hérissés de bosquets
d'arbres, descendent à pic vers le torrent. En face,

les contreforts de la montagne, arides, on ne voit pas toujours les crêtes neigeuses enrobées de ciel duveteux. Cache-nez, tricot, je tombe la veste, maintenant en manches de chemise, au dessert, je les retrousse, le soleil à présent brûle ferme. Dans un éblouissement d'yeux, de narines, je m'épanouis, je m'évanouis, la tête me tinte d'immensité, me tourne d'effleurements odorants, je dévale notre pente, remonte en face jusqu'aux arêtes rocheuses, l'œil en chute libre, perdu, vogue, tâtonne dans les lointains vagues. Légèrement renversée sur le fauteuil blanc, sa silhouette à mon côté, sur la terrasse, m'arrête. Son sourire lui change le visage, le profil un peu accusé, les pommettes anguleuses s'infléchissent, s'estompent, ses joues pâles ont pris le hâle des hauteurs, son geste nerveux s'alanguit, elle baigne toute dans une détente inconnue. Son maintien raide s'abandonne, un bras replié sur l'accotoir, le visage goulûment levé vers le ciel, buvant le soleil comme une éponge, ses traits se gonflent, s'apaisent. Ses cheveux, qu'elle n'a pas coupés depuis longtemps, forment un casque encore plus épais, tombent en cascade encore plus dense sur les épaules. Ses deux seins nus, leur pointe bien dessinée sous le pull mauve, se soulèvent à peine. Je ferme les yeux, m'affaisse dans mon fauteuil, livré à la torpeur de la sieste, délivré. Quelques pensées flottent contre mes paupières rosies, des mots épars bourdonnent dans ma tête. Cure, ce n'est pas seulement ma gorge que je soigne. Tout l'être repose, tout lisse, déchirures abolies, cicatrices closes. Dans ce chalet pyrénéen, je fais peau neuve.

En face, il y avait la Maison des Fromages. Mais on y achetait aussi les fruits, les vins. Le patron, un Algérois replié en métropole, nous a pris en affection et en main. «Essayez cette bouteille, et puis après je vais vous orienter vers d'autres bordeaux.» Juste au pied de l'ascenseur, c'était commode. Pour les réceptions, bien sûr, on allait rue des Bellefeuilles, un peu plus loin, toutes denrées imaginables, une des rues les mieux approvisionnées du monde. Je faisais les courses, elle, la cuisine, le ménage. Notre ménage, maintenant. Durait déjà des semaines. J'ai pris la chambre à coucher, j'ai mis mon bureau à la fenêtre, avec la pointe de la tour Eiffel dans l'œil. Rachel, elle, a pris la salle à manger, écrit à la grande table d'acajou, seul meuble pas trop laid, couché dans le petit lit-divan à sommier métallique. Au début, elle a protesté, s'est plainte de l'inconfort.

— Ce petit lit est affreux! À force, je vais avoir mal au dos, comme toi.
— Écoute, le grand lit est encore pire. Il est tellement bosselé que je ne sais pas où me mettre.
— Si tu me laissais coucher avec toi, au moins, on dormirait peut-être mal, mais on serait bien!
— Tu sais que c'est impossible, j'ai l'habitude de coucher seul. Je n'arrête pas de me retourner la nuit, avec mes insomnies, je te dérangerais sans cesse.
— Cela me dérange encore plus de coucher seule, sans toi. C'est triste.
— N'exagérons pas, je suis dans la pièce d'à côté!
— Ce n'est pas pareil. Tu es le seul homme que j'ai connu à avoir cette manie! Une fois, promets-moi,

on passera une nuit entière ensemble, ce n'est pas trop demander.

— Mais on l'a déjà fait, tu ne t'en souviens donc plus, au Relais de l'Empereur, à Montélimar. Je me suis tellement agité que tu n'as pas fermé l'œil de la nuit...

— C'est à cause de la chaleur, on étouffait dans cette pièce, avec les fenêtres fermées. Encore une de tes idées !

— À cause du bruit, voyons, tous les camions qui défilaient juste au coin toute la nuit.

J'ai mes habitudes. Je reconnais qu'elles sont construites en béton. Je suis un mollusque. A l'intérieur, je suis fait de gélatine, ma substance est molle. Pour me protéger, à l'extérieur, j'ai une carapace en dur. A endurer, ce n'est pas toujours facile, j'admets. Pour vivre avec moi, il faut de la bonne volonté. Il faut en avoir envie. Pétri, pétrifié de décrets, gouverné par des lois inflexibles, régi de préceptes. Insomnie, je suis contraint de dormir seul. Un corps étranger me dérange. Repas, à heures fixes, tardifs, en fonction du travail, une heure pour le déjeuner, neuf heures, le soir. En fin de journée, cela me donne le temps de lire. Après boire, précipice des pensées s'entrouvre, tout tombe dans l'oubli.

— Moi, avant de te rencontrer, je déjeunais à midi, je dînais à six ou sept heures, et je travaillais après. J'aimais mieux ce rythme.

— Je ne nie pas, chacun a le sien. C'est pourquoi il est difficile de vivre ensemble. Tu as des habitudes américaines, moi européennes.

— Ils couchent seuls, les Européens ?

— Je parle des repas. Quand on a une vie commune, pour s'adapter, il faut arriver à s'emboîter, comme les rouages d'un pignon, l'un dans l'autre.

— Pourquoi faut-il toujours qu'on se règle sur toi ?

— C'est moi le chef de famille !

— Ce n'est pas moi, ta famille.

— On ne va pas remettre ça ! N'es-tu pas heureuse d'être ici avec moi ?

— Pour l'instant.

L'instant, elle voudrait quoi d'autre. L'éternité n'existe pas en ces matières inflammables, un amour est combustible, il flambe, et puis après. Pour l'instant, si elle est heureuse, voilà l'essentiel. Moi aussi, je suis heureux avec elle. Une vie rangée, une vie réglée, voilà ma règle. Désemparé, déboussolé, de retour à Paris, sans feu ni lieu, elle est mon foyer. Deux-pièces minable, le meublé miteux, elle qui l'anime. Home sans femme, homme en détresse, sans elle, je serais en perdition. Elle est ma fée, ses doigts longs fuselés, quand elle met la nappe, effacent les plis d'un geste léger, effacent les années. Couverts, quand elle pose les fourchettes tordues, les couteaux ébréchés sur la table, d'un coup de baguette magique. La voix revient, la cuisine de la maison du Vésinet, au sous-sol, fenêtre ouverte sur les bouffées du jardin, remonte, *à table, mes enfants, à table,* résonne. L'appartement s'emplit d'échos. Les murs défraîchis s'estompent, le plafond d'un gris douteux, délavé, s'éloigne, se creuse. Je suis sous une voûte gutturale, des bruits lointains retentissent entre mes tempes dilatées. Vers la fin de la première bouteille, je me dédouble. Mon corps s'entrouvre, une partie est là assise, affalée dans le fauteuil inconfortable, au dos raide, qui la contemple, là, elle, installée en face de moi, joues enflammées, langue empourprée, les libations la délient, la délivrent, un ruisseau incessant, susurrant entre ses lèvres, jaillit intarissable, murmure câlin, *on a fait une très belle promenade au Bois aujourd'hui,* inflexion tendre se frotte doucement à mon tympan, *non, la dernière fois que j'étais à Paris, avec Tom, ce n'était pas du tout comme avec toi,* je demande

— Tu l'aimais aussi, quelle différence?
— On était toute une bande de copains au Quartier latin, on faisait des virées ensemble, on se couchait souvent à l'aube. Avec toi, on vit seul à seule, à deux...
— Comme des amoureux!

elle rit, roucoule, ses amandes noires flamboient, du fond de la gorge tintinnabule, vers minuit en ébullition

— Tu sais bien que j'aime ça aussi, mais tu n'as jamais été tenté de vivre en groupe, quand tu étais jeune?
— Jamais, j'ai horreur de tout ce qui est collectif.
— Je parie que c'est ta mère qui disait ça!
— C'est vrai, c'est une phrase de ma mère, mais aussi une des miennes. Quand j'étais à l'École normale, je n'ai pas pu supporter plus d'un mois la vie en dortoir, j'ai demandé à devenir externe libre... La seule expérience que je regrette est celle de l'armée.
— Toi, tu parles! Avec ton masque pour dormir, ta promenade après déjeuner, ton somnifère le soir, tu aurais fait un drôle de soldat!
— Ça m'aurait fait le plus grand bien. Ma mère le

répétait. Un adjudant, à vingt ans, évite un psychiatre, à quarante.

— Ta mère! Laisse-la un peu tranquille. Sur ce point, je suis à l'opposé de toi. J'adore tout ce qui est groupe, multitude... D'ailleurs, je crois que j'ai trouvé le titre de mon futur livre sur Balzac: «Société et groupes chez Balzac».

sa voix change de timbre, soudain grave, s'embar-que vers la littérature, on quitte Cythère, ton professionnel

— Qu'est-ce que tu en penses?
— Le sujet m'a l'air intéressant, mais je ne suis pas spécialiste dans ce domaine.
— Allons, toi, tu as l'expérience, dis-moi...

Et puis, une autre partie de mon corps me quitte, ma tête se sépare, mon crâne se fend, l'occiput s'évide, épaules tassées sur le fauteuil, cou rentré, je suis acéphale. A la place il y a les murs, je me regarde du plafond, en bas, minuscule vermine avinée, je contemple ma carcasse assise, emporté par une lévitation vertigineuse, les bordeaux du patron d'en face m'orientent dans l'espace, comme une partie de moi qui regarde l'autre, de haut, accrochée au plafonnier, rire irrésistible, me glouglouute dans le gosier, je dis, hilare

— J'ai l'impression qu'on habite dans ma tête!
— Qu'est-ce que tu veux dire?
— Je ne sais pas, c'est une sensation bizarre, comme une fois, à l'hôpital, j'étais étendu sur le dos dans un état de prostration, à la suite d'une maladie nerveuse, et soudain, je me suis vu, allongé sur le lit, de l'extérieur, en l'air, de loin... À présent, j'ai mon corps là, à côté du tien, et puis

tous les deux, on est dans une espèce de caverne creusée dans les murs, qui est ma tête !

Elle rit, *tu as trop bu,* exact, le vert pâle des murs se fonce intensément, luisant comme des profondeurs d'aquarium, le plafond grisâtre étincelle dans une blancheur lointaine, buffet, chaises, la salle à manger entière flotte, inflexion plus veloutée encore de sa voix grave

— Tu sais, je n'ai jamais aimé aucun homme autant que toi...
— C'est vrai ?
— Oui, quand tu m'as demandé de venir à Paris avec toi, j'ai beaucoup hésité, j'avais peur, j'avais l'impression de faire une folie...
— Et moi, j'avais très peur que tu ne refuses ce jour-là, tu te souviens, près du tombeau de Grant, j'ai même dû détourner les yeux, je ne pouvais te regarder en face, je craignais qu'un tressaillement, une crispation ne m'apportent soudain ta réponse...

l'esplanade resurgie au bord de l'Hudson, la ville s'évase, s'évade au bord du fleuve, dans la voiture arrêtée au pied de Riverside Church, l'énorme tour néo-gothique élevant étage sur étage de clochetons superposés comme une pièce de pâtisserie montée en grès gris, sucrerie ecclésiale en vis-à-vis de la rotonde funéraire, le lourd péristyle à doubles colonnes, la coupole conique, et l'eau là-bas, en contrebas, qui rutile et glisse entre les branches des arbres, moi suspendant mon souffle

— C'est tellement loin déjà, il me semble que ça s'est passé à des années-lumière...

quelques mois à peine, voyages, on a franchi tant
d'étapes, ensemble il y a une douceur d'être,
comme un frôlement des pensées, on se devine,
souvent elle répond à une question informulée,
avant que je n'ouvre la bouche ses lèvres murmu-
rent, et puis délices dans le grand lit bosselé qui
broie les côtes, délire d'abord écarlate de treille, et
puis trilles, aux premiers attouchements furtifs,
fusent, à mesure que mes doigts descendent, cris
retombent, corps accords, maintenant grognements étouffés, à mesure que j'enfonce, basse des
entrailles, ventre gronde, engloutie dans la
rumeur sourde, râles bientôt, hoquets étranglés, et
le long hurlement éclate, gamme des plaisirs,
brusquement remonte, brutalement aiguë, vrille
stridente nous transperce

— Oui, moi aussi, j'ai l'impression que cela s'est
passé   il y a longtemps, dans un autre monde.
Je ne regrette pas d'être venue.

— J'espère bien que non !

parle à voix basse, maintenant la fatigue nous
gagne, torpeur chaude nous enveloppe, passé
minuit, ses paupières commencent à clignoter, les
miennes picotent, menton sur la paume, coude sur
la table, appuyée sur son avant-bras me regarde,
la regarde avec tendresse, avec fierté, de moi
éprise, une belle prise, après tout, quinze ans de
plus qu'elle, m'estime heureux, je suis heureux,
joies du lit, joie de lire aussi, nous rapproche, ma
vie, je ne l'ai jamais partagée avec personne, ma
femme n'a jamais été ma moitié, s'intéresse au
droit, à la politique américaine, problème noir,
question sociale, bien, bravo, noble, j'approuve,

mais ce n'est pas mon rayon, bibliothèque, Rachel et moi, on aime, on a les mêmes livres, parfois on se trompe d'exemplaire, les miens se reconnaissent au gribouillis dans les marges, annotations sur chaque page, elle, respectueuse, souligne au crayon, çà et là, d'un trait léger, ses commentaires, les rédige à part sur des fiches, elle est ordonnée, je suis rangé

soudain, menton appuyé sur son avant-bras, immobile, demande

— Est-ce que tu m'aimes?

émoi moite, je demeure estomaqué, notre petite intimité tiède, soudain les grands mots font irruption, aimer, ça veut dire quoi au juste

— Mais naturellement...

aimer, je sais conjuguer, première conjugaison, la plus facile, par là qu'on commence la grammaire, mais sémantiquement, je ne suis pas certain du terme, *quelque chose,* oui, d'accord, j'aime manger, boire, marcher, parler, baiser aussi, bien sûr, moins sûr, j'aime la nature, le bord de la mer, mon obsession aquatique, la bougeotte, j'aime les voyages, n'arrête pas de bourlinguer, j'aime lire, écrire encore plus, face à ma machine, vadrouille percutante dans les vocables, itinéraires crépitants de mots, toboggan vertigineux à travers phrases, quand on glisse sans pouvoir se raccrocher sur la pente savonneuse des syllabes, j'aime, oui, joie physique, jouissance réflexe, vibre de haut en bas du corps, une onde sensorielle qui frissonne, je jouis donc je suis, aimer quelque chose, certain comme du Cogito, roc de certitude, évidence frappe comme un mur quand on s'y cogne, *quelqu'un*, ça devient tout mou, tout flou à l'âme, aimer, j'aimais bien mon ami Pierre, au Vésinet, dans mon enfance, quand il a disparu de ma vie, m'en suis passé, collègues, étudiants, je les aime, beaucoup, va-et-vient, peu à peu, ils partent, moi qui change d'université, on s'aime, un temps, on sème la bonne parole, on s'éparpille à tout vent, à tout ventre, aimer une femme, oui, bien sûr, naturellement, passions vives, m'est arrivé dans la vie, imaginaire en feu follet, peuplé de fantômes ravageurs, bandaisons féroces, tension-vers, du fond des fibres du chibre, comme un arc désir en flèche qu'on lâche d'un coup, à tâtons, à l'aveuglette, dans des ténèbres de chair, mes goules m'ont dévoré, je dégouline de démons femelles, des amours tumultueuses à vous tordre les intestins, mon enfance une colique irrépressible, la femme me fait entrer en transe, mais aimer est un verbe intransitif, *quelqu'un,* sais pas, me paraît difficile, aimer n'a pas de complément, désir sans objet direct, même ma mère, je ne l'ai jamais aimée, elle, mais *en* elle, comme on dit aimer *en* Dieu, *à travers* elle, transparence par où surgit le monde, ma mère fait tout miroiter, mais elle de chair et d'os, en propre, enfance sa jeunesse à elle, dans sa singularité absolue, d'atome, séparée de moi, avant moi, sans moi, est-ce que je l'ai jamais aimée, pas facile à dire, ma mère sans sa fonction maternelle, ne peux pas même l'imaginer, un pur fantôme, moi-m'aime, un peu, des fois, j'y arrive, me dorlote, me pouponne, je me mignote, certes, mais je me déteste, aussi, je ne peux pas me supporter, je me torture à longueur d'année, au chevalet des indigestions, dans le carcan des insomnies, ma réserve de supplices est inépuisable, je n'aime pas mon front, mon nez, mon dos rond, pour moi je n'ai aucun attrait physique, suis porté sur les costauds, les musclés, les athlètes, je ne suis absolument pas mon genre, je m'aime, mais je n'aime pas *moi,* comment est-ce qu'elle veut que je l'aime, *elle*

— Tu m'aimes vraiment ?
— Pourquoi enfourcher les grands mots ? Tu viens de dire que tu étais heureuse. Laisse donc ton bonheur tranquille !
— Je veux te l'entendre dire, je veux savoir si tu m'aimes... Est-ce que tu m'aimes ?
— Je t'apprécie.

Elle n'a pas eu l'air du tout d'apprécier. Ma réponse l'a fait sursauter brusquement sur sa chaise, l'aquilon souffle, nez redevenu aquilin, le regard tout hérissé, elle monte sur ses ergots, voix grimpe soudain une octave, de nouveau aiguë du gosier au menton

— Tu es vraiment gentil, toi, au moins, tu sais choisir tes mots !
— Ce n'est peut-être pas un grand mot, un terme noble, mais en tout cas il peut revêtir des sens précis.

Son œil a lancé un éclair.

— Eh bien, si tu m'apprécies, prouve-le.
— Ça y est, ça commence ! Je te demande de venir avec moi, on voyage, on vit ensemble, on ne se quitte pas d'une semelle, on est bien, on est heureux... Et il te faut des preuves ! Prouver, comment ?

Logée, nourrie, blanchie, aux frais de la princesse,

je suis bon prince. À mon tour, je me redresse sur mon fauteuil, je me rebiffe. Elle me regarde droit dans les yeux, elle me lâche

— Comment? Si tu m'apprécies, quitte ta femme!

Une fois dits, il y a des mots qu'on ne peut plus retirer. Ils vous restent dans la chair comme une écharde, dans la gorge comme une arête. Les mots, c'est parfois irréparable. Je ne dis jamais à une femme que je l'*aime*. Par réticence irrésistible, je le renferme. Quand c'est sorti de la bouche, ça risque de faire des ravages, de créer des malentendus, pour éviter les quiproquos, il vaut mieux se taire. Sur les émois intimes, motus. Laisser dormir, silence est d'or. Sur le moment, je n'ai rien dit. Elle a craché ça, yeux en éclair, dans un fulgurant défi. Devait lui démanger la langue, j'avale ma salive, pas la peine de la perdre. Elle dans le petit lit, moi dans le grand mien, tout cabossé, ayant fait le plein de nos imbibitions nocturnes, on a, chacun de son côté, titubé. Étincelle de dialogue dégringolée aux oubliettes d'un sommeil lourd, mais, au réveil, se rallume. À la clarté du petit déjeuner, quand la deuxième ou la troisième tasse de café dissipe les brumes crâniennes, luit. Je n'ai rien dit, elle n'a rien dit. Les murs de nouveau bien en place, le plafond d'équerre, table d'aplomb, chaises branlantes, notre petit paradis piteux, d'un vert effacé, malingre, a retrouvé son aspect diurne, son abord matinal. Radiateurs sifflotants, on a un novembre bien chauffé. Songeur, je finis mes tartines. Elle se lève, va, vaque aux rangements ménagers.

Notre contrat me paraît juste. Je la loge, pas dans le style Proust, pas un hôtel particulier rue La Pérouse, pas le Pérou, dix pièces avenue Henri-Martin. Deux pièces, cuisine exiguë, mais dans le coin quand même, au coin. Il n'y a qu'à descendre la rue, deux pas à faire, on prend à gauche. L'artère royale, avec sa double rangée de marronniers au milieu, se déploie, au bout, la vaste place qui tournique autour de la statue de Foch, après, sur l'esplanade géante, béante, Paris, ventre ouvert, à perte de vue, qui se déplie. Je ne l'héberge pas mal, on se goberge fort bien. Ma dulcinée, je la soigne aux petits oignons, blancs, parfumés avec du beurre, aux délices de saumon en aspic, je la sustente des morceaux les plus tentants chez le boucher d'en face, légumes tout frais encore de campagne humide, les carottes les plus croquantes, choux les plus cabus, elle butine les plus fines rosées maraîchères, on bâfre les plus affriolantes cochonnailles, oie, canard, je la régale de tous les pâtés exquis, rillettes du Mans, chatteries d'amant, toutes les galanteries, les galantines. En retour, va, vaque aux rangements. Arrangement équitable, on est quittes. Je l'entretiens, elle m'entretient. Mon petit logis pimpant, astiqué, rutile. Bien normal, moi qui subviens aux besoins, quinze ans de plus qu'elle, gagne mieux ma vie. On fait un échange au père. Mais elle, déjà à cent lieues en avant, en l'air, elle s'envole à tire-d'aile. L'imagination romantique en plein essor, toute la lyre délirante, monte aux cimes. J'ai les pieds sur terre.

       Sa remarque d'hier soir chemine quand même en moi, me trotte dans la tête. En buvant la dernière goutte de ma troisième tasse, je n'arrive pas à la chasser, elle me grignote. Elle, ça la ronge. D'un coup, revient, les signes, les augures, au printemps, West Village. Il est tard, je veux partir, elle me retient, m'agrippe. *Reste, fais un saut pendant le week-end, ne me laisse pas seule si longtemps,* je dis, *mais tu sais bien, c'est difficile, j'ai des obligations.* Ne veut rien entendre, elle s'accroche aux revers de mon pardessus, me jette les bras autour du cou, en larmes. Le Brésilien, elle l'avait déjà congédié depuis un bail. Elle me menace, agite l'épouvantail à jalousie.

— Tu sais, si tu continues, je vais téléphoner à Michael, tu n'es pas le seul...
— Téléphone à qui tu veux, je ne peux pas t'en empêcher!

Les yeux rouges, sur le palier, elle me brandit soudain Michael. Copain de Harvard, brillant sujet, star de la promotion, lui avait fourré la main sous sa jupe un jour. Camaraderies de régiment, papouilles de chambrée. Me dérange pas. Yeux rageurs, la voix éraillée, elle hurle.

— Ça ne peut pas continuer ainsi!

puis elle geint, chiale. Maintenant, elle m'a du matin au soir, on ne se quitte pas d'un pouce, inséparables. Elle m'a en semaine, le week-end, à sa suffisance. Jamais assez, Rachel, elle en veut toujours plus. Plus je lui donne de moi, plus il faut lui en promettre. Davantage, insatiable. Pas une femme, une vraie goule. Si je la laisse me dévorer, l'amante religieuse. Elle ne ferait de moi qu'une bouchée. Ce matin, elle ne dit rien, mais je n'en pense pas moins. Sa petite proposition d'hier soir me tinte encore au tympan. *Si tu m'apprécies,* elle précise. Les points sur les i d'intentions. Sans aucun doute, ce qu'elle a derrière la tête est clair. *Je veux savoir si tu m'aimes,* heureusement, je n'ai pas lâché le mot. Certains mots, une fois proférés, prolifèrent, font boule de neige, après, on ne peut plus les arrêter. De conséquence en conséquence vous catapultent. Je la vois venir, l'avenir, selon les lignes de sa main. Dans sa paume, comment c'est inscrit dans sa chair. Comment c'est écrit. Notre histoire. Vient à peine de commencer, elle saute aux ultimes conclusions. À peine on s'installe ensemble pour six mois, pour elle, c'est à vie. L'œil incandescent, elle court aussitôt aux extrêmes, parce qu'elle vient de New York à Paris avec moi, elle franchit toutes les frontières. Moi, j'ai mes limites. Je l'aime, jusqu'à un certain point. Comme avec ma mère, une rêveuse, une intellectuelle, mon père, tailleur, prudent moujik, avant de l'épouser. Il l'a prévenue, ne le lui a pas envoyé dire, lui a dit, carrément, délicatesse de ghetto, en lui mettant la main à hauteur de gorge, *Nénette, je t'aime, mais jusque-là.* La tête ne l'intéressait pas. Moi, la tête m'intéresse, professionnel. Amour de prof est toujours un amour de tête. Tête-à-tête, la règle d'or dans le métier. Cœur, peut devenir partie peccante. Si on lui laisse pomper trop de liquide brûlant jusqu'au cortex, les cellules grises, faut pas tout de suite vouloir les porter au rouge. Mon père, avec sa sagesse populaire, russe, rustre, voyait juste. À force de revendre des cageots de fruits, au début, sur les trottoirs pour survivre, savait qu'il faut à tout des étiquettes. Suffit pas de dire à une femme qu'on l'aime. On doit indiquer jusqu'où. Avec Rachel, je n'ai pas été explicite. Ma faute, on sème le vague, on récolte la tempête.

Les sentiments, c'est ce qu'on décrit dans les romans, *il ressentit alors, elle éprouva soudain.* Comme si l'existence se passait tout entière entre cœur et tête, bas-ventre et cortex. Dans la vie, on a très peu de sentiments. Ils vous saisissent parfois à l'improviste, vous prennent à la gorge, au tournant d'une rue, au coin d'une phrase. Ou vous frappent, au creux de l'estomac, comme un coup de poing. Puis, ils se perdent, rentrent sous terre, fleuves engloutis, résurgences lointaines. Le reste du temps, on n'a pas le temps. On a de vagues affleurements affectifs, de minuscules accélérations cardiaques. Sentir est un luxe, réservé aux heures oisives. Pendant le travail, l'attention, la tension est ailleurs. Ce qu'on doit faire, ce qu'on doit dire, à ça qu'on pense. Les sentiments, dans la journée, sont des momies emmaillotées. La nuit, des fantômes effilochés au cours des songes. Pour savoir ce qui s'agite sous les suaires, pour soulever les linceuls, promenade en fauteuil ou divan volants vous y emmène. À moindres frais, certains soirs peut-être, quand on s'avine, ça vous avive. Parmi les déballages d'après-boire, on débonde, déborde, on a des giclées palpables. Avec de la chance, on peut mettre le doigt sur un sentiment, un réel. Au réveil, on est dégrisé, on n'en a plus. On n'a que des habitudes. *Tu m'aimes vraiment?* Comment est-ce que je peux répondre. Est-ce que je sais, moi. Ce que j'éprouve, des accès fugitifs, désir, tendresse, par bouffées. Le matin, travail. Je m'enferme dans mon bureau, tour Eiffel entre les cils, baisse les paupières. J'écris mon roman. Pas une autobiographie, vraiment, c'est là une chasse gardée, un club exclusif pour gens célèbres. Pour y avoir droit, il faut être quelqu'un. Une vedette de théâtre, de cinéma, un homme politique, Jean-Jacques Rousseau. Moi, je ne suis, dans mon petit deux-pièces d'emprunt, personne. J'existe à peine, je suis un être fictif. J'écris mon autofiction. Je quitte la tour Eiffel, mon regard descend vers mon nombril, je m'immobilise à même moi. Là je tâche de saisir à tâtons ma quintessence. Depuis que je transforme ma vie en phrases, je me trouve intéressant. À mesure que je deviens le personnage de mon roman, je me passionne pour moi. Comme pour Lucien de Rubempré, Julien Sorel, si j'arrive à me rendre palpitant. Ma vie ratée sera une réussite littéraire. Du coup, je sonde mes profondeurs insoupçonnées, je déboutonne tous mes petits secrets, forcément, à l'intérieur d'un être humain, ça pue toujours. Deux ou trois heures, tous les matins, mon fauteuil à accotoirs en chrome est une lunette de w.-c., je respire mon odeur, je me hume. Je m'exhume, après m'exhausse. Si je suis exaucé, j'aurai ma stèle. Mon style me construira un monument. On adorera ma statue. J'appelle mon chef-d'œuvre *le Monstre*. Au réveil, mon alchimie baudelairienne, *Tu m'as donné la boue et j'en ai fait de l'or*, à la machine, je me transmute. Peut-être ma parole sera d'or, si on m'apprécie à mon prix. Si j'ai un prix. En attendant, silence. Seules, claquent, crépitent sans répit les touches, ma grenaille éclate. Je me fais la guerre, incessamment me poursuis, me traque, je m'acharne contre moi. Moindres défauts de l'armure, j'y fourre le glaive. À force de fouiller mes plaies, vers une heure, je suis criblé de blessures. Toutes mes cicatrices rouvertes saignent ensemble. Écrire au bistouri me fatigue. J'ouvre la porte.

— À table!

— Tu as fait tes trois pages ?
— Aujourd'hui, quatre !

Rachel est assise à la grande table de la salle à manger. Sur des feuillets éparpillés, elle a ses notes de lecture. Elle relit Balzac de A à S/Z. Elle profite de ce congé inopiné pour reparcourir son grand mort des pieds à la tête. En même temps, elle s'initie aux méthodes vivantes.

— Quand j'ai passé un an à Paris avec Tom, j'avais bien sûr entendu parler de Barthes, mais je n'avais rien lu de lui. Ça ne me manquait pas à l'époque, je ne me rendais pas compte de l'importance...

Elle se rattrape. Allongée sur le divan-lit ou jambes croisées, à la fenêtre, dans le fauteuil défoncé, vorace, omnivore, avale un volume après l'autre. Parfois, je l'envie. Une sorte d'angoisse aussi me vient. Toutes ces heures passées à écrire, peut-être des sornettes, j'échange mes billevesées pour des chefs-d'œuvre non lus. Pendant que je tape, je suis sûr. Mais après, quand je la vois ranger ses notes, ses crayons, sur la commode, et tous les livres, en tas impressionnants, savoir s'accumule, connaissances se thésaurisent sur des années. Moi, je vis sur mon acquis, je ne renouvelle pas assez mon stock. Ma marchandise est cotée, je l'écoule bon an mal an, de cours en cours. Je vieillis doucement, poussiéreusement, sur les rayons des bibliothèques. Son appétit impénitent, sa faim rapace me font peur.

— Qu'est-ce que tu as lu, ce matin ?
— Oh ! c'était passionnant. Je suis plongée dans

Barthes, dès le début, ça ouvre de nouveaux horizons...

— Quoi, par exemple ?

— La distinction, dès le titre et la première phrase du texte de Balzac, de cinq grands codes, qui vont gouverner tous les signifiés narratifs. Il y en a surtout un qui me fascine, ce qu'il appelle le code herméneutique...

— Qu'est-ce qu'il entend par là ?

— Autant le citer exactement, laisse-moi chercher le livre. Tiens, là, page 26, *l'inventaire du code herméneutique consistera à distinguer les différents termes (formels), au gré desquels une énigme se centre, se pose, se formule, puis se retarde et enfin se dévoile...*

— Et les autres codes ?

Elle me récite la liste toute fraîche. Dernier Barthes, je ne l'ai pas encore lu. Rachel me l'explique, elle a l'esprit clair, succinct. Même à New York, formée au lycée français. Provende d'idées, elle digère pour moi. Sa lecture est nourrissante, j'assimile vite.

— Oui, cette distinction des cinq codes, c'est un peu comme nos cinq sens, le seul moyen d'appréhender le texte, le seul accès à sa réalité...

— Tu devrais le lire, je suis sûre que tu y trouverais bien des choses que je n'ai pas aperçues.

— Ne sois pas modeste ! Tu piges parfaitement.

— Tu vois mieux les prolongements d'une pensée, les implications philosophiques, moi, je n'ai pas beaucoup de connaissances en ce domaine.

— Simple avantage de l'âge ! Il faut bien qu'il y ait des compensations au fait de vieillir.

Moi, le maître, elle, la disciple. Quelque part, dans l'empyrée, Proust ou Barthes. Nos rapports sont réglés, comme notre vie. En ce novembre humide et froid, nous formons un couple douillet. Au cœur de la bruine parisienne, nous avons aménagé un cocon tout tiède. Si l'existence est une guerre incessante, Rachel protège ma retraite. Mon roman avance. On met en commun ce qu'elle a lu. Je dissèque ma production matinale, disserte, au dessert, me lève, café, comme le vin, une affaire d'homme. Je prépare les tasses. Elle me prête son attention flamboyante, ses grandes amandes noires qui roulent sous les sourcils bien dessinés, ses mains nerveuses scandant le regard vif, à vif. Mes paroles lui jaillissent des yeux en une gerbe d'étincelles.

— Tu vois, ça n'allait pas, au début, ce matin, j'étais en panne sèche, affalé stupidement sur ma machine, rôdant autour du troisième étage de la tour Eiffel, et puis, soudain

je bois mes mots sur ses lèvres charnues, elle me fait chair. Mon spectre se leste de tout le poids de son écoute. Menton appuyé sur la paume pensive, coude au garde-à-vous sur la table, paupières mi-closes.

— D'où est-ce que ça te vient, à toi, tout ça ? Moi, je ne peux mettre bout à bout que des phrases qui s'enchaînent selon la logique banale, des phrases de bonne étudiante...
— Ne dis pas toujours du mal de toi ! Ta thèse n'était pas mal écrite du tout, avec beaucoup d'aisance, à part quelques fautes, facilement corrigeables.
— Peut-être, mais quand tu écris, c'est différent.

— Écoute, ne te compare pas toujours à quelqu'un qui a quinze ans de plus que toi, il faut bien que j'aie appris quelque chose en quinze ans...

J'écris à sa place. Elle lit à la mienne. Des partenaires, en amour, sont des associés. Nous nous partageons la besogne, les bénéfices. Notre petite affaire marche bien. Elle me prête ses yeux incandescents, sa jeunesse avide, son fonds d'enthousiasme intact. Je lui prête mon savoir, mon savoir-faire, un fonds d'expérience solide. Dans notre code herméneutique, c'est ainsi qu'on s'inter-prête.

Est-ce que tu m'aimes ? Qu'est-ce que je peux lui répondre. Ce que je sais, j'ai rudement besoin d'elle. Seul, comment aurais-je pu retourner à Paris, faire face. Sans Rachel, je n'arrive même pas à m'imaginer. Dans ce logis miteux, piteux, popotant au fond du boyau fétide de la cuisine. Me tient à la tripe. Menton appuyé sur sa paume, moi, m'appuie sur elle, ma béquille. Ma vie boite, grâce à elle, je marche droit, d'un pied allègre, jusqu'à l'esplanade de Chaillot, les après-midi où j'enseigne. Je m'accoude toujours un moment au parapet, pour voir, pour boire Paris. En bas, le bassin aux fontaines muettes, là-bas, je bute sur le trépied des poutrelles marron, l'œil roule sur la blondeur sablonneuse du Champ-de-Mars balisée d'arbres rectilignes, se cogne au mur gris de l'École militaire, je rebondis de coupole en rotonde, de clochers en tours, glissant sur les bombements, moutonnements de pierre tendre, regard imbibé d'espace, fais mes ablutions rétiniennes. Soudain, réveil, me précipite, par le bas-côté en pente, à droite, prends par les sentiers des jardins, descends jusqu'au fragment de rocaille, avec un morceau de pont qui reste incrusté dans le mur, au coin du boulevard Delessert. Au tournant du siècle, ma grand-mère y faisait son trottinement du soir, après sa journée debout, au buffet du Trocadéro, sur ses jambes variqueuses, petite promenade violacée. Pont-souvenir, je passe devant d'un pas preste. À mi-colline, dans la rue Chardin, la commission d'Échanges franco-américains nous loue un local. Je me dépêche. Au retour, je remonte lentement par les allées, vers les statues. L'avenue Henri-Martin a toujours une odeur fraîche, un peu mouillée qui vous accueille. Rue des Sablons, je tourne. Rachel m'attend. *Est-ce que tu m'aimes?* De temps à autre, on va dîner au restaurant, chez des amis. Rachel a la passion du cinéma, je guette ce qu'il y a au théâtre. Ses notes s'accumulent, mon texte progresse. Une existence paisible.

        L'après-midi, pour se coucher, qu'est-ce qu'elle a pu attraper, quelle grippe soudaine. Quand je suis parti, vers deux heures, aucun signe d'aucune sorte, elle m'a accompagné jusqu'à la porte, m'a embrassé, *bonne journée, chéri,* sourire normal. Je reviens, corps étendu, pas sur son lit, dans le mien, au fin fond d'épaisses ténèbres. Ma tachycardie s'accélère. Qu'est-ce qui se passe, qu'est-ce qu'elle a pu. Breloque au thorax, tocsin aux tempes, j'ai ouvert d'un coup sec les rideaux. Elle était tout entière enfouie sous le couvre-lit, pas même la tête qui sort du linceul. Une trouille intense me tord la tripe, je me précipite, soulève brutalement le suaire. Sur le ventre, elle était tout habillée dans son deux-pièces de tricot rose, les cheveux en complet désordre, visage enseveli dans l'oreiller. Je la retourne, elle a la figure cadavérique, les joues blanches, plus une trouille que j'ai, pétoche déchaînée, je bredouille, *mais, voyons, qu'est-ce que tu as,* je la secoue. De toutes mes forces, comme un prunier, avec fureur. Dieu merci, elle a geint, faiblement. Pas morte, pas clamsée. Qu'est-ce que c'est que cette histoire, je perds la tête. Quand même soulagé, il faut appeler un docteur. Lequel, je n'en connais pas dans le coin. Ou l'hôpital le plus proche, service des urgences. On va m'emmener sur une civière, si elle n'a pas eu une attaque cardiaque, elle va sûrement m'en donner une. Mettre la main sur l'annuaire, au plus vite, où est le Bottin. Je cours vers ma table, regarde tout autour, vois sur. Là, bien en évidence, ouvert, vide, mon tube. Elle a avalé mon Placyl. Et puis, à côté, froissée, roulée en boule, une lettre. La déplie, de ma femme. Je suis soudain transporté au Grand-Guignol, c'est la grande scène de suicide. Tragédie d'alcôve, elle joue Phèdre. Et si elle ne jouait pas. Suicide, s'il était vrai. Au cœur, ce n'est plus la breloque que j'ai, c'est la chamade. Me penche sur le demi-cadavre, souffle léger, elle respire. Je respire. Je me mets à la gifler, de plus en plus ferme, elle gémit. Je lui administre des claques avec une grandissante énergie. Elle geint de plus en plus fort. Soudain, je m'aperçois que j'ai gardé le tube vide, machinalement, dans la main gauche. Je regarde. Ce n'est plus maintenant avec fureur que je me mets à la secouer, c'est avec rage. La salope, elle a pris mon Placyl 2, celui des crampes à l'estomac. Si elle avait voulu s'envoyer en l'air, elle avait mon Placyl 5, pour les vertiges, mon Placyl 10, pour insomnies. Elle avait mes barbituriques, mon Barbutal, mon Entubal, pour se buter. Elle a sélectionné la faible dose. Avec du

2 milligrammes, il aurait fallu des tonnes de petits comprimés blancs, il en restait une douzaine. Juste de quoi pousser un roupillon, je pousse un soupir. La garce, un suicide, elle aurait voulu me mettre ça sur les bras, peut-être sur la conscience. Pour me faire mal, mais sans se faire de bobo. Sauf si elle a lampé du vin ou du whisky par-dessus. Je lui renifle les lèvres, pas trace d'alcool. Rictus me tord les bagougnasses, ce ne sont plus des gifles ni des claques, des baffes qui pleuvent, des beignes, lui fous carrément sur la gueule. Elle se réveille, la prunelle encore lointaine.

— Mais qu'est-ce que c'est que ça, qu'est-ce qui t'a pris ? Hein, quelle mouche t'a piquée ? Voyons, réponds.

Elle referme les paupières, les rouvre, l'œil encore tout embrumé. Je hurle.

— Mais parle, explique-toi, qu'est-ce que tu

Peu à peu, elle revient à elle. Alors, on a eu les grandes eaux, *laisse-moi, va-t'en,* elle a chialé comme une fontaine, *je ne veux plus te voir,* des sanglots à cabosser le sommier du grand lit encore davantage, à se défoncer le coffre, et puis, s'est apaisée peu à peu, à présent, pleurniche, le tarin tout dégoulinant de larmes, de morve. Je lui ai tendu mon mouchoir, elle s'est essuyé le nez, tamponné les yeux, le visage encore pâle comme un linge mal lessivé, avec des traces sales. Soudain, elle dit, *tu sais, entre nous, c'est fini.* Quand une femme dit que c'est fini, cela commence.

— Tu as de la chance d'être dans cet état. Sinon,

j'aime autant te dire qu'on aurait eu des comptes à régler! J'ai horreur qu'on fouille dans mes affaires. En voilà, des manières!

Elle s'est remise à couiner, et puis, elle avait l'air si perdue, éperdue, ma rogne est tombée d'un coup, j'ai eu pitié, je lui ai tapoté les joues

— Mais enfin, qu'est-ce qui t'a pris

caressé la racine des cheveux épars, effleuré des doigts la nuque. D'habitude, ma femme m'écrit à mon bureau, rue Chardin. Je range soigneusement ses lettres, sous des paperasses, parmi mes notes de cours. Elle a dû systématiquement fourgonner dans mes tiroirs. Ou alors, la lettre a dû arriver à l'appartement, par le courrier de l'après-midi, erreur ou malignité d'épouse. Juste le temps de lire, d'avaler le Placyl, et j'arrive à la rescousse.

— Tu ne m'avais pas dit que ta femme et ta fille devaient venir à Noël!
— Ce n'est pas vrai, on en avait déjà parlé.

Pas beaucoup, pas énormément, mais quand même, on avait abordé la question. Dès le départ, dès l'Amérique, lorsqu'on a dressé nos plans, échafaudé notre semestre en France. Noël, une épine familiale. Nos calendriers ne cadrent pas, Rachel reprend ses cours à Northern début février, rentre à New York fin janvier. Fin décembre, il y a une zone trouble, des turbulences possibles, je ne lui ai jamais menti, jamais caché. Mon aînée, onze ans, elle ne peut pas voyager seule, j'ai envie de la revoir ici, de lui faire revoir Paris, elle a beau être américaine, elle a un père.

Français, qu'elle vienne en France, bien normal. Une tante établie en Angleterre, d'une pierre deux coups. Famille éclatée, il faut de temps en temps la ressouder. Noël est la réunion de famille. Ma femme fait partie de la famille. Ma fille, trop jeune, elle doit venir avec sa mère. Si logique, un syllogisme, je ne vois pas quelle objection

— Avant, on n'avait jamais vécu ensemble !
— Écoute, je t'ai toujours dit, à Noël...
— Et moi ? Et moi ? Qu'est-ce que tu vas faire de moi ? Me jeter dehors, pendant que tu installes ta bonne femme et ta sale mioche ici, dans mes meubles ?
— D'abord, ce ne sont pas tes meubles, on vit en meublé...
— Ne fais pas le malin, ce n'est pas le moment. Oui, j'ai ouvert la lettre de ta femme, je voulais savoir ce qui se tramait derrière mon dos...
— Mais il ne se trame rien du tout ! Tu as de ces expressions. Il était depuis le début entendu que j'aurais la visite de ma famille à Noël...
— Je répète : tu auras le cœur de me fiche dehors ?

Et puis elle s'est mise à vociférer en anglais, parce qu'en anglais, elle pouvait m'insulter avec plus d'aisance, être encore plus vache. *You stinking bastard, you fucking son of a bitch,* pris pour mon grade, j'ai écopé

— Mais non, personne ne te met dehors. Tu peux quand même trouver à t'occuper dix jours, je ne te demande pas la lune. On va t'organiser un beau voyage. Tu aimes les sports d'hiver ? Je vais te faire retenir une chambre à Chamonix, à Megève, où tu veux...

— Si j'y vais seule, je te trompe.

— Écoute, je ne peux pas t'en empêcher, tu es majeure. Tu fais ce que tu veux et moi, je fais ce que je dois.

— Ce que tu dois, c'est me tourmenter !

— Voyons, ne dis pas des choses pareilles. Je savais que j'aurais cette année en Europe avant de te rencontrer, cela fait partie de mes accords avec mon université. Et j'avais depuis belle lurette promis à ma fille, qui, après tout, a passé deux années de sa vie en France, de lui faire revoir Paris. Tu veux que je l'abandonne complètement ? Je ne suis déjà pas si bon père ! Non, dis un peu, qu'est-ce que tu voudrais que je fasse ?

Il y a eu un long silence. Elle était tout à fait réveillée, m'a regardé droit dans les yeux.

— Que tu quittes ta femme.

— Rien que ça !

— Si tu prétends que tu m'aimes !

— Ça n'a rien à voir avec l'amour ! Confondre amour et mariage est une invention moderne, absurde, pure confusion mentale. Il n'y a que ça, sur les divans des analystes, des gens qui ont voulu passion et famille, le lyrique et le quotidien, dans un seul joli paquet, emballés dans le même sac ! Il y a même eu un article entier du *Sunday Times Magazine* là-dessus. Voilà où ça mène. Les gens du XVIIe siècle étaient plus sages. Ils ne mélangeaient pas les genres.

— Garde ça pour ton cours, ici, on n'est pas en classe. All you want is to use me, and then get rid of me !

— And you, you're not using *me* ? You're not taking advantage of the free ride I give you to get started on your fucking book ?

Quand on zigzague entre les langues, c'est signe que ça tangue. La bafouille de ma bourgeoise fait du grabuge.

Après son mini-suicide, ses maxi-transes, on est parvenu à une trêve. La paix, fini. Si elle avait jamais existé. Maintenant, elle me jetait régulièrement son paquet d'insultes à la tête, j'avais mon baquet d'injures au visage.

— Tu n'as pas de cœur. À Saint-Aventin, l'été dernier, tu avais le culot de te mettre devant moi à ta machine pour écrire des lettres à ta femme!
— Il n'y avait de prise que dans la salle commune. Qu'est-ce que tu aurais voulu que je fasse? Que je cesse d'écrire à ma famille?
— En tout cas, tu aurais pu t'arranger pour faire cela en dehors de ma présence.
— Là, tu m'aurais déclaré que je me cachais pour te tromper!
— Tu n'avais pas besoin de ta machine, toi et tes habitudes maniaques. Tu aurais pu écrire en ville, dans ton fichu établissement thermal, dans un café, n'importe où...
— Ouais, avec toi qui comptes les minutes et qui me demandes où j'ai été, ce que j'ai fait, si j'ai cinq minutes de retard!

On glisse dans un système implacable. Pile-je-gagne, face-tu-perds. En anglais, cela s'appelle le *double bind*. Un truc épatant. Quoi qu'il arrive, quoi qu'on fasse, on est dans son tort. Parce que, si l'on fait quelque chose, naturellement. C'est l'inverse qu'il aurait fallu faire. Et si l'on avait fait l'inverse, cela revient au même. Puisque ce qu'on aurait dû faire eût été l'opposé. Système infaillible, Rachel est devenue une experte. Même une championne.

— Écoute, moi, je suis honnête, je ne t'ai jamais menti. Lorsque je t'ai offert de venir avec moi à Paris, tu m'as répondu, d'accord, mais pas pour l'année entière, pour un semestre. Je respecte les termes du contrat, c'est toi qui prétends les changer en cours de route !
— Écoute, mets-toi à ma place.
— Mets-toi à la mienne.

Ça, le problème. La place de l'autre, c'est là, par définition, où on ne peut jamais se mettre. Il n'y a que de petites coïncidences, des contacts tangents. J'ai eu droit aux reproches, rétrospectifs ou prospectifs, aux lamentations présentes. Un après-midi, elle déclare

— On joue *la Règle du jeu* à la Cinémathèque, je vais aller le revoir, c'est un de mes films préférés.
— Mais naturellement. Tu vois, ce quartier n'est pas si terrible, il comporte des avantages.

Vers six heures, j'ai eu assez de bouquiner, je me dis : tiens, je vais aller la chercher à la sortie, cela fera une bonne surprise pour elle, une bonne promenade pour moi. Je mets mon manteau, descends, j'ai à peine le temps d'arriver pour la cueillir. Quoi que je fasse, je suis toujours en retard, c'était un peu juste, une de mes faiblesses. Au coin de l'avenue Wilson, j'ai eu une sacrée surprise. J'ai vu, en face, la file des cinéphiles qui longeait le mur de Chaillot, déjà épaisse. Je traverse jusqu'à l'allée cavalière, je scrute la cohorte déambulante. Soudain, à cinquante mètres de moi, là-bas, elle avec un type. Grand, la dépasse d'une tête, l'air jeune, à son affaire, à l'aise, les bras ballants, avec une simple veste de tweed et un foulard dans le clair-obscur frisquet. Coup au cœur, n'en crois pas mes yeux, Rachel s'est fait draguer au cinoche, comme une bonniche. J'en ai le souffle coupé, je suis resté sans bouger, paralysé. Et puis, je me suis dissimulé derrière un arbre. Eux, souriant, badaudant, avancent à pas lents sans me voir. Je les épie, ils traversent, je me lance sur leur piste, haletant. La Cinémathèque de Chaillot, sa Mecque, d'accord. Son mec, il n'était pas prévu au programme. J'avoue que ça m'a fait un rude choc, le cœur qui cogne, frissons le long de la moelle épinière. Ils suivent la place du Trocadéro, s'arrêtent un instant sur le trottoir, puis ils entrent chez Carette. Ils s'attablent, près de la vitre, bien en vue, sans se gêner. On leur apporte des pâtisseries. Ils goûtent tranquillement, babil et sourire aux lèvres. Je prépare une intervention tonitruante, un vrai massacre. Et puis non, il vaut mieux savoir. À quoi m'en tenir, me retenir. Pas faire d'esclandre, mais attendre. Ce qui sortira de sa bouche, ce qu'elle va me raconter à son retour. L'œil rivé sur les silhouettes heureuses derrière la glace, je me suis arraché à grand-peine à ma fureur, je suis rentré. Vers huit heures, la porte s'ouvre, visage animé, joues rosies, Rachel apparaît.

— Tiens, tu rentres tard.
— Ah! le film était toujours aussi merveilleux!
— Tu l'as revu deux fois? Je croyais qu'il n'y avait qu'une séance.

— Non, après, j'ai été prendre le thé chez Carette avec un ami.

— Un ami ?

— Mais oui, Jim, il est étudiant à Yale, le fils d'une amie de ma mère, qui passe l'année à Paris. Je l'ai rencontré par hasard, cela m'a fait plaisir de le revoir, et on a été bavarder. Ça t'ennuie ?

— Mais non, tu es folle ! Tu as toute liberté, tu le sais bien.

Alibi ingénu, imbattable. Quand même, un drôle de poids de moins, sur la poitrine. Quand même, aussi, une inquiétude, plus que légère : j'ai un grave défaut dans mon armure, je suis loin d'être invulnérable.

Et puis, novembre s'est évanoui, décembre arrive à un rythme emballé, comme un vieux film qui s'accélère. À la Noël, ma fille, ma femme ont débarqué. À trois, étroit, le logis exigu de la rue des Sablons craque. Placards nets, toutes ses affaires empaquetées, emportées, Rachel n'a laissé aucune trace. Pas une bavure, scénario impeccable, fête de famille. Presque. Une anicroche, un incident. À peine j'ai eu le dos tourné, à peine elle est installée, ma fille fouille dans les tiroirs. Curiosité, de son âge, à onze ans, elle fouine. Rachel a oublié une mignonne culotte noire, un slip aéré, avec de petits trous sexy sur le pourtour. Curiosité, de son âge, ma fille demande, *what's that, Mummy ?* Heureusement, sa mère ne perd jamais le nord, du tac au tac, *you don't ever ask such questions,* aussi sec. Pendant que j'étais descendu. J'ai eu chaud à mon retour. Avec sang-froid, ma femme m'a tendu la culotte, *tiens, range-*

la, que ta fille ne la retrouve plus. Elle a sauvé la
situation, je l'ai remerciée. Après, tout s'est très
bien passé. Rachel est chez des amis en Angleterre, à Cambridge, de jeunes mariés, une plaisante compagnie. Ils ont une grande maison, elle
aura un Christmas à pudding arrosé de sauce au
rhum rose. Ici, on a tourbillonné dans les rues,
léché les illuminations des vitrines, déambulé
sous les falbalas d'ampoules aux Champs-
Élysées. Heureux d'être père, de temps en temps,
j'ai la fibre procréatrice. À l'occasion des fêtes, elle
vibre. J'ai comblé mon aînée de cadeaux,
d'égards, l'ai gavée, gâtée. Un papa gâteau, par
tranches, je découpe ma paternité, comme le reste.
Il y a les zones réservées, les moments pour. Je la
case comme je peux, le week-end, quand je suis en
Amérique. Aux vacances, quand je suis en
France. Versailles, le Louvre, par les sentes du
Marais, les pentes du Panthéon, de musée en
musée, amusés. Liesse, on a fait des folies. On fera
maigre plus tard. Même ma femme, j'ai été
content de la revoir, je n'ai rien contre. Elle avait,
d'ailleurs, bonne mine, les cheveux bien mis en
place, en plis chez le coiffeur, avant le départ. Ne
fait pas son âge, approche de la quarantaine d'un
port allègre, la minceur conserve. Ma femme, je la
trouve aussi jolie que Rachel, peut-être davantage.
Rachel a un corps plus juvénile, des formes plus
affirmées, plus potelée à peloter, sous les doigts,
plus élastique, on en a plus. Côté visage, mon
épouse est moins pointue, traits moins anguleux,
les attraits moins acérés, le profil mieux harmo-
nisé avec la face. Et puis, il y a les choses en
commun, pas les mêmes qu'avec Rachel, intérêts,
on bavarde enfants, maison, tout va bien à
Queens, mais il faut changer le radiateur de la
petite chambre. Le chauffe-eau aussi, un jour, il a

parfois des fuites. Souvenirs, on a eu nos envolées, Italie, Mexique, surtout, ma femme a connu ma mère. Ça, c'est capital, ça m'attendrit.

— Tu te souviens, quand on allait le dimanche déjeuner au Vésinet dans la vieille 404 jaune ?
— Oui, tu t'asseyais dans la cuisine, en face de ta mère, vous aviez l'air d'être tout seuls, la petite et moi, on était de trop...
— Mais non, tu déformes, c'est bien normal, après une semaine sans la voir, j'avais besoin de parler à ma mère !

Du coup, ma fille, à l'époque, elle était insupportable, se mettait à fouiller dans les casseroles, toujours à faire des bêtises. Les gosses veulent attirer l'attention.

— Quand même, c'était le bon temps !
— Pour toi, peut-être. Bien que j'aie beaucoup aimé ta mère, pas pour moi !

Mémoire s'emplit, soudain se gonfle, déborde d'arbres courts, touffus, à l'infini des collines ondulantes, avec des trouées subites, où se dresse une église de bois peinte en blanc, au carrefour des sentiers montagnards, une basse-cour glougloutante de cous raides arborant leur lèpre rouge, secouant leurs grappes violacées, élevage géant de dindons pour l'holocauste de Thanksgiving, et puis des échappées sur la plaine dévalant entre les fûts grêles des bouleaux, des hêtres, des érables, parmi les bouffées vertes des sapins

— Tu te souviens de notre petite maison d'Amherst ? Elle était quand même formidable. Six pièces, pour soixante dollars par mois ! De mon bureau, j'avais une vue extraordinaire sur la vallée, et la ligne des montagnes au loin... Et le ruisseau, au fond du jardin... Une fois, j'ai failli me perdre. Quand on avait sauté de pierre en pierre jusqu'à l'autre rive, de l'autre côté, on avait la forêt vierge, pas un chemin, la vraie brousse préhistorique, la nature d'avant l'homme... J'ai réussi à me repérer en grimpant jusqu'en haut d'un arbre. Après avoir tourné en rond des heures, j'étais à cent mètres de la maison ! Je ne crois pas avoir habité dans un endroit où j'aie été plus heureux sur la terre...

— Et moi, je n'ai jamais été nulle part plus malheureuse. On ne pouvait pas se déplacer sans voiture, c'est toi qui la prenais le plus souvent.

— Il fallait bien, pour aller travailler à Smith College, à vingt kilomètres !

— Oui, mais moi, j'étais prisonnière à la maison, impossible de trouver du travail dans la région, pour rien au monde je ne voudrais revivre cela !

Toujours pareil. Le paradis de l'un, c'est l'enfer, l'envers de l'autre. Dans le souvenir, tout s'enrobe d'euphorie brumeuse, de brouillards tendres. Pendant que ma fille dormait, moi, le soir, sur les vaporeuses volutes d'un bon vin, avec ma femme, j'ai navigué dans le vague à l'âme

Réveil brutal.

— You fucking bastard, you lousy son of a bitch ! What, you...

— For Heaven's sake, be quiet, it was no crime !

S'est mise à hurler, la voix grimpée aux octaves,

108

suraiguë, elle me nasille, me foudroie, cris me traversent de part en part, l'œil tonitrue, j'ai déchaîné la tempête, commis un meurtre, je suis coupable d'un assassinat

— Quoi! tu as osé...
— Enfin, quand même, il n'y a aucune raison de te mettre dans tous tes états...

Pour un peu, elle m'aurait traité de fiente, de merde. Un enfoiré, un enculé, heureusement, elle m'a déversé son tombereau d'aménités dans la langue de Shakespeare. Fait moins mal. Je réagis moins. Mais à la parfin, j'ai éclaté

— Eh bien, oui, na! j'ai couché une fois avec ma femme, et après?
— Dans mon lit!
— Ce n'est pas le tien, c'est le mien!
— À ma place!
— Écoute, si on voulait être cynique, on dirait que c'est plutôt toi qui es à la sienne... Il n'y a pas de quoi fouetter un chat. Après tout, ce n'est pas la première fois que je baise ma femme, mais je t'assure que c'est la dernière!

Pourquoi je lui ai raconté, je n'aurais pas dû, de ma faute. Il y a des choses qu'il vaut mieux garder pour soi. Ma faiblesse, je parle trop, ma mère disait, *tu as la langue bien pendue*. Pourquoi, sais pas, pour être honnête. Dire vrai pour essayer de vivre vrai.

— Tu m'as dit ça, parce que tu savais que cela me ferait du mal, tu aimes me faire de la peine.
— Mais qu'est-ce que tu vas chercher là! Au contraire, ça devrait te faire plaisir. Ça m'a

absolument passé l'envie de jamais plus recommencer !

— Parce que, maintenant, tu avais envie ?

— Pas vraiment. Enfin, il n'y a pas besoin d'être Einstein pour comprendre : on a bu, la petite dormait, ce sont de vieux désirs enterrés, morts, qui resurgissent un bref instant, une petite flamme qui vacille avant qu'on lui souffle dessus...

— Ne fais pas de poésie, je t'en prie. Tu étais saoul comme une bourrique, je te connais, quand tu es ivre

quand je suis beurré, je bourrerais n'importe qui, n'importe cul, même conjugal. Implique que je suis un cochon, peut-être. Mais je ne suis pas criminel, n'ai pas perpétré de forfait, pas tué mon père, je n'ai pas couché avec ma mère. Avec ma femme.

— Va, je te connais, tu l'as fait exprès pour pouvoir me le dire ensuite, ton plaisir, c'est de me torturer, tu es un sadique...

— Assez de conneries. Je l'ai fait simplement pour voir, pour vérifier. Oui, voilà le mot, pour vérifier.

— Vérifier quoi ?

— Que c'était bien fini, terminé. Et je t'assure que c'est liquidé à tout jamais. C'était comme ç'a toujours été, pas désagréable au début, ma femme, elle a l'air de s'exciter, son corps s'anime, et puis, dès qu'on lui rentre dedans, elle se refroidit aussi sec, pas un gémissement, pas un murmure, on trique une momie... Forcément, s'il n'y a pas de plaisir, on ne peut pas le faire durer, avant même qu'elle ait fait ouf, moi, j'ai fait plouf... Alors, tu vois, il n'y a pas de quoi être jalouse. Je l'ai fait, parce que je veux être honnête avec moi, et je te l'ai dit, parce que je veux être sincère avec toi. Un point, c'est tout.

— Et tu crois que ta soi-disant honnêteté, ta sincérité, ne sont pas les meilleurs instruments de torture?

Et puis, de nouveau, des soupirs, des larmes.

— Je ne sais pas pourquoi je reste avec toi, tu me feras mourir.

— Si on veut jouer au jeu des interprétations, peut-être est-ce là ce que tu aimes. Si je suis sadique, tu es masochiste. La paire classique! Mais, finalement, tu es beaucoup plus solide que tu ne le dis.

— Comment ça?

— Quand tu es partie en Angleterre, tu étais décomposée, livide, on aurait cru qu'aller quinze jours à Cambridge passer Noël, c'était partir pour Auschwitz! Et quand tu es revenue, tu avais une mine superbe, tu avais l'air reposée, tu m'as avoué que tu t'étais pas mal amusée chez tes amis.

— Tu aurais voulu que je périsse de langueur, que je me consume pour toi?

— Au contraire, je suis ravi. Tu m'ôtes mes remords. Mais ce départ, qui était la plus grande des catastrophes, après tout, n'a pas été si terrible. Tu adores dramatiser, comme toutes les femmes!

Toutes pareilles, sauf la mienne. Elles s'effondrent, elles pleurnichent, elles n'ont aucune ressource. Elles font semblant d'être faibles. Mais elles sont cent fois plus robustes que les hommes, en dedans bâties en dur. Toujours elles qui nous

enterrent. Dans les camps, elles qui survivent.
Voir les statistiques.

      janvier a passé encore plus vite
que décembre, et puis les jours qui restaient sont
tombés, l'un après l'autre, comme des cartes. Et
puis, c'était bientôt le départ. Les adieux raniment
toujours les tendresses. À mesure que la date
fatidique du retour à New York approchait, je
n'avais jamais vu Rachel aussi câline, féline, la
grande silhouette mince, souple, allant, venant
dans la chambre, sans bruit. Elle a astiqué tous
les meubles, fait un ménage complet, elle a porté
toutes mes chemises chez le blanchisseur, mes
pulls sales chez le teinturier.

— Tu oublies la moitié des choses ! Il faut bien que
je m'occupe de toi.
— C'est toi qui vas me manquer, ce n'est pas la
bonne !
— Je vais te manquer ?
— Mais enfin, qu'est-ce que tu crois ? Que je suis
de marbre ? Ça fait cinq mois qu'on vit ensemble
ici, je n'arrive pas à imaginer un instant cet
appartement sans toi...
— Tu l'as pu, à Noël !
— Ne revenons pas là-dessus, ça, c'était spécial.
Christmas comes but once a year, comme dit le
proverbe. Mais, dans la vie quotidienne, la vraie,
la réelle, je ne sais pas comment je vais faire sans
toi. Tu fais maintenant partie de moi.

J'ai dû dire cela avec un accent convaincant, elle
a eu l'air contente, et quand Rachel est contente,
elle ronronne. Ses grands yeux de velours noir se

frottaient contre la peau de mon visage, m'effleuraient les joues, ses longs doigts frôleurs se refermaient soudain sur le dos de ma main, à table, je sentais sa douce étreinte. Pas un mot plus haut que l'autre, pas une plainte, aucun reproche, rien qu'une entente intime, resserrée, de tous les instants.

— Il faudra que tu reprennes rendez-vous avec le docteur.
— Mais non, ce n'est rien.
— Je n'aime pas les rhumes qui traînent, surtout avec ta gorge sensible.
— Depuis Luchon, grâce à toi, j'ai une gorge en acier, des vertèbres en béton ! C'est vrai, sans toi, jamais je n'aurais eu le courage d'aller m'enterrer trois semaines dans un tel trou...

Sans elle. Il y aurait, à chaque geste, à chaque pensée, quelque chose d'essentiel, soudain surgi, qui manquerait. Le soir, quand la pluie bat en lourdes nappes, quand la rue se noie dans un torrent glacé, lorsqu'on s'enfonce dans un livre, tous deux. Au salon assombri, ensemble, chacun perdu dans sa tête, cheminant séparément dans l'invisible, soudain, relever les yeux, m'arracher à la torpeur paisible, entrecoupée des toussotements du radiateur. La trouver, là, étendue, levant à son tour les yeux vers moi, sur l'étroit canapé-lit. Plus rien, plus personne, me serre la gorge. Son absence imminente m'oppresse la poitrine, résonne dans le vide de mon crâne désert. Je ne peux pas même imaginer. Seulement huit jours qui restent, sept, six. Après, tellement loin, quand, où. Dans une autre vie, une autre ville. Peut-être n'y aura-t-il pas d'après. Elle s'apprête. Ses bagages, avec tous les bouquins achetés, ses liasses de notes, pèsent plus qu'à l'arrivée. Une résolution subite me saisit.

— Je t'accompagne à Luxembourg.
— Mais tu as tes cours...
— Je prendrai deux jours de congé. Tu ne peux pas partir seule, avec cet amas de bagages, je ne veux pas te laisser partir seule. C'est dit.

Elle n'a pas protesté. On a repris le chemin de la gare du Nord, l'autorail. Elle a refait le voyage de l'été en sens inverse. Luxembourg, un mouchoir de poche. De la gare à l'aérodrome, un saut de puce. Le taxi nous a déposés devant le hall d'Icelandic Airlines, un aéroport de famille, champêtre. Autour, une immensité de prés couverts de neige, avec, au milieu, le ruban déblayé de la piste. On a laissé les valises à la consigne, dans le hall quasi désert. On est retournés en ville, dernière soirée, on l'a passée au vin du Rhin, avec des truites, après, à parler, dans notre chambre caverneuse, grotte taillée en plein granit, tard la nuit, puis, n'ayant plus rien à nous dire, en silence, les murs épais étouffant tout bruit. Le matin, mon train partait avant son avion. Elle m'a raccompagné à la gare. Au lieu de l'humidité aigrelette de Paris, un gel sec, implacable, balayait le quai en rafales brusques, traversant nos gros manteaux boutonnés jusqu'au col, comme des rideaux entrouverts. Rachel tremblait, lèvres gercées, craquelées. Son bonnet de loutre russe à oreillons faisait ressortir la saillie du nez aigu, toute ruisselante. Pour voyager des heures en avion, la première fois depuis des mois, elle avait rangé ses lentilles, remis ses lunettes. Recollée à la première image d'elle, resurgie sur le quai, vivante, vibrante, dans le vent. Si laide, là, à

114

sangloter, elle me bouleverse. J'ai senti mon ventre se tordre, les larmes me monter aux cils. J'ai dû faire un effort immense, mais mes lèvres tremblaient aussi. Je gagne l'autorail en attente, les sons ne sortent plus de ma gorge, j'arrive d'une voix éraillée à émettre

— On s'écrira, quelques mois passent vite...
— Écoute...
— Je t'enverrai sans cesse des lettres, je penserai sans arrêt à

Elle s'approche du marchepied, ultime étreinte, mon wagon s'ébranle, ses lèvres bougent, les yeux rougis levés vers moi, le visage contorsionné, convulsionné, me crie

— Avant ton retour à New York, il faut que tu décides : ta femme ou moi !

Les roues grincent, les essieux tressautent. Je sursaute.

SPIRALE (II)

WITH WARMEST GREETINGS FROM ICELAND
        éruption or et pourpre de volcan
sur le ciel mauve de la carte
*1ᵉʳ FÉVRIER   5 heures 30   seulement
cinq heures que nous nous sommes quittés et j'ai
déjà tant à te dire*

*FEB. 2, 1972   My dearest sweet-
heart   Cela a été si merveilleux d'entendre
ta voix, si naturel aussi, que je ne vois pas
comment, pendant les longues semaines et les
mois à venir, il va n'y avoir que silence   au
moment où je t'écris, me voilà seule, pour la
première fois depuis mon arrivée, et de retour à
mon appartement   bien sûr, entre ces
quatre murs, le silence n'est pas aussi pesant qu'il
doit l'être dans notre logis, là-bas   un
calme subit, un dialogue interrompu sont dix fois
pires qu'un vide familier, un constant monolo-
gue   malgré la surexcitation du retour, aux
tout premiers instants, je suis aux prises, comme
tu dois l'être, avec une sensation d'effondrement
total, d'aliénation par rapport à tout ce qui
m'entoure   alors, je parle, je parle de toi, de*

119

notre vie à Paris, je te rends sans cesse présent, mais bientôt je n'aurai plus cette échappatoire   mon appartement est, comme dit aimablement ma mère, plus propre que lorsque j'y habitais   j'ai eu à peine le temps d'y jeter un coup d'œil, mais tout a l'air en ordre   malgré mon plus vif désir de continuer à t'écrire, pour prolonger le contact, je dois commencer à défaire mes valises   je t'en prie, écris souvent   je t'aime et je

P.-S : *Un détail matérialiste qui a son intérêt : bien que mon traitement brut ait été augmenté de 875 à 937 dollars, ma paie nette*

RE.-P.S. :   *il y a à peine une heure que je t'ai écrit les pages qui précèdent, mais, à mesure que je déballe mes affaires, ma façade d'enjouement s'écroule. De revoir mes vêtements, mes livres, mes affiches, donne à mon retour un sens nouveau et sinistre. Je commence à réaliser que tu es là-bas et moi ici, et que tu me manques terriblement, terriblement. J'ai envie de te serrer contre moi, d'entendre ta voix, même si c'est seulement pour me dire : « Ne jette pas le Monde ! »   je te vois dans l'appartement, mangeant seul, dormant seul et cela me fend le cœur   je veux savoir ce que tu as écrit ce matin   mais, vois-tu, toutes les choses que tu m'as dites, surtout le dernier soir à Luxembourg, me font chaud à l'âme. Te rends-tu compte que c'était la première fois que tu m'as dit que tu m'aimais ? Je ne l'oublierai jamais*

FEB. 4, 1972 — 11 P.M. My dearest sweetheart j'espérais contre toute attente trouver une lettre de toi peut-être demain j'ai tellement envie d'avoir de tes nouvelles, d'entendre ta voix, tes paroles j'évite tout tête-à-tête prolongé avec moi-même, jusqu'ici je n'ai pris qu'un repas toute seule, au petit déjeuner le mobilier m'est familier, mais ce contact essentiel qui naît de l'habitude a été rompu je me sens comme une étrangère chez moi il y aurait bien des réparations à faire les meubles montrent des signes d'usure la housse du divan est trouée les chaises de la salle à manger sont épileptiques les rideaux du salon sont en pleine désintégration mais mercredi soir j'ai dîné chez Annie, elle habite à présent littéralement à deux pas d'ici une soirée agréable où nous avons fait un tour d'horizon son nouvel ami a l'air très gentil juste ce qu'il lui faut c'est lui qui a préparé le dîner, pour que nous puissions parler en paix figure-toi qu'il a grandi dans ton quartier de Queens! Et puis Pamela est arrivée en cours de soirée et

FEB. 7 My cela te paraîtra étrange, mais toute la matinée j'ai lutté contre un violent désir de t'écrire. Tu diras: pourquoi lutter? Parce que j'ai le sentiment qu'il faut que je m'habitue à ma solitude, t'écrire est un signe de faiblesse. Mais, comme tu vois, mes impulsions sont plus fortes que ma volonté j'attends avec impatience ta PREMIÈRE LETTRE je sais que les semaines qui viennent seront aussi pour toi, du

moins par intermittence, un pur tourment   je
ne puis t'aider qu'en t'envoyant tout mon

FEB. 8   *Mon chéri   quelle joie de rece-*
voir ta lettre ce matin   tes post-scriptum 1 2
et 3 m'ont réchauffé le cœur et rendue presque
heureuse   pendant   une   autre   dure   jour-
née   bien que je me rende compte que tu ne
peux pas écrire aussi souvent que moi, je t'en
prie   tu te demanderas ce que je peux
bien avoir à te dire depuis hier   eh bien il y
a un événement horrible qui nous a plongées, mes
amies et moi, dans un deuil profond   le
mari d'une des femmes de mon groupe, tu sais,
notre petite thérapie hebdomadaire, est mort
accidentellement   il a glissé dans la neige,
a été heurté par un camion et a été tué évidem-
ment sur le coup   il avait trente-trois ans et
était un artiste plein de promesses   je m'ex-
cuse de te parler de tragédies de gens que tu ne
connais même pas, mais désormais mes amis me
semblent être aussi les tiens   le caractère
soudain, brutal de cette histoire épouvantable m'a
rendue d'autant plus sensible à l'amour que nous
éprouvons l'un pour l'autre et m'a remplie d'an-
goisse à la pensée de le perdre

FEB. 12   *Mon chéri   avant tout*
merci des deux merveilleuses lettres que j'ai
reçues depuis que je t'ai écrit   bien qu'au-
cune lettre ne puisse remplacer un seul instant ta
présence, elles portent la marque de ta chaleur
propre et de ton précieux amour   j'ai été
particulièrement touchée par tes souhaits pour le
jour J, la reprise de mes cours   j'ai eu le
sentiment que tu suivais par la pensée mes

activités quotidiennes et aussi, sur un autre plan,
que tu me soutenais vraiment à fond dans mon
travail   je suis retournée aujourd'hui
pour la première fois à Northern et cela n'a
fait que renforcer mon impression d'aliéna-
tion   pendant tous ces mois, Northern n'était
pour moi qu'une abstraction, séparée de tout
souvenir précis, divorcée d'avec sa réalité physi-
que   j'ai aperçu Ledieu à qui j'ai dit que
j'aimerais discuter de certains points avec
lui   à quoi il a répondu : « Si vous pouvez
en parler entre la porte de mon bureau et l'esca-
lier... j'ai une réunion de comité et je suis en
retard. » N'est-ce pas du Ledieu tout cra-
ché ?   malgré ses grands airs et l'im-
portance incroyable qu'il se donne, j'avoue que
j'ai été heureuse de revoir son sourire diaboli-
que   c'est vraiment le seul homme dans
ce département qui ait le moindre sex-
appeal   l'autre soir il y avait chez
vous une réception en l'honneur de Robbe-
Grillet   finalement je me suis bien amusée,
dans la mesure où je commence à me sentir au-
tant à l'aise, sinon plus, chez vous qu'à Nor-
thern   quelle différence entre nos conversa-
tions crispées dè trois minutes et mon entretien
chaleureux, à cette soirée, avec le directeur de
votre département   le contraste est dépri-
mant   Lévêque était tout bronzé et élé-
gant   il m'a tout de suite prise à part dans
un coin   j'ai eu la surprise d'apprendre
par lui que tu avais demandé un nouvel arrange-
ment   moitié moitié entre la France et
l'Amérique   il m'a dit qu'il ferait tout son
possible pour te satisfaire   je lui ai dit que si
l'on pouvait arriver à un tel accord, moi aussi j'en
serais heureuse   j'ai ajouté, naturellement,

que cela n'irait pas sans me poser des problèmes et il m'a déclaré t'avoir lui-même questionné sur ce point lors de son passage à Paris   lui et moi, comme dirait Annie, nous sommes sur la même longueur d'ondes   et maintenant, mes propres nouvelles   je n'ai pas pu t'écrire ces trois derniers jours, parce que la reprise du travail m'a jetée dans un tourbillon d'activité   fondamentalement, je suis ravie d'être de nouveau au boulot   quelle que soit la quantité de travail accompli à Paris, lire, prendre des notes, je n'ai jamais éprouvé ce sentiment immédiat de satisfaction qu'enseigner un cours, n'importe quel cours, me donne   je veux dire l'effort physique, le fait de « trimer » tout simplement   j'ai besoin de sentir, au plus profond de moi, que je mérite ma place au soleil   j'ai eu un peu de mal à prendre le départ   et puis après   en sortant de mon cours avancé sur la poésie du XIXᵉ siècle, je n'avais qu'un souhait   te retrouver pour déjeuner à Fuller Hall   t'avoir toi et mon travail en même temps   ce serait trop beau   dearest quand est-ce que tu vas venir ?   cette période d'attente serait plus supportable si j'avais une date précise à l'esprit   je ne peux pas croire qu'il n'y a que quinze jours que j'ai quitté Paris

FEB. 19   My dearest sweetest   que je te dise tout de suite à quel point je suis ravie et surprise de la correspondance extraordinaire que nous avons   la nouvelle dimension qu'elle a déjà ajoutée à nos rapports est la seule compensation que je puisse imaginer pour tout ce temps *perdu loin l'un de l'autre   ta longue et merveilleuse lettre, reçue ce matin, a jeté un éclat de soleil dans une journée particulièrement lugubre (pluie-neige-boue depuis trois jours)   je vais commencer par te tenir au courant de ma classe de littérature, puisque tu parles de façon si gentille et encourageante de ma carrière   ton intérêt pour mon travail, ta participation à mes soucis professionnels me touchent extrêmement   non que je ne puisse me débrouiller toute seule bien sûr   mais parce que, si nous devons vivre ensemble, le respect mutuel pour nos aspirations propres est essentiel. Donc j'ai préparé une petite introduction à la critique thématique, en citant de larges extraits du* Mallarmé *de Jean-Pierre Richard*

FEB. 21   *je suis très inquiète pour ton sommeil   s'il y a un moment que je ne regrette pas, c'est quand tu te réveilles, le matin, après avoir pris une dose particulièrement forte de somnifères   que faire?   par contre, les nouvelles du progrès de ton roman sont bonnes   quand tu me l'apporteras, au moins, tu pourras m'en lire toi-même des passages   ce n'est pas tout à fait la même chose que lorsque les pages sortaient toutes chaudes de ta machine, mais elles seront animées par ta présence   aujourd'hui, anniversaire de Washington, pas de courrier   par l'une des journées les plus glaciales, pas de chauffage   épouvantable   comme bien tu le penses, il est difficile de travailler sérieusement, quand on se lève toutes les cinq minutes pour tâter le radiateur ou se réchauffer les mains contre le fourneau   donc je n'ai pas* encore pu relire Lorenzaccio, seulement mes notes   quand il a fait si froid que mon cerveau s'est mis à geler à son tour, je me suis glissée dans mon lit et j'ai regardé Nixon atterrir à Pékin   j'avoue que j'avais les larmes aux yeux à la vue de Nixon serrant la main de Chou   en demandant à mes étudiants et collègues s'ils avaient regardé le reportage je me suis aperçue à quel point ils sont tous blasés et anti-Nixon   pour moi, en dehors des motifs sordides que Nixon peut avoir (et les Chinois aussi, en l'occurrence), cette poignée de main avait quelque chose d'extraordinaire en soi   ah bah   je ne suis qu'une «libé-rale» sentimentale

LE 23 FÉVRIER   Mon amour   gran-de déception ce matin   pas de lettre de toi   ce n'est pas un reproche   je suis sûre que, si tu ne m'écris pas, c'est que tu es débordé de travail   je sens que quatre jours sans un mot de toi sont ma limite   je commence à m'inquiéter, à me demander ce que tu fais, si tout va bien   d'une manière générale, j'ai le cafard   cette semaine, je n'ai pas pu tra-vailler comme d'habitude, je ne peux pas vivre dans un état de tension constante   j'ai déban-dé, plouf!   c'est idiot, parce que, pour une fois, j'ai trop de choses à dire   Musset m'inspire, je compte y revenir plus tard   mais il faut du temps pour mettre au clair mes idées   et puis j'ai revu mon amie Helen Taskov hier soir   elle était enceinte de cinq mois   et pour des raisons complexes, cela m'a déprimée   contrairement à ce que tu pour-

126

rais croire, ce qui me déprime, c'est mon ambiva-
lence envers la maternité   non un désir pur et
simple de faire — de me faire faire — un
gosse   j'essaie de voir ce qui me vient de
l'extérieur, du milieu culturel, du moment historique: les «instincts» maternels ou l'ambition
professionnelle?   quand je suis déprimée
comme ça, je m'en prends à mon appartement   j'en ai marre de vivre à l'étroit,
avec des chaises branlantes, des rideaux
troués   mais — enfin et surtout — tu me
manques

FEB. 28   Dearest darling   je ne sais
pourquoi, mais je n'arrête pas de me sentir
déprimée   ce ne sont pas mes règles, parce
que je les ai eues   j'aurais voulu t'appeler ce
week-end, en fait, j'en avais l'intention, jusqu'au
moment où j'ai reçu mon dernier relevé bancaire
et où   quand je réfléchis à ce qui peut
avoir occasionné cette déprime, ce qui me vient à
l'esprit, ce n'est pas une cause majeure, mais une
accumulation de petits faits   en premier lieu,
le fait que la semaine écoulée ne m'a apporté
qu'une seule lettre de toi   je sais trop bien
comme on peut être bousculé au début d'un
semestre et je suis sûre d'avoir une lettre
demain   mais, en dépit que j'en aie, ton
silence m'inquiète   soudain, un silence semble en révéler un autre   je me mets à
penser à tout ce que toi et moi ne nous disons
pas   par exemple   comment tu envisages
les vacances de Pâques dans ton esprit   j'ai
tâché de respecter ton silence   je sais qu'il
est motivé par le tact, non la cachotterie   mais
je commence à y lire des horreurs   mes

angoisses latentes, mon masochisme, tout affleure   et je veux savoir : as-tu écrit à ton analyste ? qu'est-ce que tu as l'intention de dire à ta femme et à tes enfants ? où et comment nous verrons-nous ?   excuse ces questions et ne te sens pas obligé d'y répondre   je voulais seulement que tu saches que je les ai présentes à l'esprit — et au cœur   une autre raison d'avoir le cafard, je suppose, c'est que mon amie Helen, que je venais de voir radieuse de bonheur dans sa grossesse, a eu une fausse couche deux ou trois jours après   comme quoi on ne peut compter sur rien dans la vie   chaque petite joie, chaque jour de santé, chaque moment d'amour doivent être prisés à leur juste valeur   que faisons-nous, à gaspiller tous ces instants précieux ?   soudain je me sens impatiente, j'ai peur que ma joie ne me soit dérobée avant qu'elle ne soit accomplie dans sa plénitude   mais cette plénitude dépend du malheur d'autres personnes   quand nous sommes ensemble, nous pouvons discuter de tout cela, mais seule

MARCH 1   My sweet   après trois jours passés au trente-sixième sous-sol, grâce à ton coup de téléphone surprise, ta charmante lettre et à une température grimpée d'un coup à 22°, je me sens d'attaque aujourd'hui   je ne sais pas pourquoi j'étais flippée comme ça, mais maintenant c'est fini   tes nouvelles professionnelles sont excellentes   cela doit être formidable de recevoir des invitations de Londres à Budapest, de la Suisse à l'Espagne   oui, novembre à Séville serait idyllique, mais comme nous le savons tous deux, il y a fort à faire et à débrouiller auparavant   à Pâques nous

*n'aurons pas seulement à affronter le traumati-
que, mais à confronter le pragmatique   ce
serait mentir que te dire que je ne compte pas les
jours*

MARCH 4   *My   sweet   sweetheart   en moins d'une semaine, par un
mouvement de bascule, me voilà passée d'un
état   dépressif   à   un   état   quasi euphori-
que   explication: d'abord ton coup de fil et tes
deux lettres   ensuite: conversation que je
viens d'avoir avec Bauman, qui m'a harpon-
née dans le couloir pour me dire: «Est-ce que
John vous a parlé de l'institut? — Quel
institut?»   eh bien en deux mots
      ils ont décidé de reprendre en main leur
antenne parisienne, de la rendre «opération-
nelle»   et cela dès la rentrée prochaine   pour mener ce projet à bien, figure-toi
qu'ils m'ont choisie à l'unanimité   comme leur
fondée de pouvoir à Paris   l'automne prochain!!!   en fait il s'agirait de donner
à un petit groupe d'étudiants une formation
accélérée qui consisterait à   naturellement
il faut que l'administration de Northern approuve
ce projet   quant à moi, je n'ai pas caché à
Bauman que j'étais absolument ravie tant pour
des   raisons   personnelles   que   professionnelles   bien sûr nous ne devons pas nous
monter la tête, car il y a toujours un risque
d'échec   mais la simple possibilité que
nous puissions être ensemble à Paris dans des
conditions idéales m'emplit d'une telle joie que je
me sens aussitôt effrayée, indigne   qu'ai-je fait
pour mériter un tel bonheur   je suis vraiment
folle   la maladie, la solitude, je les accepte*

comme mon lot   mais le bonheur me donne
un sentiment de culpabilité   la dernière des
puritaines juives, en somme   nous aurons
tellement de choses à discuter à Pâques   plus
que trois semaines

MARCH 14   Dearest   juste un mot
pour te dire bonjour, pour te dire que je ne t'oublie
pas   je n'ai vraiment pas grand-chose de
neuf à te communiquer depuis ma dernière
lettre   la grande nouvelle me vient de ma
fenêtre sur le monde : il y neige en ce moment,
d'une neige lourde, inattendue et hostile   dimanche soir, j'ai observé un
spectacle terrible de ma fenêtre   un incendie
qui faisait rage dans un bâtiment entre Bleecker
et West 4th   il a commencé vers minuit et le
bruit des trompes m'a arrachée du lit, j'ai cru que
mon immeuble avait pris feu   c'était comme
une image d'Épinal. avec de grands jets de
flammes qui dardaient des fenêtres et montaient
droit vers le ciel. Le lendemain, je suis passée
devant   les trois étages supérieurs étaient
éventrés   avec de larges pans d'azur entre les
poutres   il va sans dire que j'attends ta
prochaine lettre dans la crainte et le tremblement   tu m'en apprendras davantage sur tes
projets pour l'année prochaine   et les suivantes   après ta lettre bouleversante de
la semaine dernière, je suis en proie à tant
d'émotions contradictoires, que je ne sais plus où
j'en suis   je ne puis m'empêcher de penser,
en relisant ce paragraphe crucial, qu'en fin de
compte, tu éprouverais moins de douleur et
d'angoisse, à coup sûr, moins de culpabilité, à te
séparer de moi qu'à divorcer d'avec ta

femme   je songe combien de fois, par le passé, tes décisions capitales ont été le résultat d'un ultimatum   celui que tu as toi-même adressé à ta femme pour qu'elle t'épouse   le sien pour avoir des enfants   je ne pense pas que les mariages, du moins les mariages heureux, devraient procéder par ultimatums   mais où est la ligne de partage   entre forcer quelqu'un à assumer une décision déjà prise   et forcer quelqu'un à prendre une décision qui va à l'encontre de ses plus profonds désirs   malgré tous mes sentiments de culpabilité et toutes mes craintes, l'idée d'une séparation finale m'est insupportable

tout tourne avec le décalage horaire boule terrestre vous tourneboule la cervelle   dans les rayons de soleil poussière ardente qui danse   perdu éperdu vague tintamarre autour de verres de fourchettes enveloppé d'un cliquetis sourd ouaté aux tempes   comme un lent vertige qui m'a pris entre les yeux accroche les tables damassées nappes neigeuses   fondant à la chaleur douce ambiante prunelles embuées et puis saisit la moquette les chaises les piliers qui soutiennent le plafond bas   tout tourbillonne branle qui commence juste là derrière les paupières qui palpitent clignotent entre les cils qui battent s'étend à la vaste salle vitrée   je dis

— *Ce n'est rien, c'est la fatigue*

elle se penche, inquiète, ses escarboucles brillent, diamants noirs jettent leurs feux, son nez fine-

131

ment illuminé dans la lumière tremblante, lèvres qui frémissent

— *Tu es sûr ? Tu as l'air un peu pâle*

étend le bras à travers table, me prend la main, ses doigts longs, minces, me caressant, aériens, la paume, effleurant ma peau, son corps penché tout entier vers moi comme un souffle chaud m'enrobant, je me dérobe

— *Mais non, tu sais, avec ces six heures de différence, je ne sais plus où j'en suis*

ronronnement incessant se tasse   bruit de fond vrombissement assourdissant puis assourdi ronflement sonore des moteurs   on tombe   chute libre dans le silence des pensées amorties chuintement soyeux du fleuve d'air paisible une à une éteint les idées   les souffle comme une bougie peu à peu happées par le vide je disparais vidange   aux toilettes d'un pas titubant regard effaré me déverse trop-plein jaunâtre mousse un moment dans la cuvette d'aluminium aspiré par une ventouse   de nouveau affalé m'affaisse tintamarre des tuyères me remplit me bourre la tête ça m'évacue de moi-même   une secousse de la carcasse d'acier tressaute une seconde une troisième trouée dans le calme plat dégringole d'un soubresaut à l'autre cahoté   en plein ciel montagnes russes dans le vide catapulté FASTEN SEAT BELTS signe s'allume signal danger d'un seul coup la bête de métal se redresse   je me réveille

forcément, ça me bourdonne dans la tête. Et puis,

pour dormir, j'ai dû prendre mes éternels
cachets !
— Toi et tes pilules... Je me fais beaucoup de souci
pour toi, il va falloir

signal s'éteint danger disparu   m'assoupis de
nouveau m'assourdit doucement aspiré sucé je
descends au long moutonnement sonore entrecoupé scandé de silences légers   musique des
sphères lent vibrato déplié comme une écharpe
dans l'espace flottant valse propulsée à l'infini
étirée dans l'éther

à terre   j'atterris dans le quotidien je retrouve
mon banal   me cogne à mon autre moi l'autre
moitié me tamponne   d'un seul coup me heurte
à l'autre vie l'autre ville   je viens caramboler
contre moi-même moi émoi se télescopent je vole
en éclats

tout se désintègre tranches de vie peux plus
accoler mes morceaux carcasse démantibulée n'ai
plus d'armature   mon existence exsangue est
désossée ma viande saigne nausée rougeâtre
douceâtre

que tu fasses plus attention à toi, que tu ne joues
plus ainsi avec ta santé

elle porte son nouveau tailleur vert, avec des
revers de velours, et le regard assorti, qui se
veloute. Chaque syllabe se détache, l'inflexion qui
les égrène retentit au fond du silence. Rendu à son
staccato entrecoupé, à ses remous profonds de
gorge, à sa glotte, sa grotte tintantes d'échos. Sa
voix, un peu oubliée, devenue vague, me réin-
carne

tu te détruis, avec toutes les saletés que tu prends !
— *Ce n'esî pas par plaisir, c'est le docteur Robert qui le dit: « Il faut que vous dormiez. »*
— *Mais il t'avait fait, tu me l'as écrit, de l'acupuncture ?*
— *Ça n'a pas l'air d'agir beaucoup.*
— *Tu es toujours impatient. Toi et tes docteurs !*

Elle sourit large, tendre complicité. Mes docteurs. Pour le sommeil, pour la gorge, pour l'âme. Je rétorque

— *Et toi, tes spasmes à l'estomac, à ton retour, ces radios que tu as dû faire faire. en vain, Dieu merci...*
— *On ne savait pas ce que c'était, on craïgnait un ulcère. Cela me réveillait même la nuit. J'ai eu très peur.*
— *Moi aussi. Tu m'as fait peur dans tes lettres.*

Bulletins de santé mutuels, échange de nouvelles physiologiques, intimité renouée des corps, des retrouvailles glandulaires, sécrétions moites, nos hormones se mêlent

— *You really frightened me !*
— *At least that showed you cared for me.*

langues de nouveau enchevêtrées, notre amour tout emmailloté dans nos tissus internes, happés l'un dans l'autre, la dévore des yeux. Huit jours déjà, ici même, je l'ai rencontrée, revue. Revient. Maintenant, elle demande

— Et comment est-ce que ça se passe chez toi ?

— Dare-dare. À peine de retour, j'ai dû courir assister à la pièce où jouait ma fille aînée à l'école, pas le temps de souffler !

Sa voix grave hésite un instant

— Et c'était bien ?
— Oh ! tu sais, ce n'était pas du Shakespeare, une pochade pour potaches, une enfilade de saynètes dites drôles...
— Ta fille, elle était bien dans son rôle ?
— Oui, je dois dire, très bien, pour une môme de douze ans, elle s'en est tirée pas mal.
— Et ta femme, elle est venue avec toi ?
— Non, rassure-toi, un seul parent à la fois, c'est la règle. Quand je m'occupe de ma fille, ma femme a campos.

sensation étrange   mes rues se remettent soudain en place ma maison sur sa pelouse avec des plaques de neige   mon bureau d'abord étranger tout autour sur les rayons de pin verni mes livres au mur accroché le grand miroir me reflète   figure pâle traits tirés je me reconnais à peine mon image flotte là parmi mes valises empilées pas encore défaites visage défait
puis me refais peu à peu renais à moi-même près de mes filles mes fils familiers familiaux m'enserrent ça me relie attaches solides membres d'une maisonnée   le toit c'est moi   c'est nous ça me renoue mes habitudes toutes prêtes toutes chaudes m'accueillent   je suspends mes pantalons dans le cagibi je retrouve ceux que j'ai laissés   au-dessus sur les étagères tous mes papiers je range mes vestes traits crispés peu à peu je me défroisse

bout de terrain ma maison dessus autour mon territoire   dalles de ciment inégales la rue en pente le long tous les vingt mètres demeures de brique   mêmes fenêtres à résilles de métal noir au pied des perrons mêmes arbustes d'azalées mauves magnolias plantés en candélabres de porte en porte chandelles blanches roides des fleurs au soleil naissant   tanière printanière je hume comme un animal

palpite déjà   début avril pelouse frileuse s'éveille à peine déjà s'agite gazon frémit   entre les plaques de neige daffodils mes jonquilles percent la terre rêche   je remonte mon trottoir érafle ma chaussure au ciment disjoint d'un pas allègre je gagne Vleigh Place   le delicatessen toujours là la teinturerie le petit bar mystérieux toujours fermé la pharmacie tout est ouvert

Queens County Savings ma banque à clocheton d'église blanc   au bout de l'allée là-bas mon dentiste   je débouche en face de la poste sur Main Street   le supermarché qui livre à domicile n'a pas bougé les pâtisseries juives s'alignent la vue m'anime

Son sourire a disparu, sa lèvre s'est durcie. Son visage est de nouveau en pointe, son nez en saillie, le regard en vrille. Se met à me poser des questions. Quand je réponds, je la hérisse.

— Tu avoueras que j'ai été patiente. Je t'ai laissé rentrer chez toi. Je n'ai pas voulu te brusquer. Depuis huit jours que tu es là, on en a passé trois ensemble. Je t'ai même

La grande salle du restaurant de Fuller Hall,

perchée tout en haut, sur la terrasse, est inondée
de lumière tiède. Avril rayonne, de Washington
Bridge à Harlem, l'œil plane, se heurte au loin aux
travées grises de Triboro Bridge, on surplombe
tout le nord de Manhattan. Sur l'étendue dépliée
d'un bord de l'horizon à l'autre, le regard tombe,
balaie les damiers des avenues et des rues, les
toits plats, hérissés de leurs châteaux d'eau en
bois, coniques. Notre lieu de rendez-vous favori,
elle m'y assigne à comparaître. J'ai eu une arrivée
très tendre, l'autre jour, à ma descente d'avion. À
présent, elle attend mon verdict. Je suis devant
son tribunal. La hâte, la fatigue accumulés
commencent à me mousser sous les paupières, une
torpeur scintillante me gagne, les grains de
poussière éclatent parmi les stries de lumière
comme des étoiles. Sa voix ramène mon regard
sur elle. Droite, buste roide, en face de moi, se
dresse ma partie adverse. Elle se redresse sur son
siège, les joues rosies, flamme noire aux prunelles.

tu avoueras, encore une fois, que j'ai été gentille, je
t'ai même laissé retourner, le week-end dernier,
avec tes filles chez tes beaux-parents...

banlieue de Boston   la grande maison de bois
blanc derrière la lice blanche   le long de
Charles River parmi les castels rosâtres à toits
d'ardoise qui reflètent leurs vingt pièces dans
leurs étangs   presque vingt ans qu'on y
célèbre la Pâque et Pâques Hanukah et Christmas
le Seder et Thanksgiving   pêle-mêle dans les
mélopées hébraïques les bombances de dindons
les bâfrées d'huîtres et de shrimps le pot-roast
bien épicé jambon entier de Virginie constellé de
clous de girofle   cachère et pas cachère chère

lie liesse   après tout les ai connus bien
avant elle   tradition remonte presque
avant sa naissance   Charles River il faut
bien quelquefois se baigner dans le même fleuve

— Tu ne vas pas en faire une histoire. Un simple
aller-retour, parti samedi, revenu dimanche. Ce
n'est pas un tel enchantement de passer quatre
heures à conduire et de rentrer le lendemain à
bride abattue... Il n'y a pas de quoi fouetter un
chat. Je suis revenu à New York aussi pour faire
plaisir à mes gosses!

J'ai dû prononcer un mot tabou. Rachel explose

— Écoute, tu dois rêver, si tu crois que cela va
continuer comme ça. Rappelle-toi ce que je t'ai dit,
sur le quai de la gare, à Luxembourg...
— Je me rappelle.
— Eh bien, si tu te rappelles, c'est le moment de le
montrer!

La salle maintenant se vide, les cliquetis s'étei-
gnent, le bruit s'apaise. Le soleil coule toujours sur
nous en nappes dorées, Rachel est irriguée de
lumière tiède, son profil aigu, accusé, s'adoucit, et
puis, d'un seul coup, son ton change, elle se
penche de nouveau vers moi, voix qui s'altère

— Tu sais ce que tu m'avais promis... Je ne peux
plus supporter cette attente, cette indécision. J'ai
cru être plus forte que je ne suis. Je me rends
parfaitement compte de tout ce que cela représente pour toi, je sais trop bien à quel point ces
arrachements sont douloureux...

deux mois que ça mijotait dans sa tête, dans ses

lettres, comme un crescendo s'amplifiant, appel des cuivres, long, trémulant vibrato des cordes, connais la musique, maintenant c'est la bourrasque symphonique, le déchaînement des vents, toute la lyre

Crois-moi, je ne suis pas sans en éprouver moi-même beaucoup d'angoisse, j'ai un peu peur de l'avenir, et puis, je te l'ai déjà dit, écrit, je me sens, en un certain sens, très coupable...
— Tu n'es pas responsable de mes actes !
— Si, si, envers ta femme, et surtout, envers tes enfants. Mais, vois-tu, je ne peux plus tenir. Je me ronge nuit et jour, je n'arrive plus à penser à autre chose. Tu sais ma passion des vieux films : je ne serai pas une nouvelle héroïne de *Back Street,* dans ton remake ! Je sais aussi que tu peux choisir dans l'autre sens, et cette idée m'est littéralement insupportable, être séparé de toi pour toujours est impensable... Pourtant

ses traits se crispent, une crampe douloureuse lui tord les joues, sa voix se brise   mon cœur soudain se mettant à cogner dur elle en face penchée presque à ras de nappe à présent le menton touchant presque la table la main allongée saisit ma main me caresse les phalanges ferme douce étreinte me serre   acculé j'ai le dos au mur ça y est suis fait comme un rat elle me coince peux plus échapper me barre la route barrage de police halte stop fini me met les menottes les poucettes veux crier pouce   ma gorge s'étrangle un étau m'étouffe un poids dix tonnes sur la poitrine m'écrase   je joue ma vie   l'une ou l'autre   sex-appeal ou face   vieille peau appeaux conjugaux rentre au dortoir au bercail   la perds alors la paire d'yeux là devant moi   volatilisés disparus irrémédiable se dilatent s'agrandissent   implorants charbons ardents suppliants qui flambent en plein cœur m'atteignent planètes affolées tournoyant dans ses orbites me désaxe   ne sais plus où me raccrocher déboussolé   me regarde si

il va bien falloir que tu choisisses : cette fois, c'est inévitable. J'ai essayé de jouer ton jeu, pendant des mois. C'est fini. Je t'avais donné jusqu'à Pâques. Pâques est arrivé, tu es venu. Et voilà, il faut que tu te décides : ici, maintenant, ta femme
— Oh ! ma femme...
— Alors, ta famille ou moi.

Le restaurant sur la terrasse de Fuller Hall maintenant vide, seuls tous deux, face à face, dans les gerbes des rayons pâles d'avril, la grande salle à présent silencieuse   ma voix est tout en bas coincée, ma gorge nouée, essayer, j'ai voulu extraire un son, produire un souffle, Rachel attend ma réponse, oracle, je dois enfin me prononcer, elle est suspendue à mes lèvres, ma vie ne tient plus qu'à un fil   un filet de voix, pas même, gosier contracturé, rien ne passe, pas une vibration   et puis   très simplement, naturellement, sans effort, la regardant droit dans les yeux, grands ouverts comme un abîme, j'ai dit

— Eh bien, je reste avec toi !

ses yeux ont chaviré, elle a renversé la tête en arrière, j'ai cru qu'elle avait basculé dans le coma, après, revenue à elle, quand elle a souri vers moi, la poudre rose de ses joues était sillonnée de larmes, tout autour d'elle une nuée de poussière continuait à palpiter dans le soleil

SPIRALE (III)

je n'ai pas pu m'en empêcher, évidemment, c'est sur la route, avenue de Neuilly, la Défense, puis on arrive au rond-point, à Nanterre, là, il y a deux possibilités

on peut prendre à gauche, longer la Seine, attraper les peupliers qui bordent l'île à Bougival, ensuite grimper la côte raide qui monte jusqu'à Saint-Germain

ou bien, plus fort que moi, j'ai pris d'instinct l'autre chemin, l'autre direction, celle qui va tout droit, coupe à travers les casernes de ciment alignées de chaque côté de l'avenue, à Rueil, qui débouche sur le pont de Chatou, j'enfile le boulevard Carnot, et puis, cinq cents mètres plus loin, irrésistible

tourné brusquement à gauche, dévalé le boulevard des États-Unis en pente douce, après la rue de la Faisanderie, les murs de moellons de la Villa Beau Soleil raclent l'œil, en bas, au carrefour, l'immense grille découvre la pelouse, les arbres, au fond le château, vaste propriété toujours vide, on n'y voit jamais personne

encore à gauche, c'est la rue

Henri-Cloppet, trottoirs agrestes bordés de talus herbus, les grilles plus modestes, derrière, la rangée familière des maisons s'égrène au long des décennies, remonte jusqu'aux années trente

au 29, là, propriété de famille, là que j'ai passé la guerre, là que grands-parents surgissent, l'incendie de 38 flambe, le toit s'effondre, les meubles rustiques des chambres partis en fumée

lattes couvertes de toile goudronnée à la place, réparation d'infortune, là qu'on a vécu tassés au rez-de-chaussée, épaules rentrées, bourrasque souffle, toit familial gémit, le 12 juin 42, lundi matin, j'ai dû sortir avec l'étoile jaune au poitrail, sur la veste

vestiges, malgré moi m'attire, on a arraché le vieux tablier marron, troué, de la grille, dépeuplé les arbres, sablé les allées, détruit les bosquets, à la place, pimpant, tout neuf

centre culturel, on en a fait un lieu public, pour jeunes juifs, dans la cuisine, dans l'office sombres, le week-end, paraît-il, on y danse, devenus caveau, ma tombe

à souvenirs, pas pu m'en empêcher, c'était sur le chemin, à peine en route, marche arrière, j'avais juré que je n'y remettrais plus les yeux, chaque fois que j'y retourne, ça me retourne, de fond en comble, quand j'y reviens, tous mes revenants

s'agitent, m'agitent, mon père qui crache ses poumons, je l'entends du petit bois derrière la maison, où je prépare le concours de Normale Sup, qui s'arrache des expectorations glaireuses, des convulsions sibilantes du fin fond de la poitrine de la mémoire

ma mère m'appelle pour ouvrir

le cadenas de la grille, je suis plus grand qu'elle, les bras plus longs, les siens chargés des lourds filets du marché, la poussette du samedi cahotée sur des kilomètres, jambes fatiguées, usure des semaines de bureau, tempes écarlates le soir, tamponnées à l'eau vinaigrée

j'ai fait vinai-gre, moi j'accours, *je t'ai acheté quelque chose que tu aimes bien,* m'allèche, demande *quoi,* elle rit, répond *tu verras,* repars travailler, me rappelle

Julien, aide-moi à descendre les filets dans la cuisine, me souviens, une autre ère, une autre vie, dans une existence antérieure, changé de prénom depuis, changé de peau, métempsycose

me reparcours en sens inverse, remonte mes incarnations à rebrousse-poil, me retrouve là, un instant, devant la grille du jardin, la voiture garée à ras du tertre, clameurs m'assaillent, secoué par des hoquets de souvenir, sanglots de mémoire, silencieux, immobile, je regarde la maison

maso, oui, bien sûr, faut l'être, je n'ai pas pu m'en empêcher, pas prévu, pas au programme, c'était sur le chemin de Dieppe, on passe par Pontoise, puisqu'on passe par Pontoise, moi, je connais la route de Saint-Germain, puisqu'on passe par Saint-Germain, j'ai pris la route du Vésinet, puisqu'on

con, naturellement, j'ai juré de ne plus jamais revoir, revenir, à quoi ça sert, vous fait souffrir, pour rien, inutile, des décennies que c'est mort, me mord quand même, au passage, mors aux dents, dévale la pente du boulevard, tourne à gauche, devant le 29 arrêté pile

— C'est là que tu habitais?

— Oui, tu vois, mon grand-père était plus rupin que moi. Lui, au moins, il habitait les beaux quartiers, il avait deux propriétés. Moi, en meublé rue des Sablons, je suis une purée! Il pouvait à peine signer son nom, au début, il mettait une croix sur ses chèques. Moi, j'écris des livres! Club des fauchés, j'appartiens à la confrérie de la panade. C'est le progrès.

— Tu as une maison à Queens.

— Justement, à Queens, pas au Vésinet. Ce n'est pas tout à fait pareil...

— En tout cas, je suis contente d'avoir vu où tu as passé une partie de ton enfance, d'où tu viens...

Je suis un peu ennuyé, je n'avais pas pensé à cet aspect des choses, dans mon impatience fébrile, mon impulsion, j'avais négligé ce détail. Souvenir, passé, dès qu'on barbote dans l'enfance, chez les femmes, cela humecte la tendresse. Elles ont l'érotisme pouponnier. Lorsqu'on a décidé d'aller à Dieppe, j'ai pris au plus court, au plus sûr, par mes chemins battus, mes sentiers personnels. Elle voit cela autrement, d'un autre œil, le marron de sa prunelle est tout humide. Elle est remontée dans la voiture, tout imbibée d'émotion. De ma faute, j'ai commis une erreur. Je fais démarrer ma Plymouth blanche, après le retour en arrière, je mets la boîte automatique en marche avant. Voilà qu'elle se penche sur la banquette, m'effleure la joue. Je fais semblant de ne pas m'en apercevoir. Elle récidive, dépose un baiser tiède sur ma joue. J'encaisse. Je n'aurais jamais dû, me suis laissé entraîner, suivi mes déclics. Après, ça chatouille le lacrymal, déclenche des trucs. On fourre le doigt dans son passé, ensuite, c'est le cœur qui y passe. Je louche vers Carol, souriante, elle regarde droit devant elle, contemple le boulevard Carnot, je lui explique, tout, les pelouses des Ibis, avec le lac artificiel, on saute par-dessus le pont du Pecq, on s'enfonce dans la forêt de Saint-Germain. Je suis honnête. A Carol, j'ai tout raconté sur Rachel. Je ne cache rien, je ne triche pas, même si je trompe. D'ailleurs, pas moi, Carol qui m'a relancé, fait des avances. Je dis, *maintenant qu'on a dépassé Pontoise, on* la route file entre les grands arbres velus, tourne, j'ai le vertige aux branches, aux bronches, je tousse pour m'éclaircir la gorge, *sera bientôt à Gisors, il y a un gros château féodal, on peut s'y arrêter,* stop. Y suis allé avec Elisabeth, en 66, dans une existence antérieure, amour défunt, passions, passages se superposent, passades en surimpression, ma trame est tellement défaite, je suis si lâche, je me démaille à l'infini, forcé, on se retisse comme on peut, j'aime repasser par mes points, boucler mes boucles, j'ai mes itinéraires favoris. Faire la même chose, avec une autre. C'est différent, ça change. Dans la continuité. *You won't change, if you don't want to change.* Écho incongru, sa voix éclate soudain sous ma voûte, se répercute à mes parois crâniennes, son chef à demi déplumé opine, soudain surgi entre mes yeux, là, entre les peupliers, ses yeux bleu acier en vrille me pénètrent, dansant au-dessus de la route. Résonne, ne se raisonne pas, m'arraisonne, en plein voyage, il monte à bord, inflexions un peu nasillardes, *tu ne change-ras jamais si tu ne,* m'adresse sa parole pointue, m'agresse, *veux pas changer,* moi je veux, moi je

vais, avec lui, en quinze jours, on a passé trois fois
deux heures ensemble, marathons d'âme hale-
tants, des curetages minutieux, il me décortique,
en quinze jours, là-bas, on a coupé mes cheveux en
huit à longueur d'heures, m'atteint, m'attente de
plein fouet, sur le ruban de goudron étroit entre les
arbres, m'attend au tournant. Tout ce qu'il a
trouvé à dire, à mes angoisses, sa repartie à mes
débats, tourbillonnantes tortures, supplices déchi-
rants des décisions, lui apporte mes ultimes
convulsions, me serre la main, moi un peu ému
quand même, debout à la porte, on se quitte pour
longtemps, et puis l'heure est grave, je vais de ce
pas la rejoindre, dernière entrevue avec Rachel à
Fuller Hall, *you won't change if,* me décoche la
flèche du Parthe, à mon départ. Restée là, fichée
dans ma tête, déjà pas si solide, avec les fuseaux
horaires, dans ma caboche, le décalage de nouveau titube

— Mais oui, je serais ravie de voir le château, tu
sais, tout ici m'intéresse!
— On y sera dans dix minutes.

Paupières clignotent, peupliers filent le long du
pare-brise. Mardi 11 avril, m'envole de New York,
adieux à Rachel. Vendredi 14, quatre heures de
l'après-midi, quitte Paris, avec Carol. Sur les
traces d'Elisabeth, vers Dieppe. Tout brusquement se mélange, d'un seul coup, se télescope, je
me tamponne

pas de ma faute non pas vraiment c'est pas moi
qui ai cherché faut être juste elle qui m'a mis le
grappin dessus avec son truc   après la classe
me questionne   peux pas refuser de répondre
Nouveau Roman l'intéresse heures de bureau si

150

elle vient me rendre visite peux pas la mettre à la porte   *est-ce que vous croyez que le procédé narratif dans* la Route des Flandres dois lui donner la réplique mon boulot suis payé pour

                    toujours assise au premier rang tout le premier semestre me talonne me tanne   je peux pas m'empêcher d'avoir des yeux   grosse pomme luisante avec des prunelles très douces une bonne bouille une frimousse fraîche comme de la crème lèvres dodues   *a un rapport avec celui de Robbe-Grillet dans* la Jalousie   pas une poitrine qu'elle a une avant-scène des mammes moelleuses   *tenez* qu'elle dit je secoue la tête *mais si n'ayez pas peur*   peux pas avoir l'air d'une cloche insiste *ça ne vous fera pas de mal*   j'avoue j'ai jamais fumé de joint mes drogues c'est celles à dormir patauge dans les barbituriques hasch connais pas me suis jamais tapé de pipe Carol une joviale une marrante me tend la mari

                    vous ne voulez pas que je fume ça dans mon bureau elle rit *non où*   je regarde la petite sèche le papier blanc tordu au bout dardée vers moi me tend la mince cibiche effilée   n'ai jamais essayé me tente faut tout au moins une fois peut-être que ça fait pioncer mieux que mes drogues   je dis *sûrement pas dans un café Paris n'est pas New York ici on se ferait piquer*   rien qu'au nuage d'odeur mielleuse on se ferait sucrer illico satinée satanée bonne balle se gondole   *j'ai rarement vu quelqu'un qui ait si peur* elle se tord *et si envie* s'arrête de rire *alors où est-ce qu'on la fume*

chez moi   où ailleurs
pas possible une occase moi sais pas où me
procurer   elle m'offre   pas encore un total
croulant leurs trucs aux jeunes veux en tâter peut-
être épatant   suis appâté elle est montée on a
bavardé tranquilles tout un soir sans hâte   à la
table de la salle à manger j'ai fait la cuisine Carol
a sorti le joint au dessert

.   rien d'abord   déjà
un tantinet dans mes vapes habituelles brumes
vineuses je dis *ça ne me fait rien* elle dit
attendez   ne sens rien qui distingue de mes
torpeurs tièdes d'après-boire   relâchement de
l'attention affaissement de l'intellect abaissement
du tonus musculaire je dis *ça n'a aucun
effet*   .

      ma voix s'étire les sons traînent je
parle guimauve *absolument rien* se détache de
moi   là-haut au plafond volutes sonores se
répercutent   mes pensées se figent je cogite au
ralenti du surplace mental mes mots sont creux
comme des cavernes   une minute ou une
heure aucune idée soudain mécanique me suis
levé automate vers elle Carol se lève aussi poitrine
se frottant au buste debout son ceinturon de cuir
épais d'un geste défais sa ceinture son froc
descend le vert des murs coule le long du regard
comme de la gelée de fruits poisseuse molle

                                                on
a roulé au fond du plumard barboté dans une vase
étrange mélodieuse enlisé dans un marécage
ronronnant Carol elle a le corps en matelas le
tronc en caoutchouc rose je lèche ses grosses joues
chaudes je tète ses nichons mafflus dessous ça

geint onctueux ça couine animal je tripote ferme
un râle fermier je m'ébats dans un pâturage
d'herbes follettes batifole entre les haies m'ébroue
dans la bouse épanouies sous mes doigts comme
un sourire normand ses larges fesses écumantes je
les baratte éperdument soudain ça mousse on
jouit crème on enfonce comme dans du beurre

         ça fait tache d'huile   forcé ai
voulu recommencer   pas de ma faute   baiser
comme du bon pain ouvre l'appétit   Rachel à
côté un sac d'os son ventre plat on se roule sur un
tambour ça résonne creux quand elle agite son
squelette on s'accroche à ses saillies on s'éborgne
aux angles on s'empale sur son grand pif en
pointe avec son coude en redan entre les côtes qui
vous cogne sec

         seulement, Carol, il ne faut pas
qu'elle imagine des choses. Je n'ai jamais été fort
en maths. Rachel, ma femme, une équation à une
inconnue me suffit. Deux inconnues, c'est au-delà
de mes forces algébriques. Je cherche un répit, une
détente, pas un casse-tête supplémentaire, dans
l'arithmétique des plaisirs. Carol m'a séduit.
Depuis la rentrée, elle me guettait, me l'a dit, mais
elle savait que j'étais avec une autre. Elle a
attendu que l'autre décampe. C'est de bonne
guerre. Maintenant, elle occupe momentanément
le terrain. Elle ne peut pas s'y implanter, s'y
incruster, je le lui ai fait clairement entendre. Je la
regarde, du coin de l'œil, sur la banquette rouge.
Elle regarde la route, droit devant elle, avec un
bon sourire tranquille sur ses joues molles. J'ai eu

tort de m'inquiéter. Carol a une rarissime vertu. Elle est sage. Elle répand autour d'elle une tiédeur de paix. Le cœur tout rond, le buste, le visage pleins. Moi, tout seul, dans mon minable meublé rue des Sablons, je me sens tout dépeuplé, l'intérieur vide. Elle me remplit, sa fonction intérimaire, voilà, c'est simple. Carol ne complique pas l'existence. Elle l'agrémente. Soudain, je me sens très détendu, on a dépassé Forges-les-Eaux, le parc abandonné, le casino condamné pour l'hiver, on sera bientôt à Forcheville. Je suis content qu'on aille à Dieppe. On grimpera le sentier de chèvre qui frôle le château de brique, on se promènera au vent ivre sur la falaise, on se grisera de grève déserte, d'étendue glauque balayée d'un œil vertigineux à l'infini. Et puis, on ira humer les paquets glaireux de houle qui viennent rouler sur les galets, au-delà de la rangée cossue des hôtels qui bordent la digue, là-bas, au bout, on ira, juste au pied de la falaise, parmi les éboulements de craie, à même la plage, à ras des lames verdoyantes, dans un petit caboulot, manger des huîtres

30 avril 1972

Cher papa,
Tu me manques beaucoup. Les choses ne vont pas mieux à la maison. C'est jeudi prochain l'anniversaire de la Sister et je vais faire mes tours de prestidigitation. Comment est-ce que ça va à Paris ? Merci de toutes les belles cartes que tu m'as envoyées, surtout celle de Dieppe. Trois de mes amies et moi, on a fait un pique-nique avec le barbecue dans le jardin. Julie a apporté des

provisions. Qu'est-ce que tu aimerais pour ton anniversaire? Je travaille bien à l'école. Tout commence à fleurir ici, la rue est vraiment très jolie. Julie et moi, on a nettoyé le hangar aux outils. Je suis allée chez le dentiste et je n'ai pas de caries. Aujourd'hui, c'est l'anniversaire de Jeannette, je lui ai brodé deux taies d'oreiller et fait un gâteau. Le temps est superbe. Il y a des jours où je n'ai même pas besoin d'un tricot. JE T'AIME ÉNORMÉMENT,

Ta fille

26 mai, 1972

Dearest, Dearest Sweetheart,
            Dans une semaine, je pars! Ce sera la semaine la plus longue de toutes. Comme si c'était une notion inassimilable, mon esprit recule devant la pensée que c'est si près et en même temps si loin... Hier, j'ai reçu ta lettre «didactique», juste avant de me taper mes douze heures à Northern. Toutes tes raisons de ne pas écrire sont, certes, excellentes, mais tu comprendras aisément qu'elles ne parlent qu'à ma raison. Dieu merci, ton «didactisme» sera bientôt une chose du passé! Je me fais d'avance un plaisir de lire la partie analytique de ton roman, qui t'est si pénible à écrire. Hier, j'ai eu une journée épouvantable, qui m'a mise de mauvaise humeur, en rogne: deux séances passées à regarder Ledieu jouer à ses petits jeux sadomasochistes avec deux étudiantes, naturellement. Ma patience comme ma politesse ont été mises à rude épreuve... Heureusement qu'il est brillant, sans quoi... Je t'avoue, en toute honnêteté, fantasmer délicieusement sur sa réaction à notre imminente alliance.

Je me demande comment il incorporera cette donnée nouvelle à son scénario... Je me mets aujourd'hui au travail, mon projet d'article sur Vigny. J'ai regardé la bibliographie, depuis dix ans, on n'a rien écrit d'intéressant sur Cinq-Mars ou Stello. Bon dieu que c'est dur d'écrire, quand on n'a rien écrit d'autre que des lettres depuis deux ans ! Puisque tu ne m'as pas répondu au sujet de mon ami Dick, est-ce que je peux te demander   il est étrange de penser que tu répondras à ces questions EN PERSONNE. *Ce n'est pas seulement étrange, c'est merveilleux. Je t'enverrai probablement encore une lettre, et puis on pourra refermer le Volume I de notre Correspondance complète — avec quel soupir de soulagement !*

Love and kisses

Rachel, elle avait déjà tout arrangé dans sa tête lointaine, elle avait réglé tous les détails. JUIN, elle arrivait à Paris, dès la fin de ses cours à Northern. On partait aussitôt avec la voiture, à travers France, en écharpe, vers Luchon. Le 12, j'y commençais ma cure. Pour assainir une gorge, il faut au moins trois étés. On essaierait de louer le même chalet, à Saint-Aventin, que lors de notre précédent séjour. Cela, pour la continuité. Quant au changement, il était prévu, lui aussi. JUILLET, vingt et un jours de cure terminés, je plie bagage, rue des Sablons, je rends la clé à la propriétaire, on rentre ensemble en Amérique. On reste ensemble. J'annonce la nouvelle à ma femme, à mes enfants. Séparation, d'abord. Divorce, ensuite. En attendant, AOÛT, on passe le mois dans son appartement du West Village. SEPTEMBRE, vers le 15, on lève l'ancre de concert, on remet le cap vers l'Europe. Télégramme : INSTITUT D'ACCORD DÉCIDÉ CONFIRMÉ

PAR L'ADMINISTRATION SERAI DIRECTRICE DU GROUPE À L'AUTOMNE LOVE RACHEL. Moi, j'ai droit à un congé de recherche d'un semestre. SEPTEMBRE À DÉCEMBRE, ensemble à Paris, quatre mois. NOËL, on repart en Amérique. Ensemble, à New York, pour la vie.

je le répète, bien que mes remarques sur ce point semblent rester sans réponse, il n'y a pas de raison de projeter de vie commune, si nous devons nous séparer, sauf pour une question de vie ou de mort, cas de force majeure. Je n'accepterai jamais, comme ta femme l'a fait, été après été, d'entretenir des rapports par correspondance. Les derniers quatre mois ont amplement montré que notre amour était à l'épreuve d'une séparation, mais c'est un amour qui se nourrit d'avenir, et d'un avenir commun. Il est essentiel que tu observes cet engagement, ou alors à quoi bon

Rachel est un esprit logicien. Elle aime de plus en plus les schémas structuralistes. Elle commence à consteller ses études critiques de diagrammes. Avec elle, il faut donner des précisions, mettre tous les points sur les i. Pour circuler, je dois demander l'autorisation. Un *Ausweis,* comme pendant la guerre, laissez-passer. Sinon, elle me colle au poteau d'exécution d'une crise de nerfs. Je suis condamné à la fusillade à bout portant, lettre après lettre. Douze engueulades dans la peau. Par exemple, AOÛT, je vais emménager avec elle dans l'appartement du Village. Voilà qui ne tient pas debout une seconde. D'abord, son deux pièces, il est bien trop étroit pour nous. — *Et ton meublé miteux, rue des Sablons, il n'est pas étroit, des fois ?* — *Si, il est étroit, mais, au moins, il est tranquille.* — *Mon logis n'est pas suffisant pour*

Monsieur, même un mois ? — Même un mois, il faut dormir ! L'évidence. Un mois, vite dit, ce sera au bas mot six semaines. L'appartement, je connais, j'y ai été àssez souvent, assez tard. Les camions, ils n'arrêtent pas de défiler en pétaradant sur Hudson Street jusqu'à l'aube. Elle, elle est au coin, juste à l'angle. Au mois d'août il fait si chaud, on devra laisser ouverte la fenêtre. — *Tu sais, j'ai un climatiseur. — Oui, mais moi, je ne supporte pas l'air conditionné.* Ce n'est pas la peine de se soigner la gorge à Luchon en juin, pour se la détruire à New York en août. Du tac au tac. J'ai dû me bagarrer ferme, là-dessus je suis un roc. Elle a eu beau geindre jour après jour, ligne après ligne, au mois d'août, JE RENTRE CHEZ MOI.

Northern offre un nouveau Service de Consultation Psychiatrique aux professeurs, bon marché, 15 dollars la première séance, 10 pour les trois suivantes. Peut-être que j'en profiterai cet été pour tâcher d'y voir clair dans mes sentiments concernant le fait que tu sois chez toi, alors que tu devrais être avec moi LOVE LOVE LOVE

Suis plus libre de mes mouvements, elle s'immisce dans mes moindres faits et gestes. Fin avril, un beau matin, impossible de remuer. Suis cloué au lit, jamais eu un tel lumbago. Peux pas même me lever pour aller voir mon docteur. Lui qui a dû me rendre visite, frictions, piqûres, suppositoires. Un cas étrange. À peine revenu du voyage de Pâques à New York, rentré de la virée à Dieppe. Comment est-ce que cela vous a pris ? Là, au réveil, subitement. Avez-vous fait un faux mouvement ? Dormi dans une fausse position ? Depuis quarante ans, je suis dans des positions fausses. Juif sous Vichy, professeur d'anglais en France, professeur de français en Amérique. M'a jamais donné de lumbago, m'a pas figé dans un spasme atroce au bas du dos. Crac aux vertèbres sacrales, peux plus bouger. Si on vous tarabuste à l'occiput, d'un seul coup, on se retrouve paralysé au coccyx. Même à distance, son amour est un carcan, Rachel m'emprisonne. Rentrer chez moi, aller où j'ai envie, interdit. Ma personne physique est sous contrôle. Médical, *avez-vous eu un refroidissement,* docteur demande. Tant d'ardeur me refroidit. Si elle n'a pas de congé, je n'ai plus congé. De voyager, de passer six mois en France. Par exemple. J'ai eu de la chance, une sacrée veine. A l'automne, Northern a soudain ranimé son programme d'études à Paris, son antenne exsangue. On l'a bombardée directrice. Une aubaine inattendue, un pur miracle. Elle ne me l'a pas envoyé dire. *Si jamais je n'obtiens pas ce poste, ce qui est toujours possible, si l'administration n'approuve pas le projet, j'espère que tu.* Si elle ne peut pas venir avec moi à Paris, elle veut que je reste avec elle à New York. Rivé à elle, je la traîne comme un boulet au pied. Moi, j'ai ma vie. Quarante-quatre ans qu'elle dure, que je m'endure. Mon existence, elle a ses saisons, ses rythmes, ses rites. Si une femme entre dans ma vie, il faut aussi qu'elle entre dans mon système. Si elle me tape sur le système, il faut qu'elle en sorte

et maintenant, me voilà assise à mon bureau, dans la solitude et le silence de mon appartement, en train de t'écrire pour la dernière fois en tant que ta « petite amie »   la prochaine fois que nous nous écrirons   ce qui est jamais, je l'espère   j'aurai un nouveau nom sur l'enveloppe

LA LIBERTÉ EST UNE BELLE CHOSE: devise maternelle, au fronton du temple. Avec Rachel, je n'ai plus mon libre arbitre. Elle qui m'arbitre, elle me règle, de là-bas, me télécommande

as-tu discuté des plans pour l'été avec ta femme   quand prendra-t-elle ses vacances   a-t-elle réfléchi à ce qu'elle allait dire aux enfants   et toi quand tu passeras le mois d'août avec tes filles   est-ce que vous avez l'intention de continuer à éviter toute allusion pénible   je viens de lire un grand article, à la rubrique des femmes du New York Times, qui déclare qu'il faut absolument dire aux enfants la vérité   ne pas leur dissimuler l'expérience de la douleur   quand ils vont à l'hôpital, par exemple, il ne faut pas faire semblant que   il va falloir que tu parles au psychiatre de ta fille cadette

pas moi seulement sur qui elle met le grappin, sur mes enfants aussi, mainmise, elle a son scénario tout prêt, le canevas, les répliques, mes filles, jusque-là hors jeu, son enjeu

je suis désolée d'avoir parfois l'air d'une affreuse bourgeoise, d'une petite Marjorie Morningstar, qui n'aspire qu'à son diamant, son acte de mariage et sa maison de banlieue   le mariage n'est pas ma préoccupation essentielle, sauf que, bourgeois comme tu es, c'est une formalité nécessaire pour avoir des gosses   je suis tout à fait d'accord avec ce que tu écris   « l'essentiel, je crois, c'est d'être de nouveau ensemble, de nous développer ensemble, de construire nos vies au jour le jour et d'essayer de résoudre problèmes et difficultés à mesure qu'ils

160

se présentent, sans "plan directeur"»   oui,
amen   *mais on en revient sans cesse à la
même chose*   *il faut que tu dises tout à ta fille
aînée*

tendres admonestations, terminé. Fini, les prières
ultimes. On en est aux ultimatums. Me pousse
l'épée dans les reins, me met le couteau sur la
gorge

*rationnellement, je sais que la décision que tu as
prise à Pâques a cent fois plus de poids que
n'importe quelle déclaration écrite*   *irra-
tionnellement, pourtant, j'ai besoin de quelque
chose de tangible, de concret, qui marque un
irréversible changement dans ma vie, nos
vies*   *je comprends que ta fille cadette, n'étant
pas un enfant normal, doive être traitée avec les
plus grands ménagements, voire des soins professionnels*   *mais d'instinct, je sens qu'en
ne voulant rien dire à ta fille aînée, ta femme est
motivée par l'espoir, sans doute confus, mais
profond, que si elle tient bon, l'orage finira par se
calmer et il n'y aura plus rien à dire*   *si tu
crois qu'un ou deux mois d'innocence et d'insécurité supplémentaires faciliteront les choses, c'est
ta décision*   *mais alors il t'appartiendra de
me rassurer, mieux, de me donner une preuve, en
demandant une séparation légale, au plus
vite*   *il faut un an, à partir de la date où la
demande est déposée, pour obtenir un divorce
dans l'État de New York*   *l'alternative est un
divorce rapide à Haïti ou dans la République
dominicaine, ou encore six semaines à Reno, mais
je ne te le demande pas*   *il faut, oui, me prouver
que tu ne tergiverses pas, que tu ne fais pas
traîner les choses en longueur*   *si tu as un*

avocat, pourquoi ne pas lui écrire dès à pré-
sent   sinon, je me ferai un plaisir de t'en
indiquer un

Rachel se referme sur moi, comme un étau. Elle
m'étouffe. À six mille kilomètres de distance, elle
m'étrangle. Je ne peux plus respirer. Elle me
paralyse, ça m'a pris, écrasé, soudain, un matin,
au bas du dos, au creux des lombes. Pas pu faire
mes cours, je suis resté des jours au lit, avec des
pommades, des comprimés. Elle me déprime,
m'opprime. Ses grands yeux noirs enjôleurs sont
une geôle. Heureusement que j'ai pu m'échapper
quelques instants, ingambe au retour, avant
qu'elle me casse les pattes, courir à Dieppe. Avec
Carol, balayés de rafales humides sur les galets, le
tympan assourdi de fracas glauque, secoués de
rires salés, salive marine tendrement postillon-
nant le soir à table, en face de la plage, dans le
tourbillon houleux des vagues en liesse. Dans la
chambre du rez-de-chaussée, j'ai fait l'amour, par
la fenêtre ouverte, Carol à plat ventre sur le lit
défait, avec la mer. La tête à demi soulevée,
j'avais la ligne des flots verts juste à hauteur de
rétine. Et tout l'espace s'engouffrant en brise
cinglante dans la chambre, fouettant nos corps,
labourant nos poitrines haletantes. Un fait, sans
Carol, je n'aurais jamais pu supporter Rachel.
Carol m'a débouché l'horizon, débondé l'outre des
vents, ouvert son ventre goguenard, entre ses
cuisses étalées fuse le rire. Une espèce de gouaille
qu'elle a, un sérieux qui ne se prend pas au
tragique. Carol, une fille sans exigences, elle n'a
que des appétits. Rachel est hérissée de demandes,
elle est bardée d'ultimatums. Mariage, métier,
enfants, liste des revendications au grand complet, c'est une panoplie vivante. Perclus de lum-

bago, cloué sur ma couche solitaire, j'ai eu tout le temps de méditer, de peser le pour et le contre. Examen de conscience, je fais à loisir mon bilan. Je suis débile. *Question* : est-ce que je connais un avocat ? *Réponse* : non, et je n'ai pas la moindre envie d'en connaître un. *Question* : est-ce que je vais parler à mes filles au mois d'août, leur annoncer mon départ ? *Réponse* : je n'en ai aucune intention, car je n'en ai aucun désir. *Question* : est-ce que je vais, je veux divorcer ? *Réponse* : je ne vais pas, parce que je ne veux pas. *Question* : pourquoi je ne veux pas ? *Réponse* : ma maison, j'ai beau la quitter, la déserter sans cesse, c'est mon centre. Home en brique, sur rue en pente, dans ma petite banlieue petite-bourgeoise, c'est mon foyer. Faut bien planter ma tente quelque part. *Question* : ta femme ? Elle me laisse la bride sur le cou, soigne mon abri, cultive mon jardin. Une loyale associée. J'y suis encore attaché. Un port d'attache. *Question* : tes filles ? *Réponse* : les aime, à ma façon baladeuse, j'ai une paternité à éclipses. Mais je ne voudrais leur faire plus de mal que je ne leur fais pour rien au monde. *Question* : est-ce que Carol te bassine : quitte ta femme, quitte tes filles ? *Réponse* : non. *Question* : alors, pourquoi tu ne restes pas avec elle, avec ta femme, avec tes filles, avec ta maison ? Logique, non ? Pourquoi tu ne laisses pas tomber Rachel ? *Réponse*

La réponse n'est pas facile. Il n'y a qu'une chose de certain : je n'en suis pas sûr. Là-bas, là-haut, à Fuller Hall, à Pâques, quand ses yeux ont chaviré dans le bain tiède de lumière, sa tête basculant dans la griserie solaire, la grande salle du restaurant maintenant vide tournoyant lentement en plein ciel, lorsque j'ai déclaré *je reste avec toi*. M'est venu, monté aux lèvres malgré moi, irrésistible, j'étais sincère. Je ne peux pas la quitter, je voudrais. Mais je ne peux pas. Plus fort que moi, Rachel me retient. Quelque chose en elle qui m'attire. Pas comme un amant, comme un aimant. Ma limaille va droit vers elle. *Réponse* : pas le sexe. Rapports sexuels, notre petite machine intime est bien huilée. Elle fonctionne bien. On est des amants fonctionnels. Au lit, on a arrondi les angles, la courbe de notre température est constante. Avec Carol, je joue aussi bien, je jouis encore mieux. Carol, un doigt de cour lui suffit pour qu'elle entre en transe. D'un coup de croupe, on bondit au septième ciel, elle est aux anges. Rachel, il faut la tisonner des heures pour qu'elle s'allume. Après, elle fait feu, comme une grenade, elle explose. Elle a des orgasmes guerriers. Elle reluit métallique. Il lui faut des mecs en fer. Moi, je suis quelquefois en fonte, en faute. Des fois, il faut qu'elle m'asticote ferme. Accouplement, rarement parfait, chez aucun couple. Mais, dans notre judo nocturne, on se fait des prises guillerettes. Ensemble, dans l'ensemble, on est satisfaits l'un de l'autre, l'un dans l'autre, pas de problème. Mais ce n'est pas ce qui nous lie, nous allie. Alors, quoi. Difficile à dire. Je suis l'inverse de mon père, *Nénette, je t'aime jusque-là,* geste célèbre dans les annales maternelles. Ce qu'aimait mon père, chez ma mère, se situait au-dessous du cou. Moi, ce que je goûte surtout, chez Rachel, est nettement au-dessus, au nord. Ce qui m'attire, c'est sa tête, ce qui fermente dedans, effervescence d'idées, bouillon de culture. Notre amour, un amour de tête. C'est ça, sans doute. Mais alors, en quoi ça diffère d'avec un homme. Le tête-à-tête des cerveaux n'a pas de sexe. Je jouis autant avec des amis. D'ailleurs, Carol n'est pas bête. Du coup, la question revient, lancinante, une ritournelle depuis des semaines d'angoisse : *pourquoi pas Carol ?* Serait plus simple, si simple. Je flotte sur ses gros lolos laiteux, à la dérive, ballotte dans l'œdipe, entre ses bras, à la brasse, je nage aux replis replets du plaisir. Possibilité affriolante, lent vertige, qu'un mot à dire, une lettre à écrire, Rachel disparaît dans le néant. Elle rentre dans son trou du Village, je me retrouve tranquille, une vie sans trouble. Je me rends mon fief de Queens, ma tour d'ivoire, en haut de mon donjon en brique. Rien ne me force, aucun destin, je suis le maître.

— Quels sont tes projets pour l'année prochaine ?
— Je rentre finir mes études à New York.
— Mais, à l'automne, tu pourrais rester à Paris ?
— Au besoin, je pourrais m'arranger, ce n'est pas impossible. Pourquoi ?
— Une question. Et, à plus long terme, comment est-ce que tu envisages l'avenir ?

— Que veux-tu dire ? Tu sais bien que je dois préparer mes oraux, pour le doctorat, et ensuite écrire ma thèse. D'ailleurs, dès que j'aurai passé les oraux, il faudra que je cherche du travail, un poste quelque part, je ne peux pas éternellement vivre aux crochets de mon père.

Alors, voilà. Avec Carol, c'est facile à calculer. Pas besoin d'être fort en maths. Un automne à Paris, un an à New York, et puis, bonsoir. Le boulot, on le cherche là où on l'offre. L'Amérique est vaste, Louisiane, Floride, jusqu'en Californie on court. Dans l'Orégon, dans l'Alaska. Exquis, mais bref. Carol est la solution commode, à courte vue. Pour les plus lointaines déchéances, comment y faire face, opération nulle, je me retrouve à zéro. Carol meublera mon vide. Mais ne le bouche pas. L'inanité intérieure, bouge pas, reste. Sera là, au rendez-vous, après. Le creux dedans, maison ou pas, pelouse ou pas, mes azalées. De quoi bouffer les pissenlits par la racine. Vie douce, mais ce n'est pas une existence. J'en crève. Mon épouse, une partenaire, mais pas une femme. Mon malheur, pour vivre, j'ai besoin de me mettre à deux. Réduit à moi, j'inexiste. Carol me fera exister un an ou deux. Et puis, en trouver une autre. Et une autre. *Ad infinitum.* Valse langoureuse *ad nauseam.* J'en perds mon latin. Rien qu'à l'idée, sais plus quoi faire, la pensée m'écœure. Dîners bidon, sourires de commande, soupirs brevetés. Restaurants en tête-à-tête, fins de partie en tête-à-queue. Merci, j'ai passé l'âge, plus la force. Je ne peux pas toujours repartir de rien, recommencer tout. Avant, j'adorais. A présent, j'avoue, j'ai l'entropie au polard. De pire en pire, chaque matin, mon énergie se dégrade, ma chaleur diminue. Ma thermodynamique s'enraye. Je suis facile à satisfaire. J'ai bazardé les grands rêves. Chaussure à mon pied, je n'en demande pas plus. Une femme-pantoufle. Carol, c'est vrai, ne demande pas beaucoup, mais ne promet rien. Rachel exige tout, mais, en échange, elle donne tout. Sans compter. Le calcul éclair, je vois aussitôt mon intérêt. Rachel m'allèche, m'allaite autrement. Son lait nourricier, à elle, peu importe l'emballage, produit de longue conservation. Une passion pasteurisée. Depuis des jours perclus, reclus, j'arrive à peine à m'accouder sur mon lit. Dans moins d'un mois, décision inexorable, irréversible, Rachel débarque. Je fais peut-être une erreur monumentale, mon lumbago est un signe.

Me la mettre sur le dos, un présage. Ma tragédie, j'en suis l'auteur. Les dieux, aimables, ils m'ont envoyé Carol, sur mon chemin. Je suis libre, qu'un mot à dire à l'une, à écrire à l'autre, suis délivré. Moi qui décide. Situation, JE SUIS LE MAÎTRE. Seulement, voilà. L'ÉTAU, C'EST MOI. Moi qui me coince, m'étouffe. Je suffoque, lui, du coup, ricane. Soudain, de là-bas, de là-haut, à son dix-septième étage, dominant la vallée de l'Hudson de sa terrasse, il me souffle au creux de l'oreille, de l'oreiller, lueur allumée aux yeux bleu acier. Je vois sa face glabre, ronde, avec le petit trou circulaire dans le menton, chef déplumé, le regard en vrille me taraude. *Why don't you give up Rachel, why ?* Ne me lâche plus. Evidemment, je ne veux pas lâcher la proie pour l'ombre. Motif enfoui dans les ténèbres, peut-être ça. Tout simple, aveuglant. Peut-être. Pourquoi je ne me débarrasse pas de Rachel. *Réponse* : ce n'est pas la mienne. LA SIENNE. Depuis le temps que je grimpe dans l'ascenseur faire mes examens d'inconscience, me serine. *Why do you always like it hot ? Why not something warm for a change ?* Pourquoi toujours vouloir du brûlant, modèle maternel, dans la vie, pourquoi pas la chaleur douce. Les grandes flambées incendiaires sont des feux de paille. Un amour qui mitonne fait plus d'usage, ça peut se garder longtemps au chaud, au bain-marie, au bain-mariage. Depuis le temps qu'il me cuisine. Si ma vie n'est pas une existence, je n'ai pas trente-six solutions. Pour me refaire une existence, REFAIRE MA VIE

— Écoute, écris-moi, au moins. On ne peut pas se quitter abruptement ainsi, sans nouvelles.

— D'accord, je vais te donner mon adresse d'été. Moi aussi, je serai heureux d'avoir de tes nouvelles. Que vas-tu faire?

— Je ne sais pas. Sans doute, voyager avec des amis en Europe, rentrer en Amérique fin août. Je suis un peu désemparée. Tu sais, je m'étais quand même attachée à toi.

— C'est réciproque, je t'assure.

Carol était triste, l'air abattu, au bord des larmes. Elle a fini par chialer, moi presque. J'ai fini par lui dire, *écris-moi poste restante à Luchon*. Elle acquiesce. Adieu à Carol, le 2 juin. Le 3, Rachel débarque de New York. Je suis embarqué.

SPIRALE (IV)

déjà la 86e Rue n'est pas très drôle, un large canyon de brique bruyant qui prend le haut de Manhattan en écharpe, une trouée pour la circulation haletante, halte, freinant soudain, repétaradant effrénée, vers la jonction avec le périphérique du West Side Highway, au bout. Le long, boutiques snobs, façades prétentieuses, avec des marquises jetant, çà et là, leurs arches de toile en travers des trottoirs, larbins galonnés debout à l'entrée. Sous une pluie battante, West 86th Street est encore moins drôle, le ciel dégringolant en cataracte fuligineuse, rasant les toits. Un vent violent chasse contre les murs et les visages des nappes cinglantes de gouttes aussi dures que des grêlons. Ballotté par la bourrasque, le col de mon imperméable relevé, j'essaie d'avancer dans le tourbillon houleux qui me déporte. Tangage aux jambes, j'ai le roulis au cœur. M'évanouir dans ces nuages plombés, me noyer dans cette trombe, je voudrais sombrer tout entier. Avec Rachel qui doit, depuis plus de vingt minutes, m'attendre, la 86e Rue n'est plus drôle du tout. J'ai une envie de gerber à rendre l'âme, dégueuler tripes et boyaux étroits, puants, de New York, je tourne au coin, où je m'engouffre. Mon

existence de bas en haut dégorge, là, à pas
chancelants, mes immondices se déversent dans
le caniveau, je suis un déchet, une ordure déambulant entre les poubelles immobiles. Des pieds à la
tête, je me vomis. J'avance sous l'auvent
détrempé, je pousse la porte. Si lourde, je dois
peser de toute ma force. Je vais maintenant
recevoir mon baquet d'injures, torrent de
reproches sur la tête, averse de récriminations.
D'une inondation à l'autre. Je barbote dans le
vestibule, il fait sombre, je regarde autour, ne vois
rien. J'entends. Derrière moi, à ma gauche, dans
l'encoignure, quelqu'un qui sanglote. Je me
retourne. Debout, dans son imperméable noir, le
ciré qu'elle avait mis pour partir en Floride, en
janvier 71. Me saute aux yeux, déjà deux ans. Ses
longs cheveux noirs sont plaqués contre son
visage, lui mouillent les joues, ses larmes sont
mêlées de pluie. Nous sommes restés un instant,
sans rien dire, face à face.

— Je m'excuse d'être en retard, ce n'est pas de ma
faute. Tu connais les routes, avec un temps pareil,
Grand Central Parkway est une piscine, on a de
l'eau jusqu'aux moyeux, alors on rampe... J'ai dû
faire du 0,5 à l'heure ! Enfin, me voilà.
— Oui.

Rachel a fait un effort visible pour parler. Dents
serrées, mâchoire contractée, son *oui* lui a crispé
la gorge, comme un spasme.

— J'étais en avance, cela fait plus d'une demi-
heure que je t'attends. C'est dur, tu sais...
— Je suis désolé, mais ce n'est pas de la mauvaise
volonté de ma part, dans ces tornades, la circulation...

— J'ai cru que tu avais changé d'avis, que tu ne viendrais pas...

Elle s'est jetée sur moi, contre moi, m'a mis les bras autour du cou, elle m'a étreint, elle a longuement cherché mes lèvres. De nouveau secouée par les hoquets, râle grelottant contre ma poitrine, sur mes joues je sens une coulée tiède, ça l'a reprise.

— Mais, voyons, puisque je t'avais dit...
— Depuis le temps que tu dis ! Il y a des fois, je ne sais plus que penser. Je n'arrive plus à te croire.
— Eh bien, tu as tort. Me voilà ! En chair mouillée et en os fourbus, mais en personne...

Il faut bien plaisanter un peu, la rassurer. Il faut aussi que je lui rende ses baisers, que je la serre à mon tour très fort, l'amour, naturellement, est réciproque. Je la déteste. Ses yeux tendres, humides de larmes, pour un peu, je les crèverais. Qu'elle crève, il y a des jours. Je serais soulagé. Si on jetait sa carcasse en terre, une bonne pelletée par-dessus, charogne. Elle me ronge. Tant qu'elle vit, moi qui suis mangé aux vers. Me suce le sang, lèvres goulues, une vraie goule. Ses pleurs qui dégoulinent me volent ma substance. Depuis deux ans qu'elle est après moi, ne me lâche plus. Je suis un lâche. J'aurais dû me débarrasser de ses doigts crochus qui m'agrippent, elle existe à mes crochets. Plus de quant-à-soi, plus un coin où me réfugier, je n'ai plus une coquille où me mettre, peux plus rentrer en moi-même. Elle m'habite, chaque pouce de mon corps, elle s'insinue. Poreux, me gobe tout entier, une ventouse vivante. Peux plus la gober. Deux ans, j'ai eu beau résister, elle me viole.

— Écoute, ça ne sert à rien de chialer comme ça, puisqu'on est là, autant monter, l'agent doit s'impatienter...

— Tu as raison. Tu sais, probablement, ce sont mes nerfs! J'ai toujours un grand coup de déprime avant mes règles.

Je sais. Les règles, les larmes. Les femmes, c'est toujours mouillé, partout, comme la pluie battante, dehors. Dedans, un lac noir, profond, eau du regard, mon cadavre flotte, je suis noyé. Entre ses bras de plomb, l'asphyxie m'étreint, je détourne le visage, je suffoque. QU'EST-CE QUE JE FOUS LÀ? Question lancinante revient me frapper le front, entre les yeux, comme un poing ivre. Ma résolution chancelle. ET SI... Pas encore trop tard, pourrais déguerpir. Qu'un geste à faire, un mot à dire. Elle m'a dit

— Écoute, cette fois, j'ai atteint mes limites. Ou bien tu quittes ta femme, tu emménages avec moi, ou c'est fini entre nous. Je te le jure, je te quitte!

— Mais, tu sais bien, je suis en train d'écrire mon livre sur Proust, ce n'est pas le moment de

— Avec toi, ce n'est jamais le moment de! Pendant deux ans, tu m'as menée en bateau, mais c'est terminé. À toi de choisir!

Ses prunelles crachent des étincelles, le duvet de ses lèvres se hérisse, elle sort ses griffes. J'ai cru qu'elle allait m'éborgner. Je ne l'ai jamais encore vue dans cette colère. Passée des pleurs à la rogne. Elle en avait les mains tremblantes, le sourire tout violacé. Dans la belle voix de velours, une mégatonne de hargne explose.

— Je n'aurais jamais dû accepter de retourner à Paris avec toi cet automne! Ç'a été une fatale erreur, et maintenant je me retrouve de nouveau dans mon appartement, seule...

— Mais tu n'as pas été à Paris pour moi! Tu y as été aussi pour toi, pour ta carrière. Tu étais bien contente d'être Madame la Directrice pour ta douzaine d'étudiants boutonneux! Ça te donne du prestige dans ton département, ne me raconte pas d'histoires : tu ne fais pas toujours tout *pour moi*. Tu existes aussi, et même beaucoup, *pour toi!*

— Écoute, en fait d'égoïsme, tu n'as de leçons à donner à personne. Tu ne penses jamais qu'à toi! Mais quand même, ton gros moi, il était tout petit quand on est arrivés à Paris en septembre

quand on est arrivés à Paris en septembre tous les bagages entassés un semestre de bouquins pour deux et toutes les malles amoncelées lourd sur la poitrine *non* Rachel a dit *nous n'habiterons pas ensemble* moi *mais deux loyers* elle entêtée *tant pis cette fois j'ai de l'argent je ne dépends plus de toi* nos bagages il a fallu les séparer nous séparer

elle me quitte m'abandonne disparaît dans un taxi rue Garancière elle a des amis qui lui prêtent un mignon étroit duplex à poutres retapé confort médiéval dernier cri en haut des marches en colimaçon porte en fer qui barre soudain l'escalier quand j'ai été la visiter après au nez me la referme relève la herse entre nous il y a un fossé

moi je dois regagner mon juchoir square Adanson copain parti en Amérique me loue son deux pièces discret coquet mais à peine la place de se retourner installation provisoire à peine monté me retrouve seul elle *non je ne resterai ni ce soir ni les autres soirs* féroce œil pour œil *tu es rentré chez toi cet été dans ton palais de Queens* ricane *avec tes adorables filles ta charmante épouse* je proteste *mon épouse elle était partie en vacances* elle dit *moi j'ai dû t'attendre toute seule à Back Street les soirs où Monsieur voulait bien venir* je crie *mais je m'occupais de mes enfants je ne les avais pas vues depuis presque un an c'est bien normal* veut rien entendre *alors maintenant ne compte pas sur moi pour te tenir compagnie* elle se venge œil pour œil dent pour Adanson

regagne la rue Garancière moi sur mon lit j'ose à peine l'ouvrir m'y fourrer si seul ici lieux étrangers ma mère patrie sans ma mère sol se dérobe sans feu ni lieu sans soi ni loi chaque fois maintenant que je rentre en France pareil me frappe Paris ville morte mon père un Russe moi je n'ai pas de patrie une matrie

comme mon lumbago d'avril membres perclus cloué sur place septembre à nouveau me crucifie pas pu même me glisser dans mon plumard pas pu même allumer la lampe square Adanson sur le dos bête apeurée tapie au fond de sa tanière quand Rachel est repartie recroquevillé au tréfonds de mon terrier j'ai chuté dans un trou noir

— D'accord, mon gros moi, il était tout petit. Je n'ai jamais prétendu n'avoir pas besoin de toi ! Mais ce n'est pas le moment de remettre ça sur le tapis, nous ne sommes pas ici pour

m'interrompt, Rachel quand elle a envie de parler, rien ne l'arrête

— C'est exact, quand tu as besoin de moi, tu es tout tendre. L'automne dernier, j'avoue que tu as été particulièrement gentil, prévenant avec moi, pas comme aujourd'hui! Tu n'en menais pas large, hein? Tu étais tout le temps à me téléphoner à mon bureau, à t'enquérir de ma santé, de mes humeurs. Tu insistais pour que j'aille dîner chez toi, le plus souvent possible, tous les soirs, si tu avais pu! Et quand tu venais dîner chez moi, tu ne voulais plus repartir, tu disais : mais il y a un autre lit, je peux rester... Il fallait presque que je te mette dehors. Qui est-ce qui s'accrochait à qui?

— Pourquoi toujours ressasser les mêmes griefs? Ce n'est pas le moment

— Ce n'est jamais le moment! Tu me fais languir ici à t'attendre des heures...

— N'exagérons pas. Une demi-heure.

— Je te connais. L'automne 71, tu étais tout guilleret, rue des Sablons, à Paris. Tu avais la situation bien en main, tu m'avais bien en main. Tes cours, tes conférences, tes colloques, sans doute aussi, derrière mon dos, tes paillassons admiratifs, tes poules... Je ne suis pas dupe, tu sais!

— Qu'est-ce que tu vas chercher à présent?

— En tout cas, l'automne 72, tu n'étais plus si faraud. C'est moi qui devais te tenir la main! Il fallait être tout le temps près de toi. Et si je déjeunais ou dînais avec un ami ou un collègue, c'étaient des scènes!

— Et comment tu interprètes ça?

— La première fois, je dépendais totalement de toi. Je constate que, lors de notre second séjour parisien, moi, j'étais heureuse avec mon groupe d'étudiants, heureuse d'avoir une activité réelle à Paris, de ne plus y être une visiteuse ou une touriste ou ta petite amie, que tu traînais aux dîners ou aux cocktails... Ça ne te plaisait pas tellement, hein ?

— Si tu veux jouer à l'analyste, la première nuit de notre retour, tu n'étais pas encore en fonction, que je sache ! C'est là que tu m'as manqué le plus, comme un déchirement, comme un grand trou en moi-même...

— Et tout le mois d'août, chez toi, à Queens, je n'en ai pas eu des déchirements et des trous ? Quand je t'attendais en tremblant dans mon appartement surchauffé, guettant ta venue à la fenêtre ? Pourquoi n'es-tu pas le même à Paris et à New York ?

Elle me regarde en haletant. L'œil en lance-flammes, maintenant, entre nous, c'est la guerre. À qui aura la peau de l'autre. Je l'ai dans la mienne, sais pas comment elle s'est glissée, comme une sangsue, peux plus m'en débarrasser, elle me pompe. Une femme, faut pas la laisser s'installer en nous, dans nos tissus, la laisser descendre dans nos fibres. Une bestiole, un véritable microbe, d'abord la fièvre, vous fait délirer, après vous tue. Chamfort l'a dit, l'amour ne doit pas dépasser l'épiderme. Prophylaxie essentielle, sinon maladie vénérienne. Maintenant, j'ai la chtouille, la trouille. Qu'elle me quitte, si elle m'abandonne, ça me coupe le souffle, peux plus respirer. Je suis sous l'attente à oxygène. Pantois, pantelant, j'ahane en la regardant. On s'aime en chiens de faïence.

— En tout cas, voilà. Même le masochisme féminin a ses limites ! J'ai atteint les miennes. C'est maintenant ou jamais. Ou bien tu quittes ta

— Inutile de répéter, je connais la chanson.

Depuis le temps que je l'entends, depuis plus de deux ans. Au bout de quatre mois, déjà la serine, une sirène, *ou bien tu ou bien je.* Au bout de six mois, déjà susurre, *tu sais si tu ne, je vais.* D'abord, un soupir, une plainte, elle geint comme une chienne, de tendres jappements entremêlés aux jouissances. Et puis s'enfle, devient une criaillerie, elle clabaude, à pleins poumons, à tue-tête. Un vrai chameau, elle blatère, déblatère, à longueur de mois, d'émois. Plus un boucan, c'est un vacarme, charivari de continent en continent, incontinence de langage, Rachel rugit

qu'un geste à faire, qu'un mot à dire, *écoute j'ai bien réfléchi, je t'aime mais,* il y aura des hurlements, un long tumulte, et puis, la lente dérive s'arrête, je touche terre, je reprends pied. *Heureux qui comme Ulysse,* je rentre au port. Ma langue s'empâte dans ma bouche, je peux à peine la remuer, murmure saburral, des paroles en colle de pâte me poissent les lèvres

— Il n'y a pas de raison d'être agressive. Tu vois bien, je suis venu. Toujours fidèle au rendez-vous !
— C'est plus fort que moi, j'étais si tendue, si nerveuse, j'ai déjà tellement souffert, que les dernières vingt minutes d'attente m'ont paru insupportables...
— Tu te rappelles le fameux dicton, après la guerre russo-japonaise : la victoire appartient à celui qui sait souffrir un quart d'heure de plus.

Elle a gagné. Debout, dans le hall sombre de l'immeuble, je lui caresse la nuque, lui flatte l'épaule. Je suis pris au piège. Elle a cessé soudain de se plaindre. D'un coup, Rachel retrouve sa flamme de jais, de joie, aux prunelles. D'un geste ferme, elle appuie sur le bouton du sixième. Bien sûr, pas de gardien à casquette galonnée et livrée à soutache pour ouvrir. On n'y a pas droit, pas dans nos moyens. On sonne là-haut, en direct, self-service. La réponse tremblée nous parvient à la seconde. La herse vitrée s'ébranle, Rachel passe devant, elle, l'éclaireuse. On avance sur le dallage en damiers de marbre usé par un trottinement séculaire. Les portes de l'ascenseur sont en cuivre luisant, garçon d'ascenseur grincheux, cabine grinçante qui brimbale au bout du câble, poignée de manœuvre aussi en cuivre, porte intérieure également, tout est élégance cuivrée, grand luxe astiqué, dernier cri à la fin du siècle dernier. À mesure que l'ascenseur monte, j'ai l'impression de descendre. Toute ma vie à l'envers. Ainsi que j'ai commencé à Boston, à mon arrivée en Amérique, Peterborough Street, *red light district,* dans le Pigalle du coin, le quartier des prostituées. Du moment que, dans la journée, j'allais enseigner à Harvard. Après, tournoie, dans la banlieue de Boston, à Auburndale, partagé une maison privée parmi les pelouses, puis à Amherst, à mi-montagne, adossé à la forêt vierge ondulante, entre le ruisseau sauvage et la grand-route, loué une vieille ferme solitaire. Et puis, valsent les années, enfin, ma demeure à moi, dans un recoin tranquille de New York, perdu dans les rues désertes. On s'est arrêtés au sixième. Rachel me prend, me presse la main. On sort de la cage. La porte de la prison s'ouvre. L'employé de l'agence est là, hilare, par ce temps-là, il n'a pas dû avoir tellement de visites. Février blafard, à peine le suaire de neige souillée est fondu, les trombes s'abattent sur New York, giboulées lourdes comme des boulets se déversent. On est entrés dans un vestibule où brillait à peine une ampoule, avec une pâleur d'étoile.

— Ce n'est pas mal, regarde les parquets, une fois cirés...
— Ils n'ont rien d'extraordinaire.
— L'entrée est assez vaste, on pourrait y mettre ma bibliothèque, comme à l'appartement.
— Oui, comme à l'appartement.
— Avec une lampe à pied et, peut-être, là, au-dessus, des tableaux ou des gravures de mon père. Naturellement, il faudra acheter un tapis. Ma mère connaît quelqu'un qui pourra nous en avoir à des prix intéressants.

Après, il y avait un salon assez vaste, même au sixième sur rue, très sombre. J'observe

— Ça manque de luminosité, tu ne trouves pas ?
— Par temps de pluie, c'est bien normal. Une fois meublée et arrangée, tu ne reconnaîtrais plus la pièce. Il faudra acheter un nouveau canapé, le mien est prêt à rendre l'âme.

J'ai été à la fenêtre. À vingt mètres en face, une autre façade, les mêmes fenêtres à guillotine en bois, mêmes murs rosâtres en brique, l'œil cogne contre la paroi, rebondit en haut vers les corniches, pas où aller, à peine un pan noirci de ciel. En bas, au fond du puits ténébreux, des rectangles colorés de tôle tressaillent par à-coups, rampent en soubresauts. Les yeux vides, mais les oreilles sont remplies. Un grondement féroce racle les airs, râle entrecoupé mais incessant qui monte labourer, fouiller le tympan et la tête

— C'est assez bruyant.
— Il n'y aura qu'à fermer les fenêtres.
— Mais alors, on étouffe.

Elle plante ses pupilles droit dans les miennes, jet de jais.

— Écoute, on ne peut pas trouver quelque chose de parfait du premier coup. À Paris, tu ne te montres pas si difficile. New York, c'est pareil. On ne trouve pas immédiatement ce que l'on veut. À titre provisoire, pour un an ou deux, je pense qu'on ne serait pas mal ici. Regarde, on pourrait mettre ton bureau là.
— Mais il n'y a pas de fenêtre !
— Si, voyons, juste en face de toi !

La fenêtre était si triste, je ne l'avais même pas vue. Un jour blême filtre. Je m'approche, la petite pièce donne sur une cour blafarde. Cette fois, l'œil a encore moins loin où aller, bute contre l'autre mur à dix mètres.

— Et toi, où est-ce que tu mettrais ton bureau ?
— Oh ! on s'arrangera bien, dans la chambre à coucher, ou même, dans un coin du salon.

Décidément, Rachel était prête à tout, bien résolue. Elle ferait n'importe quoi pour m'avoir. Me claquemure, elle m'enferme dans cette prison, mon regard s'étrangle, mes yeux se voilent. J'ai le cœur qui commence à palpiter, une sueur froide me perle aux tempes, je me sens mal. Pas une chaise où s'asseoir, rien que le parquet râpeux, poussiéreux comme un sarcophage. Avec la pluie, je titube dans une sorte d'aquarium glauque, poisson crevé, la bouche ouverte. L'employé de l'agence, lui, nous guette, sans bouger, de l'entrée, il nous épie, un peu inquiet. Propos en français lui échappent. Une bonne affaire qui achoppe. Soudain, il s'approche de nous.

— *Well, you've seen the place. It's a nice place, isn't it? Of course, we'll clean it up for you. The last tenant was very old. She died a month ago.*
— *Yes, of course.*

L'ancienne locataire a crevé. Dans un tel trou, pas étonnant, rien d'autre à faire. La voix légèrement fébrile, saccadée, c'est Rachel qui a demandé

— *And how much is it? It doesn't say in the ad.*
— *Six hundred dollars a month.*

Six cents dollars, elle en a vu trente-six chandelles, Rachel, elle est devenue livide. Ses yeux se sont soudain éteints, la lèvre inférieure tremblante, j'ai cru qu'elle allait se remettre à chialer. Moi, j'ai senti un tel bond dans la poitrine, j'étais si transporté d'extase, j'aurais pu l'embrasser, le type

                 en rentrant, ce soir-là, après avoir garé ma voiture contre le trottoir, toute la maisonnée endormie à cette heure, j'ai quand même été faire quelques pas dans le jardin, le tour du propriétaire. La pluie torrentielle avait cessé, à peine maintenant une bruine, comme une rosée nocturne. La lumière mouillée des réverbères me guide, le serein paisible me rafraîchit, me rassérène. Les touffes de gazon décoloré, détrempé, s'enfoncent sous mes semelles. Je hume, le terreau humide, les arbres effeuillés tout autour, m'emplissent les narines. C'était pareil, au Vésinet, par temps de pluie, dès qu'on sortait de la gare, le long de la rangée de tilleuls, on était assailli d'odeurs molles. Mes poumons s'humectent de nuit. Un feuillet de journal déchiré par terre, je le ramasse, aussi un morceau de branche morte. Je soulève le couvercle, je les glisse dans la poubelle, près de la porte de la cuisine. Tout est en ordre. Chez le voisin, il y a encore une fenêtre éclairée. Son chien a aboyé un instant, puis il a dû me reconnaître, s'est tu aussitôt. Tout est retombé dans le silence, je promène un dernier regard sur mes murs, les fenêtres sont bien verrouillées, le signal d'alarme doit être mis. Je dois entrer par la porte de devant, je reviens vers la rue, je tourne la clé du dispositif de sécurité, j'ouvre sans bruit. Il est temps d'aller me coucher, dans l'air glacé, je commence à avoir froid. J'ai eu chaud

un matin, j'ai eu une surprise. D'habitude, Rachel respecte mon travail, elle ne m'appelle jamais quand j'écris.

— Mon chéri, ça y est!
— Ça y est, quoi?
— J'ai trouvé un appartement!
— Ah! bon? Où, comment?
— Un coup de chance fantastique, par une petite annonce parue dans le journal de Northern! Un professeur de latin qui a un congé au printemps et qui s'en va un semestre en Italie. Je lui ai aussitôt téléphoné. Elle a l'air très gentille. Nous avons rendez-vous pour visiter cet après-midi. Elle s'en va après-demain.

— Elle est pressée, cette dame!
— Nous aussi. Bref, je t'attends à trois heures, à

Morningside Drive. On trouve facilement à se garer au pied de la cathédrale. Ne sois pas en retard. Voici l'adresse.

Cette fois, je suis cuit. Un prof de Northern ne doit pas habiter dans un taudis. Sa crèche ne pourrait pas être trop chère, ne pourrait pas s'offrir le grand luxe. Les profs, des paumés d'élite, subventionnés. Je suis happé, broyé par le système. L'université est un fief, loue, alloue des logis à ses vassaux. Je suis servi, me voilà serf. De Northern, duché rival, entre eux et nous, depuis toujours, lutte intestine, Armagnacs et Bourguignons, on se déchire. Me voilà attaché à leur glèbe, à leur plèbe, là-bas, là-haut, à l'autre bout de la ville, dans un quartier que je déteste. Moi, homme libre, pas homme lige, quémande pas qu'on me loge, implore pas ma soupe, je suis un propriétaire terrien. Dans quel ghetto je vais me fourrer, dans quel guêpier.

— Eh bien, ça au moins, c'est une nouvelle ! Je suis content que tu m'aies tout de suite appelé.
— Cela tient du miracle, en plein semestre ! Écoute, si, comme j'en suis sûre, cet appartement est convenable et si tu
— Je sais, tu l'as déjà dit et redit, je suis prévenu...

Prévenu, tu parles. Je suis condamné. Ce coup-ci, sans recours, sans appel. Jugement dernier vient d'être prononcé au Tribunal. La trompette m'étourdit l'oreille, ma conque retentit d'échos. Je me croyais tranquille jusqu'à l'été, saison migratoire des collègues. Latiniste qui fout le camp en Italie, catastrophe imprévue, imprévisible. Le piège est sans échappatoire, cette fois, je suis pris dans le traquenard. Le dos au mur, je ne vois pas comment je pourrais reculer. L'échéance, comment je pourrais gagner du temps, tant qu'on temporise. Il y a toujours de l'espoir. Que l'implacable déroulement s'interrompe. Que Rachel se rompe le cou, que je me casse une jambe, que la chaîne se brise. Maintenant, rivé, on me met les poucettes, les poignets dans de lourds anneaux, je suis écrasé dans un carcan. Comment me décarcasser, impossible, je halète. Dans la glace de ma chambre d'un seul coup défunte, mon visage est blanc comme un linge, j'agite mon suaire. Je viens de clamser. Pourrais continuer, de turne en turne, de môme en môme, toujours en train d'usiner du zob, d'un minet l'autre, ça m'use, m'amuse plus. Veux me caser. Je troque un confort contre un autre. Donnant donnant. Deux ans et demi que j'ai misés sur elle, Rachel aussi est un investissement. Quand on pense, temps, argent, ce qu'on dépense, d'énergie, en compromis diurnes, en ajustements nocturnes, pour faire cohabiter deux peaux, faire coexister deux névroses, chien et chat fourrés dans le même sac, pour les faire se tolérer dans la même taule. Qu'une bonne femme se plie à vos habitudes, mange à vos heures, s'excite quand ça vous démange. Se paie, forcé, tout a son prix. Rien de gratuit dans la vie. Quand on songe aux probabilités qu'il faut, mirobolant calcul. Pour qu'on ait des goûts pas trop distants, des désirs pas trop distincts, des instincts qui batifolent dans le même champ à fantasmes, pulsions qui broutent dans des prairies à rêves avoisinantes, des femmes, il n'y en a pas des troupeaux. De temps en temps, une. L'oiseau rare, on ne peut pas laisser s'échapper, il n'y en a pas des volées. Et puis, il faut voir les choses en face. Quarante-cinq piges en mai prochain, ne rajeunis pas. Quarante-cinq carats, ai beau être brillant, corps se déglingue. À chaque tour d'année, je desserre ma ceinture d'un cran, j'enfle du ventre. Je suis gonflé. Si je crois que toutes les mômes, sur mon passage, vont tomber, éternellement, éperdument, dans les pommes. Bientôt, ce sera les petites annonces. *Monsieur très bien, sous tous rapports, aimant littérature, voyages, cherche jeune fille, jolie, cultivée, 25-30 ans. Prière envoyer photo, discrétion assurée.* Oublié l'âge du monsieur, *cinquantaine jeune.* Ça va être la cohue, il va y avoir une foule monstre, défilé du Quatorze Juillet. J'aurai tellement de réponses pâmées qu'il me faudra un secrétaire particulier pour les trier, tant de photos qu'il me faudra des malles Vuitton pour les transports. Alors, forcé, je suis arrivé à trois heures pile. Rachel, c'est mon assurance-vieillesse.

Naturellement, elle était déjà là, devant la porte, sourire aux lèvres.

— Tiens, tu es à l'heure !
— Tu vois, quand je te dis

Elle était de bonne humeur. Un rapide baiser sur la joue, et puis, elle m'a pris le bras.

— Viens, regarde, toi qui aimes les vues, tu en as une !

Pour une vue, c'était une vue. Morningside Drive est une espèce d'avenue qui monte raide, depuis Cathedral Parkway, au pied de la plus grande, de la plus hideuse cathédrale du monde, Saint John

the Divine. Et puis qui longe l'extrême rebord des
Morningside Heights, énorme éperon de granit,
ultime avancée du quartier universitaire, au-
dessus du vide. Au-dessous, Harlem. Entre, Morningside Park, qui dégringole abruptement au
flanc de la colline massive, zone tampon, *no
man's land*, jamais personne parmi les fûts
effeuillés des arbres malingres, parmi les allées
désertes qui s'entortillent. Nous, on est haut,
penchés sur le parapet de pierre. Malgré la pluie,
quelques plaques de neige s'accrochent encore, çà
et là, blancheurs qui s'obstinent. Toits noirs,
plats, à l'infini, avec des tours d'eau rondes en
bois, quadrillant les rues, les avenues, plus larges,
découpant la ville en damiers de brique ocre. L'œil
en rase-mottes, je balaie la ligne étale des toits
jusqu'à l'horizon, rebondis de kilomètre en kilomètre, et puis l'on bute sur le hérissement vert-de-gris
des travées de Triboro Bridge, là-bas, au-dessus de
la baie, l'immense pont filant vers la banlieue,
vers Queens.

— Toi qui aimes les vues plongeantes, les sites
d'où l'on domine le paysage, tu es servi !
— J'admets, de loin, on a une belle vue.

Faut pas regarder de près. Premiers immeubles,
qui longent le parc, en contrebas, si l'on fixe les
fenêtres. Il n'y a pas de carreaux à certaines, des
logis béants sous le ciel, au cœur de la ville, on
couche à la belle étoile. Et les rebords qui
s'effritent, les corniches à écornures énormes,
pièces détachées, pierres sur quelles têtes tombées,
tombales. Des voitures éventrées, capots ouverts,
tôle défoncée, jalonnent, de loin en loin, le trottoir,
cimetière d'épaves qui rouillent. Accoudés au
parapet, rien qui nous sépare, que le parc, se

parcourt, avec mollets fermes, en quelques enjambées à peine.

— Dis donc, moi qui aime marcher, je ne crois pas qu'il soit très recommandé de se balader dans les parages du parc !
— Non, bien sûr, il vaut mieux être prudent. Mais, de l'autre côté, à dix minutes d'ici, tu as Riverside Park, le long de l'Hudson, tu pourras y marcher des heures. Cela devrait te suffire !

De notre côté, nous sommes à la lisière de la ville blanche, sur la crête. De beaux immeubles, fatigués par l'âge, poussifs, bordent l'avenue. Il y a cent ans, ils ont dû avoir fière allure, érigeant leurs frontons altiers, leurs péristyles néo-hellènes, leurs hautes façades rectilignes, avec de larges baies vitrées au rez-de-chaussée. Mais pas assez rupins aujourd'hui pour avoir des gardes, j'ai remarqué tout de suite, au passage, en remontant Morningside, les halls dépeuplés, vestibules solitaires. Il faudra ouvrir l'œil en mettant la clé dans la porte d'entrée, s'assurer des arrières, qu'on ne nous poignarde pas dans le dos. Le long du trottoir, en plus de l'amoncellement monstrueux de la cathédrale, il y a une petite église française, vouée à la Vierge, Grotte aux Miracles, une succursale de Lourdes. Et juste au coin, un énorme hôpital, avec les civières qui se déversent sans cesse aux urgences. On a tout dans le quartier. Assassinat, maladies, extrême-onction, on est parés.

— Tu sais, la maison du président de l'université se trouve un peu plus loin, et il y a beaucoup de doyens qui habitent dans ces immeubles. L'avenue est très surveillée. Et, comme tu peux voir, elle est très propre. On se croirait presque en Europe !

— Exact, à cet égard, il n'y a rien à dire.

Rien. J'ai le souffle coupé, la parole soufflée, coup d'éteignoir aux pensées. Main posée sur le rebord froid, grenu du parapet, mon regard me minéralise. A quelques pas de nous, plus haut, une petite terrasse surplombe le parc, un observatoire pour touristes, avec une statue. Tout mon corps est changé en pierre.

SPIRALE (V)

Morningside Drive dedans c'était un meublé minable   une seule pièce qui ait un brin d'élégance un rien d'agrément un grand salon avec un coin salle à manger face à la fenêtre avec vue en bas sur Harlem de quoi couper l'appétit quand on y pense finit par ne plus y penser   l'œil balaie un vaste espace s'ébat se balade à l'horizon retour à terre   dans le séjour vieux meubles couverts de housses poussiéreuses un sofa tout défoncé photos de famille   avec des coussins élimés dessous   des cousins d'Italie ou quoi ses père et mère   sur les rayons tous les classiques latins et grecs   j'aurais préféré un bon fauteuil faute de mieux on aura de belles lectures   les deux autres pièces rikiki on entre à peine si serré que ça vous étrangle   encombrées d'un fatras d'objets cassés poupées démantibulées vaisselle ébréchée tas de livres aux dos déchirés ou froissés   pas New York ici c'est la chine brocante de trois sous des bibelots qu'on aurait refusés dans le plus bas marché aux puces mon pucier dur comme un mur de béton j'aurai un matelas en roc   dans le bureau étouffant l'échelle d'incendie en fer me zigzague la rétine à la fenêtre   *300 dol-*

lars tope là Rachel rayonne rayons de livres pas même la place d'y mettre les miens une aubaine une aube l'ère nouvelle l'air ravie notre hégire mon égérie a accepté illico *alors et toi* elle hurle *quand est-ce que tu rappliques* moi moi je dis *je me dépêche* elle ricane *ça fait quinze jours que je suis ici et toi* je dis *je passe tous les week-ends avec toi* elle *ça me fait une belle jambe* moi *dis donc avant tu te plaignais que je n'étais jamais avec toi aux moments de détente en fin de semaine et maintenant* rictus *tu ne crois pas que je vais passer cinq jours ici toute seule* je rectifie *quatre et demi* elle crie *j'ai quitté mon appartement pour toi ce n'est pas pour* je précise *je fais de mon mieux je m'active crois-moi* elle s'époumone *ça fait maintenant trois semaines* je dis *je sais je sais mais un bouquin ça ne se commande pas* plongé au tréfonds en train d'écrire changé de monture en cours de route cessé de chevaucher mes chimères maintenant PROUST

pour que j'interrompe mon roman c'est que ça devait être important non irréfutable *un livre il faut le faire lorsqu'il est mûr* comme un fruit autrement c'est mort Proust ça fait des ans que je le balade dans ma tête de classe en classe à présent sa madeleine est à point chausson d'odeurs de Combray à moi d'en faire ma cuisine *tu sais bien qu'il faut écrire des livres sérieux dans le métier* roman ne compte pas

faut de la critique   *j'ai besoin d'une sérieuse
augmentation*   maintenant qu'on vit qu'on
va vivre ensemble   besoin de fric   séparation divorce pas gratuit   plaisir se paie
cher à New York l'Amérique protège les
épouses   gratte mon papier jour après
jour   *tant que je n'ai pas fini mon Proust je ne
peux pas emménager*   saisi par Proust
soudain m'empoigne peux plus le lâcher

faut être logique   un syllogisme   POUR
écrire un livre sur Proust j'ai besoin de tous mes
bouquins peux pas deviner mes références toutes
mes associations d'idées   *et si j'ai besoin de
vérifier une citation de Hegel hein*   OR
pour mes livres pas de place à Morningside la
latiniste envolée en Italie a laissé tout son fourbi
sur étagères Rachel a déjà occupé les quelques
vides   elle crie   *eh bien tu iras la vérifier ta
citation à la bibliothèque de Northern il y a des
millions de livres*   tac au tac   *oui
mais j'ai besoin des miens j'ai toutes mes notes
dans les marges*   DONC conclusion nécessaire déduction apodictique clair comme de l'eau
de roche   SUIS FORCÉ DE RESTER CHEZ MOI
AUSSI L0NGTEMPS QUE J'ÉCRIS MON PR0UST

un livre sur Proust ne peut pas s'écrire en huit
jours ni en seize ni en trente-deux j'en ai vu
trente-six chandelles *tu as fait exprès de* mais
non *c'est un fait tu connais aussi bien que moi la
règle du jeu «publish or perish»* trop longtemps
que je n'ai pas publié d'étude critique ça qui me
nourrit nous nourrit pas mes fantasmes personnels eux c'est par plaisir pur plaisir *je suis obligé
de penser parfois à mon métier*

cent fois sur le métier j'ai remis mon ouvrage de jour en semaine en mois normal ça retarde mon départ peux rien y faire à Queens j'ai tous mes livres rangés par rubriques trouve tout sans tâtonner classé net distinct d'instinct j'ai toute ma mémoire alignée sur les rayons les cellules grises rafraîchies par la brise matinale à ma fenêtre les gratte-ciel de Manhattan là-bas au loin dans l'abandon silencieux délicieux de ma demeure

Proust a beau être long dure pas la vie Rachel m'a eu à l'arraché elle a fini par m'extraire une dent saignante à la pince accouché au forceps début mai manuscrit expédié à l'éditeur ai dû les mettre plier bagage six chemises dans une valise trois pulls dix cravates pas pu faire mes malles le meublé de Morningside n'a pas la place laissé mes livres sur leurs planches mes papiers dans mon placard maintenant fini JE PARS mais naturellement suis pas un père dénaturé j'ai besoin de voir mes filles en semaine elles sont à l'école normal JE REVIENS LE WEEK-END

quoi comment qu'est-ce Rachel je crois qu'elle m'aurait éborgné égorgé du délire une tornade de colère *tu oses me proposer* me fâche à mon tour suis bon diable mais à la longue si on me harcèle trop *dis donc je t'ai promis de venir habiter avec toi mais je ne t'ai pas promis d'abandonner ma famille pour toi* hors d'elle *je ne te le demande pas mais tes filles doivent te rendre visite ici chez nous* crie *je n'admettrai jamais que tu remettes les pieds à Queens* hurle *une fois qu'on est parti on est parti*

de la logique pas très maligne pas subtile élémentaire *la vie c'est plus compliqué que* ça à mon tour m'échauffe *d'abord j'ai encore là-bas tous mes livres mes affaires tu sais qu'il n'y a pas de place ici* m'excite *et puis de toute façon il n'est pas question pour l'instant de mettre au courant la petite* une enfant handicapée a déjà du mal à survivre retard à l'école pique des crises quand on n'a pas ses facultés ça vous rend caractériel arrache les cheveux aux copines on la menace de renvoi déjà plus d'un an de psychiatre *play therapy* elle commence à aller mieux ses nerfs s'apaisent un tantinet pas le moment de lui déclarer que son père va disparaître *tu t'en vas bien en France quand ça te chante* pas pareil la petite sait que je reviens absence paternelle une éclipse c'est pas la dissolution finale

je ne peux pas lui faire ce coup juste au moment où le toubib dit qu'elle a fait des progrès qu'elle trouve son équilibre j'ajoute *tu sais tu n'es pas seule au monde* l'amour pas du tête-à-tête yeux dans les yeux vingt-quatre heures sur vingt-quatre *j'ai aussi d'autres responsabilités* elle ricane *quand ça t'arrange* réplique *un couple c'est toujours un arrangement j'ai également d'autres devoirs* vérité un choc trop rude si on n'a pas toute sa tête *alors tu lui as raconté quoi à ta gosse quand tu pars du lundi au vendredi* enfin une question sensée on aborde au positif *je lui ai dit que j'allais enseigner à Yale*

et à l'aînée tu as dit quoi l'autre maintenant treize ans normale elle est même en avance *la même chose je ne vais pas commencer à raconter trente-six histoires* là Rachel est sortie de ses gonds *mais tu ne fais que mentir à tes enfants* moi monté sur mes grands chevaux *je les protège* question venimeuse *de quoi* eu envie de répondre *de toi* mais faut pas trop envenimer les choses au lieu ai dit *du mal que ça pourrait leur faire* déjà mes filles sont habituées à mes absences européennes cinq jours par semaine maintenant en Amérique je largue les amarres les amours en douceur

peut-être que tu te ménages une porte ouverte que tu prépares ton retour je dis *tu me prêtes des desseins machiavéliques* après tout il n'y aurait pas de mal pensée pas si bête ici on a un bail de quatre mois après on sera où habitera où vais pas me retrouver à la rue mais il faut que Rachel imagine toujours le pire soudain elle dit *et si je mourais demain si j'étais écrasée qu'est-ce que tu ferais* dans un hoquet *je parie que tu rentrerais à Queens* je dis *j'avoue que je n'ai pas songé à ça quand je viens de me mettre avec toi j'envisage pas que tu clamses* démord pas *tu pleurerais peut-être même pas un gros coup pas si sûr et tu rentrerais chez ta femme* dis et pourquoi pas et alors où est le mal elle vocifère *mais tu ne l'aimes même pas ta bonne femme* je dis *mais non bien sûr* Rachel *et tu pourrais retourner vivre avec elle* je hausse les épaules *écoute ce n'est pas le problème ma femme je viens de la quitter*

et tu lui as dit quoi à ta femme qu'est-ce qu'elle veut que je lui dise à ma femme *la vérité* à Rachel lui suffit pas *c'est-à-dire* insiste persiste *tu lui as indiqué que tu allais divorcer quand* l'évidence même *dès que ce sera possible* me lâche pas *as-tu téléphoné à un avocat* parade *je viens à peine de finir mon livre laisse-moi le temps de souffler* conciliant *un tel choix ne se fait pas à la légère* elle *et vous avez au moins commencé à discuter les termes de votre contrat* avec ma femme je ne suis pas en mauvais termes *votre séparation judiciaire* pas envie de faire des histoires *pour l'instant je continue à assurer les paiements pour la maison et à lui verser une allocation mensuelle comme avant* Rachel stridente *comme avant* là je me fâche *eh bien oui le coût de la vie n'a pas soudain baissé je lui verse la même somme que quand je suis en France* j'ajoute *je te préviens même ça ne me laisse pas grand-chose pour vivre* je précise *on ne va pas rouler sur l'or*

ma femme   qu'est-ce que je lui raconte   ma femme   depuis des mois des
années que ça dure   elle est discrète
elle ne pose pas de questions dont elle n'aimerait
pas la réponse   motus bouche cousue elle
fait semblant   avant quand c'était du matri-
monial   solide   on   avait   nos   empoi-
gnades   question fric début de carrière comment dépenser nos 35 dollars hebdomadaires au
marché   marchait pas toujours dépenses on
avait des idées différentes voyager elle trouvait
qu'on allait trop en France voulait un métier
voulait des enfants voulait   souvent l'inverse de ce que je voulais   étincelles on avait
souvent nos orages   on raisonnait différemment   elle inclination pour les arguties
légales les syllogismes avocassiers la rhétorique
de prétoire   *1 would have loved to be a lawyer*   ou alors elle s'était dans sa vingtaine
rêvée diplomate   *I would have loved to work in an embassy*   réprime ses émotions
renferme ses sentiments elle met ses affects
sous clé   que des exposés logiques   ne

montre jamais ce qu'elle est   elle démontre
          moi je suis démonstratif m'épanche
plus folâtrement suis mes pulsions où elles me
mènent   droits et devoirs ne m'ont jamais
intéressé   droit devant moi fonce   si on
se casse le nez   tant pis inspiration poétique *carpe diem* je paie ma dîme   depuis
qu'on ne s'aime plus je m'entends bien avec ma
femme   elle est commode accommo-
dante   elle a ses nuits de sortie moi les
miennes   j'ai ma chambre elle a la
sienne   parfois on dîne en terrain neutre on
déjeune le dimanche dans la cuisine en compagnie des enfants   *no man's land* autour de la
table ronde entre les parois vitrées face au
jardin   avec Rachel quand même à la
longue lorsque ça s'est mis à durer   ai dû
lui dire   *et quelles sont tes inten-*
tions   l'épouse reste sur la réserve encaisse
pas un muscle du visage qui bouge sort de son
salon de coiffure hebdomadaire frisures blondes
impeccables la décoiffe pas   *écoute je ne tire*
pas des plans sur la comète on verra toujours
calme   *on verra quoi*   mon
proverbe anglais favori   LIVE AND LET LIVE
      elle insiste   *tu dois quand même avoir*
une idée   mais non les idées c'est
Rachel   en a pour deux   moi je
laisse venir la vie je ne suis pas futurolo-
gue   *eh bien Rachel doit m'accompagner*
en France   j'ajoute   *de toute façon toi*
tu ne voulais plus voyager   à plus lointaine
échéance c'est vague mes projets sont enrobés de
brume   mon épouse finit par froncer le
sourcil   l'amour maternel lui plisse le
front   *qu'est-ce que je vais dire aux*
enfants   là j'ai une évidence lumi-

neuse   *ne dis rien ça évite les complica-*
tions   le moins on dit le moins on a à se
dédire   elle secoue la tête   *il faut*
bien que je dise quelque chose   je dis *tu*
crois   elle dit   *il faut bien que la*
petite sache si c'est pour de bon que tu la
quittes   le psychiatre a été formel   *il*
faut qu'elle soit préparée à l'avance   sinon
elle aura ses crises atroces après c'est moi qui
dois y faire face   je saute le pas je
franchis le Rubicon je me décide   *eh bien*
dis-lui que je vais enseigner ailleurs à une autre
université je ne sais pas moi où tu veux à

et voilà. J'ai emménagé à Morningside Drive avec Rachel. Sans vraiment
vouloir, sans réellement ne pas vouloir, oscillant
juste entre les deux, coincé là dans l'entre-deux,
je me suis installé à demi. Avec trois caleçons,
quatre chemises et cinq cravates, pas même une
moitié de moi. Avec le gros de mes affaires à
Queens, l'ensemble de mes livres là-bas, je suis
encore chez moi aux deux tiers. Assis le soir,
à nos dîners tardifs, en face de Rachel, sur
un quart de fesse. Je me perds dans mes calculs.
Par la fenêtre du salon, à l'aplomb du parc
désert où jamais âme blanche ne s'égare, en
bordure du néant, Harlem scintille. La nuit
venue, hors d'atteinte de la cité, je me retire
avec Rachel dans la citadelle, je m'enferme
dans notre donjon à deux. En fin de semaine,
ma voiture allégrement cahote de dos-d'âne en
nid-de-poule à travers les rues crevées du ghetto,
jusqu'au grand pont, jusqu'au grand large. Je
retrouve mes filles, ma chambre, mes livres, je

suis rendu à ma pelouse et à mes arbustes, aux senteurs fraîches qui picotent. À la mi-mai, tout s'est mis à reverdir, avec les fûts grêles des magnolias qui pointent, les azalées qui s'épanouissent.

SPIRALE (VI)

— Hein, tu ne peux pas te plaindre, cette fois-ci !
— Non, en effet.
— Toi qui aimes l'espace, la lumière, tu es servi !
— Certes, j'avoue que l'endroit est assez extraordinaire.

Il y a eu de longues tractations, des manigances inlassables, un travail de sape éperdu. Son appartement, Michael n'entendait pas le lâcher si vite. Avec notre bail de six mois qui arrive à échéance, la latiniste qui va rappliquer d'Italie, Rachel le talonne. Chaque fois qu'elle le rencontre devant l'entrée des bureaux, elle le met au pied du mur.

— Alors, ton appartement ?
— Oui, j'y songe, mais, tu sais, ce n'est pas facile d'en trouver un autre. Je ne veux pas aller n'importe où, j'aimerais m'installer dans le Village, ici c'est mortel...
— Alors, ton appartement ?
— Écoute, je n'oublie pas, mais je n'ai pas encore eu le temps de m'en occuper...
— Alors, ton appartement ?
— J'y suis encore attaché, je me rends compte, il

est maintenant trop grand pour moi, mais j'y ai fait de gros frais, il y aurait un pas de porte...

Michael, il ne connaît pas encore Rachel. Elle ferait n'importe quoi. À mesure que le terme fatidique de notre contrat de sous-location approche, elle se démène. L'œil fouineur, l'oreille dressée, elle explore le territoire avoisinant. Elle scrute les interstices de tous les immeubles le long de Broadway, elle fouille tous les coins et recoins du quartier de Riverside. Rien. Elle a fait tous les trottoirs, de la cathédrale Saint John au bord de l'Hudson. Sur ses hauteurs, l'université est affalée là, acculée entre Harlem et le fleuve. Au sud, la 110e Rue est la frontière avec Porto Rico. Bureau de logement, Rachel s'est inscrite sur les listes d'attente vaine, les petites annonces locales, elle les dévore chaque matin. L'énorme forteresse de Northern est comble, profs fourrés dans les plus infimes encoignures des moindres mansardes, étudiants parqués sur arrière-cours, chacun veut sa part du ghetto. Le malheur, il n'y en a pas pour tout le monde. Juin maintenant à l'horizon, Rachel, parmi la cohorte des anciens, à travers la faune des jeunes collègues, fait du bouche à oreille désespéré. Seul espoir, peut-être quelqu'un qu'on renvoie. Quand on perd son poste, on perd le logement, qui va avec. Le malheur des uns, à l'université, fait le bonheur des autres. À la force du poignet, là comme ailleurs, la foire d'empoigne, pour grimper, la loi des reins. D'immeuble en immeuble bondé, en pleine traversée du désert, soudain Michael. Lui, ce n'est pas son poste qu'il perd. C'est sa femme. Elle le plaque, sans crier gare, pour rentrer en Angleterre. Elle emporte le gosse avec. Rachel, elle vit dans un drôle de monde, un étrange milieu. Au début, cela m'a surpris, un peu amusé. Son ami Simon, déjà, était venu voir Rachel en larmes, sa femme l'avait plaqué, sans préavis. Pour se mettre avec une autre femme, aussi sec. Un rude choc, pour Simon, pour Rachel, l'épouse qui se découvre la vocation subite de Lesbos, voyage à Cythère. Pourtant, ici, monnaie courante, dans le cercle des amis de Rachel, on change de sexe comme de chemise. Michael, lui, quand son Anglaise le quitte, mioche dans les bagages, le cœur brisé, il n'arrive pas à s'en remettre. Il se met avec un type. L'important, c'est qu'on change d'appartement quand on change de sexe. Le jules de Michael a une idée fixe, veut habiter le bas de la ville, il aime le Village. Il refuse de venir s'enfermer avec lui dans l'immense vaisseau vide, la grande coque solitaire tintante d'échos.

— Alors, ton appartement?
— Je n'oublie pas, je t'assure! Cette fois, je crois que Raymond a quelque chose en vue, pas loin de ton ancien appartement, sur Charles Street, mais cela est compliqué, implique un échange...

Passée, poussée la lourde porte de métal au dernier étage, après l'ascenseur poussif, le palier sale, soudain, dans le vestibule, je suis ébloui. Je reçois la lumière comme un jet en plein visage. Je suis entouré de fenêtres aux reflets fulgurants qui s'entrecroisent. La vaste entrée, une fois repeinte en brun foncé, avec l'appui des fenêtres à guillotine ripoliné de frais, aura une allure seigneuriale. On y mettra un tapis, des plantes. Un plafonnier moderne pend des caissons à l'ancienne, les murs sont ornés de moulures. Michael fait signe, on avance dans les salons, par la porte à double battant grande ouverte. Trois larges pièces, en enfilade, cloisons supprimées, s'embrasent au soleil oblique. Vides, elles paraissent encore plus vastes, presque Versailles, au sortir de Morning-side Drive. Le parquet luit, dans la splendeur de sa marqueterie fin de siècle, avec çà et là une planchette qui manque. Des rideaux de tulle blanc ballonnent aux fenêtres entrebâillées, je m'approche, en bas, de biais, par la baie vitrée, un tronçon de fleuve scintille, avec un morceau de New Jersey, en face, falaise coiffée d'une tour d'habitation solitaire. La rue court se jeter dans le parc de Riverside, on voit la cime des frondaisons qui frôle le boulevard. Michael fait un geste, vers le fond, vers la cimaise qui borde le mur, *là on peut mettre la salle à manger,* sous le vieux lustre en étain dépoli à huit branches. Après le boyau encrassé, exigu de Morningside, j'ai peine à croire à cet espace tournoyant de clartés. Le long couloir, qui fait un coude à angle droit, était plus sombre. Capitonné d'un tissu de laine beige, épais, plissé, couvrant tout le mur, avec de loin en loin des appliques, le corridor déplie la profondeur des êtres, chambre de bonne avec cabinet de toilette, office et cuisine aux multiples placards, première chambre à coucher, Rachel dit, *j'y mettrai mon bureau,* la grande salle de bains à carrelage vieillot, tout blanc, émaillé de conques marines, et puis la deuxième chambre, elle dit, *on couchera là,* quartiers nocturnes silencieux, coupés du monde, et puis un autre cabinet de toilette, et puis la chambre principale, la troisième, au bout, au terme, l'immeuble tombant soudain à pic dans le vide, au-dessus du roc primitif qui affleure, avec la cathédrale de Riverside et son clocher aigu en plein ciel. *Tu mettras ton bureau là, tu auras de la place cette fois pour tes livres et tes affaires.* Ma chambre a une vaste penderie, attenante au cabinet de toilette. Depuis longtemps, j'ai cessé de supputer les mètres carrés. Deux cents, deux cent cinquante, aucune idée, à mesure que j'arpente, la surface est en progression géométrique, à vous donner le vertige. Précisément, question chiffres, cela n'a pas été tout seul. Michael et Rachel se sont mis à se chamailler pour le pas de porte. *Planches de la bibliothèque du salon, 25 dollars, moquette à carreaux de la chambre de bonne, 50.* Rachel a beau être portée sur l'Europe, elle a l'œil américain. Elle a vu, à la seconde, *il manque trois carreaux, ça dépare la pièce.* Michael se fâche, *mais j'ai dû les payer, moi.* A hérité tout un bric-à-brac du précédent locataire, nous le refile. Deux fauteuils aux appuis de chrome, avec des couleurs passées, céladon délavé, une table de salon en verre fêlé sur le côté, toute une panoplie de rideaux bleus à l'anglaise, style Régence, qu'on n'aurait pas accrochés pour un empire. Rachel et Michael ont lutté pas à pas, pouce à pouce.

— 20 dollars, pour les serrures des fenêtres de l'entrée, qui ne ferment même pas ! Et 90 dollars pour la machine à laver le linge et le séchoir, dont tu dis toi-même qu'ils tombent souvent en panne !
— Écoute, Rachel, tu n'es pas fair play, j'ai dû racheter moi-même tout ce bazar, il faut que je m'y retrouve...

Rachel a réussi à rabattre 20 dollars sur les rideaux et cantonnières, elle a eu la machine à laver et le séchoir pour 85 dollars, les serrures de l'entrée pour 15. Elle a eu Michael. À l'arraché, après un long travail au corps, une rude joute, ç'a été un vrai pugilat. Rachel, ses jolis ongles, elle ne les a pas seulement vernis, mais crochus. Je la laisse faire, entre collègues, s'entre-dévorent. Michael a beau avoir les dents longues, il est tombé sur un os. Il a reçu six cents dollars, trois cents de Rachel, trois cents que j'ai tirés de mes économies. A la cession de bail, quand on a signé. A la prise de possession des lieux, il a réclamé les six cents autres.

— Quels autres ?
— Mais ma commission, enfin la somme que tu m'avais promise comme pas de porte, pour mes frais de déménagement !

Malentendu, il y a eu maldonne, Rachel a invoqué les dieux, pris à témoin son amie Annie, protesté de sa bonne foi. Finalement, on est tombé d'accord sur trois cent cinquante.

à l'appartement, pour sûr, les débuts ont été durs. Rachel rayonne, *cette fois-ci nous sommes vraiment chez nous, nous sommes pour la première fois en ménage.* Seulement, moi, des ménages, j'en ai deux. Un sur les bras, à Queens, un dans les bras, à Manhattan. Le cœur, je l'ai assez large, mais c'est beaucoup pour la bourse. À mon université, il n'est pas prévu d'allocation spéciale pour les amours, d'augmentations pour difficultés conjugales. Avant de rencontrer Rachel, je commençais, après des années de gagne-petit, à être à l'aise. Un peu. Pas le pactole, l'enseignement n'est pas le Pérou, mais le pire était passé. Si mon aînée a sa leçon de piano, ma cadette ne peut pas aller chez le dentiste. Si ma femme va souvent chez le coiffeur, je me fais des cheveux. Fini, cette vie. Quinze ans, je n'y ai pas coupé. Tourments financiers, tortures budgétaires m'épuisent. Sans cesse penser à ce qu'on dépense dégrade. M'avilit, m'aveulit, veux plus. Après vingt locations errantes, meublées de toc, enfin ma maison à New York, mobilier moderne, du vrai, Sachs 5e Avenue, la table du salon, 300 dollars, le grand canapé courbe, 800. Suis payé pour le savoir, la mouise, je connais. Depuis l'enfance, avant la guerre, après la guerre, sacrée jeunesse. *Attention aux fins de mois, mon petit, il ne faut rien gaspiller.* Ritournelles maternelles, mes scies. Me fend l'âme. Mon père qui court chez mon grand-père lui emprunter la paie des ouvriers, pour ne pas fermer boutique. Entendu que ça, *traîner la savate, tirer le diable par la queue, il faut faire des petites enveloppes, on doit se serrer la ceinture.* L'empire familial est détruit par l'invasion des barbares. Je suis parti rebâtir mon royaume en Amérique. Un jour, j'aurai mon appartement à Paris. Soudain, krach boursier, panique aux finances, mes échafaudages s'effondrent, tout mon cumul d'économies d'un seul coup fond. Quarante-cinq ans, je me retrouve à sec. La poire que je gardais pour la soif, maintenant que je la coupe en deux, portion congrue. Ça recommence. Mon existence fait marche arrière, dans la machine à remonter le temps, je retourne allégrement vers les vaches maigres. Installé, j'étais pourtant tranquille, avec un havre, avec enfin un point fixe, à gauche et à droite des passades. Passion pas prévue au programme. Le grand amour est au-dessus de mes moyens.

— Ne te plains pas, je ne te demande pas la lune, mais il faut un beau canapé pour le salon.

— Tu as ton divan frais et rose...

— Tu parles, le rose, depuis le temps, il est fané. C'est un meuble d'étudiante, ça fait dix ans que je le traîne. À la rigueur, on peut le mettre provisoirement contre la fenêtre du petit salon, entre la stéréo et le porte-disques, on le verra moins. Mais pour le salon principal...

— Laisse-moi souffler, on vient d'acheter deux lits !

— Tu n'avais qu'à prendre celui de ta chambre à Queens, comme tu n'y retourneras plus, ça aurait fait déjà une économie. Mais tu as sans doute voulu faire un cadeau à ta femme...

— Quel cadeau !

— De quoi refaire les fauteuils, exactement. Si tu as des élans de générosité, il n'y a pas de raison qu'on en souffre ici. Car ton domicile, maintenant, c'est ici !

Ici, je ne suis pas chez moi. Chez nous, c'est chez elle. L'appartement appartient à Northern, le contrat est à son nom, je suis en surnombre. Pas même un figurant, je ne figure nulle part dans le bail. Un fantôme, je hante les lieux, je suis son ombre. J'en prends ombrage. Depuis Le Vésinet, depuis l'ère, l'aile maternelles, j'ai perdu l'habitude de ne pas exister en propre. Bon an mal an, j'ai toujours eu ma raison sociale. Je loge à ma petite enseigne. Être chez soi veut dire être chez moi. À mon âge, je suis hébergé par Rachel, lui dois mon toit. Mon bureau, je l'aurai sur son intercession, j'habiterai par son intermédiaire. Si un jour elle ne veut plus de moi, serai à la rue.

Devrai courir à mon université, quémander asile, avec la crise du logement. Si j'obtenais un studio au bout de deux ans, j'aurais de la chance. Pendant ce temps, je possède une grande maison, bourgeoise, salon, salle à manger, trois chambres, cave et garage. Seulement, dedans. Il y a maintenant ma femme. Depuis que j'ai quitté le domicile conjugal, elle a relevé le pont-levis, baissé la herse. Elle se hérisse. Demande des comptes, me lance des ultimatums. À son tour. Ma femme me chasse de chez moi.

— Tu réalises, je l'espère, que cette fois nous sommes séparés pour de bon. Il va falloir établir un contrat.
— De quoi?
— De séparation, pardi! Je veux qu'entre nous, les choses soient nettes.

Nettes, où est-ce qu'elle a été chercher ça. Les choses nettes, claires et distinctes idées, n'existent que dans la philosophie cartésienne, pas dans la vie.

— Est-ce que je ne te verse pas régulièrement la somme convenue au début de chaque mois?
— Si, bien sûr, mais maintenant, c'est différent.
— Comment? En quoi?
— Comment, en quoi? Avant, même quand tu étais absent, tu faisais partie de ce foyer, nous étions mariés, du moins légalement. Que tu aies eu des liaisons, cela m'était égal. Je l'ai accepté pour le bien des enfants. À présent, tu vis ouvertement avec une autre, c'est une humiliation pour moi, et, dans mon milieu, ce n'est pas admissible.
— Ton milieu, ton milieu! Quoi, la petite-

bourgeoisie bondieusarde de Queens, entre quatre Grecs et cinq Irlandais?
— Mais enfin, qu'est-ce que tu veux?

Ça, c'est une question, UNE VRAIE. Ce qu'il y a de plus difficile à dire. CE QUE JE VEUX. Je veux des choses différentes, contradictoires. Avec une force égale, pas moins l'une que l'autre. Tiré à hue et à dia, ça m'écartèle. Je suis déchiré en sens inverses. Le soir, avec Rachel, j'aime parler, je suis épris de nos dîners, quand nos tête-à-tête avinés délirent, délivrent. Ma femme, elle a l'esprit positif, une raisonneuse, au souper on cause arguties, on s'enchevêtre dans des litiges insignifiants. *Pourquoi dis-tu que ton collègue Bloch a eu raison de refuser l'offre de l'université de Pennsylvanie? — Mais je t'ai déjà expliqué ses motifs... — Tu dis : de refuser l'offre, et puis tu dis : avant qu'on lui fasse une offre, il leur a fait savoir qu'il changeait d'avis... — Enfin, ne jouons pas sur les mots, il avait été pressenti, et c'est là qu'en réfléchissant — Être pressenti et recevoir une offre, ce n'est pas la même chose, il faut être précis. — Mais ça revient au même! — Pas du tout, on peut parfois être pressenti sans jamais recevoir d'offre.* Comme ça, autrement, sur un thème, sur un autre, quelle que soit la question, on pinaille. A force d'enculer les mouches, moi, je baise ailleurs. Rachel, elle, a la libation poétique, libère sa langue, tous les deux jusqu'à minuit on vagabonde à travers prés, on saute les haies, plus de barrières, on déambule dans tous les champs culturels. Mon beau-père, un forçat du fric, vrai businessman, tabac en gros, y ai droit en détail. Exploits commerçants, combien de cigares, les tonnes de cigarettes qu'il a placées dans les drugstores, un recordman. A la bouche, le chiffre des ventes, dans la bouche, un sandwich de pastrama ou de corned-beef, vrai Juif d'Amérique. Le père de Rachel, graveur, sculpteur, artiste, un peintre vous laisse une belle image. Souvent, le soir, on se promène à travers père, village de Pologne, université de Varsovie, et puis les fuites, vers Paris, vers New York, toujours insouciant sauf de beauté, toujours bohème, jamais eu de bagnole, mais se prive pour acheter un buste en bois Renaissance, un vase chinois, des miniatures italiennes. Et tous les autres rapins désargentés autour, éternel centre d'accueil, on mange à son atelier, son râtelier, refuse personne. Nous maintenant, à notre tour, ses commensaux. Accroché là en permanence aux murs, on dîne ensemble. Rachel vit avec son père. Puisque je vis avec Rachel, je vis avec lui. Ses rabbins à turbans pâles sur fond mauve, ses maisons campagnardes, le ghetto n'est pas toujours sombre, qui partent en goguette cubiste, qui flottent, décollent à la Chagall, et les cafetans graves en cercle attablés avec des bonnets de fourrure, dans leur cadre. Mon cadre, à présent, c'est mon décor. Le père de Rachel a de la classe, de la gueule, il paraît que j'ai la gueule du père de Rachel. Me rapproche encore de la fille. *Tu as les pommettes de mon père, son front un peu fuyant.* On fait un bon ménage à trois. *D'ailleurs, tu sais, mes amies l'ont remarqué, toi et moi, nous nous ressemblons physiquement.* J'ai aussi le pif en pointe, tronche anguleuse, sourire lippu, des châsses avec du velours foncé. Je ne suis pas seulement son mec, mais son type. Exact. On a même faciès. Frère et sœur, portrait de son père, décidément, quand on se fourre dans son grand lit à trois quatre places, on couche en chœur, on batifole dans l'œdipe, on s'ébroue dans la généalogie, tous azimuts. C'est bon, moi, j'aime. Un zeste d'inceste, ça corse, ça pimente un peu les rapports. Ma femme, avec ses tifs blonds, ses mirettes bleues, son air de Suédoise réfrigérée, elle n'est pas de la famille. Elle vient du pôle Nord. Quand je suis à côté d'elle, on dirait des étrangers. Qui se ressemble s'accouple. Commode de vivre avec une femme qui a les mêmes goûts, le même métier, la même dégaine. Comme ça, quand je l'aime, elle, je m'aime, moi. Pas de déperdition d'énergie, on économise l'affect. Il y a si peu de différences entre nous que, parfois, je remarque à peine qu'elle existe. DEUX-EN-UN, le plus souvent, moi. Mais aussi elle, ça marche dans les deux sens, qui m'absorbe. Là-haut, chez nous, nos sucs confondus, c'est à qui avalera l'autre. Rachel est jolie à croquer. Je la grignote, elle me digère. Notre amour, méthode Assimil. Je l'assimile à ma mère. Je sais, je ne devrais pas, ce n'est pas bien, *you always mother yourself*, lui me serine à longueur d'années, connais son antienne. Possible, mon mode, mon modèle de vie, la symbiose. Me plaît, m'y complais, complètement. Ma femme et moi, on a toujours été des entités séparées, on a toujours fait État à part, avec frontières surveillées. Rachel, elle a un amour sans bornes. Mais pas que le côté mère. Ou père. Sœur aussi, avec Rachel, *I sister myself*. Trop vieux pour jouer les Tristan-Iseut, on joue à Sartre-Beauvoir. Elle me soumet des morceaux de manuscrits, je lui livre des pages entières. Un truc fantastique, jamais eu ça avec ma femme. Rachel et moi, on s'étrille ferme, après, on s'exalte. On échange nos idées, nos critiques, surtout, on s'admire réciproquement. Libération de la femme, modèle seconde moitié du XXe siècle : nous sommes des alter égaux. Je lui trouve une intelligence acérée, l'esprit incisif, atout décisif.

Pour elle, je suis un fleuve inspiré, un Gange de mots, elle se baigne en moi avec ferveur, elle fait ses ablutions littéraires. Et puis, on se donne l'absolution.

— Je serai franche avec toi : ta conférence, hier, n'était pas mal, mais tu as traîné, trop de bavardage, c'est ton défaut, vois-tu, tu t'écoutes un peu trop parler...
— Tu m'inquiètes, j'ai été si mauvais que ça ?
— Pour un autre, ç'aurait été très bien, pour toi, je suis exigeante.

Voilà, j'exige qu'elle soit exigeante, notre pacte. Qu'elle m'ait à cœur, encore plus moi. Qu'elle soit plus moi que moi. Pour ne pas m'écouter parler, il faut bien que je l'écoute. Que je l'écoute parler, on s'aime en échos. Elle me redouble. Je redouble d'attention. Qui aime bien châtie

— Le passage sur le rôle de la « coterie » chez Balzac est intéressant, mais ce n'est pas encore assez fouillé, Rachel...
— En quel sens ?
— Je crois ta remarque excellente qu'il y a un type d'organisation à mi-chemin entre la foule et l'individu. Mais, alors, il te faudrait creuser, voir quel genre de médiation constitue ces groupes, s'ils ne sont pas des espèces de « familles substitutives », de rechange, en quelque sorte... Je crois qu'il faudrait aller de ce côté-là.

Ce côté-là, c'est son côté agrégative. La vie tribale, famille au sens large, *chez nous il y avait toujours dix personnes le dimanche et les amis amenaient leurs amis on riait c'était toujours gai,* mon idée, c'est son idée, que je lui renvoie. *Ils étaient venus d'Europe en même temps que nous les Horowitz et nous on vivait pratiquement ensemble leur fille et moi on nous comparait sans cesse elle était pour moi comme une sœur jumelle je l'aimais et la détestais,* vie en miroir, pas moi qui l'ai inventée. J'entre dans son système à elle. Parfois, on se tape sur le système, en fait partie. On crie en chœur, écrit ensemble, notre union. Mon livre enfle, son livre progresse, et puis la multitude autour, la farandole, Rachel n'est pas seule, une femme c'est tout ce qu'elle amène avec elle, notre vaste appartement vide se peuple de petits mondes tourbillonnants, son système est un système solaire, au centre, je suis l'astre étincelant, le moi-soleil, mais autour, tout un univers gravite, des myriades de planètes, une masse de corps pas uniquement célestes. Annie, elle est bien en chair, surtout en os, comme Rachel, même visage aigu, gestes coupants, mains qui tressautent à la juive, agitation permanente aux doigts, danse de Saint-Guy aux idées, gamberge à la new-yorkaise dedans, sans trêve, comme le métro ici, vingt-quatre heures sur vingt-quatre, guerre du Vietnam, contre, méthodes structuralistes, pour, du pour au contre, en dix minutes, dernier Fellini, le magazine du *Sunday Times,* droits des femmes, on parcourt en trombe, trombine allumée, yeux qui moussent, intelligence se trémousse, esprit pétille. Naturellement, recouvre manque de certitude fondamental, insécurité foncière, doute de soi hyperbolique. Annie, chaque fois qu'elle affirme, elle tremble, toujours dans ses petits souliers. À elles deux, pas une paire, un vrai couple. Pour se voir, se percevoir, Rachel, ce n'est pas une glace qu'il lui faut, c'est une jumelle. Pour chaque phase de sa vie, il y a l'âme sœur, l'âme damnée, en années varie, d'abord Germaine, puis Joan, à présent Annie. Numéro un, le grand amour. Moi, me porte un peu ombrage. A la fin, me demande qui, d'Annie ou moi, compte le plus. Certains jours, cela m'agace.

— Tu n'arrêtes pas de parler d'elle, toujours Annie !
— Comme tu es drôle, tu ne vas pas être jaloux maintenant ?
— Non, mais vous êtes tellement là, à vous dévorer des yeux, comme si vous ne vous étiez pas vues depuis dix ans...
— Tu ne comprends rien à l'amitié entre femmes, c'est particulier.

Je vis avec le père de Rachel. Je cohabite avec Annie. Je couche à demi avec, toujours en tiers. Son jules, Jerry, les choses ne vont plus très bien entre eux. Refroidissement général, le torchon brûle. Lui, ardent, beau gars, sportif, escrimeur, chaque soir, il tire son espadon, il est armé. Annie, elle n'a plus envie, plus comme ça qu'elle l'aime, avant oui, toutes les nuits, deux fois plutôt qu'une, j'ai droit à tous les détails, à force d'entendre Rachel tout me raconter, devient du cinéma porno, jeton de mate à Pigalle, j'ai l'œil rivé à la serrure d'Annie. Pas insensible, finit par m'émoustiller, j'y prends goût, spectacle jambes en l'air des autres, je n'avais jamais encore avant baisé par osmose. Toute retournée, tifs en bataille

— Dis donc, tu sais la nouvelle ?
— Non, quoi ?
— Annie a décidé qu'elle voulait épouser Jerry !
— Je ne comprends plus rien à rien. Je croyais qu'il y avait du tirage entre eux...

— Annie veut avoir un enfant.
— Et lui ?
— Il hésite.

Avant, elle qui ne voulait pas, lui ne veut plus, le monde renversé, le monde de Rachel, monde renversant. Du La Bruyère, version New York, un vrai défilé de portraits, grandeur nature. Je pénètre en plein vingtième siècle, dernier quart, décennie soixante-dix. Moi, j'étais toujours un peu resté aux années quarante, un demeuré. Avec une mémoire d'avant-naissance, des souvenirs à fiacre et à impériale qui se baladent avant 1914. Avec Rachel, dans l'appartement, j'ai pris au moins trente ans d'un coup. 1973, je me réveille. L'occupation de Paris par les Fritz, ça n'intéresse plus personne. Maintenant, c'est l'occupation du Vietnam par les Ricains. À Northern, chaque jour bagarres, banderoles dans la grand-cour, boycott des classes, grève d'étudiants, au lieu de casser du Viet, on casse les vitres, parfois, gare aux flics, grenades lacrymogènes dans le tas, détonations, ça barde. Rachel, l'œil en feu, descend les autorités en flamme. Sans faire partie des activistes, elle est, bien sûr, *anti-war*.

— Le président Brown a voulu interdire la manif cet après-midi en faveur du cessez-le-feu, tu aurais dû voir ça, il y avait au moins deux mille étudiants !
— Étudiants ?
— Personnes, en tout cas, c'est ce qui compte. La plupart des profs, par solidarité, ont renoncé à faire leurs cours. Il n'y avait que ce réac de Ledieu qui essayait, à grands coups de sacoche, de se frayer un passage à travers le service d'ordre des grévistes ! C'était comique.

Sans quitter mon bureau, j'y suis grâce à Rachel, je baigne dans l'anti-impérialisme ébouriffé, j'ai l'odeur de poudre aux narines, il y a même le mari d'une copine qui vient de se porter déserteur, de passer au Canada. Rachel est le *New York Times,* en plus vivant. Chaque jour, elle va aux nouvelles, revient avec une brassée.

— Mon ami Roger m'a téléphoné ce matin, à mon bureau.
— De Chicago ?
— Oui, il était tout ému, il vient d'apprendre qu'on ne renouvellerait pas son contrat à son université, il a décidé d'abandonner l'enseignement !
— Mais qu'est-ce qu'il va faire ?
— Se reconvertir dans le commerce, il va suivre des cours, se recycler. Après tant d'années consacrées à la littérature française, il en était bouleversé.
— Il y a de quoi !

Pas que la cour d'honneur de Northern qui chauffe, l'université entière sent le roussi. L'institution se désagrège, les postes ont disparu, par magie noire, la carrière, de mon temps grande ouverte, s'obture, l'enseignement s'obstrue. Plus de débouchés, la culture officielle se constipe.

— Tu sais, ça m'a fait froid dans le dos !
— À moi aussi...
— J'ai encore quatre ans d'assurés à Northern, mais après... Si je ne suis pas titularisée, qu'est-ce qui va
— Comme dit Claudel, le pire n'est pas toujours sûr !

Je n'aime pas beaucoup Claudel, son *Soulier de satin* ne me botte pas. Pour que je sorte sa maxime, il faut que les choses aillent mal. Rachel, d'ailleurs, n'a pas eu l'air convaincue, une ombre a passé sur son visage, grosse comme un nuage. Afin de faire diversion, je demande des nouvelles personnelles de Roger.

— Et les amours? Il est toujours avec son avocat?
— Non, ils se sont brouillés, ça n'a pas marché. Raison de plus, pour lui, de quitter Chicago et de venir travailler à New York.

Quinze jours avant l'avocat, c'était le coiffeur italien. Avant le coiffeur italien, il y a eu l'homme d'affaires grec, qui a emmené Roger au Mexique. Un peu avant, courte liaison avec un collègue philosophe, à l'université Northwestern. Grâce à Rachel, je pénètre dans le monde de la pédale. Elle a ses entrées. Aucune idée pourquoi, *fag hag*, comme on les appelle ici, les femmes qui ont beaucoup d'amis homos, s'entendent avec, atomes crochus, qui ont des antennes. Moi, pas très ferré en la matière, pas très féru. En première, un copain un tantinet danseur m'a fait des invites sinueuses. À Normale, connu que des gars normaux. Peut-être naïf, sans doute aveugle, j'avais sûrement des œillères. Quand j'habitais Boston, vu que du feu. À Smith College, boîte de filles dans la lointaine cambrousse, quelques enseignantes attendries sur le retour papouillaient côté Lesbos. Soudain, avec Rachel, je m'affranchis, je me déniaise. Elle est mon *American connection*. Je sors de ma banlieue petite-bourgeoise, aux idées droites comme les rues, rangées comme les pelouses. Ainsi, John, *quoi John ? — bien sûr, pourquoi pas ?* un collègue cul-de-jatte, il a trouvé quand même monture. Michael, quand il nous a laissé l'appartement, s'est maqué avec son mec. Bon nombre sont à voile et à vapeur, mais les femmes sont le plus souvent pour la façade. Leur goût intime reste l'entrée des artistes. Il y en a même, *tu ne savais pas ? — mais non,* qui se marient à l'église, *pas possible — mais si,* on trouve des prêtres pour, même des rabbins. Pourtant, ici, en général, les invertis, plutôt l'inverse, pas des unions éternelles. Du rapide dans les bars spécialisés, un va-vite vertigineux, à peine on s'est rencontrés, on s'emmanche dans les toilettes, on s'empaffe derrière le comptoir, l'enfoire d'empoigne. Valse, deux temps trois mouvements, tourbillonne encore plus preste que chez les hétérophiles, tournique sur un rythme encore plus vif, un jour, deux nuits, coup de foudre, coup de foutre, et puis bonsoir. Moi, je ne pourrais pas tenir la cadence, je n'ai pas le souffle, une femme, faut le temps de s'y habituer, une compagne, c'est des habitudes. Après tout ce qu'on endure, on doit faire durer. Ça me dépasse, *comme tu es cloche, mon vieux,* j'admets, suis vieux jeu, Rachel et ses potes et leurs potins, j'en reste bouche bée. *D'où tu débarques, de Queens ?* Pas seulement. De Proust, de Genet. En Amérique, pas si romantique, tope là, mazel tov, conclu, comme les *fast foods, fast fuck, fist fucking,* ces trucs me renversent, l'homosexualité à l'américaine me retourne. Pas beaucoup de ressemblance avec le baron de Charlus et ses intonations subtiles. Ici, l'illicite s'affiche, les goûts se discutent, on annonce la couleur. Il y a la secte du noir, les tenants de la tenue cuir, casquette SS, blousons zébrés de fermetures Éclair, ceinturons à boucles massives, braguettes cloutées, se portent comme une cotte, ça protège au défaut de la cuirasse. Avec les fouets, chambrières, cravaches, toutes tailles aux devantures, sangles, étrivières, on ne badine pas avec l'amour. Une vraie industrie, présente une gamme de pommades raffinées, des élixirs luxurieux, des onguents pour feuille de rose, parfums variés comme pour les glaces, au chocolat, à la vanille, il y en a des poivrés, des épicés, ou des doux, au miel. Boutiques spécialisées, pour clientèles spéciales, on trouve les produits à décrêper les tignasses noires, à gominer les mèches portoricaines, on fabrique à chaque minorité ses rêves en usine. Les fantasmes sont de formidables machines à sous.

— Enfin, ne prends pas ta mine étonnée...
— Quand même, l'histoire de Roger avec son chauffeur de camion qui le plaque au bout d'une heure et le laisse, c'est le cas de le dire, à quai, au bord de l'Hudson, c'est pas croyable, c'est pas des mœurs !

Ramrod, Badlands, les boîtes le long du fleuve, pas mon élément naturel, je nage. Les histoires de Roger, moi, je perds pied. Une femme, on doit quand même parler, causer, mettre des formes, il faut l'inviter à dîner, inévitable. Peut pas la sauter aussi sec, se serait raide. Peut pas non plus la quitter illico.

— Ce n'est pas agréable pour eux non plus, Roger, quand il m'a raconté sa soirée, était tout triste. Il lui arrive souvent d'en pleurer.
— Mais alors, pourquoi ne cherche-t-il pas des liaisons sérieuses, des liens solides ?
— C'est vite dit, mais ce n'est pas facile. Roger est

un sentimental, il voudrait bien. Une fois, il a vécu avec un ami un an, il était très heureux. Quand ça a fini, il en a eu le cœur brisé, il a erré...

Désir errant, peut-être obéit à d'autres lois, un autre style de vie, d'envie. Se pose un instant, s'impose, et puis s'envole. S'accoupler sans former couple, moi, pourrais pas. Contre nature, absolument contraire à mes tendances, suis comme le lierre, m'attache où je baise, j'y suis j'y reste, une fois accroché, je suis tenace. Aux choses, aux gens, je me cramponne. Si j'enfile, je ne peux pas supporter que ça me file entre les doigts. Quand j'ai mis la main dessus, ne lâche plus prise. Je vis comme j'aime. Mes liaisons sont à la colle. CE QUE JE VEUX. J'existe à la sécotine. Alors, voilà, le problème. Je suis fixé entier nulle part. J'ai des parties qui adhèrent. Pas au même endroit, là le hic. Quand j'étais tubard, mon pneumo, il avait des adhérences. Question de vie ou de mort, j'ai refusé, risques et périls, qu'on me fasse une section de brides. M'en suis tiré, j'ai eu de la veine, poumon, plèvre, je me suis bien ressoudé. Déchirure, j'aurais pu aussi clamser, à gros bouillons de sang rouge. CE QUE JE VEUX. Pas facile à définir. J'ai tout un côté qui aime Rachel, c'est net. Ne pourrais pas supporter qu'elle me quitte. Ne me viendrait pas à la pensée que je la plaque. De meublé en meublé, maintenant notre appartement, nous avons notre tôle. Boulons, écrous, je suis rivé à elle, arrivé à ses fins, terme du voyage. Je touche au bout, au but. Lorsque la lourde porte de métal se referme, échos dans l'entrée qui claquent, haut plafond qui répercute, à travers les battants demi-ouverts, Rachel dans le petit salon lit le journal, lève la tête, sourit, demande, *as-tu eu*

une bonne journée, replie le *New York Times,*
assieds-toi, raconte, tu veux un porto, je dis *un*
doigt, fracas de la porte qui tinte comme un
carillon, refermée à toute volée, cliquetis du verrou
à double tour, de la targette, cloche folle dans ma
tête bourdon retentit dans mon beffroi, là-haut,
grimpé au huitième, *je suis à toi, une seconde,*
j'enlève mon manteau, elle se lève, s'approche, me
tend les bras, les lèvres, *alors comment, what kind*
of a day, mots échos sonnent l'angélus. Paradis.
Tous deux à part. Appartement dans l'empyrée,
quand on a tourné le bouton de la serrure, sur le
toit du monde, devant moi le salon étincelant de
soleil ou sombre, pâle, la lampe de cuivre allumée
douce, le lustre de la salle à manger en veilleuse,
mes pas résonnent sur le parquet ciré ancien,
quand je retire mon manteau, les heures mortes de
la journée d'un seul coup tombent à mes pieds, je
dépouille un quotidien morne, *dis-moi, ton cours,*
comment ça a, nu, je resurgis en un corps vierge,
quarante-cinq ans se volatilisent, soudain je
renais à moi-même. Vantail massif heurtant le
chambranle de métal, mon retour vibre comme un
gong, Rachel se lève, elle vient vers moi, je
ressuscite. Mon épouse revient à la charge

— Mais enfin, *qu'est-ce que tu veux ?*
— Qu'est-ce que ça te fait ? Qu'est-ce que ça
change pour toi ? As-tu donc l'intention de te
remarier bientôt ?
— Ah, ça non ! Dix-sept ans de mariage avec toi,
ça me suffit !
— Alors, pourquoi se presser ? Je t'ai toujours
exactement versé la somme dont nous étions
convenus au début de chaque mois, tu n'as jamais
eu à te plaindre...
— Je ne te comprends pas du tout. Vu la

situation, pourquoi ne veux-tu pas de séparation légale ? Il faut déjà un an de séparation, dans l'État de New York, avant de pouvoir obtenir un divorce...

— Tu te mets à parler comme Rachel, à présent ! Je ne sais pas ce que vous avez, toutes les deux, à tout vouloir «légaliser»! Monsieur le maire, au début, un notaire, à la fin. Personnellement, j'ai horreur que la société se mêle de mes affaires, une horreur viscérale.

Ma femme, elle me regarde avec des yeux ronds, des cheveux blonds, coiffés net, droit dans la rétine. On ne s'est jamais très bien compris. Mais on arrive à s'entendre. Question de patience. Il lui faut une argumentation logique.

— Tiens, prends l'exemple de mon cousin Maurice. Ça fait des années qu'il vit séparé de sa femme. Mais cela s'est passé à l'amiable, il lui a laissé la maison de Sceaux. La semaine, il habite avec Sonia à Paris, le samedi et le dimanche, il revient voir les enfants. C'est beaucoup plus simple.

— Et sa femme accepte ça ? Sonia aussi ?

— Mais bien sûr! Sa femme pense que c'est préférable pour les enfants, de toute façon, avec un père journaliste, ils sont habitués à ses allées et venues. Ça leur épargne le choc traumatisant des séparations brutales. Ça maintient une continuité familiale, dans la liberté personnelle. Quant à Sonia, l'appartement parisien est à son nom, elle sait que mon cousin lui est totalement acquis, elle n'a pas besoin qu'on le lui écrive noir sur blanc devant tabellion. Comme Maurice ne sait pas conduire, c'est même elle qui l'emmène en voiture jusqu'à Sceaux tous les week-ends. Je ne t'en demande pas tant !

— Toi et ta famille...

— Quoi, ma famille ? Je trouve que c'est une solution intelligente, entre adultes civilisés.

— C'est ça que tu veux ?

— Ça, ça... pas forcément au pied de la lettre... mais enfin on devrait pouvoir trouver un arrangement de ce genre...

Pas convaincue, mon épouse est toute rigide, doigts tapotant la table bleue de la cuisine, moi d'un côté, sur un siège bien rembourré, elle en face, carrée dans un autre, me dévisage. Construit en vitrage sur deux côtés, le coin forme comme une verrière, on mange en direct avec le jardin, pendant qu'on parle, l'œil broute l'herbe, les pensées s'aèrent. Genoux croisés, lèvres pincées, ma femme me scrute d'un air soupçonneux, d'un buste roide.

— Mais pourquoi tiens-tu tellement au modèle de ton cousin ? Pourquoi ne veux-tu donc pas d'une séparation en règle, d'un divorce ? Quelles sont donc tes intentions ?

— Tu cherches toujours midi à quatorze heures. Je n'ai aucune idée de derrière la tête, et si c'est cela que tu crains, je ne t'importunerai jamais plus de mes assiduités, je te promets ! N'as-tu pas toujours dit que les enfants, c'est ce qui compte avant tout, leur bien-être ? Avec la petite, qui a déjà tant de problèmes... Je ne dis pas que ce soit un arrangement éternel, à la longue, ce sera peut-être différent, on sera sans doute amenés à des décisions radicales. Pour l'heure, j'enseigne à Yale, tout va bien ainsi, laissons courir... Pourquoi se compliquer l'existence ?

L'existence, elle est déjà assez compliquée comme ça. Avant, avec le West Side Highway, on descendait en voiture des hauteurs de Morningside au bas-ventre de Washington Square en dix minutes. Maintenant que leur périphérique sur pilotis s'écroule, travées corrodées de rouille, les ponts rendent leur tablier, New York rend l'âme. Après la 42e Rue, plus d'autoroute, on s'engouffre dans des dédales noirâtres, le long de dépôts glaireux, des heures. Mardi, jeudi, me traîne dans la gadoue d'hiver, sous le plomb fondu estival, parmi l'agonie de brique lépreuse, au fin fond des boyaux bordés d'ordures éventrées. Au retour, je n'ai pas même un garage où me mettre. Le petit, au coin de Broadway, complet. Le plus proche, à la 122e Rue, presque Harlem. Plus d'un quart d'heure à pied, vingt occasions qu'on m'égorge. Prof de Northern récemment qui sortait de sa bagnole, on l'a arraché par la portière entrouverte, estourbi de but en blanc, suriné net sur le trottoir. Pas même au fin fond de la 122e Rue, du côté de Morningside, non, là. Au coin de la 116e. Moi, je crèche dans un drôle de quartier, risque de me porter malheur. Dans notre olympe, là-haut, notre empyrée, palais aux mirages, parfait, *sicut dii*. Mais il faut aussi descendre, se faire descendre. Le soir, le quartier se peuple de peurs bleues, d'angoisses noires, avec Harlem qui rôde tout autour, nous borde au nord, au sud, les Portoricains, entre noir et bistre, entre chien et loup, entre 100e et 120e Rues, pris à la gorge, on étouffe dans un étau, dans un ghetto. 115e, 114e, je tourne dans un périmètre étroit, en cercle, en bourrique, à la recherche, planète rétrécie, en rond dans ma coquille de noix, à la poursuite de l'impossible miracle, perdu au dédale parallèle des défilés roides, rues escarpées qui dévalent vers Riverside Drive, tâtonnant le long des lourds immeubles silencieux, pour une place où me garer. Entre voyous et police, coincé, j'erre, paupières de plomb, membres gourds, scrute, clignote, pour un morceau oublié de trottoir, pas trop tentant pour un meurtre, pas trop attentant au stationnement, je tournique, au labyrinthe de nuit, entre frappes et flics. Souvent, rien, je dois aller m'engluer dans la poix ténébreuse du boulevard solitaire, le long du parc, m'enfoncer dans la mélasse de Riverside Drive. Là, on trouve de grands vides, désertiques, frôlés d'arbres, battus de vent, sans personne en vue, pas une ombre, rien que des souffles par rafales, on a beau marcher au rétroviseur, devant, derrière, regarder à droite, à gauche, faudrait tous les yeux d'Argus, soudain si un type surgit de l'abri d'un tronc, bondit d'une encoignure de porte, avec un lingue ou un flingue. Dîner tardif, sortie en ville, on joue sa peau à pile ou face. Pendant ce temps, j'ai un grand garage désempli, esseulé, qui sommeille à Queens. Ici, n'ai qu'à descendre l'escalier, juste en dessous. Ma femme continue à me dévisager avec méfiance, son ton est loin d'être amical

— Et tu crois, avec toutes tes histoires de cousin Maurice, que tu ne me compliques pas l'existence, à moi ? Avec toutes ces allées et venues invraisemblables, avant, c'était Paris-New York, maintenant, ce n'était pas suffisant, il te faut Manhattan-Queens ! Heureusement qu'après la mort de ta mère, j'ai décidé une fois pour toutes de ne plus jamais te suivre avec les enfants dans tes voyages...

— Le passé est le passé. Pour l'heure, je trouve

que tu es injuste. Je ne te complique pas l'existence, au contraire, je te la simplifie!

Là, l'épouse a écarquillé tout grand les yeux, même elle, qui se tient sur la défensive sentimentale, toujours coite quant au pathos, elle a soulevé l'avant-bras d'un geste vif, pointé l'index vers moi, la voix qui trémule, mue, émue par un déclic

— Toi, me simplifier l'existence!
— Écoute, sois honnête, c'est toi-même qui me l'as dit, le fait d'être mariée te protège. Je te sers de paravent, tu peux faire ce que tu veux, mais on ne peut pas trop te poursuivre dans tes retranchements. Ça te donne ta liberté, et en même temps ça empêche les gens de t'assiéger jour et nuit! Je t'assure ton indépendance, toi tu m'assures
— Quoi?

Les périls biologiques ne guettent pas seulement le soir. Au milieu de l'après-midi, sur Broadway à la 101e, il y avait ce gusse qui venait de déguster, étendu sur le trottoir, les bras en croix, jambes en équerre, un épais ruisseau pourpre, sur le pavé gras, gris, lui pissait du ventre, et puis formait une large flaque sirupeuse, un lac mauve, avec un attroupement autour. Juste devant le marchand de rhum, de whisky et de gros rouge, comptes réglés à l'arme blanche. Juste à la frontière, rue limitrophe, après, on ne s'aventure jamais, quartier interdit, section hispanique, dissection garantie. À la 103e, il y a eu l'infirmière violée, gorge cisaillée, un récidiviste qu'on venait de relâcher, à peine élargi, pas été long, deux temps trois mouvements, joli cadavre de vingt ans, bien bourré, bien ramoné, et puis tailladé, et puis se taille. On l'a rattrapé en Georgie, refourré en taule, deux trois ans, sera remis en liberté surveillée, sur parole, tu parles, repris d'injustice, repris de désir, tuer c'est comme jouer, une passion inextinguible, donner la mort ici besoin vital. Pas même à chercher si loin, à la 101e, la 103e. Là, dans notre rue, devant l'immeuble minable d'en face, on l'aperçoit du salon derrière notre tulle flottant, deux trois voitures de police un beau matin. Du quinzième, on avait balancé un type. *Drug pusher,* paraît-il, on l'a poussé à son tour, drogue se trafique un peu partout, çà et là, ici, ailleurs, juste en bas, à la va-comme-je-te-pousse, même par la fenêtre. De si haut, ça fait des dégâts, descendu me rincer l'œil, le pavage rocailleux de la cour était encore tout constellé d'éclaboussures écarlates. Ce n'est pas seulement les dangers, question d'atmosphère. Je descends acheter mon *New York Times,* avant que tout le tas matinal jeté à même le sol poussiéreux du petit bistrot ne soit parti, je ressors. Là, devant le marchand de glaces. Me refroidit. Au coin même de la rue et de Broadway, sous la pluie battante, une bonne femme qui hurle, une négresse qui s'affale soudain dans le ruisseau, quatre fers en l'air, se contorsionne dans la boue, les cuisses découvertes jusqu'au chose, delirium tremens, mauvais trip, on lui voyait toute la tripaille, une prophétesse peut-être, soudain saisie du Saint-Esprit épileptique, la sibylle d'écume aux lèvres se trémoussant trépied sens dessus dessous, vision-naire de l'ordure, apocalypse excrémentielle, croupe embourbée aux détritus putréfiés du cani-veau, crâne cognant par soubresauts contre le rebord du trottoir, crachouillant des litanies idiotes par spasmes, avec le ciel qui se déverse en trombes, la voyante, pas un passant qui la voie, pas une tête qui se tourne, personne qui s'arrête, pas un chat qui remarque ce déchet. Une autre fois, je me promène bien paisible dans une rue environnante, c'est une autre négresse. Beuglante et gesticulante, gigotant de toutes ses jambes, se démenant de toutes ses forces, *you fucking pigs you bastards,* dans une éructation d'injures, une éruption de lave haineuse, sortie soudain d'un immeuble, embarquée entre deux flics qui la tiennent, la soutiennent ferme. En pleine danse de Saint-Guy, on a fourré la cinglée dans le car bleu tendre à bande blanche. Pour la calmer, on l'a tabassée, un peu. Pas à dire, pour se promener, si on aime se détendre, on est mieux au bois de Boulogne, même de Vincennes. À New York, ce n'est pas seulement la ville qui est en hauteur, les gens parlent tout haut. Je suis cartésien, je pense et je suis en silence, les idées, ça doit rester enfermé dans la tête, ici, elles s'échappent, les occiputs ont des fissures, partout des fuites, les mots comme du gaz, ça m'asphyxie, moi, me suffoque, pas l'habitude qu'on médite à la cantonade, qu'on déconne dans un haut-parleur. En France, les propriétés ont des murs, les pensées ont des cloisons, ce qu'on a dans le ciboulot reste de la propriété privée, dans mon enfance au Vésinet, *as-tu vérifié si la porte du jardin est bien fermée, attention le voisin pourrait nous voir, attention à ce que tu dis, ce qu'on pense ne regarde personne,* on m'a dressé, toilette mentale, je fais mes besoins tout seul. Ici, rayon triperie, foie, gésier, cœur, c'est l'étalage général des organes. Côté quéquette, va sans dire, le panais itou, des mecs vous le sortent aussi sec, et vous le mouillent, contre un arbre, dans un renfoncement d'immeuble, entre deux voitures, ou sur, on pisse, on pense en public, gicle de partout, des rognons, de la cervelle. Un vrai geyser d'immondices toutes sulfureuses. Pas tout à fait de leur faute, New York est une ville sans w.-c., pas commode pour les vessies. Sans lieux d'aisances, ce n'est pas facile, dans les parcs, dans le métro, on a dû les condamner, par prudence, par peur, attentat à la pudeur, qu'on vous braque pendant qu'on défèque, coup de lame tandis qu'on lancequine, assassiné pour une ardoise, une sacrée tuile. Des gogues, quelques-uns encore, des survivants, il y en a, comme les pissotières à Paris, mais peu, il faut s'y connaître, en bas de la rue Beethoven, au coin Port-Royal et Santé, ici, à Battery Park, à Washington Square, à Central Park, dissimulés dans des recoins savants, pour les trouver, il faut une carte au 1/10 000, moi, j'ai ma liste. Restaurants, seulement pour clients. Cafés, souvent sans chiottes. Chier devient chiant, on n'a pas où, déjà en semaine, difficile, dimanche, impossible. Il faut se mettre du mastic au troufignon. Du coup, ça dégorge, sur les banquettes de métro, étrons pas rares, les clochards ils dorment dessus, m'arrive de m'asseoir dedans, sièges publics, vaut mieux renifler avant. Maintenant, j'ai dû remiser ma bagnole, peux plus la garer, chaque fois que je descends en bas de la ville, obligé, je patauge dans la gadoue marécageuse du métro, je m'embourbe dans la tourbe urbaine, je m'enfonce dans les boyaux du subway. Forcé, besoins, si la société vous empêche, on ne peut pas se retenir, même sans cystite, pisser, c'est la loi d'airain, penser, à force d'être contenu, ça jaillit comme une cascade, ça dégouline, ça débagoule, ça décogite à toutes giclées de mots marmottés au passage, postillonnés en pleine figure, impossible de faire dix pas sans rencontrer vingt sinoques, catalogue exhaustif des dingues, cinglés on affiche complet, des plaintes qui miaulent, des extases qui jappent, des bribes d'espoir qui bêlent, des lambeaux de bonheur qui beuglent, et puis, des phrases qui clabaudent, des gorges qui aboient, ceux qui mugissent, qui rugissent, rancœurs qui se mettent à glapir, haines à hurler, loups échevelés déambulant sur les trottoirs, porcs hirsutes épouillant leurs mentons couverts de soies rêches, grattant leurs ventres croûteux à nu, à vif, sur les bancs des squares, viande pourrie, affalée sur les banquettes de métro, à croupir dans le tintamarre, ça brame, ça barrit, ulule, pullule, toute une ménagerie qui déménage dans un vacarme cacophonique à réjouir un congrès de psychiatres, ici, pas besoin d'aller à Sainte-Anne, Charenton se balade tout autour en liberté, farandole de paranos, valse des schizos, si on aime les hébéphrènes, on est servi, dévidages désordonnés, altérations des structures de la syntaxe, verbigérations épileptiques, on a tout à domicile, pas à chercher, bavardages séniles, presbyophrénie, si on a un faible pour les délires incohérents à froid, un penchant pour la folie discordante à chaud, quérulents, persécutés, mégalomanes, les dépressifs aigus, les hypomaniaques, c'est là, à portée d'oreille, ils vous concassent le tympan, parfois vous cassent la gueule, comme l'autre matin dans le métro, ma ligne y a pas pire, entre la 125e Rue et Sheridan Square, la plus gratinée, graffitinée de New York, le Noir en tutu, avec une coiffure de plumes indienne, quand il a émoustillé le nez des gens avec un gros plumeau sale à la ronde, les agaçant, les taquinant, *you afraid what,* et toutes les lèvres pincées, regards absents, y a ce gros type avec ses grosses jambes nues sous sa petite jupe, ses plumes, son plumeau, qui parcourt la rangée des assis, personne qui voie, personne qui bouge, moi non plus, dis rien, souffle pas mot, retiens mon souffle, parce que là, ça a failli tourner vinaigre, quand le zozo est tombé en arrêt devant un Blanc, bien bourgeois, bien fringué, à lunettes d'écaille, avec une serviette en cuir, *what you say buddy what,* juste à l'entrée du wagon, l'autre ne voit rien, ne bronche pas, le zinzin alors se fâche, lui pousse le manche dans les gencives, lui frotte la moustache, avec une flopée d'injures, un gargouillis menaçant, soudain, le bureaucrate bien mis se redresse, se hérisse, son menton se carre, son épine dorsale se raidit, du coup, on regarde, tout le wagon subitement en attente d'un malheur, ça intéresse, les têtes maintenant au garde-à-vous, le louf trapu s'est tassé, ses gros muscles qui saillent sur ses cuisses, dans une salivation accélérée d'insultes, un graillonnement suraigu de nasales, chacun tendu, lui se ramasse, il va bondir, il va lui sauter à la gorge, là, on va jouir, ça va saigner, un clodo noir qui agresse un Blanc civilisé, tout le monde voit rouge, moi, je ris jaune, dans le métro on en voit de toutes les couleurs, cette fois, c'est des vertes et des pas mûres, ça va, et puis, la ferraille bringuebalante ralentit, la rame s'arrête, les portières s'ouvrent, et un immense bamboula dégingandé se lève, épaules dansantes se dirige vers la sortie, au passage, collette négligemment son collègue, le cueille en douceur par la peau du cou, le pousse dehors, à quai, sa destination ou non, d'un geste, police par autogestion, il a évité la catastrophe, on a frôlé la tragédie, portières se referment, yeux clos, bouches cousues, la carcasse bariolée secoue ses loques pas loquaces, quand il n'y a pas quelqu'un qui vocifère, personne ne parle, transports publics, pas de communication, chacun dans sa peur, dans sa torpeur, nez enfoncé dans son journal en vingt langues, parmi les borborygmes empuantis de l'omnibus, les râles toussoteux du tortillard, ou les fureurs vrombissantes du bolide-express, tressautant sur la voie médiane, faisant tressaillir au passage tous les piliers de métal comme les plaques frénétiques d'un xylophone assourdissant, chaque fois que je descends des hauteurs de Morningside vers Washington Square, même vacarme à vous crever le tympan, cliquetis à vous exploser le sinciput, un vrai glas, un tocsin qui vous éclate entre les tempes, jusqu'au fond du tunnel de nuit, d'ennui, en trombe. Et puis, à la sortie, jambes flageolantes, la colonne vertébrale en miettes, le cogito encore tout titubant, tout hébété, il faut détailler le charme subtil des vers raciniens, faire chanter la douce musique de Verlaine sur l'exquis chalumeau professoral. Le métro, d'ailleurs, avant d'en sortir, faut y entrer. En descendant Broadway, 112e, 111e, l'œil bute sur les parois étroites des rues raides, engorgées dès le matin de voitures en double file, regard pris entre les strates des sillons parallèles, glissant le long des failles successives, rasant les boutiques miteuses, mon territoire a rétréci, je vis au fond d'un cañon, au creux d'un étranglement minéral. Avant d'atteindre la station à la 110e, chaque coup de vent fait lever des lambeaux de journaux qui traînent, tourbillonner les miasmes poussiéreux, une saleté noirâtre, grenue, s'agglutine aux narines, griffe les paupières. Des grappes d'énergumènes hirsutes s'accrochent comme des larves à la bouche gluante du métro, des groupes dépenaillés gesticulent autour des éventaires de fruits, parmi les caisses de trognons qui pourrissent, les bouis-bouis à hamburger vomissent au passage des relents d'huile rance, le boulevard tout entier graillonne, entre friture libanaise et popote cubaine, dans des flots de populo, pullule. Parfois, j'ai des absences subites, des trous, dans la tête, de vidange, Broadway, Northern, tout le quartier s'engloutit au fond de l'évier. Je marche à Queens, dans une tiédeur gazonnée, le long des frondaisons épanouies, semelle allègre bondissant sur le trottoir bordé d'érables, jambes avides dévalant la pente douce de la rue, personne, pas un chat, tranquille vacuité des pensées, martelées au rythme des pas, et puis, quand on débouche sur Park Drive East, en bas, l'immense vallée asséchée de Flushing River se déplie d'un seul coup d'œil, se déploie d'un seul coup d'aile, sol rugueux hérissé d'herbe rêche, vaste toundra bosselée jusqu'à l'horizon, sillonnée de rubans bitumineux, course éperdue des autoroutes, Van Wyck, Grand Central, à perte de vue, de son, silence des zébrures lointaines de véhicules, phosphènes fugitifs à la rétine, et les étangs blêmes de Willow Lake et Meadow Lake, orbites glauques, cillées de saules grêles, qui battent aux souffles de l'espace, juste à mes pieds. Sur mon chemin de crête un instant arrêté, je repose au bord d'un vertige paisible. Puis je reprends mon chemin de croix, le long de Broadway, vers le métro.

Sur son siège bien rembourré, l'épouse s'impatiente, elle répète, le geste bref, l'œil carrément inquisiteur

— Tu prétends que tu me protèges, que tu assures ma liberté. Et moi, je t'assure quoi, au juste?

Elle me rassure.

SPIRALE (VII)

Pour toi, qui m'as obligée à me regarder en face, Love, Rachel, An I de l'analyse, Noël 1973. C'est la dédicace qu'elle a mise dans le livre qu'elle m'a offert pour mes étrennes. Comme le livre était celui que venait juste de publier mon analyste, sur la photoanalyse, elle m'a aussi tendu le miroir. Face à face, elle avec elle, moi avec moi, moi avec elle, moi avec lui, elle maintenant avec l'autre.

— Écoute, ça ne peut plus durer, je ne peux plus supporter cette vie. Ça fait six mois qu'on a emménagé à l'appartement, presque un an que tu es venu me rejoindre à Morningside Drive, et rien n'a changé !
— Comment, rien n'a changé ? Tu trouves que ce n'est rien que de vivre ensemble ?
— Tu m'as menti, à Fuller Hall, le jour où je t'attendais avec tellement d'impatience que j'en tremblais, en venant de mon bureau à ta rencontre, où ton verdict était pour moi une question de vie ou de mort...
— Comment, je t'ai menti ? Je t'ai dit : *Je reste avec toi*. Eh bien, je suis là, je suis resté avec toi, j'ai tenu parole.

— Tu es là, physiquement, et encore, pas tout le temps.

You're here, but you don't belong here.

— What the hell do you mean ?

— Tu es là, mais ton cœur est resté à Queens.

— Qu'est-ce que tu chantes ? Mon cœur, je l'emmène partout avec moi, tu sais, il n'est pas démontable.

— Les rayons de ta bibliothèque non plus, apparemment.

C'est donc ça qui la chiffonne. J'ai peu à peu transporté dans la grande penderie du bureau toutes mes affaires. Pas deux chemises et trois caleçons, comme du temps déjà lointain du meublé de Morningside, non, mes costumes, mes manteaux, mes chaussures, tous mes effets personnels. À Queens, il ne reste plus que des loques, dans un placard du sous-sol, un vieux blouson de cuir, un imperméable élimé, bons à jeter, il faudra bien les mettre au rebut un jour. Mais jeter quoi que ce soit me rebute. Je le ferai à l'occasion, le moment venu.

— Je t'ai déjà dix fois expliqué la raison.

— Tu trouves toujours des raisons, tu n'as que cela, des raisons, pour ne pas t'engager complètement avec moi.

— Mais c'est absurde et injuste ! Dès que tu as trouvé un logis vivable, dès que j'ai fini mon bouquin sur Proust

— Proust a bon dos !

— On ne va pas remettre encore ça ! Tu ne peux pas nier que je sois venu vivre avec toi à Morningside, que je t'aie suivie aussitôt ici, quand même ! Si je n'ai pas encore déménagé tous mes

242

livres, et mon bureau, c'est que cela coûte très cher et que, précisément, je suis fauché.

— Quoi, fauché? On n'a même pas acheté de tapis ni de canapé, on se sert toujours de mon vieux bric-à-brac d'étudiante...

— Toujours injuste! On a dû acheter deux lits, faire poser un linoléum neuf dans la cuisine, deux cents dollars qu'il a coûté...

— Je sais, j'ai payé la moitié, moi qui gagne moitié moins que toi.

— Mais la moitié de ce que je gagne disparaît le premier de chaque mois, nous sommes quittes!

— Tu laisses tout à ta femme, après, tu te plains.

— Je lui laisse exactement ce que je lui donnais avant de la quitter, pas un sou de plus, avec l'inflation, ça fait moins!

— Tu ne l'as pas quittée, ta femme!

Et voilà, C.Q.F.D., on recommence, conversation, quelle que soit la façon dont elle débute, ainsi que ça finit toujours. On a l'air de divaguer, on parle en cercle, Rachel me fait tourner en bourrique. On est en train de discuter métier, peut-on faire une application de la méthode structuraliste de Greimas à la lecture d'une pièce, intéressant cela, ce qui marche pour Bernanos est-il valable pour une comédie de Musset. Ou on commente les nouvelles de famille, si sa mère a enfin vendu un collier d'améthyste aux Cohen, si un musée de Tel-Aviv a offert d'acheter un des tableaux restants de son père, si sa sœur a eu sa crise de nerfs ou de migraine, avant une exposition de toiles dans une galerie de Soho. Intéressant aussi. D'autres fois, on cause théâtre, babille cinéma, Rachel est une mordue de la pellicule, voire, pourquoi pas, cela arrive qu'on pérore pluie et beau temps, on a, de la fenêtre du petit salon, des couchers de soleil rouge sang, rose tendre, contre les courtines émeraude ou cramoisies des nuages, avec la tour solitaire qui se découpe, là-bas, de l'autre côté de l'Hudson, sur la rive du New Jersey. Les sujets peuvent être différents, la conclusion est identique. On vit dans un univers einsteinien, un espace courbe, on a beau foncer toujours tout droit jour après jour, on revient au même point. Ultra-sensible, pour Rachel, rien d'autre qui compte. Qu'on partage tous ses menus soucis, infimes potins personnels, tous les bobos quotidiens de l'âme sœur Annie avec son Jerry, de l'âme frère Roger avec son jules, qu'on se repaisse avec elle des bobards qui circulent dans son cercle, les cancans d'université, les niaiseries méchantes d'X, les propos saugrenus d'Y, qu'on participe de toute oreille, de tout cœur aux bruits de sa vie, aux tressauts de sa carrière, vivre ensemble, c'est bien cela, on ne fait qu'un réseau, d'intérêts, de connaissances, moi, je lui ouvre ma cervelle, elle puise à pleines mains dans mes idées, ses textes, à mesure qu'elle les écrit, je les corrige, normal, je suis plus âgé qu'elle, plus d'expérience, d'expertise, elle a beau très bien savoir le français, ce n'est pas sa langue d'écriture, son ultime personnalité est en anglais, les plus intimes tendresses chuchotées, les insultes les plus sonores, dans la langue de Shakespeare, ou plutôt d'Henry Miller, qu'elle les adresse, je rectifie ses tâtonnements d'orientation sur le terrain de l'intellect, pas très sûre d'elle, m'efforce de lui donner confiance, *ton interprétation de ce conte de Mérimée est étonnante — tu crois... — absolument, tu devrais en faire un article — mais j'ai déjà mon livre en train — ça ne fait rien, le bouquin c'est le long terme, pour être titularisée, en attendant il faut des articles, pour te faire un nom,* je l'encourage, je la conseille, je la pousse, plus loin peut-être qu'elle ne peut aller, *quand tu auras fini ton Balzac, tu devrais écrire, dans le vrai sens du terme — quoi donc — un roman, quelque chose de personnel, tu as tant l'air de ressentir la condition de la femme, son essence propre, tu devrais mettre ça par écrit, tu as le talent, en anglais, de la patte, alors à toi, moi, j'ai assez à faire pour exprimer mes hantises d'homme, chacun son boulot,* lui déplaît pas quand je dis ça, elle sourit, *oui, un jour peut-être — mais oui, tu dois,* ensemble on rêve, comme George Sand, elle écrira *Elle et lui,* moi, j'écrirai *Lui et elle,* on passera à la postérité en une étreinte. Eh bien, peau de balle, pour l'appréciation, bernique, question reconnaissance, peux faire tintin, tout le baume à l'âme que je lui mets dans ses déprimes, la pommade quotidienne que je lui passe, afin de lui revigorer le moral, ça compte pour du beurre. Qu'une chose qui compte.

— Comment, je ne l'ai pas quittée, ma femme ?
— Mais non, tu retournes là-bas tous les week-ends.
— Précisément, ma femme fout le camp avant que j'arrive, va passer la nuit chez son type. Je retourne seulement voir mes filles.
— Tu ne pourrais pas les amener ici ? Ce n'est peut-être pas assez bien ici pour elles ? Je ne suis peut-être pas présentable ?
— Qu'est-ce que tu vas encore chercher ! Je t'ai déjà dit mille fois, la petite est handicapée, elle a un équilibre délicat, le toubib a recommandé surtout qu'on la ménage. La semaine, je suis à Yale, le samedi après-midi et le dimanche, papa

est là. Ça marche ainsi, tout le monde est heureux...

— Pas moi !

Si l'on n'est pas heureux, quand on vit avec quelqu'un, il n'y a que deux choses à faire. Ou bien on le quitte, c'est le plus courant, le plus normal. Ou bien, dans les cas les plus romantiques, on le tue, ou on se tue. Cela se fait, mais c'est plus rare. Rachel a été chez l'analyste. Quand l'existence est devenue insupportable, mieux vaut payer quarante dollars l'heure que payer de sa peau, passer sur le divan est moins douloureux que par la fenêtre. Et puis, logique, à la longue, elle est devenue jalouse, à force de lui raconter mes séances, elle a voulu avoir les siennes. Dans nos milieux, ne pas avoir été analysé est une tare. Ou un retard. Sérieux. Rachel s'est rattrapée, elle a voulu mettre les bouchées doubles, à pleine langue, s'introspecter les langueurs. Seulement, il faut être deux. Un psy ne se cueille pas dans les pages jaunes de l'annuaire. Au bout d'une quête serrée, d'une longue enquête, grâce à son amie Lucy, à peine mariée au Dr Ellenberg, lui-même de son institut frais éclos, elle a déniché l'oiseau rare, le Dr Manheim. Près de la 86e Rue Est. Dans le coin, ils sont tous agglutinés en bloc. *Mental block,* dans le jargon new-yorkais, un vrai Charenton à l'air libre, pour sinoques ambulatoires, là tous tassés, entassés, mais pas matelassés, pas les cas graves. Ceux qui ont leurs nerfs. Ou plus de nerf, plus de goût à vivre. Ceux qui n'arrivent pas à exister. Péchés véniels, les empêchements mineurs. À la longue, deviennent encombrants, on essaie de lever l'obstacle. Tous les chemins mènent à Rome, à la 86e Rue, ils sont tous là, au complet. Tous groupés, mais pas du même groupe, même origine centre Europe, mais pas de la même école. Il y en a trente-neuf espèces cataloguées, on trouve leur notice explicative, leur mode d'emploi en livre de poche. Freudiens, néo-freudiens, non-freudiens, *Sensitivity, Gestalt, EST*. On trouve ceux qui méditent transcendantalement à l'hindoue, ceux qui font du cri primal californien, les traditionnels pour qui on s'allonge sur un divan, les modernes qui vous assoient dans un fauteuil, les post-modernes qui vous couchent par terre à trois cents dans un hall d'hôtel, ou qui vous font rouler tout seul en hurlant sur un tapis, de quoi se tordre. Se soigner le ciboulot, à New York, plutôt rigolo. Rachel, elle, s'est choisi un père tranquille, avec un portrait du grand-père Freud accroché au mur, le divan en proue, toubib en poupe, du classique, elle s'est embarquée pour le long cours, vogue la vaste exploration d'âme. Pour enfin SAVOIR, COMPRENDRE. Maintenant, elle et moi, on est à égalité. Chacun le sien, secte rivale. Moi, Akeret, Allyson White Institute. Elle, Manheim, New York Psychoanalytic. Moi, West 96, elle, East 86. Central Park, qu'il lui faut traverser deux fois la semaine en autobus, est notre zone tampon. Moi, deux fois la semaine, je descends à pied. J'aimerais savoir ce que je peux bien faire avec elle. Elle veut comprendre pourquoi elle reste avec moi. Si l'on n'est pas heureux ensemble, pourquoi on ne peut pas se quitter. Si on est heureux ensemble, pourquoi on se rend la vie misérable. Par quelle manie, quels mécanismes. Dans quels fils entrelacés, entortillés dans quelles attaches, il faut dénouer. Pourquoi je ne peux pas me décider, mon nœud gordien. À elle de trancher. En s'y prenant à deux psy, on n'y coupe pas. Avec mon analyste, je scrute minutieusement pourquoi elle est entrée en analyse. Avec le sien, elle examine scrupuleusement pourquoi je piétine avec le mien. Depuis trois ans qu'on est à la colle, qu'est-ce qui ne colle pas. Elle veut savoir pourquoi je n'abonde pas dans son sens, n'avance pas dans le bon sens. Je veux comprendre pourquoi elle exige sans cesse une séparation, puisqu'elle et moi sommes déjà des inséparables. Je me demande ce qu'elle veut de plus de moi. Elle s'étonne qu'elle veuille encore de moi. Je m'étonne qu'il me soit impossible de ne plus vouloir d'elle. Avec Manheim, elle s'est mise à attaquer son père, juste quand moi, avec Akeret, je commence à laisser en paix ma mère. Rachel plonge à corps perdu dans son passé à l'instant même où j'émerge enfin un peu dans le présent. On se rencontre au carrefour, rendez-vous à l'intersection. Dès le réveil, nos entretiens se peuplent de nos fantômes encore tremblants, on babille sur nos lucioles nocturnes. Avant, rue des Sablons, à Morningside, le petit déjeuner était une trêve. Je fais chauffer l'eau pour le café, elle s'occupe des toasts, il est tôt. Pour nous chamailler, on attend le déjeuner, après la sieste. Parfois, on se retient jusqu'au dîner, dans les embrumements tardifs. Le matin, au réveil, on souffle, on reprend des forces. *Tu as bien dormi — oui et toi — pas mal merci,* on se fait des politesses, sous la paupière, on a encore une lourdeur enténébrée, dans la tête un marécage noir, on barbote parmi le soleil éparpillé qui s'ébroue à travers les rideaux de tulle. Au début, ici même, lorsqu'on a emménagé, c'était ainsi. Fini, maintenant, terminé. Dès la première gorgée de café, la première bouchée de pain grillé, on s'empoigne.

— Dis donc, j'ai eu un drôle de rêve.
— Ah bon ? Tiens, raconte.

Son œil jette une lueur maligne, s'emplit de soupçon, elle secoue sa crinière sur ses épaules. Elle me saisit la main dans le sac, sa prunelle me fusille. L'union, c'est beau, mais un petit quant-à-soi est nécessaire. J'aime bien me retrouver seul, pour pioncer, sous les couvrantes. Les petites visites au lit jumeau de notre chambre, ou au grand lit de son bureau, entretiennent l'amitié. On se mélange, un peu, beaucoup, après, on se désentortille. Chacun pour soi, chez soi. Je ne suis pas amateur de moiteurs tendres, de suçons tièdes, guibolles, salives emmêlées dans des gargouillis de bas-ventre, des relents qui remontent en ronronnant des intestins à la bouche. L'intimité a des limites, j'ai horreur qu'un corps alangui me poursuive de ses acidités nocturnes. Eh bien, c'est pire au réveil, à présent, je n'ai plus le droit d'habiter seul dans ma caboche, elle a mandat de perquisition permanent, elle me fouille la cervelle, je n'ai plus le moindre recoin crânien à moi.

— Oh! tu sais, en fin de compte, il n'était pas tellement intéressant...
— Allons, ne fais pas tant d'histoires, commence!

Parfois, c'est moi qui commence. Forcément, pour l'appâter, il faut bien payer un peu de ma personne. Pour la faire sortir de ses retranchements, il faut bien montrer le bout de l'oreille. Elle aussi, pour savoir ce que j'ai dans le citron, elle doit entrouvrir sa toiture. Tantôt l'un, tantôt l'autre qui se décalotte le premier, à tour de rôle on s'épie la plus petite pensée. À la longue, devient infernal, donnant damnant.

— Eh bien voilà. *Une personne que je ne peux*

identifier me montre des photos d'un voyage à la
Martinique ou à la Guadeloupe...

— Tiens, pour une fois, tu rêves de moi! Ça n'est pas souvent.

— Tu sais bien que je ne rêve jamais des personnes avec qui je vis.

— D'ailleurs, c'était un présage, la première chose que je t'ai jamais proposée, qu'on aille ensemble à la Martinique ou à la Guadeloupe, tu me l'as refusée!

— Je peux continuer?

— Vas-y.

— *La personne qui me montre ces photos mentionne «ton El.» et je suis embarrassé, au cas où Cl. entendrait...*

Sa prunelle ne fusille plus, elle me mitraille. Mes initiales, dès le début, lui mettent le feu aux poudres.

— Évidemment, moi je compte pour du beurre! Dans mon idée de voyage à moi, tu mets tout de suite Elisabeth et Claude, toutes tes éternelles bonnes femmes... À peine tu as l'air de rêver de moi, tu ne rêves qu'à elles, tu as même peur que ta chère épouse ait de la peine en entendant parler de ta super-maîtresse tchèque! C'est le comble...

— Écoute, que tu sois jalouse des femmes de ma vie, passe encore, mais de mes rêves! On ne peut plus rêver en paix? Freud n'avait pas prévu ce genre de censure!

— Mais c'est tellement typique de toi, ça dit tout sur toi, ta pusillanimité! Monsieur fait le délicat, il est «embarrassé» à l'idée que sa pauvre femme entende parler de ses fredaines...

— Je te ferai remarquer que la scène se passe, de toute évidence, au cours d'une séance, et que la personne qui me montre les photos, tu devrais le savoir puisque tu m'as offert son bouquin sur l'analyse des photos, c'est Akeret. D'habitude, on ne tient pas à ébruiter ce qui se dit chez l'analyste, c'est privé, non ?

Ça lui a rivé son clou, pas longtemps, une seconde, le temps de reprendre son souffle, de revenir à la charge. Je profite du répit, je lui décoche

— Au fait, c'est toi ou moi qui associe ?

Notre amour est une drôle d'association. Rachel s'empare de ma vie, maintenant main basse sur mes songes. Elle me contrôle de partout, mon inconscient n'est plus à moi, elle le tripote, elle me le chipe. À peine j'ai le bec ouvert, elle chipote.

— J'ai le droit de réagir à tes rêves, je ne suis pas ton analyste ! Je ne suis pas non plus ta femme, je ne suis certainement plus ta petite amie, je suis quoi ?
— Si tu veux le savoir, pourquoi tu n'écoutes pas la suite ? *Je me demande comment j'aurais bien pu aller dans ces îles et prendre l'avion pour y aller, puisque je sais que je suis descendu en Floride en janvier dernier. Pourtant, je vois une photo de moi habillé en mauve vif, en train de marcher dans une rue.*

Une personne que je ne peux identifier, j'identifie à la seconde. *Me montre des photos,* un truc à lui, une technique. On a longuement travaillé sur des images de mon enfance, père et mère, tout petits carrés jaunis de Kodak des années 30. Pour voir mes afflux d'affect. Me faire toucher du doigt, sur papier glacé, que ma mère à mon sujet n'était pas toujours si chaude. Ce que je ne peux identifier, bien sûr, ce n'est pas lui. Se déplace sur les photos, *photos d'un voyage à la Martinique ou à la Guadeloupe.* Normal, *je me demande comment j'aurais bien pu aller dans ces îles,* en vingt-cinq ans d'Amérique, je n'y ai jamais été une seule fois. *Prendre l'avion pour y aller,* ne prends l'avion que quand je ne peux faire autrement, j'ai horreur. Quand Rachel m'a proposé d'aller avec elle aux Antilles, je lui ai demandé de venir avec moi en Floride, *je sais que je suis descendu en Floride en janvier.* Voilà les faits. Clairs et nets. Simple, mon gourou se goure, je le prends en flagrant délire, la main dans le sac à photos, c'est ma revanche. *Je sais que je suis descendu,* savoir, dit Alain, c'est savoir qu'on sait. Pourtant *je suis embarrassé,* un doute se glisse dans ma belle certitude cartésienne. *Au cas où Cl. entendrait,* il y a belle lurette que ma femme est au courant de mes fredaines, « *ton El.* », longtemps que c'est parvenu à son oreille. Alors pourquoi je suis gêné. *Je sais que je suis descendu en Floride, pourtant je vois une photo de moi,* le procureur brandit la pellicule accusatrice, je suis mon témoin à charge. Ma défense est faible, je résiste mal, je ne nie pas absolument, *je me demande comment j'aurais bien pu.* De quoi être embarrassé. Cependant, à y réfléchir, sa photo n'est pas tellement convaincante, *habillé en mauve vif en train de marcher dans une rue* ne prouve rien, ça ne montre pas que j'aie été à la Martinique, les rues courent les rues

— *En mauve vif,* j'avoue que je ne vois vraiment pas, je ne pige pas. Je n'ai aucune chemise, aucun pyjama, naturellement, aucun costume de cette teinte. Ce n'est absolument pas ma couleur.

— Bien sûr.
— Pourquoi, bien sûr ?
— Puisque c'est la mienne.

Le café me brûle la gorge, j'avale de travers. Elle, son œil jubile, son plaisir lui flambe d'un seul jet à la paupière. Cible matinale, mon indicible, elle met aussitôt dans le mille. *Mauve,* la couleur du tailleur de Rachel, le soir où je l'ai rencontrée. De maints autres atours aussi. Sa couleur favorite. *Vif,* quand je suis exsangue, mes randonnées érotiques me ravivent, le soleil des grandes balades amoureuses me fait rutiler. *Embarrassé au cas où Cl. entendrait.* Au début, évidemment, je n'ai pas tout raconté à ma femme, inutile. Côté cour et côté jardin, j'ai mes deux vies. Mes deux villes, Paris-New York, maintenant Manhattan-Queens. Maintenir mes moitiés séparées, mon système est strict, j'aime garder des distances. Mes vases sont incommunicants. Pas d'interférence entre mes schizes. Quelle est l'interdiction absolue, la ségrégation suprême. Si je suis *habillé en mauve vif*, couleur préférée de Rachel, teinte féminine, atteinte à ma virilité, je suis vêtu en femelle. Du coup, attentat à ma pudeur. De quoi être embarrassé quand les cloisons du sexe cèdent. Mauve, couleur mortelle, elle m'a contaminé comme un chtouille. Violet, violé. Si je suis habillé comme une gonzesse, un homme travesti, peut-être que la nana, c'est moi. Rachel, le mec. La femme à barbe, poilue de Verdun, j'aurais dû me méfier. Conséquences sont là, immédiatement visibles, lisibles dans le rêve. Voyage avec Rachel, j'ai cru l'introduire dans mon circuit exotique, *El., Cl.,* maillon de ma chaîne érotique. Et puis, après, comme avec *El.,* retour à *Cl.* Soudain, mon scénario se retourne, le système S.D. s'inverse. En plein jour, au su et au vu de tous, *habillé en mauve vif,* je porte les couleurs de ma dame. J'ai endossé sa livrée. Ma maîtresse, moi qui en suis le serviteur. Si je *marche dans la rue,* champion courtois, c'est que ma dame me fait marcher. La preuve, l'épreuve : elle qui l'impose, *prendre l'avion,* moi j'évite. Ma raison chancelle, le réel vacille. J'ai bien été en Floride en janvier. Rachel a bien fait le voyage que je voulais qu'elle fasse. Mais le réel n'est peut-être qu'une apparence. De l'extérieur. Peut-être ça qu'il m'exhibe, photo en main, ça qu'il me prouve. Quand j'ai cru que Rachel faisait MON voyage, j'étais en train de faire LE SIEN.

Rachel ne dit plus rien, chacun de nous n'en pense pas moins. Elle plisse légèrement les paupières, l'orient de son regard se voile. Un petit déjeuner, parmi cent autres, confortable, intime, dans la série ouverte des jours. Les rayons du soleil printanier commencent à taquiner l'angle gauche de la fenêtre à guillotine entrebâillée, se glissent à travers la gaze des rideaux. Rachel flotte dans les plis amples de sa chemise de nuit en coton blanche. J'aime la paix du matin, quand peu à peu le pouls des pensées se remet à battre. Sans hâte, voluptueusement, je m'embarque à nouveau dans l'existence. La mienne, je m'y suis fait à présent. Au début, les réveils, très souvent, étaient rudes. J'étais saisi d'un long vertige, parfois de panique, cherchant le grand miroir de ma chambre, les reflets des livres sur leurs rayons, les grands espaces de lumière vide, de toit en toit, où l'œil s'engouffre, à peine les rideaux tirés. Ici, rien de tel, ouvrir l'œil vous claquemure, ouvrir la fenêtre vous emprisonne. En face, il y a l'autre mur, avec l'autre fenêtre, la même, symétrique, dans la façade parallèle. On couche dans des cases identiques, emboîtés dans les immeubles juxtaposés. J'ai eu du mal. Notre chambre, étroite, laisse juste de la place pour nos deux lits et une commode. Mais la pièce est très silencieuse, on y dort profondément. Et puis, une joie soudaine me baigne, quand j'aperçois la masse noire de ses cheveux éparpillés sur le drap, dans le clair-obscur des stores baissés. Elle va bientôt s'éveiller. Je songe avec tendresse au tête-à-tête qui nous attend. Le parquet marqueté, encaustiqué, luit en une senteur de cire tiède, notre vaste salle de séjour déploie ses trois pièces en enfilade. Je balaie les maigres meubles, m'ébroue sur les plafonds à moulures, les murs à corniches, je reviens me poser sur la table de chêne épais, ronde, au lourd pied sculpté, à l'aplomb du lustre d'étain, éteint. Les huit branches, coiffées de leurs ampoules pointues, nous tressent, à chaque repas, une couronne. Rachel a l'air perdue dans les lointains. Mon rêve remonte comme un relent poisseux, renvoi d'estomac, ruminant dans quelle panse, dans quelle pensée. Tandis qu'elle paraît se plier à mes désirs, si c'était moi qui étais pris au filet, dans les siens. Si, à force de faire toutes mes volontés, les miennes étaient devenues les siennes. En faisant tout ce que je veux, si elle avait capté tout mon vouloir. Moi, le maître, elle, l'esclave, vite dit. La servitude est une pente savonneuse, un terrain glissant. Pas si sûr, qui a la mainmise sur l'autre. Elle demande: *on va aux Antilles*. Je réponds: *on va en Floride*. Elle obtempère. Je pars pour Paris, elle me suit. Je retourne en Amérique, elle retourne. Pas toujours en même temps, entre nous, il y a parfois des décalages, quelques semaines, quelques mois. Parfois, il y a des grincements dans nos rouages, inévitable, c'est naturel, les gens ne sont pas faits pour vivre ensemble. Mais, la machine à désirer, moi qui suis au volant, je la conduis d'une main ferme. Elle épouse mes itinéraires, elle fonctionne dans mon circuit. Au début, mardi, jeudi, Rachel a bien protesté, on a rythmé nos amours selon mon calendrier. À Luchon, quand je me soigne la gorge, elle a fini, elle aussi, par se soigner le catarrhe. Mon soufre, mes souffrances, elle les absorbe. Quand je prends la route dans ma Plymouth blanche pour aller faire une tournée de conférences au fin fond de l'Iowa, du Wisconsin, elle me rejoint en avion, on revient de conserve, je n'aime pas naviguer trop longtemps tout seul. Coexistence, c'est l'emboîtement de son existence dans la mienne. Elle mange à mes heures, elle dîne quand j'ai faim. Mes quatre volontés, mes dix commandements, elle exécute, ordre sacré, le doigt sur la couture du pantalon. Elle l'enlève quand j'ai envie, comme j'ai envie. L'idée d'un petit pompier me traverse, elle me suce. Papa-maman m'allèche, elle s'allonge sur le dos, écarte les cuisses. Si je suis dans l'humeur inverse, elle se met à plat ventre, ouvre les fesses. Elle aime qu'on la commande, moi, je commande que l'on m'aime. Comme ça, ça marche. J'ai Madame Bovary à domicile. Elle me rêve à longueur de mois, d'années, j'ai les pommettes de son père, un jour peut-être la plume de Proust. Depuis quatre ans, elle exige à cor et à cri que je divorce, elle hurle pour que je décampe à tout jamais de Queens. Je ne lâche pas pied. Je ne lâche pas prise. Je tiens bon, je la tiens bon. Mais je ne lâche pas non plus la proie pour l'ombre. Femme varie, avaries professionnelles, il y a les risques du métier. Pas de l'avarice, non, risques, doivent être calculés, trop vieux pour faire des folies. Comme les artistes courent le cachet, les profs courent le poste. Le boulot est un boulet au pied qu'on traîne, entraîne aux quatre coins de l'Amérique, au pôle Nord, au Canada, là où je ne pourrai pas la suivre. Feuilleton d'amour, la suite au prochain numéro. Moi, je ne sais pas la fin de l'histoire, d'un an sur l'autre, pas même la suite, il faut vivre au jour le jour. Si elle me plaque, je garde Queens pour ma retraite. Une tanière, même une bête a son terrier, mon lopin de terre, moi, j'y tiens. Mais je tiens aussi à elle, forcé, elle me tient, à force de ne pas me résister, Rachel est irrésistible. Je ne peux plus m'en passer, puisqu'elle me passe tout. On n'est jamais si bien asservi que par soi-même. Je suis l'esclave de mon esclave. À force de s'aplatir devant moi, elle me tient par ma platitude. Elle a fini par prendre ma forme. À ma vie, ça donne du relief. Du coup, une femme qui comble vos vœux, si elle venait à manquer, ça laisse un vide. Incomblable, impensable, je ne veux pas y penser. Rien qu'à l'idée de la perdre, Rachel me donne des sueurs froides. Où est-ce que j'en trouverai une autre pareille. Ai beau être tiré à hue et à dia, adieu, impossible à même envisager. Soudain, je me dévisage. *An I de l'analyse,* sa dédicace, *Pour toi, qui m'as obligée à me regarder en face,* me renvoie ma propre image. Je ne suis pas très joli dans son miroir. Lui, il me montre, me prouve, depuis des années, Guadeloupe, Martinique à l'appui, exhibe les photos, n'en crois pas mes yeux. Ils se dessillent, les écailles me tombent. C'est elle qui a marqué tous les points. Tous les pas, moi qui les ai faits vers elle. À Morningside, à Riverside, moi qui l'ai suivie. Lutte serrée à la corde, les talons plantés en terre, j'ai eu beau me cambrer de tous mes muscles, peu à peu, pouce à pouce, elle m'a eu. A mon corps défendant, à l'arraché, malgré ma résistance éperdue, elle qui m'a tiré de chez moi, attiré chez elle. Au terme de nos tractions frénétiques en sens contraire, de nos spasmes antithétiques, c'est moi qui ai lâché pied. Moi, le lâche. Moi, qui ai peur. La corde, je n'ose pas trop tirer dessus. De crainte que Rachel ne rompe.

— *Why do you cling to her so ?*
— *I don't really know.*
— *You told me she is not even your type.*
— *It's crazy, I admit. The truth is, I am very weak.*
— *Stay with that.*

Ma faiblesse l'intéresse. Chaque fois que je révèle un point faible, il y fourre le glaive. Au défaut de ma cuirasse, on remue le fer ensemble dans mes blessures. Plus ça saigne, plus ça enseigne. Avec ma mère, ce truc-là a bien marché. Quatre ans, cinq ans après sa mort, j'ai commencé à l'enterrer, à peine, tout juste. On s'est tués à la retuer. Nous ne sommes pas encore venus à bout de moi. Pourquoi je m'agrippe à Rachel, lui, demande, lui, redemande. Je réponds, je reréponds, aucune idée. C'est vrai, au physique, j'avoue, elle n'est pas même mon genre. Les aime plus rondes, plus dodues, formant moins d'angles. Je n'aime pas les femmes en pointe. Pourtant, je l'aime.

— *I am not so sure you love her, but you can't give up anything, that's your problem.*
— *It's not really my problem !*

Ne jamais vouloir abandonner ce qui vous plaît, ne pas pouvoir renoncer à un plaisir, ne m'est nullement particulier. D'après Freud, c'est la définition de l'inconscient. Mon mal, je suis d'une inconscience extrême, un Ça ambulant. Tout simple, voilà mon complexe. Tourments du Surmoi, les ai laissés à ma mère, une spécialiste, elle s'est torturée presque soixante-dix ans avec. Moi avec. *Il y a une tache au bas de la page, il faut la refaire. Il faut toujours faire de son mieux. Il ne faut jamais faire de la peine aux autres.* FAIRE, NE PAS FAIRE, ma mère a toujours su CE QU'IL FAUT. Moi, mon défaut, *tu n'en fais jamais qu'à ta tête, tu n'as pas le sens des réalités, pour toi les autres n'existent pas, tu n'écoutes que ton plaisir, tu n'as pas de principes.* Mon seul principe est le principe de plaisir, un mauvais principe. *Mon petit, tu es un être amoral.* Affres du Surmoi, long cauchemar maternel, pas mon calvaire. De la culpabilité, un peu, beaucoup, mais par accès. Mon Moi, il est très fort et très faible, j'oscille entre ses deux bords extrêmes. À la lisière, du coin de l'œil, il surveille la réalité, je suis, un peu, pas trop, en contact avec le monde. Juste ce qu'il faut pour bien vivre. Je ne suis pas insensible à ma carrière. J'aime les réalités solides, je prise le liquide, *toi, tu ne veux te priver de rien,* c'est vrai, la privation me déprime. Je suis peu doué pour l'ascétisme. Pourtant, pouvoir, autorité, richesse, ne m'ont jamais intéressé. Pour y parvenir, il faut trop s'occuper des autres. Pour leur commander, il faut trop leur obéir. Mon Moi, il s'occupe de moi. Me coupe du monde, il bascule d'un coup, tout entier, vers l'autre versant, sur la crête du précipice, je me déverse. Juste là où le Moi s'arrête, je tombe dans le Ça. Gouffre sans fond, un abîme vorace, moi, je ne sais pas, je ne sais jamais ce que ÇA VEUT. Tiré par des contraires simultanés, ils m'écartèlent. L'inconscient ne connaît pas la contradiction. Il m'envoie des désirs contradictoires. Mon principe de réalité ne fonctionne pas, il est bloqué. Du coup, à travers moi Ça débloque. Je veux bien faire la part des choses, mais, l'autre part, je ne veux pas non plus la perdre. Résultat, je ne peux jamais rien décider. Quand j'ai pris une décision, j'ai soudain le désir inverse. Je la renverse. S'il est trop tard pour en changer, je fais semblant qu'elle n'a jamais été prise. Jusqu'à ce qu'on me fasse lâcher prise, je garde les doigts crispés, je m'accroche. Justement, on a deux mains, je m'agrippe des deux. Jusqu'au moment où, forcément, il y en a bien une qui cède.

— *Why do you cling to Rachel ?*
— *I don't know, really.*

Mais si, je sais. Un autre. N'est pas une entité réelle. Ça se fabrique, avec ses besoins, à soi. Une femme, elle vous sort des entrailles. Ça se tisse comme une toile d'araignée, après, c'est soi qu'on prend dedans, qui s'entortille à s'étouffer dans les fils. Moi, je n'ai pas le pognon de Swann : pas pu fabriquer Rachel selon la recette d'Odette. Sonate de Vinteuil, je peux pas me payer de concert à domicile, pas même à Carnegie Hall, suis pas du beau monde. Dans ma lointaine jeunesse, je fabriquais des mômes au tango, à Robinson, pas trop loin de la post-cure de Sceaux, sur la même ligne. Pneumo bien insufflé le samedi, un mec gonflé, j'allais draguer à la rumba le dimanche. Tableaux, j'ai pas de collection privée, suis pas même un vrai connaisseur. La figure de Zéphora, la fille de Jéthro, j'aurais pas pu l'apercevoir dans la tronche d'Odette. Chapelle Sixtine, jamais vu les fresques. Mes frasques sont pas si rupines. Les rabbins enturbannés dans leur cadre, pas même doré, maisons mauves du ghetto, mes seuls tableaux sont ceux du père de Rachel. Je suis accroché au mur du salon. Un Russe, un rustre, moi aussi. Suis pas artiste. L'Odette de Swann, j'ai pas eu l'éducation pour, pas dans mes moyens esthétiques. J'ai le fantasme plébéien, je suis prolo du ciboulot. Une nana, j'aime bien qu'on popote, papote ensemble, entre les murs, entre les cuisses, un intérieur confortable. Tristan, Iseut, ça m'a démangé dans ma jeunesse, j'en suis guéri. *Tu vois toujours les choses en grand.* M'a passé, connais mes limites, je suis un aime-petit, un besogneux de la passion. À chacun selon ses besoins. Les miens, pas très relevés, niveau ceinture, hauteur bas-ventre. Je fabrique Rachel à ras de pulsion, nourricière, nutritive, qu'elle me remplisse, avec la langueur noire de ses yeux, qu'elle me gave de regards, la vie une pilule amère, qu'elle me la dore, qu'elle m'adore, à la place de ma mère, à la place où j'ai pas eu de mère, à la place où j'ai pas eu de place, qu'elle me bouche mes interstices, j'exige un amour sans faille

— *Then why do you cling to your wife?*
— *I don't cling to my wife!*
— *It's true, you cling to your house.*

En échange, il faut donner, je donne. Mais pas sans compter. Quand on n'est pas riche, on doit faire ses comptes. Les bons comptes font les bons amants. Dans la cuisine, Rachel a installé un tableau blanc, avec une pointe-feutre noire. D'un grand trait, on divise le tableau en deux, les dépenses par moitié, colonne de droite, colonne de gauche. J'ai mon roman, elle a son livre sur Balzac. C'est notre livre de raison. Là où s'écrit notre histoire. Un historien doit savoir faire parler les chiffres. Elle a mis 2 dollars 35 pour le fromage, 5 dollars 70 pour le bifteck, c'est cher, mais dans le rumsteck, une belle tranche. Moi, en face, j'ai aligné 4 dollars 80 de hors-d'œuvre, 10 de fruits et légumes, je fais cadeau des 20 cents. Le vin, gratuit, moi qui offre la tournée, les ivresses amoureuses sont à ma charge. Le dimanche, on fait l'addition. Ça nous divise. Peux pas m'empêcher de souligner. *Dis donc, le lait et deux bouts de frometon comment est-ce que ça peut faire 8 dollars — Mais ce sont des fromages d'importation, tu sais bien qu'ils sont plus chers — C'est quand même un luxe, on peut, de temps en temps, acheter aussi des fromages américains.* Elle contre-attaque. *Et toi, tes hors-d'œuvre ? — Quoi, quels hors-d'œuvre ? — Là, 6 dollars 25, je ne suis pas aveugle, je peux lire — Rien de spécial, j'ai pris du pâté belge, quelques tranches de salami — Mais c'est du gaspillage, tu aurais pu acheter une boîte de pâté de foie Sell's pour 45 cents — Tu es bien contente d'en manger, le moment venu — J'ai vécu trente et un ans sans hors-d'œuvre, j'en prends pour te faire plaisir.* Chacun vérifie ce que l'autre importe, c'est important. Quelquefois, lorsqu'on fait nos comptes dominicaux, j'ai mes doutes, elle a ses aigreurs. Grand tableau accroché dans la cuisine, principe de réalité, rappelle nos fantasmes à l'ordre. Un couple est fait de deux moitiés. Faut les respecter. La symbiose, très bien dans l'imaginaire. Mélange l'un dans l'autre jusqu'au tréfonds de la mélasse. Dans le réel, on doit distinguer. Nous couchons ensemble, mais dans des lits séparés. Bourse commune, mais les cordons, chacun en tient un, et ferme. Si l'amour est un partage, justement, dans un partage, on ne peut pas tout donner. Je donne à Rachel beaucoup de moi, mais j'en réserve une partie. *You cling to your house,* ma maison, il n'a pas tort, je la tiens en réserve. Ma femme, *why do you cling to your wife ?* Non, je n'y tiens pas. Je l'aménage. Nul ne connaît l'avenir. Il faut peser le pour et le contre. Dans la vie, on est bien obligé de faire ses comptes. Bien sûr, il y a d'autres domaines, quand on se glisse tous les deux dans son grand lit. Là, je me dépense sans compter.

Rachel a relevé les paupières, ses prunelles, qui semblaient encore engourdies de sommeil, brillent à vif. Elle me fixe longuement, d'un feu que je ne reconnais pas, ni amour, ni tendresse, ni colère, d'une lueur pâle, elle ne me regarde pas de travers, mais à travers, son œil scintille au-delà de moi.

— Moi aussi, j'ai eu un drôle de rêve, cette nuit.
— Ah ! bon ? Dis-moi un peu.

Chacun son tour, sa tournée d'onirisme. On ne partage pas seulement nos jours, aussi nos nuits. Après, on disserte, on dissèque ensemble. Cette fois, j'ai peur. Elle a une joie menaçante à la pupille, un sourire crispé aux lèvres, ses doigts s'agitent encore plus que de coutume. Sa voix a comme une résonance absente, des échos lointains. Un coude sur la table ronde, penchée sur le siège canné, elle est à distance insaisissable. Un vent de panique souffle soudain sur mes promenades tranquilles le long de l'Hudson, sur les épaisses frondaisons du parc, toutes mes boutiques sur Broadway sont saisies par la bourrasque, nos tête-à-tête du matin, du soir, vacillent. Perdu dans mon rêve, j'avais oublié le sien.

— *J'avais l'impression d'être dans une sorte de musée, ça se passait en Israël, il faisait une chaleur étouffante et il y avait un guide qui montrait un à un tous les tableaux et objets divers. J'étais mal à l'aise et j'avais envie de sortir, mais je n'osais pas, à cause de la foule, détail curieux il y avait dedans Ledieu perdu parmi des visages inconnus. Et puis alors, il s'est produit quelque chose d'étrange. À la fin de la visite, j'ai demandé au guide, moi qui suis timide, à haute voix : « Comment se fait-il que vous n'ayez ici aucune œuvre de mon père ? » J'ai dit son nom. Le guide a eu l'air surpris : « Non, nous n'avons jamais entendu parler de lui. » L'étrange, c'est ça : j'aurais dû être malheureuse, eh bien non, je me sentais presque joyeuse, presque soulagée.*
— Tes restes diurnes sont évidents !

Pas à chercher très loin, hier, elle est ressortie en fin d'après-midi de sa chambre, tout excitée par une longue conversation avec sa mère au bout du fil. Rachel, quand elle parle avec sa mère ou sa sœur ou avec Annie, elle a bon bec. Il vaut mieux ne pas avoir aussi besoin du téléphone. Là, elle ne se tenait plus de joie. D'habitude, lorsqu'elle bavarde avec sa daronne, pas très folichon, revient toujours abattue, *ma mère,* elle ne dit jamais *maman, est très déprimée.* Dans sa famille, on est spécialiste du *Weltschmerz,* sauf le père, qui était un rigolo, mais qui est mort. Justement, c'était à cause de son père. *Tu sais ce qui se passe — Non, quoi ? — Ma mère vient de me dire qu'un musée de Tel-Aviv vient de lui écrire, pour savoir s'il reste des œuvres disponibles de son mari. Ils s'offrent à les acquérir en vue de constituer une collection d'artistes juifs de l'époque russo-polonaise. Ma mère en était toute bouleversée...* Rachel vient de faire ce rêve. Succession logique, normale, pas sorcier. Seulement, un truc qui cloche, là le hic. Dans son musée israélien imaginaire, quand Rachel apprend qu'il n'y a pas de tableau de son paternel, qu'on ne connaît pas même son nom là-bas, elle devrait être consternée, un coup au cœur. Non, la voilà toute guillerette. Freud dit que l'affect, dans un rêve, est toujours vrai, c'est la représentation qui est fausse. Son histoire de tableaux représente quoi. Au musée, suivez le guide.

— C'est curieux, la même nuit, moi, mon psy me montre des photos, toi, ton psy, il te montre des tableaux, *un à un,* un mec très méticuleux. Nous sommes à égalité. En fait, j'ai la priorité sur toi, ou plutôt mon psy sur le tien.
— Comment ça ?

Bataille matinale des psy, elle se hérisse. Son œil ne me regarde plus à travers, mais de travers.

— Qu'est-ce que tu veux dire ?
— Voyons, ça crève les yeux, tu connais Akeret et sa méthode, puisque c'est toi qui m'as offert son bouquin sur la photoanalyse. Tu modèles ton rêve sur le mien, Manheim et ses tableaux sur Akeret et ses photos ! D'ailleurs, tu n'as pas l'air de tellement goûter ce qu'il te montre : tu es *mal à l'aise,* tu as *envie de sortir,* le musée est *étouffant...* Un rêve d'analyse, avec résistances appropriées, on est dans le classique ! Toi aussi, tu es dans tes attitudes classiques : *tu n'oses pas,* et,

comme par hasard, dans cette foule que tu n'oses pas quitter, il y a *Ledieu,* figure du mauvais père s'il en fut...

Peu à peu, ma crainte fugitive, irraisonnée, se dissipe. À mon tour, en mettant la main sur son rêve, je reprends pied. J'occupe son territoire onirique en son lieu et place. Contre-offensive, je me verse une tasse supplémentaire de café. Pour avoir les idées dégourdies, je me réveille tout à fait. À la troisième tasse, je pétille assez pour résoudre l'énigme du sphinx. J'ai eu rudement peur, sais pas pourquoi, qu'il se passe quelque chose d'imprévu, de bouleversant. Dieu merci, tous les rôles sont là, intacts. Le père mort, le bon, embaumé dans son mémorial. Le père symbolique, le guide-analyste, à la place de l'autre, puisque l'autre, justement, il n'est plus là, volatilisé, parti sans laisser de tableaux. Le mauvais père, Ledieu, le méchant, celui qui fait souffrir avec art, avec délices, celui qu'on aime, si l'on est un peu masochiste, parce qu'il fait beaucoup de mal. Qui impressionne dans la mesure où il fait peur. Son visage, *perdu dans la foule,* il suffit qu'il pointe, pour qu'elle soit paralysée. Rachel a eu la visite de tous ses totems paternels, elle a eu sa série habituelle, ses réflexes ordinaires, une nuit pareille aux autres. Dans nos ténèbres parallèles, couchés dans nos lits jumeaux, moi, *El., Cl.,* j'ai eu mon bain de féminin, en atours mauves, j'ai longuement barboté au jus maternel, mère des Antilles, Martinique, Guadeloupe, n'a pas loupé. Chacun de son côté, on est fidèles au rendez-vous avec nos psy respectifs. Deux fois par semaine, à quarante-cinq dollars l'heure, on n'en a pas encore assez, on ne veut pas perdre une bouchée. On en rajoute encore en rêve.

— Toi qui es si malin, tu oublies quand même quelque chose d'important...
— Quoi ?
— Mon rêve est peut-être classique, comme tu dis, mais, dedans, il y a un changement de taille ! Tu ne vois pas ?

Conflit des interprétations matinales, en pleine guerre herméneutique, je suis sur mes gardes. Si elle veut pousser une pointe, je me prépare à la riposte. J'ai toujours été bon en escrime. J'attends sa botte.

— Non, quel changement ?
— Au début, *j'ai envie de sortir, je n'ose pas,* je suis la petite fille sage, je suis le guide. Mais, *à la fin de la visite,* qu'est-ce qui se passe ? Moi, *qui suis timide,* eh bien, *je demande à haute voix,* et des explications encore !
— Écoute, je ne veux pas être méchant, mais demander à haute voix, c'est plutôt ta spécialité. Quand tu désires quelque chose, en général, tu n'es pas aphone... Je n'ai pas besoin de te donner des exemples. J'avoue que je ne vois guère en quoi c'est nouveau.
— Je sais que j'ai une grande gueule, dans le privé, bien sûr. *But my bark is worse than my bite. You know I'm a passive-aggressive.* En public, devant un guide, devant les autorités, Ledieu qui me surveille du coin de l'œil, je courbe plutôt l'échine, j'ai plutôt tendance à la boucler... Les pères m'en imposent.
— C'est ton côté passif qui passe soudain à l'agressif ! Ce n'est ni la première fois ni la dernière que ça t'arrive.

Rachel continue à me dévisager d'un drôle d'air. Moi, j'ai ma petite idée où elle veut en arriver avec son rêve. Elle fait des avancées exégétiques. Je colmate les brèches. Je me sens de nouveau vaguement inquiet. Elle secoue la tête.

— Non, ce n'est pas exactement comme d'habitude. Regarde ce qui se passe avec mon père. On ne le connaît pas, on n'a jamais entendu son nom, on gomme son existence, et je me sens *joyeuse, soulagée*...
— Tu as dit *presque*...
— Bon, il y a encore des résistances. On ne liquide pas son père en un jour !

Débâcle des pères, où est-ce que ça nous entraîne. ET MOI LÀ-DEDANS. C'est que j'en suis aussi un, de père. La débandade, ça va jusqu'où. Elle cesse de suivre docilement le guide, elle n'a plus peur de Ledieu, son père inconnu dans un musée juif, elle s'en moque. Le paternel, elle s'assoit dessus. Et moi, avec mes quinze ans de plus, le poids pensif de l'expérience, ses yeux levés quatre ans vers ma sagesse éprouvée, efforts timides implorant mon jugement professionnel, là-haut assis sur mon trône, qu'est-ce qu'elle en fait. De moi. Inconnu, néant, je passe des nimbes aux limbes. Dans son musée, plus d'adoration de mages, d'images. *Presque joyeuse, presque soulagée.* Si c'est l'affect qui est le vrai, peut-être la représentation est fausse, le décor truqué. Le musée israélien, du toc, une façade, une façon de dire, de se dédire. Au bout de la visite prolongée, de la chaleur étouffante des séances avec Manheim. Clair, à travers son dab, moi qu'elle vise, c'est moi la cible. Son père et moi, elle nous ficelle dans le même paquet, elle nous met dans le même sac. Elle nous saque.

A la fin des fins des visites, au terme de tous les parcours d'autobus qui sillonnent Central Park, là-bas, là-haut, à la 86e rue, ni vu ni connu. Son rêve est tout un programme, tout un pogrom, jeu de massacre au musée de Tel-Aviv. Un vrai holocauste. Peur au ventre, sourire aux lèvres, je hausse légèrement les épaules.

— Eh bien, tu es en pleine liquidation des figures paternalistes, pateranalystes, c'est le rêve type de toute hystérique depuis Anna O.! Comme tu sais, on en a vu d'autres depuis. Tu es peut-être au bout de tes pères, mais pas de tes peines!
— Qu'est-ce que tu veux dire par là?

Rachel a retrouvé d'un seul coup sa voix mélodieuse, veloutée. Sortie de sa songerie distante, elle penche la tête vers moi, de nouveau attentive, elle a l'œil en amande fixe, en amante dévouée.

— Tu m'as dit toi-même que tu commençais à découvrir que ton père n'était pas ton véritable problème, plutôt un problème-écran, que ta difficulté fondamentale, pendant si longtemps enfouie, cachée derrière l'autre, tellement bien en vue, était ton rapport avec ta mère... Et si, au lieu, ou plus exactement en deçà, des relations avec ton père, c'étaient en réalité tes relations avec ta mère que tu rejouais depuis quatre ans avec moi?
— Qu'est-ce que tu vas chercher là?
— Tu aimes qui, à un certain niveau, te rejette. Ce n'est jamais de ton père que tu t'es sentie rejetée, mais de ta mère!

Cette fois, Rachel n'a rien dit. J'ai fini ma dernière tasse de café, il faisait maintenant plein soleil. À mon tour de me sentir joyeux, soulagé. Presque.

— Nos rapports, ce ne sont pas seulement ceux de mon masculin et de ton féminin, ce serait trop simple. Ce sont aussi ceux de ton masculin et de mon féminin, et nous en avons tous deux à revendre... Et puis aussi, de ton féminin et de mon féminin, de mon masculin et de ton masculin, et on en a toute une tartine ! Flaubert a écrit à Louise Colet : « Je t'aime en lesbien »... Il y a des fois où on s'aime en gouines, d'autres fois en tantes...

— Ce serait bien si on pouvait, une fois, s'aimer normalement.

La normalité n'est pas de ce monde, en tout cas, de notre monde. Un moment, j'avoue, j'avais eu chaud, j'avais eu peur, avec son œdipe. Elle liquide et je m'en vais. On n'en est pas encore là. Avec son pré-œdipe monumental, je pouvais, pendant des nuits encore, dormir tranquille.

SPIRALE (VIII)

Après l'An I, ç'a été l'An II, l'An III. Lent, l'Analyse. On a eu des moments paisibles. Il ne faut pas toujours dramatiser. On a eu des étendues de jours calmes, des plages de repos, des tendresses prolongées. On n'était pas sans cesse à s'empoigner à la gorge, on ne s'herméneutisait pas à mort du matin au soir. D'ailleurs, à nos duels du réveil, on a bientôt mis une sourdine. Le Dr Manheim s'est fâché, il a sommé Rachel de choisir son interprète, lui ou moi, pour lire dans le marc de café, au fond de nos tasses. Il a eu peur que je lui dame le pion, lui fauche la dame, sais pas. Qu'on fasse à chaque rêve deux coups d'épée pour notre belle lui a déplu. Bref, on était devenus rivaux. L'amant ou le spécialiste de la mantique. Mise au pied du mur, Rachel a décidé que son analyste, c'était lui, pas moi. Moi, j'ai couru chez mon analyste me plaindre du sien. En vain. Le mien n'a pas montré la moindre sympathie. Rachel a refermé sa boîte de Pandore nocturne, du coup j'ai bouclé la mienne. Sur notre cinéma intime, désormais motus. De toute façon, c'était un sujet de dispute en moins. Ses affaires d'âme, je les ai laissées à son Manheim. Quand même, Rachel était si

273

bavarde qu'elle entrouvrait de temps en temps la porte aux fantasmes. Elle entrebâillait parfois une séance, si elle en avait envie, moi, je ne forçais jamais plus la serrure. Je lui avais remis les clés. À travers son ballet de père-mère-sœur, avec en miroir les père-mère-sœur adoptifs, imbroglio de sa famille d'émigrés des années 40 en double, elle a peiné au labyrinthe de ses bisbilles d'enfance, elle a poursuivi sa bonne femme de chemin, avec Manheim. Moi, j'ai été mon bonhomme de chemin, avec Akeret. On n'a plus mélangé nos psy, c'était plus propre. Voyages aussi, on s'est rangés. Depuis qu'on s'est installés, j'ai mis ma bougeotte en veilleuse, l'été 73, nous ne sommes pas allés en France, nous sommes restés dans notre palais paisible. La situation s'est enfin stabilisée autour d'un modus vivendi. Grâce à une sorte de statu quo, on a trouvé une espèce d'équilibre. Écrits, d'abord, les cris, s'il y en a, ensuite. Rachel s'enferme la matinée, parfois l'après-midi recluse, j'entends, à travers la porte de sa chambre à l'orée du long couloir, les touches de sa machine qui crépitent. Elle a fini un article sur Mérimée, son étude sur Balzac avance. Moi, je me claquemure, à l'autre bout du corridor, dans mon plein ciel, face aux clochers aigus de Riverside Church, à l'aplomb du bloc de granit rugueux qui déchire le sol de New York, en bas sous ma fenêtre. Je tape ferme aussi, j'en suis à la page 1500 de mon auto-analyse. Mon self-roman prolifère comme une tumeur. Je ne peux plus arrêter son excroissance. À force de fouiller mes profondeurs volcaniques, je suis entré en éruption permanente, ma vie s'écoule en une lave brûlante, infinie. Après tout, la *Recherche* a trois mille pages, je ne suis arrivé qu'à la moitié. Des fois, Rachel m'accompagne jusqu'au parc qui s'étire sur quarante rues le long du fleuve. J'ai mon entrée préférée, sur Riverside Drive, à hauteur de la 116e rue. Les marches descendent en pente douce, les sous-bois épais, si on rase le mur de crête, gardent une fraîcheur. Si l'on dévale jusqu'en bas, l'allée de ciment est exposée au soleil. On avance droit, sous une splendeur de feu, yeux mi-clos, avec une sueur tiède en ruisselets aux tempes, aux paupières, aux joues, la chemise trempée colle au corps. Rachel s'arrête en général sur un banc, sous les arbres, avec un livre, à l'abri de la combustion scintillante. Elle s'est installée sur le banc vert, dans sa robe rose. *Je ne serai pas parti trop longtemps, je te promets. — Je connais tes habitudes.* J'avance dans l'explosion de lumière, malgré mes verres fumés demi-aveugle. L'allée centrale de ciment s'arrête, un petit sentier fait un coude, passe sous un pont. Après, on reçoit soudain l'Hudson au visage. J'entre au fleuve. Sur cinq cents mètres, c'est la promenade-navire, la berge est bordée d'un bastingage, on marche à même l'eau opaque, brasillante, à ras, le soleil frappe de plein fouet, cingle les yeux. Je progresse d'un pas régulier, mes sandales me martèlent entre les tempes, tout mon être se dilate. Je m'évapore. Sur l'autre rive, des docks morts, une cheminée d'usine qui fume à peine, la falaise du New Jersey est une muraille lisse, un roc vierge, avec, de loin en loin, le grand fût d'une tour d'habitation solitaire. Ma demi-heure de bateau, je continue jusqu'au bout du pont, mon corps tangue, roulis en tête, je suis tout entier minéral et maritime. Mes pensées chavirent, je bascule au fond de l'azur. Et puis, arrivé à l'autre extrémité de la coursive, je me retourne brusquement, je refais ma marche incandescente en sens inverse. J'attrape dans l'œil la voile aiguë d'un esquif pâle à la dérive, tout un papillotement au loin de mâtures blanches fourmille sous la paupière, au-delà de l'arche immense de Washington Bridge, qui strie la vue, d'un bord à l'autre de l'espace, à mi-ciel. Je rejoins Rachel sur son banc, à l'ombre, je m'assieds à ses côtés. Elle sourit, souvent avec une lueur de tendresse, pose son livre. *C'est intéressant ? — Oui, mais surtout par cette chaleur, c'est plutôt dur.* Elle s'est mise aux *Écrits* de Lacan. Une piocheuse, une bûcheuse, si elle trébuche, Rachel s'accroche aux aspérités du texte, continue son ascension professionnelle. Elle ira haut. Loin, ça poserait des problèmes. Elle a déjà assimilé Girard, lu Deleuze, elle s'est délectée à Barthes, avec Greimas, elle s'est un peu forcée, efforcée. Maintenant, le tour des *Écrits*. À New York, en plein mois d'août, Lacan, c'est torride. Toutes les fioritures asséchées, il n'y a plus que les aridités, le texte est dur comme de la pierre. *Le début, ça va encore, mais avec « Fonction et champ de la parole », je suis perdue. Le séminaire sur* la Lettre volée *aussi, je ne suis pas sûre de bien comprendre.* Je la rassure. *Personne ne comprend, tout le monde fait semblant, c'est fait pour.* Pas convaincue, elle dit *je vais m'y remettre encore un peu.* Je prends sa main moite dans la mienne, elle plonge dans sa lecture, je divague entre les branches. Quand le jour s'apaise, on rentre vers l'appartement, à pas lents, tièdes. On fait nos achats dans le quartier, maintenant j'y ai mes boutiques. Pour la charcuterie et produits d'importation, le meilleur delicatessen est sur Broadway, *Mama Joy,* pas loin de chez nous, est commode, comme le métro, ne ferme jamais, ouvert nuit et jour. La bonne viande de boucherie se trouve plus bas sur Broadway, vers la 96e, chez Oppenheimer. La poissonnerie est sise à la 99e. Le vin, dans les parages immédiats, est bon, mais cher. J'ai découvert de petits cavistes avec des lots irréguliers, des flots d'Espagne, d'Italie, d'Argentine qui se déversent soudain, vers la 100e rue, aux abords de Porto Rico. On remonte dans notre forteresse, on grimpe à l'olympe. J'ai mon heure de *New York Times,* elle a ses vacances mentales, magazines mode, *Glamour* ou *Elle.* On se détend, ensemble, on s'entend. Parfois, on s'étend, après dîner, dans le grand lit de sa chambre. Forcé, on n'a plus nos incandescences du début, nos orgasmes solaires. Je connais bien tous ses organes, on a une conjugalité tranquille. Je la fréquente avec méthode. Ses seins bien fermes, fais même plus attention à leurs poils follets. Doux aux papilles, je les palpe avec affection, ma main, ma bouche descendent peu à peu dans sa forêt, je parcours la carte de Tendre. Et puis, on va dormir dans notre chambre, chacun dans son lit. Au réveil, on se remet chacun à son inspiration, à sa machine, rythme machinal. Nos existences sont emboîtées, nos névroses encastrées l'une dans l'autre, inextricables. Des attaches solides, on a une liaison idéale. Comme j'ai toujours rêvé d'en avoir une. On forme le couple parfait, l'intellectuel chevronné, le professeur patenté, avec la prometteuse débutante, la future gloire féminine. On nous invite désormais ensemble, nous sommes beaucoup et bien reçus en ville, on nous envie. Nous sommes faits l'un pour l'autre, quarante-six ans que je la cherche. Je l'ai trouvée. Nous sommes faits l'un par l'autre. Mes contacts sont ses points de chute. Elle va au cocktail Gallimard en mai. Ceux qui m'éditent la méditeront aussi un jour. Quand son manuscrit sera prêt. Famille, n'en parlons pas, sur les deux bords de l'Atlantique, la mienne, la sienne, ne font plus qu'une. Je vais dîner chez sa mère, grimpe au musée paternel, j'y suis traité comme un prince. En principe, pas une liaison qu'on a, une union libre. Elle, d'aller papoter dans son groupe de femmes, *conscience-raising group,* d'intensifier sa conscience féminine quand elle veut, libre à elle, ses mille et une amies, l'unique Annie. Elle a aussi sa classe de gymnastique, un peu aussi psychodrame, en Amérique tout est à demi thérapeutique. Rachel s'assouplit les muscles et le moral ensemble au coin de la 6e Avenue et de la 28e Rue, parmi les arbustes en pot et les marchés aux fleurs sur les trottoirs. Elle connaît une foule de gens, collectionne les confidences, le Tout-New York *radical chic* s'ébat sur sa langue. L'écouter parler toujours m'amuse. Ma muse. Louise Colet et Flaubert, tantôt l'un, tantôt l'autre, on est tous les couples. L'écrivain s'enferme dans Croisset pour que l'œuvre croisse, affres du donjon. Don Juan, j'ai remisé au magasin des attirails. Je suis l'homme d'une seule femme. Ma mère est morte depuis six ans, je suis à Rachel. Dans ma vie, plus d'autres mômes. Que les miennes. Le samedi après-midi, quand je l'embrasse en disant *à demain soir,* Rachel a cessé de faire une scène, plus de ramdam dominical. Elle a sans doute, comme un tic, une crispation du visage, son nez s'allonge, ses lèvres se pincent. Elle dit *amuse-toi bien.* Moi, à peine arrivé à Queens, lui téléphone illico. *Ça va ?* — *Mais oui, ne t'inquiète pas, je me débrouille parfaitement toute seule. Tu sais, j'aime bien être seule, aussi.* Ainsi tout le monde est content. Elle, d'être seule. Moi, de retrouver mes enfants. J'ai ma perme de vingt-quatre heures à la maison. Je joue la fille de l'air avec mes filles. Dans ma nouvelle Plymouth, marron cette fois, on court à la plage. Rockaway étire dix kilomètres de dunes aplaties au bulldozer, bordées d'une immense promenade en planches, *boardwalk,* un trottoir aérien, on marche dessus, on passe dessous, on s'allonge, tête perdue dans le ciel, corps éperdu dans le ressac, choc régulier contre les jetées de rocs, l'océan glauque se soulève en vagues houleuses, retombe en tourbillons d'écume ruisselante. Tous les deux cents mètres, il y a un maître nageur, tous les cinquante mètres, une corbeille pour les détritus. Un sable propre, sec, net, le long de l'anse rutilante. Eté 73. Et puis, l'année 74. Et puis, les cours, et puis, les jours. À force d'en ramener quelques-uns à chaque voyage, j'ai même maintenant, là-haut, une bonne partie de mes livres

            un après-midi, Rachel est rentrée, je n'ai pas pu m'empêcher de m'exclamer, je ne l'ai plus reconnue. *Qu'est-ce que c'est que ça ?* — *Ça ne te plaît pas ?* — *Mais si mais si, simplement je suis.* Abasourdi, estomaqué. La longue chevelure est envolée, son casque ondoyant, ses tresses en cascade, rasés net. À la place, une espèce de tignasse moutonnante, un fouillis de boucles courtes, une crêpelure nègre, une sorte de coupe Afro pour Blancs.

— Ça te change complètement le visage ! Tu n'es plus la même...
— Justement !
— Mais les cheveux longs t'allaient très bien, ils convenaient parfaitement à ton genre, à ta silhouette élancée...
— Mais oui, le stéréotype mannequin. Eh bien, précisément, j'ai voulu changer de genre, voilà.
— Tu aurais pu quand même me demander, avant.

— Mais non, c'est moi qui décide de mon apparence!

Du coup, ses pommettes ont pris de la hauteur,
son sourire de la distance, le nez saille, un vrai bec
d'aigle. Ça lui donne le faciès osseux, au lieu de les
adoucir, elle fait ressortir ses angles. Elle a de
nouveau le regard aigu, les arêtes du visage
piquantes, le verbe en pointe. Sans prévenir, tout
à trac, un tel truc. Me déprime, me débecte. Sa
nouvelle coiffure la trahit. Ça la défigure. La
transfigure. Elle a pris un tout autre air, ce ne sont
pas simplement les traits, c'est la dégaine. Durcie,
elle est comme soudain rigide, moi je trouve ça
raide. Sans me demander mon avis. Son visage, il
appartient à son corps, son corps m'appartient.
Règlements de la propriété privée. Pour les changements importants de la façade, il faut l'autorisation de la mairie. Soudain, je suis parti à rire,
très fort, de quoi se tordre, dans l'illumination
subite d'une hilarité vertigineuse. J'en suis tout
secoué, elle, heurtée. À son tour, elle interroge

— Mais qu'est-ce que tu as? Qu'y a-t-il donc de si
drôle?
— Ta coiffure...
— Eh bien, quoi, ma coiffure...
— Ce n'est pas la tienne!
— Comment, pas la mienne?
— C'est celle d'Annie!

Mèche pour mèche, la même tignasse crêpelée, le
même frisottement calamistré sur tout le pourtour
de la tronche. Le nouveau style capillaire, nouvelle manie, signé Annie. Après le modèle fémi-
niste, la mode féminine, il faut qu'elle copie la
copine. Rachel, il faut qu'elle existe en miroir avec

la Grande Amie, la Grande Autre. Qu'elles ne fassent qu'une. L'Alter Ego, m'est égal, mais à la longue. Annie n'est plus une amie, c'est un sosie. Saisi, je suis pris d'un fou rire. Pas assez qu'elles soient pendues l'une à l'autre au téléphone, de six à huit, après avoir déjeuné, de midi à deux heures, ensemble. Pas assez qu'elles aient la même élégance élancée, la même joliesse acidulée, la même sveltesse désinvolte, traits aigus, attraits piquants, maigres de charpente, surabondantes du verbe, pas assez qu'elles aient même dégaine, même rengaines, même taille, maintenant mêmes tifs. Quand elles caquettent amis, papotent profession, *Women's Lib ad libitum*, sais pas qui parle, sont des échos. Maintenant, si l'une se regarde dans la glace, il ne faut plus qu'on sache si c'est l'autre. Gestes, grimaces, elles doivent se répondre en tout, du tic au tic.

— Et alors ? Tu te crois peut-être original ? Tu crois sans doute ta tête unique ?

— Mais non, tu m'as déjà dit que j'avais celle de ton père ! Je ne prétends pas non plus avoir quelque chose d'original dedans. Je sais bien que je suis fabriqué de clichés, de citations, d'emprunts. Mais quand même... je ne suis pas à ce point le singe de quelqu'un !

— Et ta mère ?

— Ça commence à dater. Même alors, je ne pense pas m'être jamais grimé le museau sur son modèle.

— Tu as toujours été jaloux d'Annie. Tu voudrais qu'il n'y ait que toi qui existes pour moi. Eh bien, tu te trompes !

— Écoute, on ne va pas se chamailler là-dessus. J'ai été un peu surpris, j'ai exprimé un peu vertement ma surprise, maintenant elle est passée. Un point, c'est tout.

— Moi, tu sais, j'aime beaucoup ma nouvelle coiffure, j'avais assez de mes cheveux longs d'adolescente.

— Schopenhauer disait que les femmes sont des êtres qui ont les cheveux longs et les idées courtes. De nos jours, les femmes ont les cheveux courts et les idées larges, c'est le progrès historique. Il faut bien que je m'y fasse.

Maintenant qu'on avait notre existence, nos passions, notre budget en équilibre, je n'allais pas faire du raffut pour si peu. Au lieu de sa moutonnante chevelure, qu'elle ait des boucles crépues, moi, je la boucle. Cheveux de Rachel, je ne vais pas m'arracher les miens. Affaire classée.

— À propos d'Annie, il y a une nouvelle qui t'intéressera peut-être...

— Laquelle ?

— Elle a l'intention de quitter Jerry.

Là, j'avoue, j'ai eu le souffle coupé, j'ai tressauté sur mon fauteuil.

— Mais, voyons, ce n'est pas possible, ils venaient de quitter leur trou du Village, pour s'installer dans un bel appartement du West Side ! Tu m'avais dit que les choses avaient l'air d'aller mieux entre eux.

— Tu vois, il ne faut pas se fier aux apparences.

— Enfin, ils reviennent d'un voyage aux Antilles ensemble !

— Justement, c'est sur la plage, tranquillement, qu'ils ont décidé de se séparer, en adultes. Annie se cherche un appartement. En attendant, ils couchent chacun dans une pièce, Annie dans la chambre, Jerry au salon.

J'ai eu beaucoup de chagrin. J'aimais bien Jerry, un beau gars, bien sportif, bon escrimeur, large d'épaules, dur du biceps, tendre des yeux bleus. Tellement attaché à sa mère qu'il hésitait, ça se comprend, à se marier. Juste après la mort de son père. Un coup pareil, il fallait attendre un peu, par discrétion. Un fils modèle. La maison de sa mère, elle est à Queens, à deux rues de la mienne, sur les mêmes gazons. Un voisin, ça nous rapproche. La nouvelle me fait de la peine. Vrai, ça me touche. Ensemble, lorsqu'on a tant duré, enduré, un fil tissé de tant de jours, je ne peux pas supporter quand ça casse. Lien qui se brise m'estomaque, ça me tamponne au plexus, c'est mon complexe. Rachel, elle n'en a aucun, elle raconte un amour qui meurt d'un ton tranquille.

— Mais enfin, ton Annie, elle ne pouvait pas attendre encore un peu, lui laisser sa chance ?
— Elle m'a dit qu'elle avait déjà trop attendu.

C'est ça, toutes des impatientes, Annie, Rachel, voilà, les femmes veulent tout, tout de suite. Un homme est plus circonspect, forcé, on a des responsabilités, des charges. Plaquer Jerry, parce qu'il lambinait un peu à convoler, me scandalise. Rachel ajoute

— D'ailleurs, cette histoire de mariage, d'enfant, était un peu un prétexte. Annie m'a dit qu'en vérité, il y avait d'autres raisons.
— Quoi ?
— Lui, il voulait toujours faire l'amour avec elle,

elle, elle n'avait plus envie de lui, un point, c'est tout.

Plus envie de faire l'amour avec un beau mec comme Jerry, musclé comme un torero, emmancheur comme un taureau, moi, j'ai vu rouge. Une malingre bourrique comme Annie, montée par un destrier pareil, devrait s'estimer bénie.

— Et puis, Jerry n'était pas intellectuellement à sa hauteur, à la longue, cela devient gênant...
— Elle dit ça parce que Ledieu l'a snobée à une soirée, en demandant à mi-voix pourquoi Annie s'était mise avec ce «petit con»... Elle a eu honte, devant le patron, vous vous mettez toutes à plat ventre !

Rachel m'a jeté un regard étrange. Elle s'est levée, dans la vaste salle de séjour en enfilade, d'un pas rapide, elle a disparu à l'autre bout, vers le couloir. Un drôle d'air, sa nouvelle tête ne me revient pas. Elle est revenue, m'a tendu une lettre, d'un geste raide.

— Tiens, lis, attentivement. Je vais travailler dans mon bureau. Tu me donneras ce soir ta réponse.

Très cher   j'espère que de voir une lettre de moi ne te donnera pas un coup au cœur   c'est un recours désespéré pour essayer d'ouvrir entre nous une nouvelle voie de communication   le téléphone la table de la salle à manger sont devenus des lieux d'évasion (pour toi) d'hystérie (pour moi)

*   je me pose sans cesse la question   est-ce*

*que nous traversons simplement une mauvaise
passe   ce qui serait normal étant donné
qui nous sommes et la situation impossible
dans laquelle nous nous trouvons   ou
sommes-nous au dernier ou à l'avant-dernier
soupir d'une relation à l'agonie   l'impasse
classique   impossible de vivre l'un sans
l'autre   de vivre l'un avec l'autre   il faut
que nous allions au cœur du problème si nous en
avons la force*

*je voudrais examiner cette toupie qu'est mon
cœur de tous les points de vue possibles y compris
celui que m'a donné l'analyse et qui est double   d'un côté il y a le témoignage négatif de
mes rêves   oui il existe toute une partie de
moi que j'ai refoulée si longtemps et qui sent que
tu finiras par me tuer   tu me pomperas jusqu'au bout et me laisseras après exsangue et
vide   mais j'ai eu aussi l'autre révéla-
tion   peut-être mes craintes sont-elles mes
craintes À moi d'être de nouveau étouffée comme je
l'ai été à la maison   je crains l'intensité d'un
dévouement total et pourtant je ne connais aucun
moyen terme entre la glace et le feu   la
« chaleur » qui ne serait pas la brûlure et dont te
parle sans cesse Akeret n'est pas pour moi
t'aimer c'est t'aimer jusqu'à la mort   ou pas
du tout   je me souviens de ce que tu m'avais
dit au début de notre liaison   VOUS SEREZ
ÉPISODIQUE entre nous l'épisodique est grotesque
      pour cela tu peux trouver beaucoup mieux
ailleurs   et quant à moi j'aime mieux être
seule*

*tu m'as posé récemment une bonne ques-
tion   ALORS TOUT CE QUE J'AI FAIT NE COMPTE*

POUR RIEN?   non bien sûr   je me sens
infiniment mieux que je n'étais en janvier ou
février   et il y a eu un tour définitif de la
spirale   ce qui est à porter à ton crédit
mais la question fondamentale reste irrésolue
     j'ai toujours le sentiment que ton engage-
ment envers moi demeure infiniment précaire
     je me sens dans une INSÉCURITÉ TOTALE
     et si ta petite enfance t'a rendu incapable
d'accepter l'amour des autres   c'est-à-dire de
leur faire confiance   tu dois comprendre
que moi aussi j'ai eu une enfance   et que j'ai
un besoin constant d'être rassurée   non pas
sur la quantité mais sur la qualité d'un amour
     le tien   peux-tu honnêtement affirmer
que demander une séparation n'est qu'un geste
symbolique   une dépense inutile   en bref
     une formalité absurde

     tu pourrais dire   suppose que je
demande une séparation et que nous continuions
le présent arrangement un an deux trois   eh
bien tu as raison   ça n'irait pas   si nous
ne passions pas les week-ends ensemble pendant
les mois qui viennent   ce serait terminé
un couple a besoin de passer des moments
essentiels ensemble   ce n'est pas simplement
le vivre et le couvert   je te dirai le
fond de ma pensée   ce qui te retient c'est
ton incapacité à exister synthétiquement
tes filles pourraient parfaitement accepter cette
« synthèse »   si tu la voulais   comme
tu dis toi-même   tu n'as pas surmonté ta
névrose   tu l'as perfectionnée   tout ce
que tu sais faire c'est opposer une femme à une
autre   une de tes propres filles à l'au-

tre   nous ne pouvons survivre que dans l'unité
d'un couple et d'une famille ou disparaître

quand tu as parlé récemment de notre prochain
séjour en France à l'automne   toi et moi rien
que nous deux   l'idée m'a d'abord paru
merveilleuse   mais   ensuite   j'ai   réfléchi
que   si notre engagement mutuel n'est pas
scellé dans la chair ou sur le papier   nous ne
ferons qu'emporter avec nous les germes qui
empoisonnent notre vie   je ne peux pas pas-
ser une autre année en Europe comme la dernière
fois   et je suis sûre que toi non plus tu ne
pourrais pas

Il y avait des pages et des pages. Et puis, la lettre
est arrivée à son terme.

je t'en prie excuse-moi   ce n'est pas vraiment
la lettre que je voulais t'écrire   je pense que si
les cris se sont éteints   c'est que s'est
éteinte aussi l'intensité douloureuse de mon
amour pour toi   je te joins par un geste déses-
péré une lettre de ta sœur   je ne voulais
pas te la montrer par pudeur   mais

elle avait joint tout un feuillet, écrit serré, de la
main sororale

Ma Rachel chérie   j'ai essayé
de t'écrire la semaine dernière mais je n'ai
pas envoyé ma lettre   elle sonnait
faux   comment puis-je ne pas évoquer la

situation intenable dans laquelle mon frère te
maintient et qui donnerait envie de hurler à un
muet   et comment pourrais-je en par-
ler   sinon pour te dire qu'elle me navre et me
fend le cœur   je calculais ce matin que cela
fait exactement UN AN qu'il annonce qu'il va
prendre une décision   qu'il en a pris
une   et que rien ne se passe de clair de net de
tranché   la seule chose que l'on puisse
dire à sa décharge   c'est que ce
n'est pas par cruauté ni inconscience qu'il agit
ainsi   mais que toutes ces années de psy-
chanalyse ne lui ont pas encore permis de savoir
qui il était

Sur mes allers New York-Paris, sur les retours
Paris-New York, escales anglaises, arrêts chez ma
sœur, je ne cesse pas. D'année en année, d'automne en été, en plein hiver, au cœur d'Albion,
Birmingham, comme un point fixe, je tourne
autour, je vole autour, Air France m'amène,
British Airways me remporte. Là, mon tourbillon
retombe, je m'apaise. Là, dans la vaste cuisine
baignée de soleil doux, assombrie de bruine, mais
avec toujours des senteurs de roseraie, d'herbe
humide pénétrant à travers la fenêtre à guillotine
relevée, plafond si haut, dans la pièce immense
comme un vaisseau d'église, entre deux vaisselles,
ma sœur officie. À la place de ma mère. Je vais à
confesse. Elle me prête l'oreille familiale. Deux
fois par an, jusqu'à deux trois heures du matin,
accoudés à la toile cirée jaune de la table, tous
deux, seuls, mon beau-frère depuis longtemps
endormi, mes affres s'éveillent, je me déverse.
Tripes et boyaux, comme un lapin éventré, je me
retourne la peau, je rouvre mes plaies. Un peu
comme avec Akeret, mais pas pareil. Lui, il écoute,

mais il s'en fout. Ne conseille pas, ne juge pas, il me renvoie mes échos, il fait écho à mes renvois. Parfois, j'en ai l'indigestion. Ma sœur, au moins, elle participe. Pour de vrai, avec le cœur. Non pas qu'elle approuve tous mes gestes. Souvent, me tance, d'importance. Elle a son port dans sa forteresse victorienne, victorieuse, son exil a refait souche. On parle une langue commune, la même grammaire. Elle me comprend à demi-mot, au quart de syllabe. Un peu comme avec Akeret, mais de très loin, complètement différent. Qui je suis, ce que je veux, à mes maux, avec lui, je cherche la solution. Avec ma sœur, l'absolution. Maintenant si elle me condamne, si elle se joint à Rachel pour m'accabler, j'abandonne, je quitte la partie. Rachel a cessé de hurler, pour mettre les cris de ma sœur à la place. Leurs vociférations m'assaillent, s'enflent des récriminations d'antan, me font une cacophonie d'accusations dans la tête. Et puis, après le grand coup de cymbales, silence brusque. Je me sens tiré par le bas, happé, je chois dans un puits ténébreux. Sans pouvoir m'agripper aux parois, je dégringole. Rachel m'a eu. Elle m'a floué. Moi, je croyais le vacarme intérieur rentré dans l'ordre, nos tumultes apaisés. Séances de frappe matinales, côte à côte, chacun dans sa chambre, après, nos déambulations régulières par tous les temps, sur tous les continents, après, nos bavardages tendres, nos *gossips* érudits, à dîner, je croyais qu'on avait trouvé notre assiette. À chaque rotation du soleil, on avait attrapé la routine diurne, le rythme nocturne, je croyais. Cette longue tranquillité, tout ce calme domestique. C'était avant la tempête. Dans un encrier, d'abord, bien sûr, commence par une lettre, en double, en s'y mettant à deux, en embauchant ma sœur. Rachel n'avait pas assez de la sienne, il a fallu chercher la mienne. Bientôt, on ira aussi chercher ma femme. On va refaire la Sainte-Alliance contre moi, proclamer la Guerre Sainte. La paix est morte, à peine une trêve. Je vais devoir reprendre les armes, ceindre l'épée, le baudrier, remettre la cuirasse. Soudain, DÉFAUT me sidère, BÉANT. Dans mon armure, il y a un énorme TROU. LA TROUILLE. À force de ressembler à Annie, Rachel va me faire le coup à Jerry. Elle va me plaquer en miroir. Sueurs froides, J'AI PEUR. D'être rejeté, de me retrouver à la rue, d'être SEUL. Une vie est comme une bouteille de bon vin. On ne jouit que si on partage. Tout seul, l'existence est plate, fade, éventée, on n'a pas d'arôme, un squelette, on n'est que la peau et les os. L'AUTRE est la chair. De poule, me donne le frisson, veux pas y penser. Je peux toujours rentrer à Queens, j'ai bien joué mon jeu, bien assuré mes arrières. Ma maison est déserte comme une tombe, tranquille comme un caveau de famille, entre les rayons, parmi les livres de ma chambre, je puis installer mon cadavre, rien ne m'empêche. Ma femme m'accueillera sur le seuil, l'œil bleu tendre, un sourire pincé aux lèvres. Du coup, quatre ans de Rachel en pure perte, nos émois, pâmoisons, querelles, nos criailleries, séparations, nos retrouvailles, tous nos ébats, nos débats, pour rien. Peux pas supporter. Comme un coup à l'estomac, tout d'un coup, un creux. J'ai cru. Enfin tiré d'affaire. Erreur. Se paie, maintenant je paie. Sa lettre est une semonce, avertissement en bonne et due forme, elle contient des menaces précises. Elle met les points sur les i de zizanie. L'automne prochain, elle ne m'accompagnera pas en France, si. Dès à présent, n'admet plus que je décampe le week-end, pour. À force de farfouiller avec Manheim dans ses recoins, moi qui suis coincé. Elle m'a vidé comme un abcès, pressé comme du pus. D'abord, peau nette, et puis peau neuve. Je relis la lettre, je scrute les lignes, les signes, il reste encore de l'amour. Je soupèse, une bonne dose. Mais tant va la cruche à l'eau. Rachel n'est pas gourde, connaît ses atouts. Si je ne veux pas que ça casse, il va falloir filer doux, le doux et le tendre, sans attendre. C'est toute ma charpente qui craque, mon système qui s'effondre. Depuis trois ans qu'ils sont tous là à hurler, *allons, décide*. J'ai tenu bon, moi, je ne décide pas à la légère. Normal, j'hésite. Et puis, au bout de deux ans, j'ai décidé. De décider. Mais c'est impossible, mes contraires s'annulent, les plateaux de ma balance s'équilibrent, mes raisons d'agir s'équivalent. Puisque je suis un indécis, j'ai décidé de m'assumer, la seule issue authentique. J'ai pris une indécision très ferme. J'ai tenu parole, m'y suis tenu, on ne m'en a pas délogé. Irrévocable, c'est une irrésolution absolue. Je ne me résoudrai jamais à me résoudre. Et puis, là, sa lettre sous les yeux, marché en main, peur au ventre, toute mon irrésolution s'écroule.

— Alors, qu'est-ce que tu en penses ? Quelle réponse as-tu décidé de faire à ma lettre ?
— Écoute, j'ai beaucoup réfléchi...
— Tu ne fais que ça, réfléchir, depuis quatre ans, je te demande ce que tu as décidé...

Le ton n'est pas tellement amical. L'œil non plus, un léger rictus lui découvre les canines, lui retrousse l'ourlet de la lèvre, sous le duvet de la moustache. Elle s'est fait coiffer, sans s'être fait épiler. Elle sait que ça m'horripile. Pendant le dîner, on a parlé de choses et d'autres. Maintenant on est au dessert. Je me verse une rasade supplémentaire, la gnôle du combattant, avant de monter à l'assaut, de passer par-dessus le parapet de la tranchée. Son ultimatum m'éclate en plein visage.

— Eh bien, voilà...
— Voilà quoi ?

Les mots ne passent pas, les sons s'étranglent, un gargouillis me gratte le fond de la gorge. L'œil noir de Rachel est à présent aussi neutre, aussi distant, que l'œil bleu de mon épouse, dans un lointain glacial.

— Bon, puisque tu as l'air d'en faire toute une histoire, moi je croyais que tu avais surmonté ces mesquineries, que tu ne comptabilisais plus le temps passé ensemble, comme nos dépenses sur le tableau mural de la cuisine...
— Trêve de commentaires !
— Ne m'interromps pas, de grâce. Puisque, dis-je, tu insistes sans la moindre subtilité ni délicatesse dites féminines, eh bien...
— Quoi ?

Je n'arrive pas à le sortir, il y a des phrases qui vous adhèrent au gosier. J'ai senti la sueur perler à mon front, mes mains trembler. J'ai vu, sous le regard d'aigle, les joues de Rachel qui palpitaient dans leur rose pâle. Derrière son fard, malgré sa tignasse en rébellion, son bec guerrier, elle est aux aguets, inquiète. Nous avons encore une chance. Peut-être. Je suis forcé de parier. À moi d'augmenter la mise. Tout n'est peut-être pas encore perdu. À corps perdu, je me jette dans le flot de mes paroles

292

— Je n'irai plus à Queens, le week-end. Ce sont mes filles qui me rendront désormais visite ici. La grande, quand elle en aura envie. La petite, irai la chercher avec la voiture, le vendredi ou le samedi, et je la ramènerai le dimanche. Voilà, tu dois être contente.

— Et la séparation ?

— Après, laisse-moi souffler, chaque chose en son temps.

Elle n'a rien dit. Ensuite, on a été se coucher. Rachel a triomphé en silence.

SPIRALE (IX)

J'ai eu chaud. Le psychiatre de ma fille cadette a été formel. Pas question de changer de régime familial sans transition. Ce n'est pas qu'il soit très bavard. Pour le faire parler, il faut le prier. Comme le dieu de Delphes, avare de paroles, il vous les fait payer très cher. J'ai envoyé mon épouse consulter l'oracle. Au fond de son antre, derrière son bureau, sur son trépied, quelle prophétie se trémousse. Il est resté tout à fait calme. S'avance pas trop. *J'ai dit au Dr Farber que tu voulais son avis sur la façon dont il fallait s'y prendre. Il a répondu qu'il ne pouvait accepter cette responsabilité.* Mon épouse est une femme précise, elle rapporte mot pour mot. M'échauffe un brin. *Mais tu aurais pu le pousser un peu, lui dire — Si tu n'es pas content, tu aurais pu y aller toi-même.* Vrai, mais les enfants, je préfère que ce soit ma femme qui s'en occupe. Son rayon. Moi, les enfants, les aime bien, mais je n'ai jamais été très zélé pour, porté sur. Procréation n'est pas mon activité favorite. Élevage non plus. Je m'en remets à mon épouse. Farber, elle a fini par l'accoucher d'un message. *Quoi que tu fasses, il ne faut pas que la petite soit brusquée, il faut qu'elle soit avisée de ce qui l'attend et dûment préparée. — Dûment veut dire combien de temps à l'avance ? — Ne me demande pas plus de détails qu'il ne m'en a donné.* Évidemment, pas très explicite, oracle oblige. Aux fidèles d'interpréter. J'interprète : pour une préparation psychique si délicate, il faut au moins plusieurs semaines. Quelques mois. Et alors, ce sera déjà le moment d'appareiller pour la France, mettre le cap vers la lointaine Europe. Évidence aveuglante : pour présenter Rachel à mes filles, il vaut mieux attendre le retour. Logique, d'ici là, plus d'un an, la petite sera parfaitement immunisée. La grande ne peut pas être traitée différemment de la petite.

Seulement, Rachel, elle ne l'a pas entendu de cette oreille. Il y a eu un vacarme épouvantable. Elle m'a accusé de vilenie. À l'en croire, un père qui est père est un truand. Elle tonitrue.

— Le psychiatre n'est qu'un prétexte, tu cherches à tout prix à éviter que ta fille ne me rencontre. Pourquoi, mais pourquoi ? Tu as peur de quoi ?
— Si tu savais ce qu'était un enfant handicapé, pour employer un euphémisme, si tu savais ce que c'était qu'une crise de rage avec trépignements pendant des heures, si tu avais vu un gosse arracher les cheveux des autres ou s'arracher les siens, je t'assure que tu serais moins chaude pour l'avoir ici tous les week-ends ! Toi et tous tes petits bibelots délicats, ça valserait !
— Mais elle n'est pas tout le temps comme ça...
— Non, certes, et même, elle a l'air d'aller mieux en ce moment. On ne va pas tout compromettre en

brusquant les choses. Il faut, bien sûr, préparer le terrain en douceur.

Du coup, pour le voyage en France à l'automne, Rachel a refusé net. Pas question, ce serait désastreux pour sa carrière, mal noté.

— Mais c'est le département qui t'a envoyée à Paris la dernière fois !
— Tu oublies que j'avais déjà demandé un congé pour t'accompagner en 71. Je ne peux pas passer la moitié de mon temps en France, comme toi. Et puis, tu le sais bien, l'année qui vient est pour moi capitale. C'est au printemps, d'après le nouveau règlement, qu'on doit décider de ma *tenure*.

Tenure, mot magique, sésame-ouvre-toi de la carrière. Quand on est titularisé, bifteck à vie. L'université Northern est une boucherie bien située, à New York, même si c'est dans les bas quartiers. Sur des hauteurs mal famées. Si l'on n'est pas titularisé, on est remercié. Mis à la porte, après, il faut frapper à toutes les autres. La plupart restent fermées. Quelquefois, une qui s'entrouvre, il faut courir, être le premier, n'importe où, dans le Texas, dans l'Alaska, en plein Kentucky. Sans *tenure,* au bout de cinq ans, loi du métier, absolue : *up or out.* Pas de moyen terme, quand le terme d'un assistant est échu, on le bombarde professeur. Ou on le passe par les armes. La titularisation de Rachel jette sur nous son ombre grandissante. Au tableau de nos amours, un nuage noirâtre, qui sans cesse s'épaissit.

— Justement, tu as déjà publié deux articles, tu

mets la dernière main à ton livre. Tu demandes un congé pour le terminer. Rien de plus logique.

— Crois-tu les gens de Northern si bêtes ? Ils savent que si je vais à Paris, c'est pour te suivre. Je peux déjà entendre les commentaires de Ledieu : « un congé, pour satisfaire aux désirs de votre auguste compagnon, en somme... ». Je vois d'ici ses yeux qui brillent de malice... Non, je perdrais la face, ce n'est pas possible.

— Mais comment est-il possible de vivre ensemble, si je suis à Paris et toi à New York ?

— Si tu m'aimes, tu n'as qu'à rester à New York.

— Si tu m'aimes, tu dois m'accompagner à Paris.

Paris, je n'ai pas besoin d'y passer chaque seconde de ma vie. Mais, sans passer un an sur deux à Paris, je ne pourrais pas vivre une seconde. Au bois de Boulogne, au Luxembourg, sur les quais, je quête mon oxygène. Sans ça, j'étouffe. Peux pas toujours être en plongée dans mon aquarium, au creux du grand fauteuil jaune. *Why, why,* à me scruter l'occiput et le scrotum en Amérique. Retour à la langue patrie, je me ressource. Un écrivain qui ne fait pas régulièrement trempette dans sa langue, à la longue. Il est à sec. Un an sur deux à Paris, exigence absolue, question vie ou mort. Amour, après, s'il en reste. Sur ce point, je ne ferai pas de compromis. Emménager avec Rachel, j'ai cédé. Ma fille à Riverside, j'ai accédé. De concession en concession, il surgit toujours un autre roc. Ma barque échoue perpétuellement sur un écueil. Notre histoire est un long récif. Mon cœur se brise.

— Au point où nous en sommes, il va bien falloir trouver un moyen, une solution...

— Lesquels ? Tu veux que j'abandonne ma carrière pour te suivre comme un toutou ? C'est ça que tu veux ?

— Mais non, bien sûr, dès le début, je t'ai toujours encouragée dans ton métier. J'ai toujours apprécié ton intelligence et ton talent, quand parfois tu les dépréciais... Tu as toi-même, à maintes reprises, reconnu que je t'ai soutenue et assistée dans ta carrière. Ta carrière, je suis tout à fait pour. Mais pas au prix de te perdre !

— En somme, tu aimerais que j'aille loin, mais pas loin de toi !

— Exactement. Et je pense que ce n'est pas un désir anormal.

— Est-ce que tu te rends compte que ma titularisation à Northern est notre seule chance. S'ils ne me gardent pas, je serai bien forcée de chercher du travail ailleurs, et ailleurs, c'est vaste...

— Le pire n'est pas toujours sûr. Voyons d'abord ce que Northern te réserve, nous réserve.

On a fini par couper la poire et l'année en deux. Comme en 71, Rachel a décidé de demander un congé le premier semestre. Elle l'a obtenu, sans plus de mal.

26 JANVIER 1975   Mon chéri   comme tu me manques   je reviens à l'instant du mariage de Beth et je profite de mon état légèrement aviné pour t'écrire quelques mots   pour être ensemble par ce crépuscule d'hiver où le vent souffle comme il ne souffle que sur Riverside Drive   le mariage a duré de midi à 5 heures de l'après-midi et s'est déroulé selon tous les rites consacrés d'un mariage juif américain   de la Hupah (?)

à la Horah (?) bien que j'aie assisté à toute
la cérémonie dans une sorte d'hébétude en
dedans j'en ai été toute retournée je suppose je me demande pourquoi ce n'est
jamais moi qui m'avance sous la Hupah ou si
cela doit m'arriver ce sera quand ce
n'est pas que je tienne tellement à me marier dans
ce style bourgeois et dispendieux mais
quelque part en moi même si je me refuse à
l'admettre je me vois en épousée le
rabbin dans son petit speech bien ficelé et emballé
à l'avance a quand même fait une remarque
qui m'a vivement ET TOI je sais que te
marier avec moi n'est pas au cœur de tes préoccu-
pations immédiates mais tu dois bien te
rendre compte que bientôt j'exigerai davantage «In vino veritas» selon ta formule
favorite en t'écrivant je ne sais pourquoi
je fonds brusquement en larmes je dois
réprimer une foule de désirs insatisfaits pour
arriver à survivre en tout cas Beth avait
l'air ravissante son mari est très jeune mais
assez intelligent pour avoir saisi un tel parti au
bond parfois il suffit de demander pour
obtenir quant à l'avenir je prédis rapide-
ment un bébé mais après on n'a jamais
encore interrogé le choix d'un personnage féminin chez mis en rapport l'écrivain bourgeois
et la condition de la femme je bous d'impatience que mon article paraisse quelque
part peut-être devrais-tu demander à voir
ce qui se passe du côté de pour
mon livre dois-je attendre la répondre des
Presses de l'Université de New York ou présenter
le manuscrit ailleurs crois-tu

9 FÉVRIER   *cher*   *en un sens je me trouve à présent dans la situation la plus cruelle où j'aie jamais été durant toutes ces années passées ensemble   ta répugnance à faire des promesses que tu ne peux pas tenir est un bon signe de ton « changement »   mais maintenant que tu m'as communiqué tes pensées les plus intimes   voici de nouveau la situation dans laquelle nous nous trouvons   tu me donnes à entendre que tu songes sérieusement à refaire ta vie avec moi   mais que tu ne m'en as rien dit de peur d'exalter mes espérances   du coup je dois lutter pour ne pas tomber de nouveau dans le piège de l'espoir   ce qui revient à dire que je ne te fais absolument pas confiance   et que j'éprouve un profond ressentiment à ton égard   si tu te décides à sauter le pas   je pense avoir encore assez d'énergie et   plus important encore   d'amour   pour arriver à un compromis plus qu'équitable   si tu ne te décides pas   c'est moi qui prendrai mes propres décisions   pour te le dire tout net   la pensée que tu attendes de voir comment tourne la décision concernant ma titularisation   avant de prendre la tienne   me fait horreur   est-ce là m'apporter ton soutien   si tu n'es pas titularisée ceinture   cela crée une tension insupportable   l'enjeu pour moi devient tout à fait disproportionné   titularisation = toi = un enfant   voilà qui ne fait pas exactement partie de l'inconscient collectif   la réaction que j'aimerais avoir de toi n'est point   pas de titularisation   pas de gosse   mais   pas de titularisation à New York   titularisation ailleurs   tu ne vas pas laisser Ledieu décider de notre avenir*

15 FÉVRIER   j'ai reçu la longue lettre que je t'avais demandée   et maintenant je regrette de l'avoir fait   je suis heureuse que tu avoues dans ton post-scriptum qu'à la relecture elle t'a paru froide   parce que moi en la lisant elle m'a semblée glaciale   tu dis que si je ne vois pas de progrès dans nos « négociations »   je dois être aveugle   eh bien je dois être aveugle   oui vraiment   qu'as-tu concédé   l'essence de ton message est   si cela ne dépendait que de toi   les choses en resteraient au système 72-74 tous les changements survenus n'ont eu pour but que de m'apaiser   tu perçois ton divorce comme un sacrifice   et avoir un enfant de moi (à la différence d'avec ta femme) t'apparaît comme le sacrifice suprême   l'argent reste la barrière principale   mais jamais tu ne songes à renégocier tes arrangements avec ta femme   basés sur ta culpabilité non sur tes moyens ou ses besoins

15 FÉVRIER   je viens de relire ta lettre à la Kissinger   et à la relecture je la trouve encore plus décourageante   des mots des mots des mots   j'ai été littéralement captivée depuis des années prise au filet des discours parlés ou écrits dont tu t'enrobes   je t'en supplie ne fais aucun sacrifice pour moi ne te mutile pas   pour te dire la vérité   j'en ai ras le bol de tes angoisses et de tes tourments   bon sang de bonsoir où y a-t-il

la moindre raison d'être angoissé   ou tu
m'aimes   et cela te rend heureux de me
rendre heureuse   ou tu ne m'aimes
pas   et tu ne veux pas faire mon bonheur POUR L'AMOUR DU CIEL NE TE SERS PAS DE TES
ENFANTS COMME D' UNE EXCUSE   le temps des
affres est passé   ou alors tu vas en connaître
comme tu n'en as jamais connu   cesse de
pleurnicher et sois un homme   tu as 47 ans et
la vie ne dure pas éternellement   soit tu veux
m'épouser   soit non   je ne veux pas de
toi la mort dans l'âme pour le restant de nos
jours   je ne veux pas te violer

1er MARS   mon   je suis en proie à
l'une de ces mini-métamorphoses dont parle
Proust   je suis en train de rejeter douloureu-
sement une vieille peau qui pèle déjà   toute la
semaine je me suis débattue avec les sentiments
que j'éprouve envers ma mère et qui sont en pleine
mue   sa réaction ou son manque de réaction quand je lui ai dit que mon livre serait peut-
être pris par NYU Press a été la goutte d'eau qui
fait déborder le vase   je me rends à présent
compte qu'au cours des ans il y a eu un changement lent mais sûr dans nos rapports   que je
ne voulais pas admettre   en un sens j'ai
l'impression que ma mère m'a peu à peu retiré son
soutien   son amour inconditionnel   ce
qui est son droit si je regarde les choses de son
point de vue   je l'ai déçue   je n'ai pas
répondu à son attente   j'ai rompu le contrat
que j'ai apparemment passé avec elle à ma
naissance   d'être mariée avant trente
ans   d'autre part elle est entrée dans la
phase bien connue de «l'égoïsme des vieil-

lards »   sur le premier point je la trouve injuste envers moi et j'éprouve une colère justifiée   sur le second point elle a raison

c'est moi qui dois grandir et ne plus attendre d'elle qu'elle soit la maman de mon enfance   malheureusement la colère l'emporte de loin pour l'heure sur la compréhension   résultat   je ne l'ai pas appelée de la semaine   et me sens très coupable et déprimée   ce qui coïncide naturellement avec les vacances de ma sœur en Californie   je n'arrive pas à parler   je lui dois sans doute une explication mais je sens qu'elle me doit des excuses   il est grand temps que je divorce d'avec ma mère et que j'épouse quelqu'un d'autre   je vois clairement maintenant que le type de rapports de dépendance que j'avais avec elle   non d'amour mais d'extrême dépendance   a nui à mes rapports avec les hommes   depuis que je suis revenue en 1969 à New York elle et moi avons eu des relations en dents de scie   quand je suis sortie avec Paulo elle en a été malade et a déclaré à ma sœur que j'étais une pute   des amis m'ont avoué récemment qu'ils avaient toujours trouvé ma mère terriblement possessive à l'égard de ma sœur et de moi et hostile aux hommes qui s'intéressaient à nous   bien sûr dans ton cas c'est justifié par le tort que tu me causes aux yeux de la société et du point de vue de mon avenir   tu vois si tu veux   tu peux être à présent ma mère et mon père   mon amant et mon ami   et mon mari   tu ne m'as jamais donné la moitié de la joie qu'il est humainement en ton pouvoir de me donner   tout ce que je te demande c'est de divorcer d'avec ta femme de m'épouser et de me donner UN enfant   tout ce dont tu

sembles envisager la possibilité est une séparation   ça ne suffit pas   rien de moins
qu'un divorce et un divorce rapide   sans
traîner comme tu es en train de le faire   ne me
rendra heureuse   tu ne peux pas m'offrir de
titularisation à Northern ni dans une autre
université   seulement avec toi   et si tu
ne le fais pas   un autre le fera

23 AVRIL   mon cher   cela me paraît
étrange de t'écrire   après un si long
silence   et à un moment où ma vie entière
s'est effondrée   jamais depuis la mort de
mon père je n'ai ressenti une telle douleur   mais cette fois c'est pour moi-
même   chaque matin je redécouvre le changement irréversible qui s'est produit dans ma
vie   chaque jour m'apporte de nouveaux
renseignements   plus cruels les uns que les
autres   sur ce qui s'est passé derrière ces
portes closes   voici l'histoire telle que j'ai
réussi à la reconstituer   d'abord   le
fait le plus extraordinaire   si j'ai bien
compris   je n'ai eu qu'un seul vote en ma
faveur   celui de Dierick   Robert a
avoué avoir voté contre moi   on ne sait
jamais qui sont vos vrais amis   Nelly a eu
un peu plus de succès   bien qu'il soit difficile
de dire combien de voix   de toute
façon   1) Ledieu avait clairement fait savoir
qu'il ne voulait ni d'elle ni de moi et qu'il
« saboterait » nos candidatures en haut lieu si
besoin était   2) Nelly et moi étions selon les
termes qu'aurait employés Dierick des candidates
« qui se complètent »   nous avions des qualités et des défauts égaux et inverses   donc

nous étions de toute façon perdues quoi que nous fassions   qui plus est   mon manuscrit sur Balzac serait écrit trop hâtivement et en mauvais   anglais   je   suis   trop jeune   etc.   d'après les informations que j'ai soutirées à John mes deux seules bonnes lettres de recommandation venaient de   et de   enfin voilà   dans une semaine ce sera la fin des cours   il faut que je rassemble mes morceaux épars   que je me reconstruise un moi plus solide   bref cela revient à dire   il faut que je me titularise moi-même

9 MAI   tu m'écris que tu ne comprends pas pourquoi j'ai cessé de t'écrire   à un moment où nous avons besoin l'un de l'autre   la réponse est dans ta question   tu n'étais pas là   tu n'es pas venu   tu n'as pas écrit tu n'as pas appelé   juste au moment où MOI j'avais le plus besoin de ta présence tu m'as manqué comme tu as toujours fait faux bond à tous   aux êtres que tu aimes   à l'heure de leur plus grande détresse   ta mère ta femme tes enfants   je suis flattée d'être en si bonne compagnie

tu suggères plusieurs raisons à mon silence   pour te punir   pour voir comment c'est de vivre sans toi   pour répéter ta disparition ultime   sans doute   ajoutes-en une   que tu as omise   mon instinct de conservation   je ne veux plus souffrir davantage de ton fait   L'ESCLAVE CONSEN-TANTE EST MORTE   souvent de par le passé j'ai voulu te «punir» exercer une «pression» sur toi etc.   mais j'en étais incapable   car cela me *causait plus de souffrance qu'à toi   maintenant je ne souffre plus   je jouis de cette sensation de soulagement que l'on éprouve quand une douleur persistante est soudain cal-mée   j'ai l'impression d'être revenue à moi   cela veut-il dire que j'ai perdu tout intérêt pour toi   non certainement pas   mais je n'ai plus aucune envie d'être titularisée (par toi) d'être taillable et corvéable à merci   d'être indéfiniment tenue pour acquise   enfin je n'ai plus envie de jouer les Juliette Drouet avec toi en Victor Hugo   mais je m'intéresse toujours beaucoup à toi   je voudrais être avec toi   passer réellement notre vie* ENSEMBLE   *mais* À MES PROPRES CONDITIONS   *il faut croire que je t'aime   mais il faut aussi comprendre que je m'aime*

vois-tu la signification de tout cet épisode de la «tenure» commence seulement à m'apparaître   rien de tout cela ne serait peut-être arrivé   si je m'étais «titularisée» moi-même   si j'avais voté pour moi   si j'avais décidé depuis longtemps de lutter de toutes mes forces pour triompher   j'ai toute ma vie flirté avec l'échec et maintenant je viens specta-culairement d'échouer   mon choix est clair   ou bien   je change d'attitude je cesse de redouter le succès   c'est-à-dire d'entrer en concurrence avec mon père avec toi avec Ledieu avec Annie   ou bien   je suis une ratée   j'ai joué à mon jeu et perdu   et   sauf si j'abandonne toute foi en la psychanalyse   cette défaite était profondément désirée   mon rapport à toi est intimement lié à ma crainte de réus-

*sir   de même que j'ai décidé de me
donner tout entière désormais à mon travail   écrire plus   plus vite plus hardi-
ment   de même   je vais dorénavant exi-
ger* TOUT *dans ma vie personnelle   à toi de
jouer*

18 MAI   *mon cher   je ne veux plus
te revoir avant que tu aies commencé à discuter
effectivement les termes d'une sépara-
tion   un point c'est tout   pas d'alternative   Queens est mort ou c'est moi qui suis
morte   c'est à prendre ou à laisser   voilà la raison pour laquelle je ne
reviens pas passer l'été avec toi en
France   jusqu'à ce que tu aies complètement
liquidé Queens   je ne veux plus avoir de
nouveau affaire à toi   Pâques aura été la
dernière occasion où tu as préféré tes
enfants   où tu auras passé les vacances avec
elles à Paris plutôt qu'avec moi à New
York   à ce propos   puisqu'on
parle enfants   tu continues à lier mon droit
d'en avoir un au fait de trouver du travail   sur ce point comme sur tous les autres
qui comptent pour moi   tu ne m'offres
aucune satisfaction immédiate   rien qu'une
promesse   et encore avec des
réserves   je reconnais qu'on ne peut pas
vivre d'amour et d'eau fraîche   avec ce que ta
femme te laisse c'est évidemment impossible   nous n'avons aucun avenir si tu ne
diminues pas la pension alimentaire de ta
femme   et si je ne trouve pas de travail*

la question du travail est particulière-

ment épineuse   tu ne mentionnes absolument pas dans ta lettre ce qui arriverait   si on me faisait une offre en Californie et aucune dans la région de New York   tu as l'air de présumer que c'est à moi une fois de plus d'être sacrifiée à l'intérêt de tes enfants   je ne suis pas liée à la région de New York MOI   tu pourrais obtenir un poste n'importe où   es-tu prêt à déménager et à me suivre pour rendre notre vie possible   regarde l'éminent historien de Harvard Stuart Hughes   il l'a bien fait lui pour sa nouvelle femme il est parti en Californie   tout ce que tu m'offres toi   c'est un bébé   très théorique   assorti de la condition sine qua non boulot   tout ou rien en somme   moi je veux un enfant très vite   l'idée que tu me proposes encore ce genre de marché me met hors de moi   pourquoi pas ta femme   pourquoi n'est-ce pas à elle de trouver un emploi mieux rémunéré   pourquoi tu ne lui as pas posé ces conditions-là à elle   pourquoi n'ai-je pas droit au même traitement

ce que j'essaie de dire est   simplement   tu veux faire traîner le divorce   tu veux faire traîner l'enfant   tu traînes maintenant en France   au lieu de rentrer   en alléguant tes problèmes d'édition   je ne puis plus attendre   pour rien   tu as abusé de ma patience   tu l'as épuisée   j'ai peur qu'après avoir accepté certains changements en principe   tu ne les exécuteras qu'à un rythme si incroyablement atrocement lent   parce qu'au fond TU NE LES VEUX PAS   et moi je serai toujours aussi malheureuse   tu feras

durer éternellement chaque étape   de propos
délibéré sans aucun égard pour moi   pour
tout ce que je désire viscéralement tout de
suite   vite   mes entrailles crient

30 MAI   je ne veux plus te répondre   ni me laisser entraîner dans des discus-
sions oiseuses et pseudo-rationnelles   tes
histoires de spermogramme à l'hôpital Américain   garde-les pour toi tu me diras le résultat   tu ne sauras jamais combien j'ai souffert à
Pâques   quand tu as fait venir tes filles à
Paris   au lieu de me rendre visite à New
York   quand tu ne m'as pas appelée au
cours de ton voyage en Espagne   le jour où
l'on a décidé de ma «tenure»   mais le lendemain   donc tu ne peux pas comprendre à
quel point ma résolution de ne jamais plus me
retrouver dans cette situation   est inébranla-
ble   dussé-je te perdre

          et je vais te dire autre chose   avant
de cesser de t'écrire   jusqu'à ce que tu te
décides à revenir   quand ton éditeur aura
décidé pour toi   jamais autant que ces
derniers jours   surtout ceux que je viens de
passer à Yorkville   je n'ai mesuré l'étendue
de mon amour pour toi de ton emprise sur
moi   j'ai tellement regretté que tu ne sois
pas là   pour jouir d'un temps aussi
beau   mais je n'ai pas non plus oublié nos
scènes mes colères ma haine pour tes enfants ta
femme et Queens et pour mon ventre
vide   nous ne pouvons pas recommencer
comme avant   et pour que ce soit différent   il faut que ce divorce   que tu

espères sans doute faire traîner jusqu'à ton 50e
anniversaire   ait effectivement eu lieu

          ceci n'est pas un ultimatum   en
ce sens qu'il n'y a pas de délai   rentre
même à Queens   passes-y l'été si tu
veux   mais quand et si tu me reviens
c'est   À PART ENTIÈRE   évidemment   si
le beau jeune homme riche et intelligent se
présentait entre-temps   mais après tout
cela a toujours été un risque à courir des deux
côtés   peut-être que la jeune fille blonde riche
et intelligente et STÉRILE   ta femme en mieux
quoi   surgira du pavé doré de Queens

SPIRALE (X)

Pour mémoire et à qui de droit

Le 13 octobre 1975

Je m'envoie cette lettre à moi-même, afin qu'elle porte le cachet de la poste et serve éventuellement de témoignage, quoi qu'il puisse advenir.

Ce matin, je me suis réveillé d'un indicible cauchemar de deux jours et de deux nuits.

D'un seul coup, je me trouve plongé dans un ENFER VIVANT.

Je ne le supporterai pas longtemps.

Changement brusque, brutal, dans le cours des événements et des sentiments, après avoir fêté son anniversaire en famille au *Russian Tea Room*. Et sa mère qui venait de faire cadeau d'un de ses bijoux pour la naissance de ma nièce.

ET PUIS, au téléphone, cette CONVERSATION glaciale, qui m'a figé le sang, lâchement, à distance, tranquillement, elle m'exécute.

J'en prends note pour verser au dossier de l'avenir.

Après avoir rampé cinq ans devant moi,

317

courbé l'échine, léché mes bottes, après m'avoir supplié sans vergogne : « quand vas-tu voir un avocat ? », « vite, je veux un enfant », « vite, un divorce !!! » (j'ajoute, à titre indicatif, que lesdites demandes ont été réitérées, au téléphone, de Yorkville, pas plus tard que la *mi-septembre*). Eh bien, au moment où je décide de tout lui accorder, non, à présent, Madame n'est plus sûre que cela l'intéresse !

Mon offre est sincère, totale, sans arrière-pensée, pour le meilleur — et pour le pire.

J'ai tardé si longtemps à faire cette offre pour de bonnes raisons, et aussi de mauvaises (névroti-ques). À la fin, j'ai découvert ma vérité. L'ultime vérité. J'aime cette femme et lui donnerai ce dont elle a besoin, dans l'espoir qu'elle aussi, une fois la période de « colère » passée, m'aimera et essaiera de me donner ce dont j'ai besoin. J'ai été AVEUGLE trop longtemps. Maintenant, je VOIS.

Et ce que je vois, c'est ma perte. Dont acte.

Bien que Rachel m'ait accordé, et se soit accordé, un délai de réflexion ou un sursis d'un mois, je sais d'avance la réponse : la réponse, dans trois semaines, dans un mois, à Pâques ou à la Trinité, sera NON.

Mais je n'accepterai pas plus une réponse négative qu'elle ne l'a fait pendant cinq ans. Je suis aussi veule, éhonté, bas et rampant qu'elle l'est ou qu'elle l'a été. Je n'ai pas plus de dignité qu'elle n'en a eu. Qu'elle le veuille ou non, il lui faudra bien subir mon insistance, ouverte ou couverte. Je n'ai pas l'intention de l'importuner, de l'incommoder sans cesse, mais j'insisterai pour que nous maintenions les mêmes rapports que ceux que nous avons depuis mon retour de France, en août dernier. Nous voir de temps à autre, poursuivre notre compagnonnage mental, parfois aussi physique. (Ce dernier point ne constitue absolument pas le but de mes visites! Mais, à l'occasion, il faut bien, avec calembour ou sans, conserver des rapports, si l'on veut éprouver quelque chaleur — ou la susciter! En souvenir du passé, en somme. Et dans l'attente de l'avenir...)

Si Rachel désire à tout prix une rupture nette et totale, dès à présent, sans attendre jusqu'à mon prochain «voyage en France» qui termine mes années d'Amérique et qui est l'équivalent d'une mort naturelle, au lieu d'une mort violente, il va y avoir du vilain. Pendant des années et des années, elle s'est agenouillée, me suppliant d'AGIR, et non de parler. Elle va me voir EN ACTION, plus en paroles! Quel genre d'action, je ne sais pas encore. Deux choses sont sûres : je ne me tuerai point, sans la tuer d'abord. Mais je ne crois pas être prêt à me tuer, donc à la tuer. Elle ne vaut pas quinze ou vingt ans de prison, en tout état de cause. Aucune femme ne les vaut. Pourtant, je ne me laisserai pas chasser à coups de pied de sa vie, les yeux embués de larmes et l'échine pliée. L' «adieu de Titus et Bérénice», très peu pour moi! Dans ma tragédie, il y aura autre chose que des larmes et la destruction interne de l'amant abandonné... Il faut quand même du sang, quelques gouttes. Ou quelque violence mémorable. Il y aura une catastrophe.

Ce sera une tragédie — ou une farce. De nos jours, qui peut dire la différence? Il y aura, comme dit Shakespeare, SOUND AND FURY. Je le pressens, le ressens au tréfonds de mon être. Je ne serai pas seul à souffrir le martyre. Et si elle me condamne ou me damne à disparaître, elle se souviendra à jamais de ma disparition.

Elle voulait être «unique» pour moi. Je serai

«unique» dans la série de ses amants congédiés! Ordure, *fucking bitch!*

C'est tout pour l'instant.

P.-S. : Racine l'a tellement mieux dit que moi dans *Andromaque*!

PYRRHUS
Songez-y bien : il faut désormais que mon cœur
S'il n'aime avec transport haïsse avec fureur.

HERMIONE
Ah! je l'ai trop aimé pour ne le point haïr.

ORESTE
Tout lui rirait, Pylade; et moi, pour mon partage,
je n'emporterais donc qu'une inutile rage?
J'irais loin d'elle encor tâcher de l'oublier?
Non, non, à mes tourments je veux l'associer!

Cette lettre, naturellement, je ne l'ai jamais envoyée. Je l'ai quand même cachetée. Expéditeur, *Room 600, Southern University*. Destinataire, *138-17 78th Rd., Flushing*. Je viens de la retrouver dans le tiroir. De moi à moi, message urgent. De mois en mois, *13 octobre,* je classe les archives de mes abîmes. D'émoi en émoi, je dresse mon procès-verbal. Par la fenêtre de ma chambre, le ciel de décembre est si bas que je sombre tout entier dans la bourbe des nuages, le toit du voisin d'en face patauge dans le marécage fuligineux. La chape plombée, bistre, rase les maisons, sans échappée, étanche, écrase la rue, pas un rai de lumière ne filtre, l'œil chavire, plongé dans un vertige fangeux. Pensées enrobées dans les volutes noirâtres, emmaillotées de ténèbres, ma momie est immobile, coudes sur ma table de travail, la lettre ouverte, dépliée, entre. Le matin, ma demeure est toujours déserte. Ma femme est à son journal, mes enfants sont à l'école. Je suis dans ma chambre. Avec le lourd dessus-de-lit en laine marron, deux coussins jaunes, elle se transforme en bureau, j'efface mon sommeil. À me relire, je me relie à moi-même, mes relents remontent, tout l'automne m'écœure, ma faiblesse reflue sur moi, mon impuissance m'envahit, une nausée douceâtre, lointaine, m'empoisse. Mes mémoires d'outre-amour à plat sur le noyer bien astiqué, entre mes coudes, menton appuyé sur mes paumes, je me noie dans mon néant. J'avais l'intention de profiter des heures feutrées, de ce matin ouaté d'ombre et de silence, pour travailler. En cherchant du papier à écrire, n'en trouvant plus, j'ai fouillé dans mes tiroirs, soulevé des paperasses, je suis tombé sur cette lettre. Faire-part de décès, à mon insu, là, je l'avais oubliée, enfouie, enfuie, au fond du tiroir. Me revient d'un coup, me cogne au cœur. J'ai hésité un moment, tâté l'enveloppe, deux mois seulement, déjà mes souvenirs sont vagues, je suis demeuré quelques moments avant de l'ouvrir, mon couteau espagnol à la main. Espagne, là que le drame a commencé. Vieux de deux mois, mes écrits se sont envolés. Ses cris, ses paroles me restent, depuis avril

— Pourquoi ne m'as-tu pas appelée hier, quand tu savais...
— Bien sûr, je savais, j'ai essayé, mais c'est impossible. Dans la chambre de l'université de Salamanque où l'on m'avait logé, il n'y avait même pas le téléphone. Pendant la journée j'ai été pris par mes obligations. J'ai donc été forcé d'attendre d'être de retour à mon hôtel, à Madrid...

L'Espagne n'est pas l'Amérique, d'où l'on peut appeler les quatre coins du monde à chaque coin de rue !

Un long silence, de Madrid à New York, coûte cher, un luxe de ne pas parler, moi agrippé à l'appareil, assis sur le rebord de mon lit, à peine de retour à l'hôtel, j'ai tourné en rond, avec le décalage, jusqu'au soir j'ai dû attendre

— Pourquoi as-tu été en Espagne, quand tu savais...
— Écoute, je ne pouvais pas cesser de vivre, parce qu'on allait décider à Northern de ta titularisation ! Les services culturels m'ont offert une mission de cinq jours en Espagne, où je n'avais jamais été. Je ne vois pas pourquoi j'aurais refusé. De toute façon, ça ne change rien au résultat. J'ai pensé intensément à toi hier et j'aurais tant voulu t'appeler...
— Tu m'as manqué, au moment où j'avais le plus besoin de toi.
— Ce n'est pas de ma faute, je le regrette du fond du cœur, mais ce sont les Affaires étrangères qui ont établi mon circuit et je me trouvais ce jour-là à Salamanque.

Ses colères, j'y suis habitué à ses rages, mais la voix chantante est morne, imprégnée de hargne sourde, éteinte.

— Un mois plus tôt, tu avais déjà été en Hollande, aussi en tournée de conférences. Tu as l'air de te passer parfaitement de moi, d'être même plus heureux sans moi, à Paris...
— Mais c'est absurde et injuste ! Il se trouve que les services culturels m'ont offert ces deux mis-

sions en ton absence. Pendant le premier semestre, où tu étais là, on y aurait été ensemble, c'est tout. Je ne connaissais ni la Hollande ni l'Espagne, et j'avoue avoir été très content d'y aller. Si c'est un crime, je le confesse.

— Quand j'ai appris l'affreuse nouvelle de mon échec, je n'ai eu qu'Annie vers qui me tourner, qui me comprenne, je n'ai même pas pu m'appuyer sur ma mère...

— Parce que tu n'as pas pu t'ouvrir de ta détresse à ta mère, ne me mets pas ça sur le dos, je t'en prie. Si j'ai eu mes déplacements, toi tu as les tiens, tout aussi intempestifs !

Là, elle s'irrite, la voix de nouveau animée, rauque de colère

— Je t'en supplie, épargne-moi ton esprit ! Tu te fichais pas mal de mes angoisses, de ma totale solitude... Tu ne peux pas comprendre, tu as toujours eu tous les postes que tu voulais.

— Je ne suis quand même pas responsable, si les temps sont aujourd'hui plus difficiles qu'hier ! D'ailleurs, j'ai payé mon écot dans les années quarante.

— Ce n'est plus la peine de discuter. Au moment de l'épreuve décisive, tu n'étais pas là, tu n'as pas appelé, entre nous, c'est terminé.

La voix était de nouveau lasse, basse, et puis elle a soudain raccroché. Contact coupé, je me suis trouvé très vide, dans ma chambre cossue, à l'Hôtel Versailles. Huit mois déjà, l'Espagne, l'Europe sont si absents, dans les lointains du temps, les brumes d'espace. Là, accoudé à mon bureau, regard englouti dans les traînées sales, perdu dans le ciel de suie. Par les carreaux

obscurs, de moment en moment, le matin gris
s'enténèbre

Quand le train Puerta del Sol a
débouché au petit matin   arraché à mon
wagon-lit ensommeillé   jeté dès la gare tendue de
bleu attendu par un collègue   en pleine trouée
de lumière   titubant ébloui dès les premiers
pas dans Barcelone   envol dans l'azur net le
soleil sec   tant de mois de pluie de gris à
Paris d'un coup se volatilisent   je me
disperse entre le port embroussaillé de mâts de
coques blanches et là-bas la bordure ocre des
hautes crêtes   beauté d'un pays frappe
aussi fort que celle d'une femme   plus fort
plus loin   de Barcelone à Madrid corusca-
tion des rocs rouges arides   de Madrid à
Salamanque   de   merveille   en   émerveille-
ment   Rachel bien sûr m'a manqué mais
présente   à mes côtés autrement sous une
autre forme   debout près de moi invisible
au comptoir du bistrot pour hommes à Salamanque   dans le dédale des pierres antiques
jaune tendre les murs à patine beur-
rée   quand j'ai voulu payer on a
ri   l'invité de don Fernando   ici on
n'accepte pas l'argent d'un inconnu   suis
resté coi   accablé par l'hospitalité d'un autre
âge   remercié debout au comptoir parmi les
tapas à graisse rousse devant le jambon cru
pendu au croc   l'os orné au bout de sa corne
d'une touffe de poils noirs autour

en raccro-
chant, brutalement, elle m'a démoli mon voyage.
L'Espagne retombe, flasque, dépolie. Ma mémoire
vibrante se dépeuple. Tout ce qui reste, là, de

Madrid, sur ma table. Parmi les vitrines des ruelles éclatantes, les lames, les poignées qui brasillent, dans la boutique hérissée de tous les aciers d'Albacete, mon couteau à cran d'arrêt. Manche en corne gris-beige, le dos pris dans l'armature de métal luisant, la pointe effilée comme une aiguille, tranchant affûté comme un rasoir. J'ai eu le coup de foudre, aussitôt acheté. Avec, je décachète mes lettres. Ma missive défunte, j'ai fendu l'enveloppe d'un coup sec. D'ailleurs, à New York, capitale du lingue, pour se promener le soir dans les rues, traverser un parc le jour, il vaut mieux avoir son eustache en poche. Replié, mon surin madrilène est un canif inoffensif. Une fois le cran enclenché, navaja, un vrai yatagan, arme mortelle, longue de plus d'un empan, pan, vous transperce le cœur comme une outre, cric, vous tranche un cou comme du bifteck. Avant de replier mon couteau, de le ranger dans le tiroir, entre crayons, stylos et autres outils du plumitif, je tâte longuement le fil acéré de la lame.

Je suis hors de moi, je ne me tiens plus, ne me retiens plus, je hurle

— Mais enfin, quoi ? Qu'est-ce que tu veux ?
— Je ne sais pas.
— Que je te quitte, c'est ça ? Dis-le ! Tu ne veux plus me revoir, tu me renvoies !
— Je ne sais pas, peut-être. Entre nous, il y a quelque chose qui s'est rompu. Et cela, à un moment précis. Quand tu étais en Espagne, maintenant je ne te le reproche plus, je constate simplement, lorsque tu ne m'as pas appelée, pour

quelque raison que ce soit, bonne ou mauvaise, peu importe, il y a quelque chose qui s'est passé, qui a cassé...

Elle dit cela calmement, installée dans le fauteuil céladon délavé à dos de chrome, genoux repliés sous sa longue jupe de velours. Première fois que je la revois depuis Paris, pour m'accueillir à mon retour, c'est tout ce qu'elle trouve à dire. Ses cheveux sont encore plus courts, même plus à l'africaine à présent, à la garçonne. Sa permanente lui fait un casque de boucles rêches. Elle porte sur la tête des barbelés. Le menton rébarbatif, elle me regarde, me traverse, ma peau s'évapore, je suis translucide, aérien, dans le soleil encore chatoyant de septembre. Son chemisier mauve pâle a pris un embonpoint douillet en mon absence, ses épaules s'arrondissent. L'encolure a beau être plus molle, les lèvres pleines, son visage est plus aigu encore, les traits plus saillants, le nez encore davantage en éperon, le menton en pointe, le regard en vrille. Encadrée par la fenêtre du grand salon, flottante dans la lumière de la fin d'après-midi, la vision me transperce.

— Non, je ne veux pas que tu réemménages ici. J'ai pris ces derniers mois l'habitude de vivre seule, et j'y ai pris goût.
— Mais enfin, qu'est-ce que ça veut dire ?
— Exactement ce que je dis. Tu adores tellement Queens, tu peux désormais y rester.
— Mais si j'amène les enfants ici, si je me sépare officiellement de ma femme, si je divorce ?
— Peut-être, je n'en sais rien. Tu sais, on se lasse d'attendre. Je ne peux pas te garantir que tu m'intéresses encore. C'est un risque à prendre. De

toute façon, je te rends ta liberté. Je garde la mienne, c'est mon acquis le plus précieux...

— En clair, tu ne veux plus me revoir? C'est la fin?

— Je n'ai pas dit cela non plus.

Depuis, on n'est plus ensemble. On n'a pas tout à fait rompu. On est installés, en un équilibre instable, entre. Riverside et Flushing. À égale distance des deux, dans un lointain vague. À l'horizon flou, les restes d'un amour surnagent, ballottés de jour en jour, au gré des humeurs. J'ai dû reprendre pied chez moi, laisser repousser mes racines. La dérive n'est vivable qu'en rêve, sur le papier poétique. Sur terre, si on n'a pas un reposoir, on tournique à perdre haleine, on erre à mort. Je veux quand même vivre. Il faut bien. Vivre est une vieille habitude. Ma femme, d'abord, a refusé net, *tu ne remettras plus les pieds ici, qu'est-ce qu'on dirait aux enfants, qu'est-ce que diraient les voisins,* n'a pas voulu que je rentre à la maison. Ma maison. M'a barré l'entrée, s'est retranchée derrière les principes. J'ai fini par lui faire entendre raison, *c'est à ton avantage, au bout du compte — Comment ça, tu as le culot — Mais oui, considère, qu'est-ce que tu veux, avant tout, ta liberté, eh bien je serai ton baby-sitter.* Chien de garde dans ma niche, de faction dans ma guérite. J'aurai, de temps en temps, campos. Liberté, le mot magique, le mot de passe, Rachel, ma femme, n'ont que ce terme à la bouche. Égalité, fraternité, on mettra au fronton des sexes un peu plus tard. Ce sera pour un autre siècle. En attendant, sésame-ouvre-toi, m'a rouvert les portes. J'ai repris la grande chambre sur le devant, avec mon bureau bien ciré et mes livres. Mon épouse a regagné la petite pièce sur le jardin, derrière. On a mis, pour ma cadette, un lit dans la salle à manger. Pour l'aînée, rien de changé, elle a conservé sa chambre. On a reconstitué le statu quo hanté. Dans ma tête, tous mes souvenirs ballottent, au début, à chaque réveil, j'avais la nausée. Comment j'en suis arrivé là, revenu là, un revenant. Trop de fantômes en moi palpitent. Ma pièce, avec ses trois larges fenêtres, ses rayons bourrés de bouquins, la grande glace au-dessus du lit, effleurée, à travers les rideaux beiges, de lueurs blêmes, tournoie lentement, longuement. J'essaie de me rendormir, de m'immerger. Je surnage. Impossible de m'ancrer dans ma chambre, de m'arrimer, de m'amarrer. À peine l'œil s'entrouvre, je dérade, je m'enchevêtre, Paris-New York, mes lieux se mêlent, toute ma vie valse, vertige des vestiges, tous mes moi émiettés frissonnent, mes bribes se dispersent. Immobile à vau-l'eau dans mon lit, j'entre en transe transatlantique. Sur l'océan de mes bourlingues, sans port d'attache, le mal des voyages m'envahit, ma houle me baratte l'estomac, un haut-le-cœur tout entier me soulève. Au petit matin, à grands hoquets, je me dégueule. Peu à peu, la bourrasque s'apaise, le tumulte se tait, je reprends pied, je regagne mes habitudes. J'endosse ma vie, comme un vieux paletot oublié dans un placard. Me va encore, c'est bien ma taille. Je m'engonce dans ses plis retrouvés, m'enfonce dans mon gros fauteuil mou en skaï noir. L'après-midi, après écrire, d'un pas allègre, je racle les dalles de ciment le long de ma rue en pente, je frôle les pelouses assoupies, ma poitrine se dilate en humant à grands traits ma planète morte. Avec ma voiture, je suis à vingt minutes de la mer, le sable de Rockaway se déploie, pour moi seul, avec les points noirs de Kennedy Airport, au-dessus, qui vibrent. Sans voiture, au-delà des gazons, agrémentés, çà et là, de fleurs chiches, Main Street, avec mes commerçants, l'épicerie aux poissons fumés, la boutique allemande pour les saucisses, ma poste, ma banque. Côté aîtres, le décor s'est peu à peu remis en place. Côté êtres, ma femme n'est pas gênante, elle rentre à cinq heures, dîne à six, se couche à neuf, ou découche. Je dîne seul, quand tout le monde est endormi, vers dix heures. Jusque-là, je bouquine à bureau fermé. Mon huis-clos, il faut frapper pour y entrer. J'ai retrouvé avec joie mes filles, au gré des heures, au fil des jours, plus sur rendez-vous, comme le dentiste. Avec la petite, on se promène, en silence, ou elle bavarde, main dans la main, au retour de l'école, suis toujours là, derrière la porte, aux aguets, dès que le car la ramène, je sors. Elle accourt vers moi. Avec la grande, quinze ans en Amérique, c'est plus délicat, âge plus subtil à manier. Un jour, je la coince.

— Dis donc, je connais cette odeur sucrée, fade, qui filtre sous ta porte... Tu t'enfermes avec tes copines pour fumer de la mari ! Derrière mon dos, tu me prends pour un cave ?
— Mais non, qu'est-ce que tu vas chercher ?
— Écoute, je n'ai ni les narines ni la cervelle bouchées. Ce n'est pas une chambre que tu as, c'est une fumerie !

Elle était un peu embarrassée, ma fille, quinze ans, blonde à croquer, avec ses cheveux longs d'écolière. Je ne suis pas un père modèle. Moderne.

— J'espère que tu ne diras rien à maman, elle serait folle de rage !

— Mais non, bien sûr. Je te promets, bouche cousue... Mais, toi aussi, tu me promets une chose : pas de garçons dans ta turne, hein ? Je suis très large d'esprit, mais, sans être vieux jeu, j'ai mes limites !

La vie de famille a ses bornes. De temps en temps, Rachel tolère ma venue. Elle m'accorde un dîner en tête-à-tête, plus rarement, une nuit à l'appartement. Parfois, je la visite dans le grand lit de sa chambre. Moi, je suis toujours plein d'ardeur, dare-dare, je pousse mes bottes à grands coups de reins. Une demi-heure, à bride abattue, suis à bout de souffle. Elle geint vaguement, vagit à peine, vagin muet. Avant, elle se donnait à mes caresses. De loin en loin, maintenant, elle s'y prête.

— Regarde-toi dans la glace !

— Qu'est-ce que je verrai dans la glace ?

— Ton ventre ! Tu as dû t'empiffrer à Paris, mon vieux ! Tu as une sacrée brioche. Ce n'est pas très ragoûtant.

— Je n'ai plus vingt ans, c'est l'âge.

— Justement. C'est ça qui me chiffonne. En ton absence, je me suis aperçue d'une chose. J'aime les hommes de mon âge. Toi, tu auras bientôt cinquante ans.

— Tu as découvert ça avec Manheim, ou avec d'autres ?

— Toute seule.

Ma gorge se serre, j'ai la poitrine dans un étau, le cœur me cogne sourdement. J'hésite, je demande

— Alors, je ne te dis vraiment plus ?
— Plus vraiment.

Cette fois-là, sous sa longue jupe de velours noir, elle s'est mise à trépigner, martelant le parquet à coups rageurs. Moi, j'ai eu le souffle coupé

— Je veux les mêmes plaisirs que toi, les mêmes privilèges que les hommes ! Voilà cinq ans que je n'ai couché qu'avec toi, j'en ai assez. Je veux d'autres amants, d'autres aventures...
— C'est seulement ça que tu veux, me tromper ?
— Et toi, tu ne m'as peut-être pas trompée ?
— Pas vraiment.

Elle a salement ricané. J'essaie de lui expliquer. Quand un homme trompe une femme, ce n'est pas pareil. Elle re-ricane plus fort. Mais non, ce n'est pas elle qu'il trompe. Il trompe son attente, son ennui. Son envie d'elle. Ça ne l'empêche pas d'aimer. Au contraire, il trompe, parce qu'il aime. Une femme, si elle commence à vous tromper, il n'y a pas à s'y tromper. Ne vous aime plus. Une infidélité vous enterre. Chaque amant est une pelletée sur mon cadavre.

— Garde tes salades !
— Ce ne sont pas des salades. Tu as eu des histoires en mon absence ?
— Ça ne te regarde pas. Est-ce que je t'ai posé des questions ?

Pincement au cœur, je suis livide. Rachel a visé juste, dans ma cible, au point sensible.

— Toi, tu as l'air de t'en fiche, de ce que j'ai fait. Moi pas. De ce que tu as fait.

— Non, je n'ai pas eu de liaison, mais uniquement parce que je n'ai pas encore rencontré de type qui me plaise.

Maintenant, elle me refile la jalousie comme une vérole. Avec elle, ne l'avais jamais encore éprouvée, à peine effleurée. Maintenant, le soupçon s'abat sur moi, me colle à la peau, lettres qu'elle reçoit, il va falloir surveiller ses coups de fil. Mais je ne suis plus là pour entendre, n'ai plus d'yeux pour voir, pour savoir. Nouveau mal, je suis sans défense. Rachel est ma propriété privée, entrée interdite. La seule pensée qu'un autre l'étreint, la trousse, m'écrase. Peux même pas imaginer, l'image est insoutenable. Qu'un mec la déshabille, la déculotte, m'encule. Je me révolte

— Si tu fais ça...
— Et alors, qu'est-ce qui se passera ?
— Tu verras, je te réserve une surprise.
— Tu cherches à m'intimider ?
— En tout cas, tu es prévenue.
— Tu sais, tu ne me fais pas peur !

Quand même, elle a un tout petit peu peur. Les menaces, on n'est jamais tout à fait sûr si elles sont vraies ou fausses. Heureusement. Elle me dévisage de biais, à la dérobée, en dessous, un regard torve. Dans notre partie d'échecs, elle a avancé la jalousie. Coup classique, mais efficace. J'essaie de contrer, je pousse le pion de la peur. Elle me le dame avec une nouvelle manœuvre, je souffre en damné. Elle a trouvé un autre truc. Le doux froufrou des cils palpitants, la voix de velours, elle a maintenant remisé au magasin des accessoires inutiles. Mes points faibles, Rachel sait remuer le fer dedans. La jalousie n'est pas le seul défaut de ma cuirasse. Elle est devenue experte en supplices, bourrelle chevronnée. Elle me cuisine avec art, avec ardeur. Met les bouchées doubles, elle se rattrape, me rattrape. Maintenant elle me dépasse.

— Tu es trop pressé, avec ton roman! Il y a quelque chose de pathétique dans ta façon de vouloir le récrire à la hâte, fébrilement... Tout ça, parce que ton éditeur vient de le refuser!
— Je ne vais tout de même pas passer ma vie entière sur le même bouquin, je veux en finir.
— Si tu admets qu'il y a du vrai dans la lettre de refus, pourquoi ne pas le laisser dormir, quitte à le reprendre plus tard? Et puis, tu seras mieux à même de juger si ça vaut la peine de le reprendre...
— Comment, si ça vaut la peine?
— Mais oui, regarde Proust avec *Jean Santeuil,* on peut se fourvoyer du tout au tout, c'est arrivé à de plus grands que toi!

Là, elle est bien avisée, a visé encore plus juste. Avec mon livre, elle peut me torturer pire qu'avec un type. Encore bien plus important, plus névralgique. Elle me blesse au quintessentiel.

— C'est toujours possible, en effet. L'inverse est aussi toujours possible: Gallimard a précisément refusé *Du côté de chez Swann, la Nausée* et *Molloy!* J'oubliais *Voyage au bout de la nuit.*
— Ils ont aussi refusé beaucoup plus de navets que de chefs-d'œuvre! As-tu jamais mesuré ta folie, pendant que tu écrivais *le Monstre*? Ta folie des grandeurs?
— Tout grand projet littéraire est fou!
— Tu as réponse à tout. Mais tu n'as pas l'air de

t'apercevoir du rapport entre la mégalomanie de ton projet d'écrivain et celle de ton style de vie ! Comment ne vois-tu pas qu'en te prenant pour Proust, ou en prenant le lecteur pour ta mère et/ou ton analyste, en te passant toutes tes complaisances, tu as nui à ton roman, tout comme tu as nui à notre vie, en pensant que tu étais Marcel, et moi ta mère !

— Je n'ai pas été fou tout seul...

— J'admets que ç'a été une folie à deux. J'ai été à la fois bonne pour toi, et mauvaise...

— Ah ! quand même...

— C'est qu'au fond, je partageais pleinement ta hiérarchie des valeurs, tout en combattant tes raisonnements, ton imitation lamentable, ton credo pseudo-flaubertien que ton œuvre justifierait ta vie... Malgré moi, cette attitude m'attirait, parce que c'était aussi la mienne. À mes pires moments, comme l'Emma Bovary au petit pied que je suis, je pensais : l'histoire littéraire me justifiera, nous justifiera un jour... Tu parles !

Ainsi qu'elle parle. Des fois, elle trouve à qui parler. Parfois, ses paroles s'enfoncent en moi comme dans du beurre. Un grain de folie vous distingue de l'ivraie, l'ivresse d'écrire, j'ai cédé, j'ai laissé s'emballer mon moteur. Maintenant, je fais machine à écrire arrière. Il faut couper, réduire, parer, réparer, trop de graisse dans le tissu des phrases. Après les coupures, il faut les soudures. Je m'efforce, mais si on me gâche ma confiance, je m'effondre. De deux mille cinq cents pages, je suis redescendu à mille. Cinq ans de labeur dans la balance, j'ai déjà gaspillé trois ans. Pour rien, pour le désir, pour le délire. Mais, au bout du compte, je suis sûr, MOI, d'avoir raison contre EUX. Principe essentiel, il étaie tout l'édifice. Vertus cardinales, j'ai la foi et l'espérance. Vices de forme, je m'emploie à aplatir mes boursouflures, à dégonfler ma baudruche. Si elle me la crève, plus qu'à mourir. Écrire est ma raison de vivre. Rachel instille, installe en moi une peur subtile, un effroi glaçant. Si c'est ELLE qui est dans le vrai, si c'est EUX. Sueurs froides. Cinq ans de levers allègres, de rendez-vous fiévreux avec mes touches, d'élan, d'allant, de page en page, de mois en mois, plus de mille cinq cents matinées, plus de cinq mille heures, la tête me tourne. À la poubelle, si je suis bon à mettre au rebut. Je me bute. Si j'ai raté mon œuvre, une chose est sûre. Me louperai pas.

Les nuages noirs roulent si bas, les pensées si sombres sous le crâne, on sent que le ciel va éclater, s'abattre sur la rue en pente, les maisons de brique en rang vont être englouties en un déluge. La trombe est à peine retenue comme une colique dans les replis de coton souillé qui pendent au-dessus des toits d'ardoise sale, qui traînent à ras du regard. Et puis, l'abcès crève, la vessie se vide, l'espace se déverse, ça pisse de partout d'un coup, sur toutes les vitres, dans un crépitement de pierraille aux carreaux, des gouttes plus drues que des grêlons mitraillent l'asphalte. Toute la rue est emportée dans le maelström, happé dans un tourbillon de gadoue glaireuse qui me crache aux yeux, je fais naufrage. La sonnerie du téléphone m'arrache soudain à ma dérive diluvienne. Onze heures déjà. De son bureau à Northern, pendant son heure de réception des étudiants, Rachel m'appelle.

— Je veux savoir ce que tu as décidé pour San Francisco.

— Toujours des décisions!

— Oui, ça urge. La réunion du M.L.A. a lieu dans quinze jours. Je veux savoir. Tu viens ou tu ne viens pas lire ta communication sur *la Nausée*?

— Je te le dirai moi-même ce soir.

— Non, ce soir, je sors.

— Ah! bon! au moins, amuse-toi bien.

— Je tâcherai, merci. Demain soir, je peux m'arranger pour être libre. Dernier délai, je te préviens. Il me faut absolument ta réponse.

— Pourquoi donc? Je croyais qu'on avait des vies séparées.

— Pas complètement encore. Je viens de faire une réservation dans un petit hôtel et je partagerai ma chambre avec Annie, pour diminuer les frais. Je dois aussi prévoir mon emploi du temps. La réunion du M.L.A. est pour moi cruciale cette année, puisque ma perspective d'avenir, pour l'instant, est le chômage...

— Tant que je suis là, tu ne mourras pas de faim!

— Là n'est pas la question. Le congrès dure trois jours, mais chaque instant y est précieux, pour les rencontres, les contacts, les interviews... Je veux pouvoir faire mes projets d'avance, tranquillement, sans ces changements de programme à la dernière minute dont tu as la spécialité.

— Au moins, je suis content de voir que ma présence compte encore un peu.

SAN FRANCISCO. Y aller, ne pas y aller, j'hésite. Le téléphone, de nouveau muet, sur le guéridon, moi, affalé dans le gros fauteuil noir et mou, la tête appuyée au rebord fuyant, dehors, la trombe qui déferle, l'ouragan qui hurle. La pluie battante fouette mes fenêtres, noie mes pensées. Je ne sais plus où je suis. Où j'en suis. Depuis quatre mois que je suis de retour à New York, un pied à Queens, un orteil à Riverside. Un amour en perdition prend combien de temps pour sombrer. Dépend, des avaries, des avanies, de l'état de la carcasse. Rachel, pendant cinq ans, a essuyé tous les orages, tous les affronts. Maintenant, la situation se retourne, je l'affronte. Moi, à présent, qui la talonne, la poursuis. Moi qui m'agrippe, qui m'accroche, comme à une bouée. Déboussolé, rien qu'à l'idée qu'un autre me la prenne. Je deviens fou. La seule pensée qu'au moment même où je lui cède, lui concède TOUT, brusquement, il n'y a plus RIEN. Insupportable. Si Rachel disparaît, je cesse d'exister. Idiot, je sais, absurde, mais ça me poigne à la tripe, ça me malaxe au plexus. J'en suis malade. Plus une demi-bouteille, un litre de rouge qu'il me faut pour m'endormir. En septembre, elle ne voulait même plus me revoir, me recevoir, moi qui l'ai forcée. Avec des menaces voilées, vagues, *je ne rendrai pas mon tablier comme un larbin, on ne me met pas à la porte, il va y avoir du grabuge.* Quand même, elle a eu peur. Bon, la peur. Pas noble, mais puissant. Solide sécotine, deux êtres qui se craignent, les colle l'un à l'autre. J'ai une trouille atroce qu'elle me plaque, elle, que je l'assomme. Ce genre de ciment, tient combien de temps. Je suis happé dans mon fauteuil par un vertige. *La Nausée.* Est-ce que je vais aller moi-même lire mon étude, au congrès de San Francisco. Normalement, j'ai promis, je devrais. Il y a belle lurette que ma vie a cessé d'être normale. La seule question : qu'est-ce qui vaut mieux, en l'occurrence. SAN FRANCISCO, y aller, ne pas y aller. DUR : je l'aurai à l'œil. Quand elle part sans moi, ça ne me réussit pas. Tout l'automne, à ses retours de colloques, Toronto, Hopkins, elle m'a fait une gueule accrue. Lorsque j'ai été l'attendre à l'aérodrome de La Guardia, en novembre, surprise gentille, l'aider à porter ses bagages, je m'ennuie d'elle, en me voyant, rétine incendiaire, elle a fait une telle grimace, *ah! c'est toi, qui est-ce qui t'a demandé de,* j'ai cru qu'elle allait dégobiller. *Je voulais te donner un coup de main, malgré mon doigt,* la veille, l'ai coincé, cassé dans la portière de ma voiture, couru à l'hosto, on m'a fourré l'index droit dans une attelle, j'accours pourtant sans dételer, voilà comment elle m'accueille, *tu ne vas pas m'attendrir avec tes bobos, et puis, tu l'as fait exprès, pour me punir de voyager seule, m'emprisonner.* M'a fait mal, moins au doigt qu'à l'âme. Elle ne me répétera pas son coup. Lui tordrai le sien d'abord. *Modern Language Association,* assises annuelles, connais le truc. Vingt ans que je suis du bâtiment. Tous les hôtels, à l'intérieur, notre petit monde dans toutes les salles fourmillant, tantôt Chicago, tantôt New York, tu parles. Discours diserts sur l'emploi de la virgule chez Shakespeare, de l'accent circonflexe chez Hugo, bien sûr. Officiellement, marché du travail, encan d'esclaves. Cancans, *X a trouvé un poste au Texas,* chuchotements, *je crois qu'à Harvard.* Les six mille profs qui s'abattent, tous dards dehors, pour trois jours, tourbillonnant comme des abeilles, ils sont venus faire leur miel. Dans la ruche, rush. Sur trente étages, dans cent alvéoles, chacun son rayon. Par langue, par littérature, par siècle, par genre, par auteur, par œuvre, par chapitre, par paragraphe. Chacun y va de ses vingt minutes savantes, essaims de culture, le banc d'essai. Les vedettes pérorent, les nantis se pavanent. Les paumés viennent se pointer. Un point, c'est pas tout. Officiellement, pour le travail. On butine en chœur les sucs de la science. On lutine, aussi, un peu, beaucoup, un pêle-mêle de mâles et femelles, coincés dans les couloirs étouffants, les salles bondées, du matin au soir, de séance en séance, assis, debout, à force de se frotter, on se mélange. Espaces surchauffés, ça survole. Corridors étriqués, on trique. Macaron à la boutonnière, *nom, prénom, rang, affiliation,* par centaines, collègues, trois jours et trois nuits brassés, dans tous les sens, tous les sexes, s'embrassent. Virée, on vient virer sa cuti, tirer sa bordée, le *M.L.A.,* un vrai bordel. Sarabande d'érudits bandeurs en ribote, tâtonnant au fond des recoins, au long des chambres, guettant, en goguette, dans le ghetto professoral. Moi, Rachel, permettrai pas qu'on me la tringle, qu'on me la souffle. Un petit mecton, vicieux, de service, pendant qu'Annie se fait emmancher dans une autre turne, la grimpe, la saute, c'est la monte professionnelle, un travail d'équipe, pourquoi pas, avec Annie dans la chambre, partie carrée. J'admets, jaloux à la puissance cube. Si elle tient tant à savoir d'avance si je viens ou ne viens pas, l'évidence même. Elle va chercher quoi, qui. Un poste, un mec. Un peu des deux. Tolérerai pas qu'elle s'échappe, m'échappe. Surveillerai sa petite échappée. San Francisco, c'est l'argument POUR. Forcé, il y a aussi l'argument CONTRE.

— Alors, tu as décidé?
— Oui.

Assise à ma gauche, à la table ronde de chêne épais, sous le lustre de la salle à manger en étain mat, la couronnant de ses huit branches, face à l'enfilade des salons, Rachel dévisage son invité.

Un étranger. Là où je connais chaque recoin, chaque objet, chaque place, je n'ai plus place. Depuis quatre mois, lorsqu'ils se tournent vers moi, les grands yeux noirs en ovale me matraquent.

— Voilà qui est extraordinaire! Toi, prendre une décision?
— Une fois n'est pas coutume.
— Et qu'est-ce que tu as décidé?
— Je n'irai pas à San Francisco.
— Tiens! Et qu'est-ce que tu vas faire avec la communication sur *la Nausée,* que tu avais promise au groupe «Sartre»? Tu vas leur faire faux bond?
— Non, je vais te demander de la lire. A ma place. Moi, j'aurai une grippe.

Son visage s'est brusquement décrispé, quand je lui ai tendu l'enveloppe avec les feuillets, ses épaules se sont détendues, son maintien s'est arrondi, pour la première fois depuis des semaines, elle a souri.

— Vraiment, tu me ferais assez confiance pour lire ce texte à ta place? Je sais ce qu'il représente pour toi, aussi ce qu'on attend de toi... Cela m'effraie un peu.
— Il n'y a pas de quoi. Tu as une plus belle voix que moi et tu lis très bien. Personne ne s'apercevra de mon absence!
— Et... qu'est-ce qui t'a fait pencher pour cette décision?
— Le travail. Les vacances de Noël, suivies de l'entracte de trois semaines entre les deux semestres, j'en ai besoin pour écrire... J'aurais, naturellement, aimé venir t'entendre, revoir San Fran-

cisco, les amis... Mais. Je ne peux pas gaspiller une minute, je dois reprendre mon roman de fond en comble. Alors, voilà. *First things, first!*

Elle s'est encore adoucie, alanguie. De son visage de pierre, des traits aigus, figés, sa peau pâle rosie aux pommettes a resurgi, vivante, vibrante. Son regard s'est de nouveau velouté, sa voix s'est soudain dégivrée, sa main a retrouvé sa chaleur preste. Presque comme avant, presque oublié. Ressuscitée.

— Tu sais, je te promets, que je vais bien le pratiquer, l'étudier, ton texte, tu n'auras pas à rougir de ton interprète !
— J'en suis sûr. Je te fais et t'ai toujours fait, dans ce domaine, une confiance absolue.

Après dîner, c'est elle qui m'a dit, *asseyons-nous au salon.* Elle a même dit, *peut-être que nous avons traversé une mauvaise phase, qu'entre nous l'avenir est encore possible.* J'ai acquiescé en mettant la main sur la sienne. Elle ne l'a pas retirée. Comme une seconde séduction, une reconquête, passé aboli, notre tendresse recommence. Second avènement. Quand je l'ai prise dans mes bras, j'ai soudain étreint un corps, plus un cadavre. Avec des tressaillements de muscles, des sursauts d'épaules, le dos qui se cambre. J'ai senti en moi comme une digue qui cède, un barrage qui s'effondre, j'ai été submergé par un afflux ardent d'espoir, noyé dans un nouveau bonheur. Au pied du divan vert, à même le blanc floconneux du tapis de laine, allongés sur le parquet, sans la force d'aller jusqu'au grand lit de sa chambre. Elle s'est laissé déshabiller, câline, caressante, elle a elle-même ouvert les jambes, elle a dit *chéri, embrasse-moi où tu sais...*

Toutes griffes dehors, les yeux lui sortent des orbites. Je ne peux pas dire qu'ils jettent des flammes, ils me foudroient, je suis calciné d'éclairs.

— Mais qu'est-ce que tu fais là ? Qu'est-ce que tu fais là ?
— Écoute, je vais t'expliquer...

Elle est tellement saisie qu'elle en bégaie. Dans le grand hall de l'hôtel Saint-Francis, l'inséparable Annie à ses côtés, elle déambule dans le tournoiement des collègues, s'arrête çà et là dans la foule, bavarde de l'un à l'autre, badge professionnel à la boutonnière, sourire aux lèvres. Soudain, tombe sur moi, elle en tombe à la renverse.

— Quoi ? Sans même me prévenir, sans rien me dire ?
— Mais non, j'ai essayé ce matin à plusieurs reprises de te joindre à ton hôtel, tu étais déjà sortie, j'ai laissé un message... On a oublié de te le remettre, ou tu n'y es pas retournée...
— Tu voulais m'épier, me surprendre, hein ?
— Pas du tout, je te le jure !
— Je ne comprends pas. Tu m'avais dit...

Je ne comprends pas non plus. Ce matin encore, tranquillement assis à mon bureau, je commence la troisième version de mon roman, la condensation draconienne, la révision déchirante. Coulant au tréfonds des mots, abîmé au flux des phrases.

Soudain, surgi d'où, aucune idée, plus fort que moi, c'est venu, une impulsion irrésistible, j'ai couru au gros fauteuil noir, haletant, avec des suées d'angoisse, décroché le téléphone, appelé l'hôtel Saint-Francis, *oui, il reste une chambre, à soixante-quinze dollars, parfait,* appelé TWA, *oui, il reste une place, vol part en fin de matinée.* Poussé, mû, par quoi, sais pas, une terreur panique, qu'on me l'enlève, qu'elle disparaisse. J'ai téléphoné trois fois à son hôtel. Avec le décalage horaire, elle aurait dû être encore dans sa chambre. Déjà sortie, déjà où. Sans moi, sang ne fait qu'un tour, me précipite, pris mon texte sur Sartre, deux chemises, pris ma voiture, d'un élan éperdu vers Kennedy, le parking était couvert d'une croûte de glace, moins quinze blafard, mes pneus crissent, patinent, à peine arrivé à me garer, égaré, sais pas pourquoi, plus fort que moi, irrésistible, comme les mains se tendent vers la fenêtre quand on suffoque, les ongles s'incrustent dans la paroi du pic quand on fait une chute, la neige déroulant son tapis plat pendant des heures, sans faille, sans un affleurement de terre, un carré sombre, d'un coup, le linceul se déchire, les pointes aiguës des Rockies nous frôlent, l'œil frotte contre la crête des énormes massifs scintillants, tout le continent soudain se boursoufle, se ramasse en dents de scie, mâchoire géante qui se hérisse, va nous broyer dans un immense craquement acéré, et puis, la sierra mate s'est rapprochée, les rocs ocre, désert aride, retombée molle sur la piste, posés sur le coussin de bitume, visage soudain fouetté d'azur incandescent, happé dans un tourbillon de lumière bleue, à la sortie, tombant par la trappe ouverte au cœur de l'été

— Tu m'as fait ça, à moi ? Tu m'as fait ça ?

— Je ne t'ai rien fait du tout...

basculant pêle-mêle du blafard au tropical, de
moins quinze à vingt, de ma chambre de New
York au vestibule de l'hôtel à San Francisco, en
quelques heures, en un instant vertigineux, je
chavire, la rencontrant, butant contre elle, tamponné choc

— Mais qu'est-ce que je t'ai fait pour que tu me
poursuives ainsi, pour que tu me persécutes de la
sorte?
— Je ne te poursuis pas, je ne te persécute pas.
J'ai décidé de venir lire ma communication moi-
même, c'est tout.
— Et ça t'a pris comme ça?
— Oui.

Un rictus lui découvre les crocs, un spasme de
répulsion lui contracture le visage, son regard se
révulse. Sa grande carcasse osseuse se casse, se
tasse, elle va me sauter à la gorge, me planter, au
lieu du glaive fulgurant de ses yeux, ses ongles
rouges, au fond des prunelles.

— Tu sais, tu me paieras ça!
— Laisse-moi, auparavant, te payer à dîner...

Maintenant, dans le hall de l'hôtel, on nous
scrute. Un petit attroupement nous toise, attiré
par l'altercation domestique. Notre scène devient
un spectacle public, la cohorte des érudits s'y
désennuie. Tête roide, crins redressés, Rachel s'est
maîtrisée, a pris le bras d'Annie, s'est éloignée.
Un tel esclandre, pour les demandeurs d'emploi,
peu recommandé. Elle a soudain tourné les talons,
sans rien répondre. J'ai essayé de l'appeler à son

hôtel, j'ai laissé message sur message. Pas un signe de vie, invisible, Rachel a disparu. Elle est reparue à ma séance. Là-bas, au fond de la vaste salle, réservée au xxᵉ siècle, section Sartre, elle est quand même venue. Dans la foule savante, je l'ai aperçue. M'a ragaillardi, remis en selle, en verve, mon tour de piste a réussi. La nausée de Roquentin me ressuscite. Mais, à peine je finis, elle s'éclipse. J'aurais voulu la rejoindre, les amis, pour me féliciter, m'encerclent, des collègues, depuis dix ans perdus de vue, m'assiègent. Impossible de me dégager, loi du métier, je réponds avec le sourire, il faut du charme. Pendant ce temps, où est Rachel. Je voudrais lui dire, qu'on s'explique. Elle ne veut même plus me parler. Je n'ai pu la retrouver qu'à sa propre table ronde, trois hommes, une femme, il y a eu une rude joute. De l'ultra-critique, on nietzschait, on deleuzait, de quoi se derrider. Pourtant, pas le cœur à rire, pendant la discussion, ils se sont mis à trois contre elle. Moi, je vole à sa défense, leur vole dans les plumes. Pas reconnaissante, à la sortie, me jette au passage, *mêle-toi de tes affaires, je n'ai pas besoin de ton aide,* de nouveau volatilisée. Maintenant, la nausée de Roquentin, à côté de ce qui me baratte l'estomac, c'est de l'euphorie maniaque. J'ai erré de couloir en couloir, de rencontre en rencontre, sans but. Mon existence est démâtée, désemparée, je suis une épave. Dehors, la ville, je suis sorti, j'ai dérivé jusqu'au port, grimpant, descendant les rues raides en dos d'âne, suivant le tramway à crémaillère, jusqu'aux restaurants sur les quais, vitres brasillant au soleil, je me suis promené parmi les étalages de crabes, les monceaux de langoustes, les odeurs de marée, les cris de la pêche, San Francisco, on se dirait sur la Méditerranée, avec la ligne fuyante des villas blanches, des toits bas, des tuiles rousses, le Golden Bridge, on se croirait sur la baie des Anges. À force de m'abrutir de marche, l'estomac m'est descendu, entre les haies de crustacés, dans les talons. Je me suis attablé seul, les vagues venant battre le môle, à mes pieds. Sous les yeux, une des plus belles vues, des plus belles villes. Dedans, rien. Mon squelette est inhabité. Trois jours de supplice. Le dernier soir, elle a accepté de dîner, à la terrasse de l'hôtel. Elle a à peine desserré les dents, juste assez pour enfourner sa langouste. Au dessert, aidé par le blanc fumé de Californie, me suis enhardi, j'ai tenté de lui prendre la main. Choc électrique, elle a retiré la sienne.

— Je ne te pardonnerai jamais cette trahison. Exactement comme le jour où tu ne m'as pas appelée, alors que ma titularisation se décidait.
— Je ne t'ai pas trahie, j'ai eu peur.
— De quoi? Que je couche avec un type, c'est ça?
— Non, une peur vague...
— Je croyais que tu avais une peur précise de prendre l'avion!
— J'ai oublié d'avoir peur, c'est plus fort que moi. Tu sais, je tiens à toi...
— Tenir? Tu me tiens à la gorge, tu m'étrangles! Avec toi, j'ai l'impression de ne plus pouvoir respirer. Tu me surveilles, tu m'épies, tu es pire qu'un père... Je ne peux pas le supporter.

À notre table d'angle, par les vitres, la nuit en tous sens se troue de taches lumineuses. Striée de rubans phosphorescents, la ville, à l'infini des avenues, clignote. Après dîner, avant qu'elle ne regagne son hôtel, nous sommes descendus dans ma chambre, pour les adieux. Je repars au matin vers New York. Elle va, évidemment avec Annie, visiter des amis à Los Angeles. Allongée à mes côtés sous l'édredon blanc, immobile, elle s'est mise brusquement à pleurer, elle a murmuré dans un râle

— Tu vas me tuer...
— Te tuer, pourquoi ? Quelle idée !
— Je te connais.
— N'exagérons pas. Qu'est-ce que tu as fait pour que je te tue ?
— J'ai couché avec John, à Hopkins, quand j'ai fait ma conférence, en novembre. Il m'avait hébergée dans sa maison. Je devais le retrouver ici. Il n'est pas resté. Voilà, tu vas m'étrangler...

Curieux, j'étais sûr, mais je n'ai pas éprouvé de jalousie. Bizarre, j'aurais cru. Elle me raconte son histoire malingre, sa piètre aventure. Je veux les détails. Un copain de Harvard, qui enseignait à l'université Johns Hopkins, venait de se séparer de sa femme. Grande maison, lui offre l'hospitalité. Elle descend chez lui, il la monte.

— C'est lui qui t'a fait des avances ? Qui est venu te rendre une petite visite au plumard ?
— Non, c'est moi. Je l'avais toujours trouvé brillant, attirant, mais, avant, il était marié... Ça ne s'était pas trouvé.
— Et vous avez remis ça depuis ?
— Non, il n'a pas voulu.
— Pourquoi ?
— Je ne suis pas son genre. D'ailleurs, je suis trop une copine, une sœur pour lui.
— Si c'était une passade sans lendemain, et si tu

craignais des sévices de ma part, pourquoi m'avoir raconté cela, maintenant ?

Sous l'édredon avec moi, voilà tout de même une situation insolite pour aller à confesse. À son tour, elle est restée silencieuse. J'insiste, un aveu est comme un abcès, il reste peut-être encore un peu de pus dans la poche, si on presse, encore un peu de vérité va sortir.

— Pour me punir ? Te punir ?
— Pour être honnête.
— Tu voulais te venger, quel que puisse être le coût de la vengeance. Eh bien, tu seras déçue ! Ce qui m'ennuie un peu, c'est que tu te sois jetée ainsi à la tête de ce monsieur, et que moi j'aie, en quelque sorte, ses restes. Mais jaloux, non, pas du tout.

Logiquement, j'aurais dû. Je n'ai pas pu. Pas d'un blanc-bec dans le métier. Un garçon très prometteur, dix ans déjà qu'il promettait. Si elle avait couché avec un vrai, avec un caïd, j'aurais eu une crise cardiaque.

— Je comprends maintenant pourquoi !
— Pourquoi quoi ?
— Pourquoi depuis deux mois tu n'arrêtes pas de répéter, chaque fois que j'évoque nos difficultés, *amor fati !*

John est un spécialiste de Nietzsche. Du coup, quand je dis, *écoute, si tu acceptes un poste loin, très loin, comment veux-tu que,* Rachel rejette crânement le chef en arrière, redresse sa nuque raide, en lançant, avec un frisson d'épaules, *amor fati !* Avant, elle coassait Greimas. Maintenant, au pieu, elle a piqué Nietzsche. Et le regard qu'elle m'a enfoncé dans les prunelles, lorsque je suis venu l'attendre à La Guardia, c'était ça. La vie est farce, je deviens hilare. John qui la baise, après sa savante conférence à Hopkins. Après les acrobaties de l'intellect, là galipette. Plutôt drôle, moi, je m'amuse. Et, ensuite, John qui fait la fine bouche. Anecdote croustilleuse, elle a couché avec un type. La première fois, depuis qu'on est ensemble, que ça arrive. Je devrais être fou furieux. Non, John, elle, moi, soudain on est trois au lit. Ça m'émoustille. Je commence à la tâtonner, j'avance la main. Elle retire la sienne, comme si elle avait touché une torpille.

— Non, laisse-moi, après ce qui s'est passé, je ne pourrai plus jamais.
— Il ne faut jamais dire : fontaine... Allez, un peu d'*amor fati*, d'*amor* tout court !
— Je t'ai dit non.

Là, elle m'exaspère. Du coup, je me fâche.

— Tu ne m'as pas du tout raconté ça pour être honnête ! Tu n'es pas honnête avec moi.
— Comment, pas honnête ?
— Ton histoire de Los Angeles, *je vais rendre visite à mon amie Sheila,* tu parles ! Tu vas à Los Angeles te faire interviewer à l'université UCLA, où il y a un poste dans le XIXᵉ siècle français. Tu as postulé derrière mon dos, sans me le dire... J'ai vu leur lettre, sur ton bureau.
— À présent, tu fouilles dans mes lettres ?
— Tu fouillais bien, rue des Sablons, dans les miennes. Entre nous, on n'est pas à ça près... D'ailleurs, je n'ai pas eu à fouiller, tu as laissé

traîner la lettre sur ton bureau, je suis tombé dessus...
— Tu entres dans ma chambre en mon absence ?
— Ça m'arrive.

Rachel s'est ramassée au fond du lit, en un soubresaut d'horreur sacrée, s'est pelotonnée dans l'encoignure, à l'autre bout de l'édredon. Elle s'est remise à pleurer, la tête enfouie dans l'oreiller. Et puis, elle s'est redressée sur le coude, tournée vers moi, elle m'a craché entre ses dents serrées

— Tu sais, je te hais !
— Moi aussi.

C'était notre première déclaration de haine, le premier aveu. La peur, d'abord, à présent, la haine. Bon, tout ça, des liens solides. La peur, la haine, ça forme aussi couple. Autrement, à l'envers. Revient au même que l'amour. Je me suis senti très tendre.

— Écoute, le mariage, et tout le reste, je te l'offre maintenant de tout cœur.
— Je n'en veux plus.
— Tu m'as bassiné cinq ans pour ça !
— J'étais folle.
— Mais je prendrai bien soin de toi...
— Merci, je peux me débrouiller toute seule !
— Je te déteste !
— Je t'abhorre !

Ses lèvres tremblaient de fureur. Les miennes se sont mises aussi à tressaillir, j'ai senti de l'agitation dans les canines. Envie de mordre, de meurtre, j'ai eu le désir violent de l'étrangler. Pas

350

pour John, non, cela je m'en foutais bien. Qu'elle ouvre son abricot au passage. Ce n'est pas par là qu'elle me trahit. Notre attente, notre entente. Cinq ans qui s'écroulent, un édifice d'innombrables minutes, de souvenirs à l'agonie soudain, soudés ensemble, à jamais, notre pacte, cinq ans de tortures en pure perte, de tourments vains qui s'évaporent, cinq ans tombés dans un néant poreux qui se dissipent. J'ai eu ma seconde attaque de nausée, la vraie. Un ouragan vertigineux à vous tordre toute la tripaille, à vous chavirer la cervelle. La vie désancrée qui tournique d'un seul coup à vide dans la tête. Seulement, moi, ce n'est pas resté enfermé dans la mienne. Ça s'est porté vers la sienne. J'ai mis mes doigts crispés, fiévreux, sur son cou, qu'on en finisse. Et puis, j'ai vu la lame de mon coutelas espagnol, qui flamboyait entre mes yeux. Couiné, gémi, elle a vagi de façon si aiguë, des trilles convulsifs de la gorge, avec de tels soubresauts de la carcasse, des nœuds de spasmes, le long de l'épine dorsale, la ligotant au fond du lit. Des mois, des années, qu'elle n'avait pas joui comme ça, la salope.

SPIRALE (XI)

lisse, imperméable, mon geste se dérobe. Pas moi qui ai couru, volé à tire-d'aile vers San Francisco. UN AUTRE. Plus fort que moi veut dire que c'est LUI qui a décidé. Je suis absent de mon acte. Arrivée houleuse dans le grand hall, perdu dans la foule, soudain ELLE. J'assiste à ma mise en scène, monté en spectacle. Éclairs d'yeux, éclats de voix, les collègues ont dû s'amuser. Représentation gratuite. Pourtant, faut payer. Très cher. Mobiles, inconnus. Motifs, néant. Beau gamberger, rien. Mais les CONSÉQUENCES sont visibles, prévisibles. Par miracle, notre amour se rétablit. Mourant, il se requinque de justesse. Elle retrouve ses quinquets langoureux, son velours aux cordes vocales, des effleurements câlins, un reste, un zeste de tendresse. *Peut-être que nous avons traversé une mauvaise phase,* elle qui l'a dit, ses mots me tintent aux oreilles, me taraudent le tympan. Pas moi qui l'invente, *l'avenir est encore possible,* elle ouvre les portes. Mon arrivée inopinée les referme. Mes indécisions, mes revirements, je lui offre ce qu'elle déteste le plus. Surveillance électronique, les droits du propriétaire, ce qu'elle honnit.

JUSTE AU MOMENT OÙ notre amour en réanimation un pur miracle arrivés au dernier souffle je réinsuffle vie espérance un bouche-à-bouche qui réussit elle murmure *peut-être que* j'ai trouvé le geste qu'il fallait faire faire confiance lui va droit au cœur le lui réchauffe ça me le rouvre je fais exactement ce qu'il faut pour tout défaire

plus fort que moi pas moi c'est L'AUTRE peux pas comprendre ses raisons en vain me torture pour saisir mon geste est tout rond tout lisse opaque dur comme une bille de marbre trempée dans l'huile de cambouis gluante mes doigts glissent peux pas mettre la main dessus beau me crisper mes ongles crissent peux pas retenir ma boule fallait être cinglé mon attentat détruit d'un seul coup mon attente depuis un an depuis qu'elle a quitté Paris entre nous le fossé grandit fosse océanique fausse indifférence entre nous se creuse un abîme plus profond que l'Atlantique entre Riverside et Queens gouffre interstellaire espace intersidéral ME SIDÈRE juste quand elle se rapproche de moi quand je jette d'elle à moi un pont fragile sur ma passerelle lorsqu'elle vient à ma rencontre MOI QUI je fais tout sauter

mes larmes débordent sur mes joues, de molles traînées tièdes les sillonnent, j'ai un goût acide, sur, dans la salive, un relent amer. Ma bouche est si empâtée que ma voix ne passe plus, mes mots s'étranglent. Après avoir couru comme un fou à San Francisco, je cours comme un dingue chez lui. Des jours, des semaines que j'essaie. COMPRENDRE.

POURQUOI J'AI FAIT ÇA. MOI. Peux pas, tout l'épisode rocambolesque me dépasse. Devin, prophète, il est supposé voir clair dans mes ténèbres. Jusqu'ici l'oracle est muet. Je m'enfonce seul dans ma bourbe, m'enlise dans mes sables. Bien carré au milieu du fauteuil jaune en face, silhouette tassée, petit trou rond au menton, les gros doigts velus, il est en place, un coude nonchalamment posé sur l'accotoir. De l'autre main, il retire lentement ses lunettes. Sous son large front dégarni, ses sourcils épais, l'eau du regard se gèle en un bleu pâle, lointain. Un froid glacial m'envahit. D'un mouvement bref, impérieux, du menton, il désigne la pendule. Séance presque finie, je touche au terme, sans être arrivé au but. Affalé dans mon fauteuil, sans force, je reste cloué là. Je m'agrippe aux bras cossus du siège, à mon chevalet de torture. J'ai rarement autant souffert. Peine perdue. Ultime sursaut, je me secoue, en une dernière saccade, lui lance

— *But, you know, I don't stop thinking! Yet the more I think, the less I understand why I destroyed with my own two hands the happiness which had just been rebuilt...*
— *It is obvious.*

Évident, le mot est fort. Ma vérité lui crève les yeux. Moi, je suis aveugle. Plus mon acte est enrobé de raisons, plus il se dérobe. Lui prétend voir. Son œil soudainement s'anime, je vois clignoter le voyant. Signal, la sibylle s'agite dans son fauteuil. Il va m'éclairer, les écailles vont me tomber des yeux. J'attends, j'entends le frémissement oraculaire.

— *You're lucky if it's obvious for you! I am in the dark.*

357

— *Just listen to what you said. You destroyed with*
your own hands the happiness you could have had.
Now, why should one do that?
— *Because one is crazy!*
— *No, simply because one DOESN'T WANT IT.*

Estomaqué, n'en reviens pas, je reste bouche bée.
Des semaines, de séance en séance, me gratte la
cervelle, je cherche les raisons les plus complexes,
les impulsions les plus subtiles. Il m'assène une
lapalissade. Il pleut des vérités premières. Voyage
à Delphes, Apollon me coûte quarante dollars
l'heure. Au terme du pèlerinage, du périple, il
m'offre un truisme. Bien simple, si on détruit
quelque chose, ON N'EN VEUT PAS. Voilà, simplicité
absolue. Comme l'œuf de Christophe Colomb, fallait y penser. J'avoue, je n'y ai pas pensé. Depuis
le début de l'automne, de tout mon être, j'aspire à
elle, par chaque fibre, je veux renouer nos destins.
Je n'ai qu'un désir en tête. La re-séduire, la ressai-
sir. Notre séparation me lancine dès le réveil.
Qu'elle me quitte est une pensée qui me serre la
gorge, j'en suffoque. Les mains tendues, les doigts
hagards, tout entier accroché à elle, je cours à San
Francisco POUR NE PAS LA PERDRE.

— *But I wanted her more than anything in the*
world!
— *You think so? I don't.*

Il se carre encore plus fermement dans son fauteuil, la branche de ses lunettes noires bien en
main, l'agate de ses yeux encore plus dure,
déclare

— *Well, if you allow me to make an interpreta-*
tion...

— Yes, of course.

Stupéfait, j'avoue. Depuis des années qu'on travaille ensemble, la première fois qu'il joue pour de bon à l'oracle. Interpréter, son métier, il le fait, souvent, à petits coups, en sourdine. Jamais encore avec un haut-parleur. J'ai l'oreille fracassée du tintamarre. J'ai tellement PEUR qu'elle s'envole, qu'elle me trompe, pas avec un type, avec un POSTE. Mon rival, c'est sa carrière. Quand j'ai lu la lettre de UCLA qu'elle avait laissée traîner sur son bureau, cœur battant, si elle s'installe à Los Angeles, m'a empoisonné les pensées, m'a brûlé à petit feu des semaines, long supplice silencieux.

— Think, what would have happened if you HAD NOT gone to San Francisco, if you had let her read your paper ?
— Well...

Si je n'étais pas allé à San Francisco, si elle avait lu mon texte, comme prévu, à ma place. Il se serait passé quoi. Justement, il ne se serait rien passé. Tout aurait été pour le mieux dans le meilleur des mondes possibles. Pas l'air convaincu, secoue la tête.

— She would have come back in a happy mood. And then

il parle lentement, pour que chaque mot se détache, ait le temps de me pénétrer, oui, elle serait revenue heureuse, dans de bonnes dispositions, probable, il se penche vers moi

what would have happened ? This time you would have had to move back in with her naturellement, j'aurais de nouveau emménagé avec elle, tout ce que je veux, mon désir même, sa voix continue, étale, paisible, me martèle de chaque syllabe

which would have meant, of course, leaving your house for good, seeing a lawyer, getting a divorce

oui, cette fois, quitter Queens, avocat, divorce, d'accord, ça suit, logique, c'est fatal, il s'arrête, un long, lourd moment de silence, et puis me lâche en plein visage comme un pet

and you know what ? You did not want that at all. You rushed like a madman to San Francisco to STOP IT !
— *You're absolutely crazy !*

L'indignation me soulève à demi sur mon siège. J'en ai le souffle coupé. J'écume de fureur. Le lui ai pas envoyé dire, il est louf, complètement siphonné. Moi, arraché d'un coup à mon bureau, à ma chambre, par une rafale subite, emporté comme un fétu, si je n'y vais pas, si je la laisse faire, elle va peut-être accepter le poste à Los Angeles, moi je reste ici, seul, abandonné, à la rue, ruade, me précipite, mon sang ne fait qu'un tour, doigts avides, mains tremblantes, veux les refermer sur elle en un spasme, l'enserrer dans mon étreinte, PAS LA PERDRE. POUR LA PERDRE. Lui, il me lit à l'envers, de droite à gauche. Si je cours comme un possédé, c'est juste l'opposé de tout ce que je ressens qui me pousse. Mon motif est aux antipodes de mes sentiments les plus vifs. Sa version à lui est une atteinte, un attentat, elle me retourne. *Si je la laisse tranquille, elle va me revenir tendre, aimante, un trop gros risque, après, avocat, divorce, sûr et certain, cette fois peux plus y couper,* je coupe les ponts, j'interromps le cours des choses, je bondis vers San Francisco pour briser l'enchaînement fatal, mes chaînes. Halte-là, j'arrive, haletant, POUR STOPPER. Le contraire exact, l'antithèse totale de ce que j'éprouve. Je m'insurge, il me révolte, je lui hurle qu'il est sinoque. Il ne dit rien, il se lève, me reconduit jusqu'à la porte. Pourtant, c'est un fait, indubitable. LUI OU MOI. Un des deux qui est dingue.

Heureusement, si un psy me damne, l'autre me sauve. À son retour de Los Angeles, Rachel n'a plus voulu me parler, même au téléphone. Claquemuré dans mon cabanon de Queens, ne sais plus où donner de la tête, rien à faire qu'à la cogner contre les murs. J'essaie, je l'appelle, elle décroche, elle raccroche. Sais plus à quoi me raccrocher, à quel sein me vouer. Devant ma femme, je dois sourire. Avec mes filles, faire bonne contenance. Exclusivement adonné à Rachel, je n'ai aucune autre ressource parmi son sexe. L'hiver à New York est déjà froid, cette fois, il est frigide. Moins vingt au cœur, ça vous gèle les sentiments, des rafales et des rafales de détresse me secouent, j'ai pu à peine reprendre mes cours, jusqu'à mes classes je me traîne. Il a neigé cette année-là comme jamais, des tonnes de marasme blanc déversées en vrac sur les rues, vous ensevelissent vivant dans un linceul duveteux, et puis les immaculés flocons virent vite à l'immonde gadoue, après, déprime bourbeuse, on patauge au marécage gluant à longueur de jours. Ou bien, tout durcit d'un seul coup comme une escarre noirâtre, la chaussée purulente se couvre d'une croûte qui crisse et glisse sous les pneus affolés. Cette situation frigorifique, c'est Lacan qui l'a réchauffée. En novembre, il était venu conforter sa renommée encore chancelante en Amérique. Visite aux points fortifiés, revue des bastions, il vérifie l'implantation plutôt malingre de la Doctrine. Il porte d'abord la Bonne Parole aux disciples de Yale, petite troupe pâle, mais béate, fait la tournée des fervents. Il faut de nouveaux fidèles, il passe ensuite par New York pour gagner de nouvelles recrues, que lèvent des moissons de prophètes. Naturellement, pour les grands hommes, il faut, à New York, des dîners à la hauteur. De la terrasse du G. & W. Building, au-dessus de Central Park, on domine toute la ville. Ledieu a bien fait les choses, on jette aux yeux de Lacan une poudre tout étincelante de lumières, on lui met des gratte-ciel en feu nocturne plein la vue. Rachel et moi, on a été invités, pour faire nombre. Pas la moindre vaticination, pas le moindre oracle, le Maître papote voyage, s'enquiert d'autrui avec une politesse exquise, plonge dans son sac à souvenirs, exhume au dessert *mon bon maître Clérambault* avec tendresse, il nous régale d'anecdotes de salle de garde. Seul, dans sa tête tenue très droite, l'œil noir furète, vrille, scrute, sous le flot bénin des paroles. Il a remarqué Rachel. Forcé, elle admire, elle a été invitée pour, mirettes en extase. Lacan, une femme jeune et jolie qui se pâme, ça n'a rien pour lui déplaire. Maintenant, il ne toise plus, il zieute. Avec une inflexion câline, il demande, *pourquoi ne viendriez-vous pas étudier à l'Ecole freudienne,* la voix remonte un peu, traînante, Rachel dit *mais je n'ai pas été invitée,* Lacan dit *MOI je vous invite.* Ajoute, *venez demain à mon hôtel chercher la lettre.* Il l'a écrite, nous l'a tendue, dans son salon particulier, avec une affabilité parfaite, une gentillesse paternelle, en une sorte d'intimité déchaussée. On ne l'a quand même pas pris au débotté. En sus du cachet convenu, Northern a reçu sa note d'hôtel inopinée, *private suite,* au palace Saint-Regis, plutôt salée. Ledieu, qui s'était déjà fendu du dîner, en a eu le cœur brisé. C'était son affaire. Nous, on a eu la lettre gratis. Cette lettre de novembre, elle m'a sauvé la vie en février.

Le 26, exactement. Vers deux heures de l'après-midi blême, je finis ma tasse de café mélancolique. San Francisco, déjà dans les lointains, s'estompe, tout son soleil, balayé de brises autour du port hérissé de crabes et de langoustes, s'éteint dans le silence gris. Seul, accoudé à la table de la cuisine, je contemple le squelette du pommier qui se dresse au milieu de la pelouse, désaffectée, couverte de neige grumeleuse, en plaques par endroits craquelées, çà et là, des touffes d'herbe rase, rabougrie, percent. Ma pseudo-épouse au travail, mes filles à l'école, le suaire de la solitude s'abat sur moi comme un filet de rétiaire. Pris dans les mailles de plomb, je ne bouge plus. Je suis tellement en porte à faux dans ma vie, impossible de me dégager. Repu, tasse en main, tassé sur ma chaise, je m'abandonne à mon malheur falot, je m'affaisse au vide sans fond des jours sans fin. L'ouate insonore de ma maison déserte m'emmitoufle, je regarde les buissons mornes qui forment clôture, par le vitrage, enterré dans mon cercueil de verre, je bois, à lentes gorgées, mon café habituel. Février, 1976, le 26, vers deux heures. Le téléphone a sonné, insolite, en ces instants morts. Sans hâte, j'ai été le décrocher de

son applique murale, debout. Soudain, j'en suis
assis. C'est ELLE. Deux mois qu'elle ne m'a pas fait
signe de voix, signe de vie.

— Tu es étonné de m'entendre ?
— Un peu, mais c'est une surprise agréable.
— Je voulais t'apprendre la nouvelle. Tu te sou-
viens de ma demande de bourse ?
— Tu veux dire ma demande ?

après la visite de Lacan je lui dis *demande une
bourse d'études pour l'an prochain* elle dit *pourquoi faire* je dis *avec une telle lettre de recommandation tu es presque sûre de l'avoir*   veut pas
non je dois rester ici pour trouver un poste moi
rétorque *avec un an d'études à l'Ecole freudienne
tu augmentes tes chances ça te donnera plus de
valeur sur le marché* marche pas *je n'ai pas le
temps de remplir tous ces dossiers*   j'ai dit *je
peux t'aider tu mettras au net moi je te soumettrai
des brouillons* elle a hésité et puis a condescendu *si
tu veux te donner le mal moi je m'en moque*   j'ai
dit *peut-être en s'épaulant l'un l'autre à nous
deux*

— Je viens de recevoir la réponse en descendant
chercher mon courrier. J'ai obtenu la bourse. Ta
bourse, en partie. Je te remercie.
— C'est d'autant plus cocasse que moi, les deux
demandes que j'avais faites en mon nom propre,
pour des bourses, j'ai été avisé qu'on me les a
refusées ! Alors, qu'est-ce que tu décides ?
— Ça dépend de toi. Si tu fais le nécessaire, j'irai
à Paris avec toi. Sinon, je ferai reporter la bourse
à plus tard, pour une autre année, voilà tout.

Mon cœur s'est mis à battre. Depuis San Francisco,

Rachel morte, amour décédé, sans même un faire-part, je suis là, chez moi, veuf, avec ma femme. Une âme en peine, en panne. Plongé dans une longue hibernation immobile, pouls inaudible. Soudain le téléphone explose, la trompette du Jugement dernier retentit. Résonne si fort, j'en suis sonné. Peux pas croire, SAUVÉ. Parmi les élus, je délire. Deux mois de silence qui crèvent, l'abcès se vide, accès de joie. Flux si puissant, inondé par une marée, la tête m'en ballotte. Toutes ces paperasses pédantes que j'ai pompeusement imaginées *mes études à l'École freudienne vont contribuer à l'avancement de la science en Amérique, je vais tenter de jeter un pont entre l'état présent de la théorie psychanalytique de ce côté-ci et ses nouvelles avancées là-bas, je vais,* c'était par jeu. Un prétexte pour la revoir, lui parler, revenir à Riverside, rompre l'exil. Au jeu, souvent on perd, parfois on gagne. J'ai gagné. La bourse me regagne Rachel. Je n'ai plus hésité une seconde. Février, 26, à deux heures de l'après-midi, il fait presque nuit, je baigne dans des affres crépusculaires, le ciel est un immense crêpe de deuil. De tous les jours de l'année, le plus sinistre, anniversaire de la mort de ma mère. Huit ans déjà qu'elle a disparu, moi-même engouffré avec elle. Et puis sonnerie, et puis la nouvelle, et puis signe de vie. Un signe du destin. Une présence tiède m'enveloppe, une tendresse infinie s'épanche. Le coup de téléphone, c'est ELLE.

Les choses n'ont pas traîné. À peine ma femme rentre du travail vers six heures, je lui dis, *j'ai à te parler,* c'était là, dans la cuisine, elle dit *laisse-moi enlever mon manteau,* s'assied en face de moi, je déclare net, *écoute, je divorce,* pas eu l'air de l'émouvoir, divorce, dix ans qu'il était dans l'air. Elle croise les jambes, elle dit *ah bon!*, je dis *tu crois que je plaisante,* elle répond *mais non mais non, ça fait seulement la énième fois que tu,* coupe péremptoire, *cette fois, ce n'est plus pareil.* Quelque chose dans ma voix a dû la frapper, elle a pâli. Ma femme est comme moi, elle préfère d'instinct les statu quo vermoulus aux changements imprévisibles. Je sympathise pleinement, mais. Plus que pâle, elle était blanche comme un linge, la voix légèrement tremblante. *Tu es sérieux?* Je réponds *très.* Lui raconte la nouvelle, la nouvelle donne. J'ai joué cartes sur table. Mon ex-moitié s'est très vite reprise, raffermie, l'œil bleu aigu comme une lame. On s'est vite mis à discuter chiffres. Là, elle est devenue féroce, une tigresse. *Tu me laisses la maison.* Moi, je suis un lion. *Oui, mais seulement jusqu'à la majorité de la petite, après il y aura une clause de vente obligatoire. J'aurai droit à la moitié du profit.* Elle jette à travers ses dents serrées. *C'est moi qui ai entretenu cette maison, pendant tes vadrouilles perpétuelles.* Je rétorque du tac au tac. *C'est moi qui ai payé chaque centime, c'est ma maison.* Intraitable. *Eh bien, on laissera décider le juge. En Amérique, on est favorable aux épouses délaissées.* Je dis *c'est idiot, la justice ici c'est du vol, on va être tous deux ruinés par un procès, un avocat va te coûter les yeux de la tête, où vas-tu prendre tout ce fric, ton père, il a beau être plein aux as, il ne t'a jamais donné un radis.* J'ai fini par lui faire entendre raison. Au bout d'une heure. Avec des clauses et des sous-clauses, *au cas où, pour si, attendu.* La pension alimentaire, c'était trop pour une seule séance. D'un commun accord, on a remis au lendemain les autres joutes, jour après jour, pas à pas, pouce à pouce, après ma pension, il y a l'assurance-vie, la veut pour elle, si je crève va dans sa poche, je dis *d'accord tant que ma cadette est mineure,* plus tard tintin, tintouin à n'en plus finir, veut des versements indexés sur coût de la vie, inflation matrimoniale permanente, je refuse net d'être pris dans cette fourchette, on est à couteaux tirés. Dans la cuisine, duré des semaines. Ma femme a quand même été consulter un avocat. À mes frais, moi qui demande le divorce. J'ai été en consulter un autre. Question impôts, ça change du tout au tout. La même somme, si c'est une pension pour l'épouse, est déductible des impôts, *alimony.* Si c'est pour les enfants, *child support,* nib de nib, l'oncle Sam ne vous fait pas cadeau d'un sou, soutien de famille, compte pas. Je veux tout mettre en *alimony,* elle veut tout en *child support.* Tous les samedis, pendant deux mois, on s'est escrimés sur les pourcentages, elle ne veut pas céder un pouce de terrain, je ne recule pas d'un centime, d'un centimètre. L'œil bleu dur est devenu de plus en plus bleu, de plus en plus dur. Deux mois, elle a montré ses canines, moi, j'ai découvert mes crocs. On a fait du troc, assurance-vie contre hypothèque sur la maison, abandon de l'indexation contre paiement des impôts sur la pension, elle dit, *tu m'exploites de façon éhontée, mais je fais ça pour éviter un traumatisme aux enfants,* je dis, *tu es une vraie goule, si je te laissais faire, tu me pomperais jusqu'à l'os.* Une fois, elle a ricané, amère. *Je n'ai eu que des malheurs avec toi.* Moi, du tac au tac. *Ce mariage a été la plus grande erreur de ma vie, je n'ai pas fini de la payer, c'est le cas de le dire!* Après vingt ans de mariage, une séparation à l'amiable.

Pourtant, on n'a pas pu se séparer. Pas tout de suite. Rachel, elle n'a pas voulu. Pas question que je revienne chez elle, tant que je n'ai pas divorcé. *Avec toi, je n'ai pas confiance. Aujourd'hui, tu divorces, demain tu te rabiboches, alors, tu comprends.* Il lui faut un divorce par écrit, noir sur blanc. Je m'écrie *tu demandes l'impossible, tu sais bien qu'il faut au moins un an dans l'État de New York, après dépôt d'un acte de séparation, avant que.* Se démonte pas. *Tu l'as déposé, ton acte de séparation ?* Elle m'interloque. *Mais ça ne se fait pas en un jour, voyons. Un mariage, ça ne dure peut-être pas longtemps, mais un divorce, c'est pour la vie ! Il faut être sûr des moindres détails.* Elle dit *tu vois, tu tergiverses.* Là, je m'insurge, *c'est trop injuste, au moment même où je passe tous mes week-ends à me battre au corps à corps, si tu crois que c'est agréable. Tu es formidable, si je ne divorce pas, tu n'es pas contente, si je divorce, tu fais la fine bouche.* Imperturbable, Rachel ne se départ pas de son calme. *Tu pourras emménager quand tu seras divorcé.* Je me fâche. *Écoute, on est au début mars, je ne pars pas à Paris avant septembre, jusque-là, je ne peux tout de même pas continuer à habiter avec ma femme au moment où je m'en sépare. Il y a des limites.* Son inflexibilité est sans bornes. *C'est ton problème, débrouille-toi, va à l'hôtel, sois un homme. Regarde, le chef de ton département, Lévêque, quand il a quitté sa première femme, il a bien habité seul quelque temps à Gramercy Park.* Je dis *mais ce n'est pas pareil, sa seconde femme, elle était encore en Europe, toi tu es sur place.* Elle n'a rien voulu savoir. Ma feue épouse me pousse dehors, me jette au trottoir. *Non mais, tu as un sacré toupet. Tu divorces et tu veux t'incruster à la maison.* Pas même le temps de dire ouf, elle crie *out*.

Un outlaw, un heimatlos, sans feu ni lieu, sans foi ni loi, une âme errante, un Jean-sans-Terre. On me déracine, on me détrône, n'ai plus qu'une couronne d'épines. De proprio deviens clochard. Mes amours me prolétarisent. Depuis dix ans, à force d'être, de-çà de-là, en rut, je suis à la rue.

Seulement, je ne me suis pas laissé faire par mes femelles. Avec moi, elles sont tombées sur un os. À l'épouse, j'ai déclaré net, *on n'est pas encore divorcés, pas même légalement séparés, j'y suis j'y reste. Si tu n'es pas contente, fous le camp ailleurs.* À Rachel j'ai dit aussi sec, *tu as tort de me faire poireauter, tu gâches pour rien nos rapports.* Elle réplique, *tu m'as bien fait languir six ans.* Je demande, *qu'est-ce que tu cherches, l'amour ou la vengeance.* Rachel n'était plus très sûre. J'aurais eu envie de reculer, pouvais plus, avec ma femme, j'avais maintenant le dos au mur. Elle avait soudain pris goût au divorce, devenue tout feu tout flamme. Si je disais *écoute, je renonce,* à présent, elle aurait emprunté du fric au diable même pour se procurer un *lawyer.* Pour intenter une action, elle aurait demandé du pèze à son père. J'étais salement coincé. Tout ça, à cause d'une coïncidence, 26 février, une apparition céleste de ma mère. Mes visions me coûtent cher, le mysticisme n'est pas gratuit. J'aurais dû écouter Talleyrand. *Méfiez-vous du premier mouvement, il est toujours généreux.* Même au bout de six ans, un premier mouvement, c'est fatal. J'aurais dû tourner sept fois la langue dans ma bouche, avant de l'ouvrir. Fin avril, la situation n'était plus infernale, l'enfer, j'en ai l'habitude. Elle était devenue intenable. C'est là que j'ai eu l'idée.

J'ai payé cash. J'ai réglé Rachel au content. J'ai acheté la trêve avec ma fille. *Tu voulais toujours que mes filles viennent à River-side, au lieu que moi j'aille à Flushing. Eh bien, d'accord.* Rachel a fait un peu la moue. *Qu'est-ce que ça change ?* Je prends la mouche. *Quoi ? N'as-tu pas toujours réclamé à cor et à cri que.* Pas l'air très impressionnée. *Oui, bien sûr, il y a longtemps. Maintenant je me suis bien habituée à vivre seule.* J'éclate. *Mais enfin, je suis en train de divorcer pour toi.* Me corrige, *pour toi.* La corrige, *ne m'apprends pas le pourquoi de mes actions, j'aurais pu rester marié encore vingt ans.* Elle ricane. *C'est vrai, tu en serais capable, tu as assez de platitude pour vivre avec une femme que tu n'aimes pas.* Moi je triomphe, *tu vois, c'est bien pour toi que je divorce.* Elle a lanterné, barguigné, je dis écoute c'est toi qui m'as demandé au téléphone de faire le nécessaire, le divorce, je ne peux pas aller plus vite, ça ne dépend pas de moi, mais, quant à ma sincérité, je te donne ma fille en gage. *Je ne peux pas faire plus.* Rachel s'est fait tirer l'oreille, encore. Et puis, elle a fini par acquiescer. Fin mai, enfin. Cela n'a pas été tout seul. La petite a beau être handicapée, il a fallu lui expliquer. Ma femme est discrète de nature, elle n'avait encore rien dit. Que papa n'enseignait plus à Yale, qu'il allait vivre désormais à Manhattan avec une amie. *Why ?* Les gosses ont des questions qui vous désarment. Pourquoi, est-ce que je sais, moi. Des années que je me gratte l'os jusqu'à l'inconscient pour savoir. Je n'ai pas encore trouvé la réponse. J'ai dû lui en improviser une. *C'est plus près, pour aller à mon travail. — Mais alors, tu n'habiteras*

jamais plus à la maison ? — Pas pour l'instant.
J'ajoute. *Et puis, tu verras, il y a un grand appartement, ça te plaira beaucoup. — Où est-ce que je coucherai ? — Ne t'en fais pas, il y a un lit dans mon bureau.* L'idée a eu l'air de lui plaire. Elle avait beau être en retard, pour l'œdipe, elle ne craignait personne. Coucher dans le lit de papa l'a amadouée. Quand Rachel a rencontré ma fille, cela ne s'est pas trop mal passé, naturellement, la môme a fait un peu de bruit, elle a couru dans le long couloir un peu trop vite. Question d'habitude, fait partie de sa condition, elle parle un peu fort. Moi, je suis sourd. Les autres, leur assourdit le tympan, quand ma fille s'excite, les cataractes du Niagara explosent dans la pièce. Deux trois fois, Rachel a fait la grimace, mais elle s'est montrée attentive, prévenante, elle a cuisiné un bon dîner. Que ma fille a dévoré à six heures, moi assis à ses côtés, pour lui tenir compagnie. Rachel s'étant retirée dans sa chambre, porte close, pour travailler. Elle est ressortie pour notre dîner à nous, vers neuf heures. *Alors ? — Elle est mignonne, ta fille, mais éprouvante pour les nerfs. Quel boucan ! À travers la porte, je vous entendais tous les deux. Toi aussi, avec elle, tu ne parles pas, tu hurles. — Tu voulais toujours un enfant. Eh bien, les enfants font du tapage, tu es servie. — C'est ta fille, pas la mienne.* On lui bousculait un peu ses salons calmes, ses habitudes célibataires. Quand j'ai été border la petite dans mon bureau, elle m'a demandé, *Is she your room-mate ? — Yes, we share the apartment.* Bonne formule, les gosses ont toujours le mot pour dire. Rachel et moi sommes coturnes. On va de nouveau partager l'appartement et le loyer. En attendant qu'elle partage ma vie.

À son tour, Rachel a payé cash avec Yorkville. Si elle m'expulse de ma maison, elle m'offre la sienne. Plus exactement, celle de sa mère, pour huit jours, avec ma fille. Ç'a été ma prime de séparation, ma ristourne sur l'opération divorce. Elle nous a invités tout au bout du promontoire sablonneux, au fin fond du monde, à l'extrême pointe. On a débarqué, après sept heures de voiture, devant un pimpant cottage gris d'expêcheurs, aux senteurs de pin, aux meubles frustes, avec un escalier raide comme une échelle de coupée. De la chambre du haut, la baie, dessous, comme par un hublot. Côté baie, on a la partie abritée, plage en pente douce, découverte à l'infini par la marée, pour baignades tièdes et paisibles, bordée de maisons en bois et de boutiques, barrée au loin par la digue du petit port. Par là, on a le centre ville. Le centre vice, itou, grouille de partout, en jeans, shorts et T-shirts, même à poil, de tout poil. L'Amérique entière l'été se déverse dans ce bled du Massachusetts. En vrac, bijoux en toc, une foire aux colifichets, capharnaüm à touristes. Tous les goûts, toutes les bourses, les amateurs de scrotum, Yorkville est le Saint-Trop du nudisme, La Mecque des mecs. Aussi des psy, drôle de mélange. Pipes à hachisch, narguilés à longs tuyaux, parmi les atours de cuir à la hippie, dernier chic bohème, tous les artistes du pétard, du pinceau ou de la plume, les travailleurs du divan, ceux qui roulent sur l'or ou sur deux roues, dans le pêle-mêle des plages. Pas de profs, nous sommes l'exception, pas un havre pour fonctionnaires. La mère de Rachel nous a prêté quelques jours sa maison, avant que l'été ne commence. Après, elle s'installe avec sa fille, l'artiste, la cadette, celle qui est peintre, pour la saison. Entre les séances de chevalet, cocktail chez le Dr Cohen, dîner chez le sculpteur Rosenbaum, barbecues chez des poètes qui ont frôlé de près le prix Pulitzer, ronde des mondanités estivales. Norman Mailer possède une grande propriété, là-bas, au bout, du côté baie. Il l'a laissée à sa femme, la troisième ou la quatrième, on ne sait plus. Je ne fais pas partie des clans, du bataclan des agapes rupines. J'ai droit à la pré-saison. Je villégiature à demi-tarif. Début juin, j'ai eu mes congés payés. Le bon moment, la ville est vide, sans kilomètres de bouchons klaxonneurs. De l'autre côté du cap recourbé en cimeterre, sur l'autre rive sauvage, l'océan rabat à lourdes lames fracassantes ses profondeurs de houle verte, avec, çà et là, des taches bleues. Des dunes énormes amoncellent leur moutonnement éblouissant le long des grèves désertes. Après des heures d'escalade, pieds nus dans la brûlure croulante du sable, gorge en feu, poumons en liesse marine, on dévale sur l'autre versant, au flanc des mamelons grésillant de grains dorés, jusqu'à la lisière ténue de la plage abandonnée et de l'azur fulgurant. À la pointe de la presqu'île, une forêt de pins parasols entortille ses sentiers chevelus entre les genêts et les ronces, autour d'étangs à nénuphars, tapis dans les recoins des dunes, au labyrinthe des frondaisons fléchées. Rachel nous a offert huit jours d'idylle à grillades sur charbon de bois dans son jardin, à randonnées étourdissantes de senteurs d'algues, aveuglantes de ciel incendiaire et de sable blanc. Avec les huîtres onctueuses de Wellfleet, les homards pattus, bouillis vivants sur demande, fritures géantes de crevettes, de coquilles Saint-Jacques, sur des bancs de dégustation rustique en plein air. Rachel a couché dans sa chambre de jeune fille, en haut, avec le hublot sur baie. Ma fille, à côté, dans celle de la sœur. Moi, en bas, me suis installé dans les quartiers de la mère. Quand j'ouvre ma porte, le parquet du salon, avec ses planches peintes en noir, gondole comme un pont de rafiot. Rachel m'a quand même lancé, *tu vois, c'est de ta faute, si tu avais fait plus tôt ce qu'il fallait, on aurait déjà pu passer ici des vacances.* Elle travaille toute la journée, presque. Moi, j'aime autant me promener avec ma fille. Conciliant, je dis, *chaque chose en son temps.* Rachel, aigre, *ta fille n'a pas l'air de s'en porter plus mal de me connaître.* Amène, je dis, *exact, mais maintenant, elle a onze ans, elle est plus grande.* Elle garde un sourire acide. Embarqués dans la maison-bateau, dans une escapade parfumée de résine et de cuisine, on a navigué huit jours. Un bel entracte. Une semaine à Yorkville en morte-saison contre une vie à Queens. Un troc.

        Seulement, Queens, l'été, avec les pelouses de frais arrosées, les fleurs blanches des magnolias au garde-à-vous comme des cierges, les buissons mauves d'azalées bordant les rues, c'est bien agréable. J'en profite une ultime fois. À trois semaines du départ de Rachel en France, à quoi bon emménager à Riverside, pas la peine. Ce sera pour la prochaine fois, à notre retour. Rachel, d'ailleurs, ne pense qu'à Royaumont, décade Balzac, on l'a invitée. Lui monte à la tête, depuis, dans la coloquinte, elle n'a plus que le colloque. Des semaines, à Yorkville, à New York, qu'elle ne fait que taper et retaper à la machine sa communication savante. Capital pour sa carrière, X sera là, elle veut impressionner Y, Balzac, faut le connaître de A à Z. Moi, je veux venir avec elle, normal. *Ah ! ça non, tu vas me ficher la paix. C'est ma décade cette fois, toi, tu as déjà eu les tiennes.* Elle me repousse avec horreur. Moi, je connais bien. Comme au M.L.A., à San Francisco, les uns sur les autres, après, les uns dans les autres. À force de se frotter dans les salles, de s'agglutiner dans la cour pour le café, de faire la fête au caveau, à force de voir sans cesse les mêmes têtes à table, finit au plumard. D'abord, on enfourne, puis, on enfourche. J'ai voulu l'accompagner, Rachel n'a rien voulu entendre. *Non, je veux être seule, me sentir libre, voir du monde.* Libre, on sait ce que parler veut dire. Deux jours en liberté à Hopkins, elle s'est fait emmancher par Nietzsche. Maintenant, ce sera Balzac. Pas que des vieux schnocks, là-bas, aussi de solides gaillards, avec de joyeux coups de reins. *D'ailleurs, après le colloque, j'ai l'intention de passer le mois de juillet avec mon amie Dounia.* J'ai fait une sale grimace. Annie, elle a ses hystéries, ses crises, ses petits côtés accapareurs avec Rachel, mais je l'aime bien. D'une liaison l'autre, elle est comme moi, elle va de déboire en débine. D'un mec à l'autre, jamais le bon. Elle a le vin gai et l'amour triste. Mais elle cherche l'amour, moi, j'aime. Sous ses grands airs de cérébrale à trois cents pour cent, Annie est une tendre. Dounia, une teigne. Peux pas la piffer, elle a sur Rachel une mauvaise influence. Dounia, une grande gigue, ça vous joue les libérées. Une sportive, je connais la gymnastique. Dos au sol, jambes en l'air, à la minute, avec n'importe quel type. De plus, s'en vante, les zizis, treize à la douzaine, vous les étale, bien ficelés, une botte d'asperges à l'éventaire. Éventail de ses amants va de l'ambassadeur au clochard, en passant, si possible, par les esthètes. Je trouve malsain que Rachel s'en soit entichée à Paris, qu'elle la fréquente assidûment. Dounia donne à Rachel des idées. *Comment, tu vas habiter chez elle ? — Mais oui, bien sûr, elle vient de s'acheter un grand appartement. Elle m'a dit qu'elle me ferait rencontrer des tas de gens intéressants. — Je me doute à quoi ils s'intéressent ! — Et alors ? Tu veux me maintenir dans une cage ? Tu crois qu'il n'y a que toi d'intéressant au monde ?* Ses boucles encore plus denses, encore plus drues, tous ses tifs qui se rebiquent en bataille, quand elle redresse ainsi la tête, Rachel est une vraie Méduse. Elle me sidère, peux plus rien dire. Dans mon jeu, je n'ai plus d'atout. Joué l'as de cœur, bientôt les paperasses de la séparation seront prêtes, un an plus tard impossible d'arrêter le divorce, on l'a sur demande, automatique, ma femme elle en jouit déjà, elle en bave d'avance. De ma maison, de mes filles, il me reste deux mois à vivre. Mon vieux copain toujours niché en Australie, son appartement parisien ne sera disponible qu'en septembre, avant, je n'ai nulle part où aller. Rachel me quitte, je ne peux pas même la suivre. Toute seule, tout un été, avec Dounia en chaleur. Mes dents grincent. Avant, j'aurais pu dire à Rachel : si tu me fais ce coup, si tu te paies une partie de jambes en l'air à Paris sans moi, pour mon divorce, tu peux te mettre la ceinture. Je n'ai plus d'arme, mon carquois est vide, mon carcan m'enserre. Maintenant que je plaque tout pour elle, avec Rachel j'ai les mains liées. Elle en profite. *Tu sais, je ne t'écrirai pas chez toi, tant que tu es à Queens, tu n'existes plus. — Mais je ne vais pas rester deux mois sans nouvelles... — Avant, on est restés séparés plus longtemps que ça. — C'était avant...* La connais, elle n'en démordra pas, inutile d'insister. Elle va disparaître dans le silence. Je sombre dans la jalousie, la pire, la vague. Peux pas me plaindre, je dois ravaler mon tourment. Elle sait mes points faibles, elle me cuisine en artiste. *Je ne te manquerai pas, d'ailleurs, tu as ton roman à terminer. Au fond, pour toi, il n'y a que cela qui compte.* Le 30 juin, de mémoire de New-Yorkais, on n'avait jamais vu d'orage pareil. Dès la fin de l'après-midi, nuit noire sur la ville, et puis, la tornade, la trombe, ma voiture, quand j'ai conduit Rachel à l'aéroport, ne roulait pas, elle barbotait, Grand Central Expressway, Van Wyck, les autoroutes tanguaient pire entre Manhattan et Kennedy que la Manche entre Calais et Douvres. *Pourvu qu'on arrive à l'heure, pourvu,* elle avait peur de ne pas me quitter assez vite, de rater une bouchée de Balzac, un ragot de colloque, si jamais un papotage lui échappait, *dépêche-toi,* plus une trombe, c'est une cataracte, mes essuie-glaces ne frottent plus, ils rament dans un torrent boueux, mes yeux pataugent, on navigue à l'aveuglette, *qu'est-ce que tu veux que je fasse, je ne peux pas aller plus vite,* elle s'agite, *on aurait dû partir plus tôt,* je crie, *ça fait déjà des heures que je suis parti de chez moi pour te chercher,* elle hurle, *si tu n'habitais pas dans ta fichue banlieue de Queens,* rageuse, *si tu ne faisais pas toujours tout trop tard,* le gouvernail s'affole, l'esquif chavire, maintenant on va capoter, je ricane, *c'est ça, voilà, à présent l'orage, c'est de ma faute, on aura tout vu,* je ne vois plus rien. J'ai dû arrêter la voiture sur l'accotement. Lorsque le rideau de pluie s'est un peu soulevé, qu'on a pu apercevoir un peu la scène, après l'entracte, on s'est remis à ramper vers Kennedy. Avant le départ de l'avion, elle avait largement le temps, presque trois quarts d'heure. Je dis, *et puis, tu sais, avec cet ouragan, il y aura sûrement du retard, ton avion ne décollera certainement pas à l'heure, ne t'en fais pas.* Rachel avait quand même l'air de s'en faire. Soudain, après le déluge de pluie, les éclairs et le tonnerre sont entrés enfin dans la danse,

Kennedy était tout secoué, on aurait cru une canonnade, l'aérodrome est écrasé sous les bombes, de partout le ciel éclate. À peine si elle a desserré les dents pour dire au revoir, à peine une bise sur la joue, et la voilà disparue, sans se retourner une seule fois, raide comme un piquet dans son imper. J'ai quand même attendu, un peu, longtemps, pour voir. Si son avion partirait quand même. Si le vol serait annulé, si elle reviendrait. Si elle ressort, il vaut mieux que je sois là, comme ça, elle verra que je tiens à elle. Et puis, au tableau des départs, le vol Air France a clignoté. Dehors, mon parapluie a été retourné d'un coup de bourrasque, baleines arrachées, j'ai été plongé tout entier dans un bain tiède. Peux pas quitter le hall de l'aérogare, dégoulinant de la tête aux pieds, je scrute le ciel. Toutes les trois secondes, la nuit se zèbre de fusées éclairantes, des sillons tonitruants trouent l'horizon, des zigzags de feu balafrent la rétine, fracassent le tympan, le monde tout autour s'embrase. Par intervalles, la grosse tête renflée d'un 747 passe juste en face, par-delà le bâtiment, d'un lent essor, monte droit, va se jeter dans le gouffre incandescent, se dissoudre dans le volcan de la nuit en éruption. Soudain, mon coeur bat, un 747 d'Air France, si proche, je peux lire les lettres, c'est elle. Ce doit l'être. Les éclairs claquent contre la carlingue en ascension, ils vont frapper, l'avion va être atteint à mort d'une flèche de flamme, abattu à mes pieds par la mitraille céleste. Il continue calmement à s'élever dans le vacarme. Quand même, si cette carne crevait. Ça simplifierait l'existence.

SPIRALE (XII)

je regarde longuement les lieux une dernière fois, j'emporte ma chambre outre-tombe. J'ai un goût verdâtre, nauséeux, dans la bouche. Je suis moribond. Personne pour me veiller à l'agonie. Dans la maison, silence de mort. Mon masque mortuaire, j'ai voulu photographier, pour conserver. Avec mon appareil Polaroïd, j'ai pris une dizaine d'instantanés. À mesure que les clichés se développent, se colorent sous mes yeux, la distance entre le simulacre et le réel me happe comme un gouffre. Je sombre dans l'incomblable décalage. De l'être, on ne peut rien emporter, nulle trace. L'image est pire que le néant, un faux-semblant impalpable. Rien ne me rendra jamais mon grand bureau de noyer contre la fenêtre de la rue, où filtre le soleil matinal. Ni les deux autres fenêtres, accueillantes aux flots dorés de l'après-midi, aux lueurs rouges vespérales. Ouverte de toutes parts à la clarté, ma chambre étincelle de ses derniers feux. La grande glace, au-dessus du lit, reflète les rayons de livres, en face. Il y en a aussi, au fond. Le cri de la petite résonne, jailli de sa gorge, *Daddy,* quand elle m'aperçoit sur le seuil, debout sur le pas de la porte, par tous les temps à l'attendre, quand elle bondit du car, court vers moi à toutes jambes, et puis, pluie, vent ou bourrasque, elle et moi, main dans la main, le cri s'éteint. Le soir, lorsque ma femme est couchée ou sortie, mon aînée est une petite femme, jusqu'à onze heures, en tête-à-tête, dans la tiédeur de la cuisine, elle cigarette, moi verre en main, on échange en chuchotant nos confidences. Le chaud murmure disparaît. Jusqu'à l'os, un froid glacial me pénètre. Mon fauteuil de skaï noir, le tabouret, trop encombrants, je suis obligé de les laisser. De ma demeure, je laisse tout, les meubles vont avec les murs, le canapé courbe du salon, la table de verre, les fauteuils danois. Je souffre en damné. Dépossédé de mes aîtres, de mon être. J'ai à peine droit à mes effets personnels. Une fois encore, je regarde les photos que j'ai prises, la réalité que je perds. Et puis, j'ai dû me démolir, je me suicide à pleines mains. Pendant des heures, il a fallu entasser mes livres dans des cartons, plus de cinquante, les ficeler. La fatigue à présent me ligote, je peux difficilement me mouvoir, mes membres sont de marbre. Comme des dalles sur le tapis, les cartons sont mon cimetière. *Ci-gis*. Les rayons de ma bibliothèque, dénudés, montrent leur squelette. Les nœuds du bois bon marché apparaissent, les pointes des clous, çà et là, ressortent des planches de pin gauchies. Moches, mes étagères, mais quand même, assemblées au marteau à la va-vite, deux couches de vernis, elles ont tenu bon une décennie. Il faut que je les démonte, que je me démantibule. Les déménageurs vont venir d'un moment à l'autre. L'ultime secousse, plus de secours. À mon retour de France, à peine débarqué en Amérique, j'ai droit à un soir chez moi. On a fait le vide. Mon ex-femme découche pour m'éviter. Elle a envoyé la petite chez sa grand-mère à Boston. Ma grande s'esquive d'elle-même, de peur des émotions fortes. Pour la mise à mort, on me laisse seul. Rachel n'est même pas à Riverside, pour m'attendre. Elle se prélasse dans sa maison de Yorkville, prend le frais au bord de la mer. Je l'appelle, à mon arrivée, gorge nouée, j'ai besoin d'une bonne parole. *Je profite des derniers jours de vacances, tu as les clés.* Exsangue, je flotte dans un linceul de peau flasque. Soudain les déménageurs ont sonné. Après, tout a été très vite. Caisses emportées, le tour du bureau, ils ont défait la bibliothèque. Le gros demande, *are you sure it won't break ?* Sans importance, s'il y a de la casse, tant pis. De toute façon, mon existence est brisée. Les deux déménageurs ont été très gentils, très attentifs. Rien eu à faire. Les planches étaient trop âgées pour les balades. Maintenant désarticulées, sous les coups de marteau acharnés, elles se sont mises à gémir comme la coque d'une épave qui éclate. Le bois se fend en craquements aigus, en raclements rauques. Chaque nouveau coup m'enfonce des échardes dans la chair. *Sir, we're ready.* Eux sont prêts, tout est chargé sur le camion. Je leur dis, *I'm coming.* Suis cloué sur place, un animal aux abois qu'on arrache à son terrier. Onze ans de ma vie que j'enterre. Le seul point fixe que j'aurai eu, depuis l'enfance. Je n'arrive pas à m'extirper de ma chambre. Je les ai entendus crier en bas de l'escalier, *we're going.* Le camion a démarré dans un râle sourd. D'un coup sec, j'ai claqué la porte, j'ai descendu en courant l'escalier. La cadette chez sa grand-mère, l'aînée aux champs, personne à mes funérailles, pour les adieux, je suis parti de chez moi comme un chien.

À Riverside, les déménageurs m'ont laissé affalé parmi mes ballots. Tant bien que mal, ils ont rafistolé les rayons, remonté avec difficulté la bibliothèque. Ils m'ont prévenu, *you know, it can't take another trip.* Je sais, les planches ne pourraient pas supporter une autre secousse pareille. Moi non plus, c'est la dernière. Ma chambre était trop petite, j'ai dû faire installer les rayons dans le couloir, si sombre qu'on ne peut même pas lire les titres, au dos des livres. Je suis plongé dans la nuit, au fond de l'appartement désert. Rachel n'a pas une seule fois appelé de sa retraite. Je ne veux pas être suspendu à ses lèvres. Silence, aux deux bouts du fil. J'ai un irrésistible besoin d'elle, une irrépressible envie qu'elle arrive. SINON, SANS ELLE. Tellement absurde. Un incroyable cauchemar. QU'EST-CE QUE JE FOUS LÀ. Comment j'ai pu en venir là. L'appartement vide m'estomaque, en entrant, je l'ai reçu comme un direct au foie, plié en deux. Arrêt du cœur. Peux pas attendre que cette morne sépulture se repeuple. Comme Lazare, je voudrais sortir de ma tombe. Qu'elle revienne, qu'elle me ranime, que je ressuscite. Elle a rappliqué trois jours plus tard, le teint bien bronzé, épaules bien dodues, lèvres et jambes bien épilées, tout éclatante de soleil marin, de dunes aux souffles iodés, poumons en liesse, parfumée aux mille sentiers des pinèdes. Trois semaines seulement qu'on s'était quittés à Paris, elle, toujours pressée de rentrer, repartie la première, revoir sa mère, profiter du bord de mer, le rituel. Je n'arrive pas à la reconnaître, transfigurée, tout son corps s'était aéré, allégé, comme un ballon gonflé qui monte, son visage planait dans les airs. Ma future femme, enfin de retour au quasi-domicile conjugal. D'un élan impétueux, je me précipite vers elle, sur elle, je vais la dévorer à pleine bouche. À peine si elle me tend la joue, une bise glaciale. Il souffle un vent d'hiver soudain, au seuil de septembre. Je cherche des mots, me racle la gorge, j'expectore

— Tu es splendide, tu sais, rayonnante! Je t'ai rarement vue comme ça en beauté.
— Toi, tu as plutôt mauvaise mine, tu fais une sale tête.
— Je suis passé par des moments éprouvants, ça n'a pas été tout rose...
— Ton déménagement de Queens? Ça fait des années que tu aurais déjà dû décamper de ta fichue bicoque!
— Ça peut te paraître absurde, mais, moi, ça m'a été très pénible. C'est la première et la dernière fois que j'aurai eu une -maison à moi, un lopin de terre... Et, sans être un cul-terreux, dans ma vie errante, je m'y étais très attaché.
— Tu veux que je m'apitoie?
— Non, puisque je t'ai.

Elle m'a jeté un drôle de regard, oblique. Je la rassure.

— N'aie pas peur, je ne te compare pas à une maison! Une maison et une femme, ça ne se possède pas de la même manière...
— Ah! ah! très spirituel... En tout cas, si tu commettais cette erreur, tu serais vite désabusé.

Et puis, Rachel a dit qu'elle voulait voir mes livres, mes affaires mystérieuses, si longtemps reléguées à Queens. Au bout du corridor, elle s'arrête.

— Ta bibliothèque, ici, ça rétrécit le couloir, on peut à peine passer.

— Où voulais-tu que je la mette ? Il n'y a pas de place dans ma chambre.

— Tu feras bien attention de ne pas confondre tes livres et les miens, on en a sûrement en double.

— Ce n'est pas grave, puisque désormais on va vivre ensemble.

Elle n'a rien répondu, elle est passée dans mon bureau. L'air incrédule, et puis, la voix navrée

— C'est ça, ta fameuse table de travail ?

— Eh bien oui, c'est mon bureau, qu'est-ce qu'il a de bizarre ?

— Mais il est affreux, d'une écœurante banalité, comme tout ce que tu possèdes, comme ton ex-maison... Tu n'as aucun goût !

— Tu vois, on n'a pas les mêmes. Moi, je le trouve très bien, ce bureau, bien ciré, avec tous ses tiroirs commodes. Je n'en voudrais aucun autre.

Si elle avait voulu me blesser, elle n'aurait pas pu trouver mieux ajusté. Après trois semaines d'absence, au moment où je m'arrache, me déchire, m'éventre, où je me fais hara-kiri pour elle. AU MOMENT OÙ. Sept ans qu'elle l'a attendu, dans les jeûnes, dans les supplications, dans les supplices, sept ans qu'elle se macère, qu'elle me lacère, *quand est-ce que tu vas enfin,* qu'elle se fouette, qu'elle me fustige, *ne vas-tu pas finir par,* sept ans entiers qu'elle nous flagelle. Sa réflexion sur mon bureau, j'avoue qu'elle me mortifie.

— Pendant que tu y es, tu peux aussi souligner que les planches de ma bibliothèque sont mina-

bles, du malheureux pin, mal verni. Je le sais, mais je les aime bien quand même.
— Je n'ai pas voulu t'insulter. Simplement, avoir tant fait d'histoires pour conserver ça, c'est bien de toi! Allons, ne fais pas cette tête, viens, je vais préparer le dîner.

Dans sa voix, il y avait une trace de remords, une inflexion, pour corriger sa réflexion.

— *Robert, Robert, I can't understand what's happening, I really can't!*
— *What's happening?*

Pour que je l'appelle par son petit nom, il fallait être grandement ému. Mais c'est vrai, je n'y comprenais plus rien, un vrai casse-tête. À en devenir marteau. Qu'est-ce qui se passe. Les psy aiment le sexe. Moi aussi, à l'occasion. Le retour de l'amant prodigue, c'en était une. Sept ans qu'elle attendait cet instant. Avec larmes et bagages, pleurs de joie des retrouvailles, je débarque. Trois semaines qu'on ne s'est pas vus depuis Paris, des siècles. Elle m'a maintenant au complet, bouquins, bureau, à part entière. Ici, à présent, mon seul domicile, je n'ai plus qu'un toit sur ma tête. Pendant vingt ans de vadrouilles éparpillé, écartelé, je me remembre. Désormais, je suis où je suis. Où elle est. Là que je me trouve, me retrouve. Dans le vaste appartement aux vieux parquets, je vais refaire mon domaine. Avec Rachel, refaire ma vie. Aussitôt que le décret de divorce est prononcé, on convole, à tire-d'aile. Alors, j'ai voulu. Normal, après notre dîner d'amoureux, tâter un peu de l'amour. Elle dit, *tu crois ? — Mon emménagement pour de vrai, pour toujours, ça se célèbre, non ? — Je suppose.* Pas très chaude, pas une déclaration brûlante. Pas un feu de joie au pelvis. *Comment, tu supposes ?* Elle n'a rien dit. Qui ne dit mot consent. Dans le grand lit de sa chambre, je commence à lui tripoter les fesses. Malaxer le popotin me met en humeur. Chacun ses goûts. Au pieu comme ailleurs, donnant donnant. Rachel, elle aime qu'on lui fasse minette, son droit, désir légitime. Moi, sa toison plein la bouche, relents d'urine qui vous picotent les papilles, pas mon attouchement préféré. Je ne prends pas mon pied aux lèvres. Mais enfin, si c'est son vœu. J'ai demandé au docteur à Luchon pour ma gorge, il a dit *non, ce n'est pas dangereux, si on se lave bien, si c'est propre.* À proprement parler, Rachel et moi, on échange nos cochonneries. J'ai mes traits, mes attraits pervers, mes dévotions particulières. De temps en temps, j'aime bien taquiner le derche. Empaler par le troussequin. Ma femme, une pimbêche, elle a toujours refusé, hurlé à la sainte horreur, sa pastille, une profanation de l'hostie. Rachel, elle au moins, s'y prête. De bonne grâce, de bonne graisse, un mignon derrière tout rond, tout lisse. La seule partie de son corps qui soit chauve, chaude, qui s'épanouisse avec un mol abandon. Le seul coin matelassé, capitonné de sa carcasse. À peine au pieu, je passe la main sur son pétard. Elle dit, *non laisse.* Je dis, *laisse quoi ?* Elle dit, *laisse tranquille, je n'ai pas envie de ça.* Comprends pas, pige plus, Vénus callipyge, si on ne peut même plus lui effleurer le prose, c'est tout un poème. J'ai un sursaut. *Ah bon ! c'est une nouvelle lubie, ou un nouveau règlement ? — Interprète cela comme tu veux. Je n'ai pas envie, c'est tout.*

— That night only?
— And all the following nights...
— That's bad.

Pas bon signe. Je n'ai pas besoin de lui pour le savoir. Moi qui suis au lit avec elle. Aux premières loges. Elle m'a laissé lui caresser le balcon. Avait l'air moins excitée que si je lui avais chatouillé le lobe de l'oreille avec une plume de moineau. Du coup, je me suis mis à la palper, dur et ferme, de partout, pire que les travaux d'Hercule, de muscle en muscle. Rien, massive, inerte. J'aurais pu usiner un macab, pareil. Autant de réaction, pas le moindre tressaillement, pas l'ombre d'une cambrure.

— What happened then?
— What do you mean, what happened?

Qu'est-ce qu'il veut qu'il arrive. Y arrive pas. Peux pas la mettre en train, en arrière-train, interdit, allumage, néant. Lui, il lui faut tous les détails. Je m'escrime, je m'essouffle. Elle dit, *écoute, prends ton plaisir, moi, je suis fatiguée ce soir.* Déjà, elle a toujours été dure à la détente. Cette fois, elle bat son propre record. Après une demi-heure d'exercice, dans sa fente, c'était sec comme un désert, mouillé comme le Sahara au mois d'août. Pour pénétrer dans l'oasis, j'ai dû mettre une tonne de vaseline. *Prends ton plaisir,* elle est bonne, là tout seul, en elle. J'ai dû me branler dans son bénitier une autre demi-heure. Pour les éjaculations précoces, j'étais guéri.

— She told you to take your pleasure, just as she took it away. What do you think it means?

— I think, I think...

Évidemment, si on dit aux gens de prendre leur plaisir, au moment où on le leur ôte, pas normal, mais logique. Si on retire d'une main ce qu'on offre de l'autre, on n'a pas une envie folle de donner. Ce que j'en pense. Je préfère ne pas y penser.

— And how long do you think this will last ?
— Not too long, I hope !

Il y a des choses qui ne se laissent pas regarder en face. Le soleil, la mort. Le soleil d'un amour qui meurt, désastre à ses derniers rayons. Quand une terre, si souvent labourée, ensemencée, se change en pierre, planète morte, à rouler sans fin dans le vide un cadavre sidéral. Je suis maintenant sans feu ni lieu, elle est ma flamme, ma femme. Si elle s'éteint, je m'éteins. Un tube de barbituriques.

— Let's not even discuss it. You love yourself too much to kill yourself.
— You can't be too sure.

Je leur montrerai à tous. Si on me pousse vraiment à bout, je me bute. Quand il n'y a plus rien à vivre, ils verront que je sais mourir. Pas l'envie qui manque, pesante, noirâtre, des fois m'oppresse, je compte mes boîtes. Deux Entubal, un Barbutal, devrait suffire à m'envoyer ad matres. La rejoindre. À Bagneux, là-bas, au trou, on ramènera par avion mon cadavre. Serai mangé aux vers français. Mais le pire n'est pas toujours sûr. PAS POSSIBLE, PAS PENSABLE. À l'instant où je lâche tout pour elle, QU'ELLE ME LÂCHE. Destin écrit en lettres de feu, me strie la rétine. Nuit noire.

Non, elle a des éclairs de gentillesse. Je fouille fébrilement, je gratte ma mémoire, j'extrais une amabilité. Avant-hier, elle m'a demandé si ma fille était contente de ses week-ends chez nous. J'ai dit oui, la petite adore les boutiques le long de Broadway, les trottoirs constellés de pâtisseries, la foule toujours animée, elle trouve le coin bien plus vivant que sa banlieue. Pour un gosse, la pouillerie ne fait pas peur, la saleté est attirante. Et puis, au bord du fleuve, il y a Riverside Park, où elle et moi, Rachel travaille, on s'ébroue sur des kilomètres, *oui, ma fille est contente.* Rachel n'a pas dit *tu vois, tu aurais pu la faire venir bien plus tôt,* elle ne s'est pas plainte, au contraire, d'une voix douce, elle a dit *j'en suis heureuse.* Donc elle n'est pas indifférente, pas tout entière barricadée sous sa carapace. Dessous, il y a encore un cœur qui bat. Bon signe, et puis, l'autre jour, d'un air enjoué elle a déclaré, *je crois bien que ma mère pourrait nous prêter la maison de Yorkville pendant tout le mois de mai.* Si elle dit *mai,* elle pense à l'avenir. Si elle dit *nous,* elle voit toujours l'avenir en double. Je me rassérène, faut pas toujours pousser tout au noir. LE PIRE N'EST PAS TOUJOURS SÛR. Et encore, quand j'ai eu mal à la tête, elle m'a dit, *tu devrais prendre deux aspirines,* elle n'avait pas l'air tellement loin de compatir, elle a eu une inflexion de voix presque tendre. Clair et net. Les signes favorables s'accumulent. Haruspice haletant, je scrute les entrailles du destin.

— *Have you ever thought she might feel guilty ? It is not all that easy for her, after all.*
— *What is not easy ? Living with me ?*
— *Possibly, living without loving...*

Là, je ne suis pas assez détraqué, à présent, lui qui me matraque. Gentillesse, c'est de la culpabilité. Si on vit avec les gens quand on n'en veut plus, ce n'est pas une situation facile. Je le paie pour s'apitoyer sur mon sort, à moi. Il voudrait me faire pleurer sur son sort, à elle. Cela me met en fureur. Comment proférer des énormités pareilles. ELLE, ne plus vouloir de MOI. Comme si soudain deux et deux ne faisaient plus quatre.

— *How can you say she doesn't love me any more ?*
— *I said : possibly...*

La possibilité qu'elle ne m'aime plus est impossible. Son erreur est monumentale, mathématique, je vais administrer la preuve par neuf. Je multiplie les souvenirs et puis, après, je vérifie. Une opération fort simple, à peine un saut de puce en arrière, j'évoque NOTRE ANNÉE EN FRANCE. Là, si proche, je peux encore la toucher. Je suis à peine à New York, de cœur encore à Paris. D'un seul coup de baume à l'âme, je me rassure. L'année passée a été notre sommet. En février. Au plus bas, elle m'appelle au téléphone, a eu la bourse, une vraie bénédiction d'en-haut, la demande soudain est accordée. Subitement propulsés au pinacle, dès septembre, de nouveau grimpés à notre quatrième, Trocadéro, une seconde fois, *bis repetita placent,* libre par miracle, mon copain toujours là-bas, dans la stratosphère, à trente heures d'avion de la planète, en Australie. De nouveau installés comme en songe, un appartement de rêve. Tout pour être heureux. Royaumont, un succès. Pour elle. Elle a fait une communication bien accueillie. Pour moi. Elle n'a couché avec personne. Colloque Balzac réussi, un bon début. En me revoyant à

Paris, Rachel a même souri, pas jaune, rose. On a arrosé les retrouvailles aux eaux thermales. Un sacré voyage de futures noces, j'ai eu une idée géniale. Pour se soufrer les fosses nasales, pas nécessaire de souffrir à Luchon, Enghien, il n'y a pas, pour se maintenir en santé, que les endroits moches. D'agréables aussi doivent exister. Je me suis procuré un guide thermal d'Italie. Consulté la liste, Montecatini, pour le tube digestif, pas pour le larynx. Ici, rhumatismes, bains de boue, là le foie, le gésier, la vessie. De source en source, d'organe en organe, enfin le lieu idéal, je touche au therme. Castellammare di Stabia, trente kilomètres au sud de Naples, *Nuove Terme Stabiane*, déjà là sous les Romains, *cure idropiniche, inalatorie, bagni*, voilà. Pas loin du Vésuve, lave, éruption, par là, forcé, il y a du soufre qui éructe. On a déniché, sur crique privée, un hôtel posé à pic, creusé à même le roc, avec ascenseur pour descendre jusqu'à la plage. Et, dans le village, une auberge fabuleuse, bruyante, grouillante le soir, portions gigantesques, *Pizza a metro,* nourris au mètre cube. Un brin de cure, beaucoup de nage, ça ouvre l'appétit. On a dévoré Pompéi, Paestum, tous les temples, toute la côte jusqu'à Sorrente, hydroglisseur à Capri. À Ravello, entortillé tout en haut des virages en épingles à cheveux, on a couché dans l'hôtel où Wagner a composé *Parsifal*, les deux premiers actes. Au retour, la cathédrale dorée d'Orvieto rutilait encore au soleil d'octobre. Pour conclure la visite aux thermes, pèlerinage aux sources. Près des marbres de Carrare, où Michel-Ange puisait ses statues et où on a acheté deux cendriers, il y a la plage de Tonfano. Sise sur un ruban de sable allongé à l'infini, parmi les guinguettes à spaghetti maintenant fermées hors saison, c'est un lieu saint. Avec toute la Sainte Famille, mère, sœur. Rachel y a été, dans les années cinquante, avec son Père. Le seul et unique voyage de ce dernier en Europe, depuis sa fuite. On a même fini par retrouver la Pension où, la Chambre dans laquelle. Tellement émue qu'elle en a versé une ou deux larmes, moi-même attendri. Après, dans l'unique restaurant ouvert, on s'est gorgés *alla marinara,* face à la mer, et puis, dedans, ultime baignade, la Méditerranée encore toute bleue, le soleil encore tout brûlant, début octobre.

Des preuves d'amour, l'année dernière en Europe, j'y puise à pleines mains. À Noël, quand Rachel est retournée quinze jours à New York chez sa mère, se faire enlever une tumeur insolite au cou, au départ, elle m'a dit *take good care of yourself.* Au Bourget, à son retour, la gorge emmitouflée de pansements, gentille pensée, m'a dit *I am glad to see you.* Toute tendre de me revoir, de revoir aussi ma voiture, forcé, après une opération. De crête en crête, on a grimpé dans le bonheur, on a escaladé les cimes. Ainsi, à Pâques, lorsque sa mère a débarqué à Paris, chez nous. Avec ma fille. Un vrai moment historique, on a touché au sublime. À l'aérodrome Kennedy, mon ex-épouse a confié mon rejeton à ma future belle-mère. Un enfant handicapé ne peut pas voyager seul. Puisque Rachel veut voir sa mère, moi ma fille, on a fait d'une pierre deux coups, de deux invités un seul voyage. Une exceptionnelle réussite, une réunion extraordinaire. Pendant la journée, Rachel et sa mère font les musées, ma fille et moi les pâtisseries. Le soir, on se retrouve à table. On formait une vraie famille, c'était déjà un remariage. À Pâques, pas une visite d'Amérique qu'on a eu. Une visitation. Lorsque l'avion est reparti, dans les yeux, j'avais des larmes. Durant toute l'année, de grands instants, je n'ai que l'embarras du choix, que ça à citer. Qui font les souvenirs éternels. Par exemple, mon manuscrit, dégrossi à cinq cents pages et quelques, cuit et recuit, bien réduit à la cuisson, à peine nous revenons d'Italie, que des déboires. Le Mercure de France m'abandonne, après plus de dix ans, une trahison. J'ai voulu franchir le Seuil, j'ai été aimablement reçu, mais la calculatrice de poche a été formelle, *combien de lignes par page, vingt-six, combien de signes par ligne,* a été vite fait, *non, il faudrait vendre le livre trop cher.* On m'a offert de m'en prendre cent cinquante pages. Calmann-Lévy, pas le genre, Bourgois, trop lyrique, au Sagittaire, trop pondéreux, Minuit, roman est mort, revenez avec de la science humaine. Psychanalyse, par exemple, c'est bien, se vend bien. Valse des refus, finit par étourdir, vous donne le tournis. En fait, ça tourne très mal. Les éditeurs sont en grand nombre, mais nullement infini. Ma peau de chagrin rétrécit, à mesure ma peine est plus lourde. Six ans de labeur quotidien sur les bras me pèsent. Pourtant, je suis sûr de moi, sûr d'avoir fait un livre valable, avalable, sinon pour consommation de masse, du moins pour les *happy few.* Pas Proust, d'accord, mais entre Proust et rien, il y a une vaste marge. Voilà, je suis un marginal. Je ne fais partie d'aucune coterie, d'aucune chapelle parisienne. Ni homme d'église ni homme de parti. Pire, je ne fais pas de politique. C'est la politique du pire. Mon œuvre ni moi ne sommes aussitôt classables, on ne peut pas nous accoler à la seconde une étiquette. Ce n'est pas du nouveau roman ni de l'ancien. Je suis sûr, moi, de moi. Mais il y a les autres. On ne peut pas s'aimer tout seul. Quand même, la tournée des refus, la ronde des rejets, à la longue. Je suis salement ébranlé, ma carrière de romancier branle dans le manche. Le soleil d'Italie est évaporé, le froid hivernal, l'accueil glacial de Paris me pénètrent jusqu'aux vertèbres. Et puis, soudain. Moi, tout fourbu, les grands éditeurs épuisés. On m'a conseillé de m'adresser aux petits. Sur un tuyau furtif, je demande un rendez-vous, mon gros manuscrit sous le bras, j'arrive, avec crainte, avec tout le tremblement. Dans l'arrière-boutique d'une galerie de tableaux coincée entre S.O.S.-Dépannage et de la popote tunisienne, très blue-jeans, très botté cuir, un œil en feu, une faconde méridionale en éruption permanente, on me reçoit, *je ne vous promets rien,* sans garantie. En moins de vingt-quatre heures, au bout du fil, moi à bout de forces, la voix de tête, chantante, nerveuse, me nasille les mots magiques, *je prends.* Pris d'un vertige d'espoir subit, une immense lueur me danse devant les yeux, arrive à peine à croire. ÉDITEUR MIRACLE, j'ai trouvé, je suis sauvé. *Venez demain, on signe le contrat,* je ne viens pas, je cours, je vole, je débarque en hélicoptère, en reposant le récepteur, j'en ai vraiment les mains qui tremblent. Eh bien, Rachel aussi était émue, faut être juste. Nos bouquins, dès le premier jour, ont scellé notre alliance. Entre nous, ils ont été le trait d'union, nos bagarres des parenthèses. L'écriture ponctue nos vies, chacun avec sa chacune, à sa machine, tous les matins, durant sept années. Je crois qu'elle m'a même embrassé sur le front. Je dis, *tu verras, la chance a tourné, maintenant, ce sera ton tour.* Son *Balzac* se balade toujours d'un bureau l'autre, de presse en presse universitaire, on n'est pas forcément pressé en Amérique. J'ajoute, *c'est le signe du destin.* Elle et Lui. Dans notre zodiaque inscrit. Sous le signe du Livre, on va vivre.

                    Elle m'a dit, *en tout cas, j'at-tends l'émission avant de partir.* Elle a envie de rentrer, se faire dorer au soleil de Yorkville, elle est attachée, elle aussi, à sa maison. Mais quand même, c'est un événement à ne pas manquer. Doit avoir lieu le 5 août, elle repart le 6. Pas moi qui ai demandé, c'est venu d'elle. Naturellement, au septième ciel, *je serai heureux que tu sois là, en ton absence, ce ne serait plus pareil,* moi, je nage dans le bonheur, tout aquatique, extatique. IL FAUT QU'ELLE ME VOIE. Voir pour croire, comme ça, elle aura la foi. En moi. Des années qu'elle a cru au grand homme, qu'elle a joué à être ma Muse. D'abord, ça l'a amusée, et puis après, elle a fait tout un tintamarre autour, apostasie, toute une musique, orale, par lettres, chanté sa palinodie, *j'étais abusée.* Manheim, son psy, lui a fourré ça dans la tête. Je lui montrerai, *de visu,* qu'elle avait tort. La première vérité était la bonne, vérité première. À la kyrielle aussi des éditeurs qui m'ont saqué, leur ferai voir. ME FERAI VOIR. Pas par vanité. C'est ma revanche. Quand un long combat incertain se termine par une victoire, forcé, vous grise, vous monte un peu à la tête, ça divague là-haut, au quatrième, Trocadéro, quand toute l'équipe est montée, mon équipée est deve-nue tout à coup une épopée, ma croisade a reconquis les lieux saints, on a mis l'appartement sens dessus dessous, en remue-ménage, on a disposé la table comme il faut, face à la fenêtre du salon, et puis on m'a fardé les joues, poudré le museau, *ayez l'air très naturel,* on a installé avec leurs mille fils entortillés tous les appareils de prises de vue, de son, la chambre remplie de caméras, tous les spots entre les pots de fleurs pour les flashes, flèche de tout bois, m'apprête à faire assaut d'esprit, faudra vider mon carquois, coi, soudain, ému, le grand homme entre, pour l'interview téléview TÉLÉVISÉE à domicile, beau m'y être préparé, être paré, je cane, mais lui, si rond, rubicond, l'œil fouineur, affable, connaît si bien la cuisine, en moins de deux me mets à table, il m'a fait manger le morceau, tambour battant, de repartie en repartie, il m'a mené à la baguette, et puis, reparti au pas de charge, après, tous les assistants remballent, moi suis resté emballé. Le 5 août, pendant vingt minutes, ce sera projeté en différé. Rachel a retardé son voyage. Mon bouquin, sous sa belle jaquette blanche, enfin sorti des limbes, enfin connu, reconnu. Vendu, c'est une autre affaire, on verra plus tard, un jour, pas important, Beckett, au début, il a bien commencé par cent exemplaires. On a célébré la parution en mai par un buffet monstre, les comptes rendus en juin par des réjouissances. Maintenant, en août, avec la télé, apothéose. En septembre, quand je suis rentré à New York pour déménager, quand ma bibliothèque se démantibule, quand je craque, au téléphone, choc me cogne, je m'écrase sur une banquise. À mon appel, silence glaciaire.

— *You see, it's not possible, you can't stop loving someone overnight, it doesn't make sense!*
— *Who said it was overnight?*

Je viens de lui expliquer, de lui prouver. J'accumule les indices indubitables. Un an d'idylle parisienne, perchés là-haut au quatrième, on s'élève à l'empyrée. La première fois même qu'on passe ensemble une année entière à Paris, pas tronquée par un retour à Northern en janvier, de la vraie durée, paisible, familiale, elle vaquant à son cartel lacanien, disséquant son cas Schreber, moi, en congé sabbatique, comme Dieu un jour sur sept, un prof se repose un an sur sept en Amérique. J'ai tenu parole, mon acte de séparation officiel est déposé au greffe de Queens County. Le divorce progresse. Notre amour est écrit noir sur blanc. La vie, à Paris, est idéale. Comment ça a pu se retourner, se renverser d'un seul coup à New York, impossible à comprendre.

— *What happened during that ecstatic trip of yours in Italy, you remember, in that hotel on top of the cliff?*
— *You mean in Vico Equense?*

Notre nid d'aigle, notre chambre encastrée dans le roc, à midi aveuglée de soleil, on y saucissonnait, salami, prosciutto, la table posée dans l'embrasure de la fenêtre, pour pouvoir dévorer le ciel. Pas ça qu'il veut, pas ça qui l'intéresse. Je sais quoi. C'est bête, un après-midi, un simple incident de voyage, de parcours. Vers cinq heures, retour des thermes, je dis, *descendons à la plage, l'eau est encore bonne,* elle dit non, *je n'ai pas envie,* moi, surpris, je dis, *comment pourquoi,* elle répond, *j'ai envie de faire l'amour,* j'en suis resté abasourdi, drôle de demande à cinq heures de l'après-midi, en plein jour suis pas de service, je travaille la nuit, quand j'ai eu mon kil de rouge pour me donner du cœur au bas-ventre. Comme ça, à l'improviste, de bite en blanc, peux pas. Veux pas, à cette heure, on nage. Pas fait pour la bagatelle. Je n'ai pas la moindre envie. Il y a un temps pour tout. Une heure, on déjeune, neuf heures on dîne, onze heures on baise. Et puis, l'autre soir, dans l'autre hôtel étouffant, à Castellammare, avant qu'on ait découvert notre retraite rupestre, quand j'étais, moi, en chaleur. Elle m'a reçu comme un glaçon, *non, ça ne me dit vraiment pas,* j'insiste, *mais depuis plus de quinze jours que nous sommes en Italie, nous n'avons pas,* j'ajoute, *pourtant l'Italie c'est fait pour.* Eh bien, l'Italie ne lui était pas descendue sous la ceinture. Moi qui ai dû me la mettre, niquer, bernique. Elle à poil dans le lit ouvert me tentant. Alors, c'est chacun son tour. Œil pour œil, Eve pour Adam.

— *And was your daily life in Paris so perfect as you make it out to be?*
— *What do you mean?*

Qu'est-ce qu'il veut dire. Il aime chercher la petite bête. Si je dis qu'on était heureux à Paris. Il veut trouver à redire. Et si on cherche, on trouve toujours. Qu'à se baisser pour ramasser des avanies, des pastis il y en a toujours plein la pelle. Certains soirs, on a crié si fort, on s'est envoyé des insultes avec tant d'ardeur, que les locataires des chambres de bonnes ont dû taper sec au plafond pour nous faire taire. On a fait un tel raffut que le bruit est arrivé jusqu'en Australie, le copain propriétaire, il a reçu une lettre de la concierge, pour se plaindre. Discret, il n'en a rien dit jusqu'à son retour. Tout le monde n'était pas aussi discret. La concierge n'a pas ménagé ses commentaires, paraît qu'on a évoqué la police. Simples prises de bec conjugales, qui s'aime bien s'injurie bien. Friction normale, question fric, je trouve parfois qu'elle dépense. Elle me trouve pesant à vivre, vingt-quatre heures sur vingt-quatre, avec. J'ai des habitudes en plomb, une vie en fer, infernal. Tous deux en congé, logique, si on ne travaille pas au-debors, on se tape sur les nerfs à force, personne ne peut supporter sans cesse son semblable, chaque minute. On est à tue et à toi. Et puis, la mère en avril, d'accord, elle a accompagné ma fille. Mais en mai. La sœur qui rapplique, maintenant on me colle la frangine, quinze jours. Artiste, certes, de talent, oui, mais névrosée comme pas une, pique des crises de narcissisme à tout bout de champ, qu'on s'occupe d'elle, qu'on se penche sur son nombril. Moi, ça m'irrite, concurrence déloyale, elle accapare les attentions, elle m'insupporte. Du coup, ça a fait voler des étincelles, *quand ta fille mais quand ma sœur*. Les cartels lacaniens aussi, bien joli, doctes assemblées pâlichonnes, enculages de mouches pince-sans-rire, il y a des gens que ça amuse, le sérieux. Seulement, c'est grave. Dîner seul en tête-à-tête avec la télé, pendant qu'on dissèque pourquoi Schreber avait forclos le Nom-du-Père, quelque part à la République, après, je dois attendre qu'elle rentre à minuit, ou pire. M'ennuie. *Il ne fallait pas m'attendre. — Je voulais être sûr que tu étais bien rentrée. — Tu me surveilles, je fais ce que je veux*. Ce genre de propos me met en boule. Elle a par nature les nerfs en pelote. Pour éviter les trop grands chocs, on a créé une zone tampon. Lors de notre premier séjour dans l'appartement, on couchait dans la même pièce. Cette fois, on fait chambre à part. Comme on fait son lit, on couche. Pas toujours facile, communication parfois rocailleuse, souvent pas mèche. Avec sa machine et ses livres, elle avait mis sous clé son fri-fri. Mes visites devenaient un vrai fric-frac.

— And what about that incident?
— Oh, yes, a little incident.

J'ai une mauvaise mémoire, il est ma mémoire mauvaise. Il collectionne les détails méchants, les petits faits vrais. Un naturaliste, pire que Zola. Il n'en rate pas une. Elle non plus. Même mon Livre, même l'Écriture sainte, il n'y a plus rien de sacré. On fait des vacheries avec tout. Fin février, pour moi, mois de la mort de ma mère, temps de la déprime, l'âme est à l'unisson de la grisaille, barbouillée de cambouis comme le ciel. Et puis, c'est l'anniversaire du moment où, sortant de son long silence, elle m'a soudain téléphoné, où nos destins ont renoué, un an déjà, leur alliance. De quoi célébrer. Donc février, ça se respecte. Eh bien, non. Un drôle de cadeau. En cette période d'angoisse intense, cela fait, depuis l'automne, la cinquième ou la sixième fois qu'on me renvoie mon manuscrit, retour à l'expéditeur. Une rude épreuve, la première fois que ça m'arrive. Naturellement, j'ai le moral atteint à vif, mon doute est devenu hyperbolique. Je redoute la lecture en cours, fragile espoir. Du bout des lèvres, les gens de Minuit ont daigné accepter de jeter un coup d'œil. Quand même, par le passé, eux, ils ont publié de la vraie littérature, j'ai une lueur d'espérance. Des semaines s'écoulent, une fin d'après-midi, fin février, je gravis mes quatre étages, fatigué de longues courses en ville, errant pour étourdir mon attente, je remonte, reviens. N'en reviens pas. Sitôt entré, là, sur la commode du vestibule, à peine j'ouvre la porte. Bien en évidence, en pleine vue, en plein cœur, elle a déposé le gros paquet ficelé. Elle aurait pu le cacher, me préparer, me dire peu à peu. Non, d'un coup, elle m'assène mon nouvel échec sur le crâne.

Mon fiasco cumulatif, gros comme une montagne, m'accueille, savamment disposé juste au coin de la plaque de marbre funéraire, sur la commode. Rachel avait des attentions exquises. Une experte.

Son sourcil s'arque, elle me décoche sa flèche. Elle déclare d'un ton méprisant

— Ton roman, d'accord, tu as eu des comptes rendus, la télé, mais enfin, ce n'a pas été un best-seller, que je sache... Maintenant, tu peines sur ton « Sartre » en soufflant comme un phoque ! Tu es vidé, mon vieux !
— Dis donc, je ne suis pas si vieux.
— En mai, tu auras la cinquantaine. Ça n'a pas l'air de te réussir. Tu as le ventre de plus en plus épais, l'inspiration de plus en plus mince...
— Gentil de dire ça !
— Ce n'est peut-être pas gentil, mais c'est vrai. Et puis, est-ce que tu as été gentil avec moi ?
— On ne va pas toujours remettre le passé sur le tapis, que les morts enterrent les morts, que diable !

Apparemment, elle avait toujours ses fantômes. J'ai beau faire, j'ai beau être séparé, être en instance de divorce. Ritournelle, elle me jette toujours l'histoire ancienne à la figure. Dans une autre vie, dans un monde révolu, je l'ai fait griller à petit feu. Pour toujours, elle me cuisine. Pas de trêve, pas de répit, elle a le passé éternellement à la mémoire, à la bouche. Elle applique la loi du talion. Au bon endroit, bien vulnérable. Exposé au doute, on ne peut pas s'en empêcher, quand on commence un autre bouquin. Et puis, lorsqu'on a sorti un livre sur lequel on a peiné sept ans, forcé, après, on se sent un peu vide. Vide, pourtant, n'est pas pareil que vidé. L'accent me blesse. L'inflexion est insultante. Sa voix me décapite comme un couperet. D'autres fois, la piqûre est plus subtile, le tourment plus délié. Pas toujours aussi brutal. Colloque sur Proust près de Toronto, on m'invite, on me demande la suite de ma *Madeleine*. Je change d'aspect, cette fois, je m'intéresse à Swann. Pourquoi, lorsqu'il fait l'amour avec Odette, il appelle ça *faire catleya*. Bizarre, pas tellement courant, il doit y avoir une raison. Je m'interroge, j'écris un long texte. Naturellement, je le lui montre, comme elle me soumet les siens. Elle a une moue, pas du dédain, presque.

— Ça ne te plaît pas ? Ce n'est pas bon ?
— Mais si, bien sûr, comme à l'ordinaire.
— Et alors ?
— Justement, c'est un travail poli, fignolé, ingénieux, en bref, toutes tes vertus habituelles. Mais tu ne te renouvelles pas, c'est la suite de la «madeleine», d'une autre façon...
— Même Proust, il écrit à la suite! Quand on a commencé quelque chose, on poursuit...

Quand même, sa moue a fait mouche. L'esprit de suite, une chose, le radotage en est une autre. Si je répète les mêmes trucs, je suis atteint de débilité critique précoce. Maladie grave à mon âge, dans six mois j'aurai cinquante piges. Encore vingt ans de métier, je ne vais pas les passer à moudre la même farine.

— Il n'y a pas une différence d'orientation dans mon analyse, par rapport à mon livre? Moi, je croyais...

— Écoute, c'est une étude intéressante, là n'est pas la question. Au fond, si j'essaie de saisir ce qui me déçoit un peu, c'est, comment dire, que j'ai l'impression qu'avec des recherches, en m'y appliquant, j'aurais pu en faire autant !

Si Rachel croit qu'elle peut en faire autant, du coup, elle ne m'admire plus. Avec elle, il faut qu'on soit sur un socle, sur un piédestal, ou la statue de Pygmalion se brise. Si elle est à ma hauteur, je suis un nabot. L'opinion qu'elle a d'elle-même me rapetisse. Si on est égaux, je sombre dans l'inanité. Pouvoir faire comme moi, c'est pouvoir se passer de moi. Son syllogisme me guillotine. Un homme sans tête, pour elle, est un homme sans queue.

— Non, non, je ne veux pas, je ne veux pas !
— Mais enfin, ça n'a pas le sens commun, qu'est-ce que ça veut dire ?

Tous les thèmes parisiens joués en sourdine s'amplifient, je reconnais la musique, maintenant plus du sotto-voce, un vrai vacarme wagnérien, le *Crépuscule des dieux* me fracasse le tympan à longueur de semaines. À Paris, déjà, pour ouvrir les cuisses, elle se faisait tirer l'oreille. *Pas ce soir, je suis fatiguée.* Le lendemain, *j'ai mal à la tête.* Pourtant, il y avait des états de rémission, des états de grâce. On a eu quelques ébats mémorables. Certains soirs, soudain, si elle avait bien écrit le matin, si elle était contente d'elle, si elle avait rencontré des gens émoustillants dans la journée, ses joues pâles s'empourpraient, le feu lui revenait subitement aux yeux, aux fesses. On a eu des séances incendiaires. Il s'est orchestré des orgasmes monumentaux, sur des partitions fougueuses. De temps à autre, j'ai dû dire, *ne crie pas si fort, les voisins vont encore croire qu'on se dispute.* À Paris, c'était la douche écossaise. Depuis notre retour à New York, un bain uniformément glacé. Dans le grand lit de sa chambre, s'il nous arrive parfois, par hasard, par erreur, d'y grimper ensemble. De la croupe aux épaules, je me promène au pôle Nord. Mont de Vénus, mes doigts caressent un iceberg. Mais il y a eu bientôt pire. Elle n'est jamais à court d'invention anti-lubrique. Une sainte n'aurait pas plus de chasteté. Pour me mettre un peu en ardeur, normal, je l'embrasse sur la bouche, elle ne desserre plus les dents. Je demande

— Qu'est-ce que tu as ?
— Quoi, qu'est-ce que j'ai ?
— Tu sais bien, voyons, donne-moi ta langue !
— Ah, ça non !

Une crispation de dégoût lui révulse le visage. Comme si je lui avais proposé une indicible cochonnerie, une innommable immondice.

— Je ne t'ai pas demandé de te chier sur la gueule, au-dessus d'une plaque de verre, comme ça se fait, paraît-il, dans les bordels... Rouler un patin, un *French kiss,* quoi de plus normal ?
— Je ne sais pas, l'idée m'est insupportable, ne me pose pas de questions.

Je n'y comprends rien. Je donne sa langue au chat. Je cours chez l'oracle.

— *I can't understand, now she won't open her mouth to let me kiss her...*

*— Symbolically, maybe, she doesn't want to open
up to you, to let you in...*
— Yes, but then why

Mes questions crépitent maintenant sur lui
comme une pluie. Symbole, les symboles ont bon
dos. Faudrait quand même être logique. Fermeture à autrui, tout ce qu'on veut. Mais alors on doit
expliquer pourquoi elle ferme la bouche. Et ouvre,
de temps en temps, le reste. L'entrée des artistes,
depuis longtemps condamnée. Maintenant, les
badigoinces bouclées. La seule voie qu'elle entre-
bâille, c'est les badines. Situation sans issue. Au
fond du tunnel, ça s'obstrue, je ne vois plus que de
la nuit, de l'ennui. Baiser en devient rasoir, elle
me castre. J'ai aussi mes petites lubies personnelles, mes marottes érotiques. Si elle m'empêche,
je ne suis plus très performant. Quand elle se met
à la renverse, sans une parole, sans une caresse,
elle me refroidit, ça me surgèle. Après, peux plus
l'emmancher. Moi, je n'empale pas sur commande. Les lèvres, sans doute, un contact du
cœur, un toucher d'âme, l'abandon romantique. Je
n'ai plus droit à une once de sentiment. La chatte,
c'est rien que de l'hygiène, simple solution pratique, c'est mon vide-ordures mensuel.

— But it can't go on like that !
— Why don't you stop it ?

Si ça ne peut pas continuer ainsi. Pourquoi je
n'arrête pas. Peux pas, impossible. ÇA N'A PAS DE
SENS. Juste au moment où je fais ses quatre
volontés. Ma séparation au greffe, mon divorce en
cours. Il est bon, lui. Si je la quitte, où donc
voudrait-il que j'aille. La machine à remonter le
temps est bloquée, plus de marche arrière. Peux

pas reculer, mon ex-épouse me met l'épée de la loi dans les reins. Suis à la rue, avec mes malheureux bouquins, mes planches délabrées. Rachel est ma planche de salut. La route de Queens est coupée. Je suis mon propre prisonnier.

— *Why do you always see it as a choice between this woman and that woman? There is another alternative.*
— *Which one?*
— *Being alone.*

Non, SEUL, impossible, impensable. L'idée me répugne. Je préfère me torturer à mort avec un autre que de dépérir tout seul. Mon organisme ne tolère pas un tête-à-tête prolongé avec moi-même. Je n'ai ni la force ni l'envie. Pour vivre, j'ai besoin d'être deux. Solitude, je n'ai pas la vocation, suis trop faible. Ma mère ne m'a pas programmé pour. Je secoue tristement la tête. Son remède est au-dessus de mes moyens.

— *Why then do you cling to someone who doesn't want you any more? Why don't you look for someone else?*

Mes impossibilités se multiplient. Je ne peux pas exister seul. Je ne peux pas quitter Rachel. Quand elle n'a plus aucun goût pour mes appas, pour ma peau, je m'accroche à elle de tous mes doigts crispés, j'enfonce mes ongles. Je refuse de lâcher prise. De moi déprise, je m'obstine jusqu'à mon dernier souffle à la garder. Je la veux envers et contre elle-même. Elle a beau m'infliger insulte sur avanie, je ravale ma rancœur. Pourquoi. Stupide, absurde, évidemment. Maso, une bonne dose, sans doute. Plus simple, peut-être. Depuis huit ans qu'on est ensemble, je ne suis pas insensible. Une liaison de huit ans forme des liens. Je ne puis pas imaginer Rachel hors de ma vie. Je suis incapable d'envisager qu'elle ne soit pas dans la pièce d'à côté, en train de lire ou d'écrire. Qu'elle ne réponde plus, si je l'appelle. Pourquoi je m'agrippe. Première réponse, raison noble, je l'aime. Je l'ai, d'ailleurs, toujours aimée. À ma manière. Je n'ai pas voulu l'admettre, de peur de trop m'attacher. Mais enfin, j'ai fait tous les pas vers elle, attirance invincible. Elle a vaincu tour à tour mes résistances. J'ai été jusqu'à concevoir un gosse. Rien qu'à la pensée, un haut-le-cœur. Quand même. Huit ans d'osmose mentale, sentimentale, vous compénètrent. Toutes nos conversations au dîner tournoient en moi, verre après verre, nos voyages, nos va-et-vient s'emmêlent, la trame de nos projets nous tisse, ensemble on a transbordé tant de pensées. Nos cervelles sont des vases communicants. Si j'écris ma page matinale, elle existe pour lui être montrée. Rachel est mon juge. Si je ne m'appuie pas sur elle, le sol se dérobe, m'enlise dans mes sables mouvants. Quand elle rédige un texte, je le corrige. Sartre-Beauvoir, Lui et Elle, qu'on appelle ça comme on voudra, ce mythe est une réalité. Avant Rachel, je n'ai jamais eu ce rapport avec aucune femme. Réciprocité de l'intellect, des alter égaux. De la tête, cela descend dans tout le corps, rayonne dans les membres. Un soleil, elle me réchauffe. Même quand elle a le pif en pointe, la langue en furie, j'ai besoin de ses acidités. Lorsqu'elle hurle, sa rage me fait bouillir, ses orages me réveillent, on ne peut pas toujours vivre à 36,8°, il faut de la fièvre. Sans la flamme de ses yeux brûlants, je suis ténèbres. Quand elle brait de plaisir, je jouis comme un âne. Âmes sœurs, animalités jumelles.

Sans elle, je suis à demi, je pense de moitié. On m'ampute le corps. Je suis une défroque.

— *Does she really mean that much to you ?*
— *How can you ask, when you see me in an agony of pain ? I hurt all over.*
— *Yes, but where does it hurt most ?*

Quand je suis une masse opaque de souffrance, quand chaque fibre se tord, il veut un relevé de compte détaillé, un bilan des douleurs exact. Qualité, quantité, origine. L'amour ne lui suffit pas. Les affres d'un plus très jeune Werther, il fait la fine bouche. Déprime inexprimable, cafard indicible, il lui faut une appellation contrôlée, une estampille. Impossible, l'existence est une totalité, l'amour est une somme. D'argent, oui, aussi, pourquoi pas. J'avoue, si c'est ça qu'il veut. Sa perte me coûterait très cher, les yeux de la tête, en plus du direct au cœur. La vie n'est pas éthérée, terre à terre. Lorsqu'elle se détraque, c'est sur la croûte terraquée, pas au ciel. Ma croûte, comment je vais faire. Pas seulement l'existence que l'on partage, elle et moi, mais le loyer. Je ne peux pas conserver cet immense appartement à moi tout seul. De toute façon, il appartient à l'université. Si l'on n'est pas affilié, on n'a aucun droit d'y résider. Si elle me plaque, immanquable, flanqué dehors. À New York, on ne trouve ni mieux ni moins cher à se loger qu'à Paris, encore plus dur. Avec mon ex-moitié qui me pompe désormais aux deux tiers, au cas que Rachel me quitte, je ne suis pas seulement réduit au désespoir. À la misère, aussi. Pareil, à mon âge, pire. Si c'est ça qu'il veut me faire dire, j'avoue, sans honte, on vit en système capitaliste, suis pas un être de nectar et d'ambroisie. Je n'habite pas l'empyrée, je n'habite plus nulle part. Chaque retour à Queens m'humilie. Lorsque je vais chercher ma fille cadette, le week-end, trop jeune pour venir toute seule, je dois sonner à ma porte. Je dois attendre dans l'entrée, tandis qu'elle boucle sa sacoche, je fais antichambre sur mon seuil. Pendant ce temps, la maison, moi qui la paie. L'ai sur les épaules, mais plus de toit sur ma tête. Mon avenir, je l'ai hypothéqué à vie. Pour rien. Pour des prunes. La prunelle, là-bas, dans le fauteuil jaune, est toujours au bleu fixe, pas un nuage dans ses yeux de métal. Lui suffit pas, pas ça qu'il veut. Je n'ai pas creusé assez profond, je ne suis pas descendu assez bas. *Do you really love her that much ?* Si je l'aime tellement, il a le culot de demander, au moment où j'agonise. Si j'ai mal, où est-ce que j'ai mal. Forcé, aucune femme ne m'a jamais plaqué. Mon ex-épouse, moi qui l'ai quittée. Toutes les autres ex, moi qui les ai exécutées. Le bourreau des cœurs, c'est moi. *Ariane, ma sœur, de quel amour blessée, Vous mourûtes aux bords où vous fûtes laissée.* Pas Thésée qui a été abandonné sur l'île. Elle. Blessure narcissique, très narcissique, très blessé, je reconnais. J'ai très mal au moi. Ses froideurs ne m'écrasent pas seulement, elles me piquent. Tous les jours, Rachel m'enfonce mille épingles dans mon orgueil. Son manque d'amour me supplicie l'amour-propre. Je l'ai extrêmement sensible. J'aime que l'on fasse cas de moi, que mon existence importe, qu'on bâtisse ses projets autour de mes désirs. Dans notre édifice, je suis son pivot, elle est mon support. Quand ça se renverse, je m'écroule. *Why*, pourquoi je m'accroche à elle, malgré elle, malgré moi. Un amour est comme une partie, un jeu, une bataille. Je n'aime pas perdre. J'ai horreur des défaites. Juin 40 m'a guéri, je préfère crever que de me rendre. Plutôt être atomisé qu'esclave. Alors forcé, j'irai jusqu'au bout, lutterai à mon dernier soupir. On verra qui de nous deux aura le dernier mot. Destin pas encore écrit. Si je rends l'âme, ce sera après un long corps à corps, pas à pas, pouce à pouce, céderai jamais le terrain. Si je tombe, je l'entraînerai dans ma chute. C'est de bonne guerre. *You don't love her, you can only love yourself.* Peux l'entendre, sans qu'il ouvre la bouche. Possible, peut-être, sans doute. Pourquoi pas. On est tous construits pareils, sur le même modèle, deux milliards à ne pas pouvoir sortir de leur monade, en se cherchant à tâtons l'un l'autre. Je n'ai pas inventé la recette, comme ça qu'on est faits, refaits. Avec, pourtant, une différence, mon vice propre. Qui aime bien châtie bien. Moi, à force de me châtier mal, je m'aime mal

des fois ne puis plus même bouger mon corps s'ankylose mes pensées pèsent cent kilos je suis obligé en plein après-midi de m'allonger au fond du couloir des ténèbres en plein jour dans ma chambre moi insomniaque m'endors des heures ne veux plus voir la lumière si je me réveille la douleur à vif se ranime tourments me taraudent souvenirs rôdent fantômes me persécutent la cervelle je veux les noyer dans l'ombre me rendormir tirer sur mon front mon linceul à lourdes mailles m'enfouir sous la chape de plomb

maintenant elle a trouvé mieux elle a su encore inventer pire pour le diabolisme elle a du génie je suis pris entre deux feux me fusille de toutes parts pas d'échappatoire *ce n'est pas sain la vie que nous menons sans cesse ensemble tu devrais comme avant faire des conférences ne pas toujours rester cloîtré ici* on m'invite à Toronto pour un colloque je reviens ragaillardi *tu vois tu es resté parti une semaine et tu ne m'as pas même manqué* elle soupire *c'est triste* quoi que je fasse je suis coincé pile je reste je l'horripile face je pars elle m'efface d'un coup elle me gomme à tous coups je perds mon temps ma vie ici pourquoi pour elle pour rien *je trouve qu'on ne sort pas assez on devrait aller plus souvent au cinéma tu es tellement casanier avant quand je vivais avec les autres Tom Paulo je n'étais pas coupée du monde* je dis d'accord voilà un film de Woody Allen allons le voir à la sortie je deviens un peu sourd je demande *qu'est-ce qu'il a dit dans cette scène* je l'agace *écoute s'il faut tout t'expliquer comme à un enfant j'aurais aussi bien fait d'aller toute seule*

de toute façon j'ai tort quoi que je fasse plus rien à faire Rachel elle avait été toujours calée pour le *double bind* maintenant plus même une experte championne toutes catégories me ligote dans des liens contraires à tous les niveaux elle m'étrangle dans des lacets antithétiques situation inextricable si je vais chercher ma fille le samedi *tu as plus de plaisir à te promener avec elle qu'avec moi* je dis *mais non viens avec nous te promener* ton aigre *tu sais bien par ce temps j'ai horreur des promenades* si je me promène si je ne me promène pas *tu restes toujours fourré là* elle m'envoie promener *tu dépenses trop d'argent pour la bouffe pour ton vin tu ferais mieux d'acheter des meubles* je dis *eh bien achetons un divan* elle dit *à quoi bon Dieu sait où je serai l'année prochaine.*

maintenant, elle a une autre lubie. Quand on sort ensemble dans la rue, ce n'est plus très souvent, mais cela arrive encore, parfois même inévitable, si l'on est invités à déjeuner chez sa mère, il faut bien qu'on aille ensemble. Je veux lui prendre le bras, elle se fâche. *Ah! non! Je ne peux pas supporter qu'on me touche.* Éberlué, je demande, *mais où est le mal de te tenir par le bras quand on marche.* En courroux, tifs hérissés, *non, je suis assez grande, je puis marcher toute seule.* Drôle de visite familiale, on arrive tout raides, comme deux piquets. À table, on parle potins, que des gens que je ne connais pas, les deux sœurs et la mère rigolent, moi, on m'exclut. On se tourne vers moi pour le fromage, on découvre mon existence au dessert. Après le café, *tu peux retourner à l'appartement, moi, je reste encore ici.* En famille. Je repars seul.

et puis, elle a fermé la seule issue, obturé le seul orifice. *Non, vraiment, je n'ai plus envie de toi.* Entre ses jambes, maintenant, barrière de police, passage interdit. Je n'ai plus le droit de franchir. Je dis, *écoute, ça ne peut plus continuer ainsi.* Hausse les épaules, *que veux-tu que je fasse, que je me force.* Elle a perdu l'appétit, ma viande ne la tente plus. Je reste sur ma faim. Je crie, *je divorce pour toi, je quitte tout pour toi, et tu.* Rétorque, *il y a longtemps que tu aurais dû le faire.* Je dis, *je ne m'attendais pas à ce traitement, qu'est-ce qui s'est donc passé depuis Paris, est-ce les visites de ma fille, qu'est-ce que j'ai fait.* Quand même, ça l'a un peu retournée. Rachel peut être vache, mais ce n'est pas une carne. Pas tout à fait, rien qu'à quatre-vingts pour cent. À défaut d'émoi, il lui reste du surmoi. Elle a un tantinet de remords qui la travaille. Un soir, elle dit après dîner, *écoute, malgré tout, il faut bien...* — *Il faut bien quoi ?* Elle se lève de table, va dans la cuisine. En haut du cabinet blanc, sur l'étagère du dessus, caché derrière les boîtes de conserve, elle a déniché un bocal. Café *Yuban* désaffecté, avec une étiquette marron qui vante l'arôme. Dedans, il y en a un tout autre, sous le couvercle hermétique, une marchandise différente. La moitié du pot était remplie. *Tiens, respire,* je hume, sucré, doux, fade, un champ de fleurs campagnardes desséchées, en brins menus, hachés fin. Du hach. Elle rit, *mais non, de la mari, le hach, c'est aggloméré en pains.* En petits gâteaux aussi, des fois, ça se mange. J'avoue que je ne suis pas très ferré ès fumeries. La première fois que j'ai goûté, des années déjà, avec Carol. Fumet vague, le goût s'estompe, mon souvenir s'évapore. Rachel a roulé un joint, très vite, très mince, de ses doigts fuselés. Je suis ébahi. *Je ne te savais pas ce talent.* — *Tu vois, on découvre des choses.* Un soupçon aigu m'envahit, où a-t-elle appris ces trucs, avec qui. Depuis qu'on est ensemble, est-ce qu'elle pratique en catimini, un vrai malaise. *Où t'es-tu donc procuré...* — *J'ai mes filières.* Sa *Northern connection*, à l'université chacun fume. Elle allume précautionneusement la frêle cibiche, tire une longue bouffée, me la tend, elle dit, *il faut respirer profond, que ça descende,* j'ai inhalé jusqu'au-dessous du nombril. Assis au salon, on s'est repassé ainsi le mégot rétrécissant, et puis un autre, pendant une demi-heure. *Tu sens quelque chose,* je dis, *non, rien, je ne dois pas être très sensible.* Elle a mis un disque, j'ai été pris, enveloppé dans des volutes de trombone, des phrasés langoureux de guitare étirés comme une guimauve blême, sur fond d'espace bleu. Les notes peu à peu s'allongent, s'amplifient lentement, ne résonnent plus sous la voûte crânienne, mais céleste, musique des sphères. Elle plane, paupières larges ouvertes comme un portail de cathédrale empli de visions, soudain mirettes révulsées, son corps élancé, enfoui dans son fourreau de velours noir, s'affale, elle s'alanguit, elle murmure, *tu ne sens toujours rien, ce n'est pas possible, moi je,* vaguement gémissante. Un accès rauque de saxo m'a détoné dans le sexe, brusquement sillonné d'éclairs vibrants, j'ai la biroute illuminée par l'embrasement universel. Me jette sur elle, elle ouvre son fourreau, je m'y fourre, elle couine, *vas-y, vas-y,* après, *rârârâ,* des siècles qu'elle n'avait plus dit ça, ronronné de la sorte. Au début, effet formidable, un sacré boum, un peu étrange, ses nichons étaient tout mous comme des nouilles, les poils des seins en spaghetti, descendu au labyrinthe baveux, je m'entortille aux fils d'Ariane. Ses miches, du beurre, après, enfoncé dans la motte, nagé tout jaune, soudain j'ai crié, hurlé, quand j'ai joui ça m'a jailli, plus fort que moi, comme une plongée dans la mer grasse, pataugeant dans les marais de Floride, me suis débattu avant de couler au fond, à pic. Au réveil, elle était de nouveau frigide, les seins de glace. La fumerie partie en fumée, que du vent, Gros-Jean comme devant. En une nuit, passé d'Afrique en Sibérie. Tringler, c'est les travaux forcés, un vrai goulag. Elle me stalinise au lit. Ça oui, là non. Avant, avec un peu de pinard, suffisait pour piner. Maintenant, pour batifoler, il faut de l'herbe, un champ entier, pour nous ébattre. À jeun, à sec, ma carcasse lui donne la nausée, *regarde ton ventre.* Elle a un sursaut de dégoût. De temps en temps, elle s'octroie, m'accorde une escapade. Seulement, pour nous envoyer en l'air, désormais il lui faut tellement de fumée, de quoi gonfler une montgolfière. Avant, je la grimpais en levrette, à présent, je la monte en ballon. Ça donne à la longue le vertige, et puis on ne reste pas au septième ciel. Quand on redégringole à terre, ma gueule la débecte à ce point qu'il faille qu'elle se drogue pour qu'elle me baise. Sans doute en pensant à un autre, là-haut, dans les vapes, un jeune Tarzan bien musclé en gros plan dans la tronche. Lorsqu'elle ne pourra plus s'éclater ainsi, à force, forcé, tout s'use. Peux déjà prévoir la prochaine étape. Mes services, elle n'en aura même plus besoin. Les Amerloques délurées, pour leurs délires, elles ont bien mieux que leurs dix doigts, bien plus moderne. Elles se masturbent à la machine. Outil à merveilles, un vibrateur, ça s'achète en pharmacie, produit de première nécessité, déclic au clicli, après, on se masse le bouton jusqu'à l'extase. Pour les joies intérieures, il y a les bananes en plastique, toutes couleurs, tons durs, bleu tendre, je lui en offrirai une pour son cadeau d'anniversaire. On met une pile à l'intérieur, ça se glisse dedans, et puis, d'un seul coup d'un seul, l'appareil se trémousse, cadence réglable, on jouit électrique. Faut être au courant. C'est le progrès. Moi, je reste un type moyenâgeux, un homme des cavernes. Rachel, elle ne veut même plus coucher dans la même chambre, le soir, elle s'enferme dans son bureau, se verrouille dans son grand lit double. Les séances de tables tournantes, les lévitations à l'herbe se sont faites de plus en plus rares. On ne plane plus beaucoup. C'est très terre à terre, mais, tout seul, dans l'ex-chambre quasi conjugale, étendu dans mon petit lit, l'autre lit jumeau à côté défunt, tombe vide, j'ai le moral amoureux à plat. Seule consolation, je ne vois pas comment cela pourrait aller plus mal. Des soirs, je me sens si délaissé qu'elle me laisse à mes propres ressources. Sale, d'accord, un mec de presque cinquante ans qui joue à touche-pipi, pour se remonter l'optimisme. Pas d'autres moyens, elle ne veut plus, mariés ou non, mari ou pas, Rachel me refuse. Suis pas très moderne, les machins perfectionnés, les gadgets électriques, je ne trouve pas galvanisant. Les soirs où elle a eu la dent dure, la voix aigre, le verbe mordant, une vie de chien, quand elle a passé des heures à aboyer, je me tourne vers la veuve Poignet, je me console à l'ancienne, avec les moyens du bord, elle là-bas, à l'autre bout du long couloir, à se cuisiner la moule, à se triturer le millefeuille, les doigts dans la crème, moi à m'allonger en vain le macaroni, à me taper désespérément la colonne, même avec de la mousse à raser, de la vaseline, je reste à sec, rien à faire, pas facile, je n'ai plus vingt ans, j'ai perdu le rythme, l'habitude, je n'ai plus le tour de main, je m'essouffle vite, la tension faiblit, l'attention baisse, faut frotter ferme. Pas une présence, pas un bruit dans la chambre, pas même une lueur lascive en tête, du vice solitaire dans le noir, avec des grognements d'ivrogne, des han sourds sous les couvrantes, enfin soulagé quand ça gicle, en guise de vie conjugale, ainsi guiser à mon âge. Se branler, un drôle de turbin. À la longue, ce genre de sport n'améliore pas les humeurs. Ce type de frotti-frotta, au réveil, produit des frictions. On est amené à des réflexions peu amènes. Un matin, quand elle a ses cours, Rachel prend toujours sa douche avant moi, j'entre dans la salle de bains, elle est en train de se sécher, soudain je rigole. *Dis donc, toi qui me reproches mon ventre, tu n'as pas regardé tes fesses ! — Quoi, qu'est-ce qu'elles ont, mes fesses ? — Eh bien, elles ne rajeunissent pas non plus. Je n'ai pas souvent l'occasion de les voir, mais, au grand jour, ça se remarque.* Elle a le regard ravageur, la mâchoire mauvaise. — *Qu'est-*

ce qui se remarque ? — Elles commencent à avoir des vergetures, tu as des bourrelets de graisse. Tu ferais bien de te faire faire des massages, ça risque d'empirer. J'aime autant dire que j'ai eu sa bordée d'injures poissardes, son baquet d'insultes au visage, châsses fulminants. Mes commentaires désobligeants sur sa bidoche, c'était ma réponse à ses propos médisants sur ma barbaque.

Seulement, il n'y a pas que la trique, que la tripe, il y a aussi le bifteck. Elle avait expédié aux quatre coins de l'Amérique des bafouilles professionnelles, vantant ses charmes au plus offrant. Et si elle décrochait un job à Kansas City. Los Angeles, Dieu soit loué, avait foiré. Les autres postes, par la grâce du Seigneur, étaient peu nombreux. Le marché de l'emploi était chiche. Le chômage, par la bonté du Ciel, infiniment plus étendu. Je lui dis, *ne t'en fais pas, tu sais bien que si tu ne trouves pas de poste pour l'année prochaine, je suis là.* Mes offres la mettaient en rogne. *Je ne mangerai pas de ce pain-là.* Mais, comme elle n'avait pas cinq cents dollars d'économies, entre le pain de sa mère ou le mien, j'avais ma chance. Elle tenait encore un peu à moi. Je la tenais par le bon bout, la bouffe. Des fois, elle redressait ses boucles raides et me crachait. *Après tout ce que tu m'as fait subir, ce serait la moindre des choses que tu m'entretiennes.* Moi ravi, *mais je ne t'ai jamais dit le contraire.* Elle, avec un venimeux sourire, *ça te ferait plaisir, hein, que je me retrouve à la rue. — Tu m'y as bien mis ! — Tu voudrais que je vienne te manger dans la main... — Mais non, on dînera à table, ne t'en fais pas.* J'ajoute. *Sois juste, même si je ne suis pas toujours fidèle, je suis loyal, regarde avec mon ex. Tu m'as reproché d'être trop*

généreux, tu vois, tu n'as rien à craindre. Si elle
me torturait avec le pieu, moi, je la tourmentais
avec le pèze. Nos armes faisaient le poids, on
s'équilibrait. Pourtant, une vie pareille est un
travail d'équilibriste, du matin au soir sur la corde
raide, et puis si elle craque. Tout casse, il suffit
d'un rien, l'édifice entier dégringole, je roule à
l'abîme. Qu'elle se déniche le moindre petit boulot
dans le moindre bled, je chois au fin fond du
gouffre.

— *But why do you cling to her that way, why?*
— *If I knew!*

Pourquoi je m'accroche ainsi à elle, si je savais, je
n'aurais pas besoin de ses services. J'ai tout parié
sur elle, tout misé, j'ai joué mon va-tout. Je l'aime,
mais qu'est-ce que ça signifie. On peut tout aussi
bien dire que je la hais. Si je la force à rester avec
moi, au moins, je l'empêcherai d'être heureuse
avec un autre. Jaloux, oui. Mais la jalousie est un
domaine si vaste. Angoisse d'abandon, ça réveille
mes terreurs de nouveau-né. Des raisons, des
déraisons, j'en trouve à la pelle. J'ai des explications à en revendre. Seulement, pourquoi je
m'abaisse ainsi à quémander son désir, pourquoi
je me mets à plat ventre pour un quart de sourire.
Pourquoi j'espère contre toute attente un retourne-
ment de la situation, un retour de flamme. Je vais
jusqu'à tirer des plans réconfortants sur la
comète. *Même si tu es nommée en province. on
pourra se voir les week-ends, en fin de mois,
pendant les vacances, quand je serai à Paris, tu
peux m'y rejoindre à Noël, à Pâques.* à la Trinité,
j'invente des projets sans queue ni tête, avec des
ailes, saute d'avion en avion, *après tout de nos
jours c'est très courant parmi les couples d'ensei-*

gnants. je me brevète un style de vie avec casquette de pilote. Rachel, PEUX PAS LA LÂCHER. Comme si on m'ôtait la vie, le souffle. Idiot, pourquoi, sais pas, sais plus.

— *Do you think she can love me again ?*
— *Once it's cold, it is hard to rekindle it.*

Il a une sorte de grimace. Un corps congelé ne peut pas se réchauffer, opération difficile. Pour rallumer, pas mèche. Il n'est pas très encourageant. Elle non plus. À eux deux, à chaque fois, ils m'assènent un nouveau coup, ils m'assassinent. Je me traîne de matinée en soirée, certains après-midi, je me sens les membres si lourds qu'au lieu de ma promenade réglementaire, je dois m'allonger sur mon lit, je m'endors des heures. Depuis des mois, je mène une existence pas même animale, végétale. Je sèche sur pied. Je ne peux plus tenir debout. Cassé en deux, je n'ai plus le moindre ressort. Avachi dans le fauteuil jaune, affalé sur le canapé de mon bureau. Une loque toute molle, une chiffe, je n'ai plus d'épine dorsale, un mollusque. À bout de ressources, je fabrique une solution retorse. La psychanalyse doit bien servir à quelque chose, puisqu'elle n'aide en rien. Voilà, j'ai une idée de génie. Si Rachel ne m'aime plus, cela ne veut pas dire qu'elle ne m'aime pas. Bien au contraire, c'est qu'elle a PEUR DE M'AIMER. J'allègue ses lettres, elle l'a cent fois dit, écrit, elle veut aimer, elle le désire, mais elle le craint. Aimer vous lie. Elle veut être libre. *C'est vrai, c'est ma passion primordiale, longtemps je ne m'en suis pas rendu compte. — Tu vois, c'est bien ce que je dis.* Libre d'aller là où le boulot, le ciboulot vous appelle. Être sans entrave, n'en faire qu'à sa tête. Cela ne signifie point qu'on n'ait pas de cœur. *Ton*

amour pour moi n'est pas disparu. il est refoulé.
Elle hésite, elle a l'air ébranlée. *Peut-être, c'est possible.* Après tout, l'hypothèse l'arrangerait aussi. Elle aurait meilleure conscience. Meilleure opinion d'elle-même. Rester collée avec un type qu'on n'aime plus, simplement parce qu'on redoute les représailles. Ne donne pas une très haute idée de soi. Du coup, on s'est mis d'accord. Consciemment, bien sûr, Rachel donnerait sa main droite pour que je parte, sa main gauche pour que je crève. Mais ça, c'est le niveau conscient. Il y a l'autre. Sur l'Autre Scène, on joue une tout autre pièce. Son amour n'est pas enfui, enfoui. Sa passion a pris le maquis, elle se cache. Elle se la cache à elle-même. Moi, je la retrouve, je la déniche. *Tout devient plus facile pour toi, si tu ne m'aimes plus... — C'est vrai. — Or, les choses ne sont pas faciles... — Non, elles ne le sont pas. — C'est donc que tu m'aimes !* Elle hoche la tête, ce n'est pas tout à fait impossible. L'inconscient ne peut pas fonctionner à sens unique. On ne peut pas toujours croire vouloir ce qu'on ne veut pas. On doit aussi croire ne pas vouloir ce qu'on veut. Depuis les Grecs, on sait qu'un oracle peut s'interpréter par son contraire, il y a toujours les deux sens. Le tout est de prendre la bonne direction. J'ai servi quinze jours cette hypothèse à Akeret, elle un mois entier à Manheim. Ils n'ont pas eu l'air de l'entendre de cette oreille. Toujours ainsi, il n'est pire sourd. En tout cas, la flamme cachée, avec eux, elle a fait long feu.

Coup de poignard dans le dos, si les psy trahissent, il me reste d'autres ressources. Encore d'autres atouts dans mon jeu, j'ai d'autres cartes. Les cartomanciennes, à New York, courent les rues, le long des trottoirs tiennent boutique, entre boulanger et fruitier, derrière leur vitrine. *Palmistry,* en rouge, *Spiritual Adviser.* en jaune, écrit en toutes lettres, à tous les tournants, on délivre un certificat d'avenir. Tarot, lignes de la main, boule de cristal, marc de café, pour deux dollars, pour dix. La prophétie est à portée de toutes les bourses. Seulement, il y a les prévisions vulgaires, devins pour la plèbe. Et puis, les prédictions chic. L'université en Amérique a un faible pour l'horoscope. Les collègues sont portés sur l'astrologie. À peine on vous présente à quelqu'un, il vous demande si vous êtes Bélier ou Taureau. Pourtant, les profs ne sont pas bêtes. Mais sur le Scorpion, ils sont piqués. Peut-être parce qu'avec le destin, ils ont rendez-vous à date fixe. Embauche en septembre, licenciement en juin, ils ont leurs équinoxes d'automne, leurs solstices d'été, leurs astres se manifestent sur commande. Leur sort se règle sur la musique des sphères. Moi, bien sûr, je n'y crois pas. Mais quand même, comme Freud avec la télépathie. Il faut bien aller y voir. Quand tout le reste se dérobe, le passé anéanti, le présent insupportable. Il reste l'avenir. C'est la dernière année de Rachel à Northern, elle touche à son terme, nous sommes déjà en avril. APRÈS, qu'est-ce qui va se passer. Donnerais cher pour le savoir. Les derniers chèques de Rachel approchent, bientôt ses dernières cartouches. Personnellement, cela m'est égal, j'aime autant qu'elle soit à ma charge. Mais à condition qu'elle m'épouse. Mon divorce n'est plus qu'une question de semaines. Avec elle, on ne peut même plus parler mariage, le mot est devenu obscène. Moi, sans conjungo, rien à faire. Si je l'entretiens, je veux au moins des droits sur elle. De regard, sur son avenir. Justement, c'est là où le bât nous blesse. Connaître le futur serait commode. Une tentation bien normale. J'y ai long-temps résisté, par principe. Suis frotté de rationalisme, après tout, ces trucs sont bons pour le *vulgum pecus*. Seulement, si les prophètes du passé vous laissent tomber, quand, à force d'au-topsie avec les psy, on est devenu un cadavre à cœur ouvert. J'aimerais qu'on me ressuscite, qu'on me donne un avenir. Justement, je sais à qui m'adresser, j'ai eu vent d'un collègue fervent du zodiaque, très ferré sur tous les signes, très féru. J'ai renâclé, refusé, mais, fin avril, avec un mois de préavis qui me reste, avant l'ultime échéance, avec Rachel qui se renferme de plus en plus dans sa chambre, dans sa tête, qui se renfrogne à l'approche du chômage futur, avec mon corps de plus en plus pesant, mon cœur de plus en plus lourd, je me traîne d'une journée à l'autre, d'un cours au suivant, vivre est devenu une impossible corvée. J'ai été consulter le collè-gue docteur ès astres. Patient, des heures, il m'a construit mon horoscope, un vrai travail de géomètre, avec des cercles, des cases, des traits de diverses couleurs, des graphiques, des courbes, maintenant l'avenir file droit. Et puis, dans un café, il m'a expliqué, des heures. Je suis Gémeaux. Rachel Scorpion. *You are quite lucky,* mon collè-gue avait un large sourire. Moi, je ne savais pas mon bonheur, j'ignorais ma chance. Il me la montre, sur sa carte céleste, du doigt. *Extremely lucky.* Plus verni que moi, impossible. Entre une ex-épouse qui me pousse l'épée du divorce dans les reins et la nouvelle qui a envie de dégueuler quand je la touche, on ne fait pas plus chanceux que moi. Étonné, quand même un peu éberlué de tant de veine, je pose des questions. C'est sans réplique, *you see, here, she has her house caught right in yours.* Son signe est coincé dans ma division, *she can't escape you.* elle est prisonnière de mon astre. Je suis né sous une bonne étoile. Pourtant, j'hésite, *are you sure?* L'astrologue est péremptoire, *oh yes.* Certes, il lit entre nous du tirage, *you will have quarrels,* le zodiaque a prévu la zizanie, BUT SHE WILL ALWAYS LOVE YOU. Voilà, depuis des mois, des ans, ce que je voulais m'entendre dire. Maintenant, c'est prédit.

Malheureusement, la réalité semblait avoir du mal à suivre. Rachel avait beau être logée de naissance à mon enseigne, claquemurée dans ma case astrale, à la façon dont son regard me parcourait, chaque matin, elle avait plutôt l'air de songer à plier bagage. Elle avait beau être là en face de moi, assise au petit déjeuner, au dîner, sa chaise était vide. Comme ses yeux. Pour y lire une lueur de tendresse, un clignotement d'affection, malgré l'horoscope, c'était une tâche ardue. Alors, pour avoir une petite idée de l'avenir, j'ai dû recourir à d'autres méthodes. Moins poétiques, célestes, mais plus sûres. Au lieu de scruter les galaxies, j'ai consulté des documents plus terre à terre. J'ai toujours su qu'elle tient un journal, avec faits et gestes des femmes célèbres, en guise de calendrier des saints. Dans le *Liberated Wooman's Appointment Calendar,* le 9 janvier, naissance de Carrie Chapman Catt, suffragette, 1859, Simone de Beauvoir, 1908. Jeanne d'Arc, elle, c'est le 6 janvier, 1412. On trouve Françoise Giroud en juillet. En avril, une grande ancêtre, Mary Wollstonecraft, a écrit *A Vindication of the Rights of Women,* 1792. Les dernières canonisées, les saintes récentes, de A à Z, de Bella Abzug à Kate Millett. Les jours sans anniversaires, on met des vérités premières, 5 janvier, *le mariage et la maternité ont toujours*

été les obstacles majeurs à l'avancement profes-
sionnel des femmes titulaires d'un doctorat. De
quoi se demander pourquoi pendant cinq ans soir
et matin elle m'a bassiné pour avoir un gosse. Elle
n'a pas dû lire ce passage de près. Moi, je lis, de
très près. Pas pour ce genre de renseignements,
pour d'autres. Par le menu, tous ses dîners avec
Annie sont notés, ses moindres rendez-vous avec
Dounia. Si sa sœur arrive, si sa maman part. Les
déjeuners avec les collègues, les visites. Elle met
les noms en toutes lettres, rien à cacher. Une ou
deux fois, j'ai eu pourtant une légère émotion, des
initiales. *J.*, qui l'appelle, à plusieurs reprises. Elle
a même, un soir que j'étais sorti, noté qu'elle avait
dîné avec lui. *J.*, ci-gît. Dans la tombe à souvenirs,
quel cadavre. Elle ne m'en a jamais parlé. Je
scrute avec inquiétude cet hiéroglyphe. La curiosité, chatouillée, commence à cogner en sourdine.
Un plus jeune, un plus musclé, un mieux bâti. Je
me mets à échafauder des choses, et puis me
calme. Le carnet de 77 consigne une année
parisienne paisible, quasi conjugale. Elle y tient
un livre de comptes, pas de mécomptes. Pourquoi
me faire des idées folles, quand je lis un livre de
raison. Séance intéressante au groupe de travail,
les cancans Lacan. À cinq heures, pris le thé avec
une collègue chez Pons. Son carnet de 78 à New
York, que je visite assidûment en son absence, est
de la même farine, son pain quotidien. Elle y
dépose ses faits et gestes de la journée, comme des
crottes. Elle se digère. Patiemment, minutieusement. Cela est toujours utile de savoir ce qu'elle a
dans le ventre et dans la tête, ce qu'elle trame
d'avenir derrière mon dos. J'épie ses petites et
grandes manœuvres professionnelles. Mais, surtout, ce que je guette d'un œil glouton, au fil des
ans, de page en page, sur la table de nuit blanche

près de son lit, ne se trouve pas parmi les signes du zodiaque. Bien plus simple, un SIGNE DE VIE. Je décrypte ses pattes de mouche à la loupe pour apprendre si j'existe encore, quelle place j'occupe. À dire vrai, je ne suis pas très encombrant. Dans ses feuillets, je ne remplis pas un volume. Çà et là, une notule, une apostille, à peine. Mon nom accompagne un film, elle m'accole à une pièce de théâtre. Je ne suis plus qu'un figurant. Déjà, l'année dernière, à Paris, à la une de son journal, *maman arrive, ma sœur débarque,* c'étaient les gros titres. À l'encre rouge, avec des points d'exclamation en kyrielle. Pour mon roman, elle a scrupuleusement marqué tous les refus. De l'acceptation finale, nulle trace. La parution est indiquée par un très mince entrefilet. À New York, pire. Demandes d'emploi, emploi du temps professionnel, la sainte famille. Si sa mère a froncé les sourcils, si sa frangine pète, toute une tartine. Moi, rien. Je m'enfonce de plus en plus profondément dans l'inexistence. Et puis, le soir, au lieu de bavarder avec moi de notre journée, de mettre notre vie en commun, Rachel se retire dans sa chambre, porte fermée, avec Annie, accrochée à elle pendant des heures au téléphone. À midi, elles ont déjà déjeuné ensemble. Au fil des pages, des alinéas, je m'amenuise. Comme les *Djinns* de Victor Hugo, je m'évapore en decrescendo, je m'efface en un soupir. Dans les carnets que je fouille, les paperasses que je compulse, mon destin est tout écrit. Plus un signe.

Pourtant, il y en a eu un, soudain, gros comme l'Empire State Building. Après ses cours, un matin, elle est remontée, hors d'elle, l'œil noir pas même étincelant, pas même explosif, en éruption volcanique. Une coulée de lave en fusion lui dégoulinait des paupières. *Ça y est!* — *Ça y est quoi?* À cette époque, l'année universitaire agonise. Elle a beau s'allonger comme une guimauve, s'étaler comme un bourbier, on a beau y patauger corps et âme au marécage, de jour en jour, d'ennuis en nuits, je n'ai jamais connu une année pire depuis les années 40, empêtré dans la mélasse poisseuse des besognes fades, recomposant à chaque réveil un vague fantôme professoral, décomposé, dès le rideau baissé, dans la déprime charognarde, pourtant, il vient toujours un moment où l'année universitaire finit. À la mi-mai, elle crève comme un abcès. *Ça y est, je te dis!* À la main, elle brandissait une lettre. Pas un écriteau qu'elle arborait sur le visage, pas une pancarte, c'étaient les affiches fulgurantes de Times Square, la pub en tubes de néon scintillants, inscrite sur la figure. *J'AI UN POSTE!* Moi, je demande, *où.* Si on l'avait canonisée, Rachel n'aurait pas montré plus grande béatitude. Jubile de joie, lui rejaillit des yeux au menton, une cataracte, en bave d'extase. Je répète, *où.* Naturellement, elle a bien caché son jeu, tout s'est passé à mon insu, en coulisse. *Pas loin, dans la région de Boston, à.* Titularisée, vingt mille dollars, elle s'était déjà envolée dans les airs, comme un ballon. Elle plane, moi, je garde les pieds sur terre. Calcul rapide, trois cents kilomètres de distance, cela fait des heures en voiture, des éternités en train. La vie n'est pas simple. Jusqu'ici, entre New York et Paris, elle était double. Maintenant, elle va être triple. Je n'ai jamais très bien su résoudre les équations du troisième degré. Je dis, *tu reviendras le week-end, parmi les couples de collègues, c'est monnaie courante, question d'or-*

ganisation. Elle fulmine. *Tu crois que je vais passer mon temps à me balader sur les routes, avec de nouveaux cours à préparer. Si tu veux me voir, à toi de venir.* J'objecte, *mais tu sais bien, le week-end est le seul moment que j'aie où voir mes filles,* beau être ubiquiste, peux pas me couper en deux entre New York et Boston. Là, elle rigole, *tes filles, je m'en fiche éperdument, c'est ton affaire. Tu peux même passer tous tes week-ends avec elles, si ça te chante.* Je dis, *mais enfin, soyons sérieux, je suis très heureux pour ton poste, mais ce n'est pas tout, il va bien falloir qu'on se voie, qu'on s'organise, qu'on.* Motus, silence. Quand même, elle a ouvert la bouche pour préciser. *Je vais tout de suite chercher un appartement là-bas et m'y installer avant la rentrée.* Je dis, *et alors et l'appartement d'ici.* Elle a beau être au septième ciel, elle voit tout de suite l'aspect pratique. *Je vais être obligée de reprendre la plupart de mes meubles.* Je croyais qu'on allait aménager. Elle déménage. Je crie, *mais moi, j'ai laissé mes meubles à mon ex-épouse. qu'est-ce que je vais devenir ici dans l'appartement.* Rachel, elle est devenue de plus en plus pratique. *Il faudra que tu t'achètes tes propres meubles, après tout, tu vis dans les miens. Et puis, tu sais, l'appartement, une fois que je ne serai plus à Northern, tu ne pourras pas le garder. Tu devras t'en chercher un autre.* Hors de moi, je hurle, *mais enfin mon divorce va être prononcé à la fin du mois, où est-ce que nous allons NOUS installer.* J'ajoute, *les gens mariés ne peuvent pas vivre à trois cents kilomètres l'un de l'autre, chacun dans son coin.* Pas d'écho. Le problème n'avait pas l'air de l'inquiéter outre mesure. Elle a haussé les épaules, *on trouvera une solution. De toute façon, il faudra bien que je revienne de temps en temps à New*

York voir ma mère. Sa mère n'était pas exactement mon souci majeur. À ma question, ce n'était
pas tout à fait la réponse. Je réitère. *Tu as
entendu, mon divorce va être prononcé à la fin du
mois, quand est-ce qu'on se marie.* Elle n'a pas dû
bien entendre, elle n'a rien dit. Je répète, *aux
dernières nouvelles, j'apprends que mon, quand
est-ce qu'on.* Elle a fini par entendre. *On verra, ce
n'est pas pressé, tu m'as fait attendre si longtemps.* Elle ajoute, *il y a d'autres détails beaucoup
plus importants à régler, des choses plus urgentes.*
Je fais une sale tête. *Comme quoi ?* Rachel
triomphe. *Comme la fête qu'on va donner.* Je
tombe des nues. *La quoi ?* Je suis au fin fond de
l'enfer, elle est à la fête. *Quelle fête ?* Elle a secoué
une frimousse mutine, en minaudant. *Double, on
va célébrer ma nomination et ton anniversaire.* Et
puis, un grand sourire découvre les canines,
*quand même, cinquante ans, c'est un tournant,
une date, non ?* Charmante attention, exquise
gentillesse. On va célébrer mon enterrement et sa
naissance. Le trépas de ma jeunesse, le début de
sa carrière. Je n'y aurais pas pensé, je l'avoue, à
faire une fête. Elle a eu une idée géniale. Rachel
me fait d'une pierre deux coups au cœur.

       Pour une soirée, ç'a été une
soirée, pour une foire, une foire, pour une fois,
n'est pas coutume, cinquante berges, dans le
fleuve du temps, une sacrée borne, un vrai repère,
mes filles, tout endimanchées, l'aînée déjà accom-
pagnée de son boy-friend, changé de coiffure
aussi, toute frisottante, pomponnée, sanglée dans
son deux-pièces bleu éclatant, jambes gainées
dans ses bottes, plus la dégaine d'une gamine, une

véritable pépée, peux pas croire, là, riante, appuyée au bras de son type, souple, cette pin-up venue de moi, ça ne rajeunit pas son père, la cadette, attifée dans des atours inhabituels, trébuche sur ses hauts talons, pour son âge un peu attardée, me tire en arrière, elle me retient en enfance, quand on s'ébroue, quand on s'esclaffe ensemble, je redégringole le cours des ans, à force de pouffer, je fais pipi dans mes langes, elle une grimace, moi, un pied de nez, elle rote, je pète, pas pour durer, rappel à l'ordre, on me fait vite remonter à l'âge adulte, *Professor, how are you today ?,* on me remet en chaire, le double salon fourmille de tous les collègues possibles, les impossibles aussi, tout le ban et l'arrière-ban de l'université me congratule, *many happy returns of the day,* je dis merci, toute notre basse-cour est là qui jabote, qui cancane, Riverside Washington Square confondus dans le boucan, *et ton bouquin, il va bientôt paraître,* tintamarre aviné des voix, cliquetis des verres, la tête commence à me tourner, je chavire dans les libations copieuses, on a fait les choses en gros, sur les deux tables, monceaux de victuailles, on a accumulé vivres et couverts de carton, fourchettes en plastique, avec d'énormes viandes découpées sur des plats, pâtés en terrine, patates aussi, en saladiers, moins cher, et patati et patata, ragoûts et ragots tout se mélange, Ledieu et Lévêque se caressent, tous les clans avec leur bataclan de querelles s'abolissent, les rivalités se dissipent dans la liesse, amis, ennemis fraternisent, les familles s'entremêlent, Hymne à la Joie, *you must be so happy,* on est dans la *Neuvième Symphonie.* tous à l'unisson, j'ai amené ma clique, Rachel sa claque, copines l'applaudissent, *un poste pareil,* elle a une sacrée veine, parfois pointe d'envie dans la voix, normal, parmi ceux qui sont de la fête, il y a ceux qui seront, à la rentrée, sans travail, *you are so lucky,* elle, *lucky,* moi, *happy,* comme ça qu'on doit être, qu'on nous baptise, moi, mes filles, elle a amené sa mère et sa sœur, le bonheur au grand complet, je titube de l'un à l'autre, on s'embrasse, on s'étouffe d'attendrissement, je donne à ma future belle-mère une accolade, elle est si gentille, mais elle ne me rajeunit pas non plus, avec ses rides qui burinent son air un peu renfrogné, sa mine me vieillit, cinquante carats, après c'est soixante, pas si long avant que je ne la rattrape, après le déclin m'attend au tournant, la tête me tourne, débâcle de mes énergies, de jour en jour je me déglingue, bientôt un ringard, déperdition d'être, pour le même travail il me faut des heures de plus, peux plus travailler le même nombre d'heures, je diminue, je m'amenuise, ma thermodynamique s'encrasse, malade de mon entropie, de quoi devenir misanthrope, maboule, cinquante ans ça vous rend fou, marteau, se met à me cogner les tempes, ma cervelle éclate, dépossédé de mon sceptre, on m'a jeté à bas du trône, perdu ma puissance, à mon bureau plus pareil, au pieu non plus, je peine de la plume et de la pine, roitelet de pacotille, plus d'autre couronne que mortuaire, ce qui m'attend, vieux beau, vieux cabot sur le retour, les pissenlits par la racine, je me retourne, hagard, je regarde, je tâtonne des yeux dans la cohue, pour l'avoir, un moment à moi, Rachel, Rachel, peux pas mettre la main sur l'ennemi, en vain je la cherche, dans la foule des invités évanouie, je voudrais lui parler, deux mots, rien que deux mots, cinquante piges ça pèse, lourd sur le cœur, ma poitrine est écrasée par des tonnes de cafard, le capharnaüm tourbillonne tout autour, dans le brouhaha je m'abîme, je sombre, naufrage plus profond à chaque verre, à peine je l'entrevois dans un coin, je m'approche, elle disparaît, depuis des heures que la fête, sa fête bat son plein, doigts vides, avides, vers elle tendus, sans m'attendre, elle est partie, inaccessible comme une ombre, feu follet courant de groupe en groupe, le comble quand on m'a chanté *Happy Birthday to You*, tous en chœur entonnant mon hymne, s'égosillant à qui mieux mieux vers minuit, pour me donner la sérénade habituelle, elle n'a pas ouvert la bouche, je n'ai pas vu remuer ses lèvres, pas un son, de toute l'infinie soirée, pas un souffle d'elle, Rachel ne m'a pas dit un mot

            et puis ils ont mis la musique, pas des pizzicati délicats, amplis en délire, stéréo beuglant à faire sauter l'immeuble, défoncer les murs, le toit s'envole, on s'est envoyé en l'air, chacun empoignant sa chacune, gigotant avec sa gigolette, moi je n'ai pas le cœur à la gigue, j'ai l'âme à la morgue, désemparé de part en part, je déambule de groupe en groupe, à la dérive, qu'est-ce qui va arriver après la fête, un long, lent maelström hurlant m'enveloppe, je m'égare dans les tourbillons électroniques, et puis, LÀ SOUDAIN, la vois assise sur le canapé du grand salon, près de la lampe de cuivre, cou tendu, torse roide, ses cheveux crêpelés raides, bec en pointe au-dessus de son menton saillant, toute droite, dans sa jupe de velours noir, son tricot rose, le collier ciselé de sa mère à l'encolure, boucles maternelles aussi aux oreilles, escarboucles en flammes, la trouve assise, un bras autour de sa taille, la tient tendrement serrée, au bout du bras un mec, assis aussi, à côté d'elle, moi aussi, j'en suis assis, ça me sidère, sans la moindre considération, respect pour l'âge, le jour de mes cinquante ans, en public, au vu et au su, en pleine soirée au grand jour, avec un complet sans-gêne, un bras qui lui tient la taille, les bras m'en tombent, le jules c'est *J.*, ci-gît, John de Hopkins, copain de Harvard, aveux chuchotés au lit à San Francisco, appels téléphoniques à Paris, je reçois un coup téléphoné, revient de loin, boxe au cœur, me cogne le visage, un sacré crochet, là, sans détour, en prise directe, ils font du catch érotique, devant moi, sur le divan, sous la lampe, sans baisser l'abat-jour, abasourdi, je les regarde, elle m'a renvoyé mon regard, droit dans les yeux, sans ciller, elle m'a planté le reflet glacé de ses prunelles, dardé son rayonnement de jais, la lueur torve, bistre me pénètre, lui ne bouge pas, ne me voit pas, je suis un ectoplasme translucide, fantôme transparent, plus de couronne, plus de trône, je n'ai plus de sceptre, plus de sexe, elle me l'ôte, là, sur le canapé public, exécution capitale, elle me castre, moi qu'il baise à travers elle, moi qu'on vise, moi le cocu pas magnifique, moi l'enculé, ils me violentent, et puis, soudain, ça s'illumine, se retourne en sens inverse, c'est elle qui me baise à travers lui, grand nez pointu, elle me l'enfonce par le corps comme un poignard, me remue l'enfer dans la plaie, sourire aigu, menton effilé, carcasse rigide, Rachel le mec, moi la gonzesse, moi qui ai la poitrine blanche, fade comme une chair de poulet, elle les seins velus comme un singe en érection, les poils qui bandent, elle qui les a, le pif en proue, le vent en poupe

                    pas réagi, suis resté exsangue, immobile, lui me regarde à son tour, finit par retirer son bras, tout rentre dans l'ordre, le passé s'effondre, l'avenir s'évapore, je m'écroule de la tête aux pieds, tous les projets échafaudés me retombent sur le visage en miettes, je ne suis pas un circoncis mais un eunuque, mon désastre me taraude le sexe, me fouille au fin fond de la tripe, englouti dans une catastrophe cloacale, perdu corps et biens dans la fange, naufrage dans la merde, la sienne me remonte de loin, de si loin, comme un fumet, quand je l'ai sortie grumeau par grumeau de sa carcasse à Carcassonne, aux doigts, aux narines gluantes, empoissé d'elle, ma poisse, elle a été ma déveine, ma défaite, l'entrée des boches à Paris, elle a réduit ma vie à une débâcle, tout fuit maintenant, je débande, la débandade des lendemains, la cargaison des espoirs éventrés qui crèvent au bord de la route, son œil en Stuka me mitraille, elle a eu ma peau, ma Gestapo, j'aurai survécu trente ans pour rien, la vie cesse, soudain on m'arrête, dans le néant déporté, la musique déchaînée les emporte, les baffles du petit salon vrombissent toujours, les invités sont à la fête, veulent pas la lâcher, pas un qui parte

partis, pas dormi de la nuit, peux pas, mon aînée s'est éclipsée avec son boy-friend, la petite s'est blottie dans mon bureau, moi dans ma chambre, Rachel est restée au salon à bavarder avec Annie, avec sa mère, avec J., chacun en famille, moi tout seul, d'une solitude qui écrase, assomme, on a le corps engourdi, peut à peine bouger les membres, une carapace de plomb qui s'abat, paralyse les pensées, sur le sommier mon squelette dépiauté est immobile, j'essaie de me tourner, me retourner, ma masse

énorme résiste, rien de plus lourd que le vide, le
voisin, en face, a éteint la dernière lumière, plus
une lueur ne filtre à travers les stores baissés,
maintenant la colère par éclats explose dans ma
tête, des éclairs de rage, feu d'artifice de haine,
Akeret a enterré ma mère, sans rien me rendre, à
la place rien, plus de maison, plus de raison, foyer
de vivre, ai tout abandonné pour elle, cette petite
frappe qui lui prend la taille sur le canapé, lui
passe le bras autour, le tour du propriétaire, non
seulement je suis violé, volé, berné à mon nez et à
ma barbe, comme un barbon, mon cadeau d'anniversaire, ils me flanquent mon âge à la figure, une
soirée farce, de la commedia dell'arte, scénario
classique, le minet et la minette contre le vieux,
Agnès et Horace contre Arnolphe, ils me couvrent
de ridicule, pas même réagi, pas pris son type à la
gorge, l'ai pas égorgé, j'ai pas désentripaillé son
jules, comme j'aurais dû, eu peur de l'esclandre,
pas faire de scandale, pas troubler la fête, prof
honorable, dignité professionnelle, peut-être que
j'ai exagéré la chose, monté les détails en épingle,
piqué au jeu, au vif, toujours conserver son sang-
froid, toutes les maximes ne voilent pas ma vérité,
cache-sexe je n'ai plus rien dessous, soudain,
déclic, j'en ai le crâne illuminé, une chiffe, une
gonzesse, je me redresse d'un coup, couteau
espagnol scintille, cimeterre étincelant dans les
ténèbres, mon coutelas à cran d'arrêt, qu'à l'ouvrir d'un geste sec, d'estoc ou de taille, fil comme
un rasoir, tranche dans du beurre, pointe effilée,
entre dans une motte, le lui enfoncer dans le
ventre, je halète de plaisir, son sang qui commence à gicler, dans mon lit j'en râle de joie, la
vision m'empoigne les paupières, me térèbre la
rétine, mon yatagan ne me lâche plus les yeux, là
devant il danse, lumineux comme un sourire dans

la nuit, ou bien la saigner comme un porc, lui trancher la carotide, qu'elle n'ait plus une goutte de sang dans sa bidoche, une mort cachère, j'en ai des suées froides, tempes maintenant humides, me suis assis dans mon lit, mon pyjama moite me colle au torse, je jouis si fort que ça perle de partout comme du sperme, J'AURAI SA PEAU, non, pas seulement en fantasme, pas seulement du cinéma dans la boîte osseuse, non, pour de bon, projet pratique, tout à fait faisable, New York, la ville idéale pour estourbir, arrangé pour, c'est géographique, s'échapper un jeu d'enfant, Rachel je la zigouille, crime passionnel pour une ex-Bovary au petit pied, une belle fin, et puis je monte dans ma bagnole, suffit d'une nuit, on arrive au Canada, on ne demande aucun papier à la frontière, je peux faire tranquillement mes bagages, j'emporte l'essentiel, après pour m'extrader, bernique, en cinq sec dans un 747, déjà en France avant qu'on découvre son cadavre, havre j'aurai pas de mal à trouver, me hante, j'en bave, projet de meurtre devient crémeux, je fonds de plaisir, du fin fond, remonte de si loin, désir lancinant de la tuer, ça me revient refoulé comme un relent d'arrière-années, juteux comme un fruit, doux comme un sirop, ça ne finira pas dans les larmes, gosier à sec, j'ai soif de sang

MON COUTEAU je l'ai acheté à Madrid pour régler nos comptes, déjà un jour je savais, pas si aveugle, pas si folle la guêpe, déjà à l'époque, en vitrine le dard a dansé devant mes yeux, j'ai eu le coup de foudre, Rachel, elle ne me quittera jamais, elle est A MOI, si elle me plaque, je la surine, je plonge tout entier en elle, la vision me transperce des pieds à la tête, l'attente est insoutenable, il faut dès à présent que je la bute, peux pas différer jusqu'au matin, désir de tuer, ça vous tenaille la tripe pire que bander, je me rallonge dans mon lit, je me tourne et me retourne sur mes draps, dans mes pensées, toujours avec mon couteau qui me perfore les deux lobes, comme l'aiguille du pneumo pendant trois ans dans l'entrecôte, suffoque, peux plus respirer, haïr à ce point vous ôte le souffle, des heures et des heures haletant, je n'ai jamais ainsi détesté personne, QUE JE LA CRÈVE OU QUE JE CRÈVE, bulle après bulle remonte, explose à la surface du cerveau, bouillonne, fermente dans les tréfonds, si enraciné, si lointain, la haine, quand ça entre en éruption, un geyser irrésistible

vers le matin, à force de couler, mon abcès s'est un peu vidé, me suis un peu apaisé, la tuer c'est trop, vaut pas la peine, au moins dix ans, si on me pince, elle ne vaut pas une décennie de taule, non, elle qui trahit, moi qui trinque, absurde, mon couteau il doit autrement me servir, travail de boucherie, trouver une autre découpe, demain matin, elle va partir, après-demain, à la fin du mois, à l'automne, du kif, esquif écrasé sur les rocs, mener plus intelligemment ma barque, quand elle me dira que c'est fini, d'accord, j'aurai le mot de la fin, quand même, moi qui l'ai formée, moi qui l'ai faite, elle me quitte, elle m'abandonne, dès qu'elle a un poste, attendu de n'avoir plus besoin de moi, à peine elle a un pied à l'étrier, me rejette comme une vieille rosse, change de monture, se fait saillir sous mon nez, ne vais pas la tuer, non, se retournerait contre moi, ne me relèverais pas du coup, je redresse la tête, au pied du lit l'aube pointe, par le store mal fermé la lumière filtre, je suis lucide, translucide, maintenant JE VOIS, plus calme, décision est prise, m'apaise, mon corps épuisé se détend, je sombre peu à peu dans la torpeur, si elle me quitte, si elle m'abandonne, si elle commet la folie de trancher ce qui nous lie, nous unit comme une religion, un lien c'est sacré, une attache, si on y touche, à jamais elle aura ma marque, honneur espagnol avec mon canif madrilène, la burinerai de mon poinçon, la surinerai, pas profond, à peine, elle me portera gravé sur la joue à jamais, malgré les couches de fard, de poudre, comme une mémoire à cicatrice, elle aura la croix des vaches, lui sauterai dessus, deux petites incisions rapides, deux traits secs, je la maintiens plaquée contre le parquet, après elle me plaque, je la taillade, après elle se taille, jusqu'à la fin de ses jours me portera, m'emportera avec elle, dans ses lits, ses délits futurs, dans ses délires, ses délices, serai éternellement présent, inscrit, ÉCRIT, une femme est comme un livre, pour qu'elle ait à jamais ma marque, Rachel, je la SAIGNERAI la SIGNERAI

je n'ai pas dormi très longtemps. Le matin blême bourdonnant entre mes tempes, je me suis passé un peu d'eau sur le visage, dans mon cabinet de toilette. Quand on a franchi un demi-siècle, quel visage a-t-on. Je me regarde, je ne peux pas m'en empêcher. Mon reflet n'est pas rassurant. La barbe au bas des joues a l'air plus sale, les poils plus rêches, les yeux enfoncés au creux des orbites, le teint plus mat, ma mine tourne au cadavérique. Je me prépare à jouer mon rôle de future charogne. Mes cheveux déjà saisis de blanc, tachés de gris, se hérissent sur mon crâne hirsute. Décavé, décati, j'ai une tête d'enterrement. Je m'attarde à cet éveil funèbre, nettoie mes dents, rince ma bouche, avec lenteur. En dedans, en un point très précis de l'abdomen, près du plexus, j'éprouve une peur panique. L'angoisse me point les entrailles. Mon demi-siècle va s'évanouir dans la nuit des âges, ce matin se décide mon sort. Tant de jours, d'années, peut-être pour rien. À moins qu'elle n'ait changé d'idée. Mon attente est suspendue à un fil, jusqu'au bout j'espère. Je ne peux pas me résigner à perdre, à la perdre. Peut-être, dans cet intervalle nocturne, une lueur lui aura porté conseil. Elle aura compris la différence entre son blanc-bec et moi. J'ai sans doute démesurément accru l'épisode du canapé, hier soir. Elle a voulu me rendre coup pour coup, piqûre pour blessure. Huit ans de coexistence accumulent les griefs. Maintenant qu'elle est en forte position, elle se venge. C'est humain. Elle aura voulu me rendre jaloux, peine perdue. Je ne ressens aucune jalousie, à peine. Une pointe, une ombre qui plane, légère comme un soupçon. Son amant ne fait pas le poids, il n'a pas assez de consistance. Un rival doit être construit du même métal. Si elle s'était entichée de Ledieu, ce serait tout autre chose. Sous lui, je me sentirais écrasé. Entre ce poids plume et moi, trop de distance. C'est pourquoi, hier, je n'y ai même pas touché, à quoi bon. Un sous-fifre. Le cocuage a sa hiérarchie. J'ai refermé sans bruit la porte du cabinet de toilette, j'ai enfilé ma robe de chambre, je suis sorti dans le long couloir, toujours sombre comme un tunnel. Rasant le mur recouvert de feutre plissé, je glisse en silence. L'immense appartement est muet, après la soirée tonitruante. La porte de sa chambre est ouverte, Rachel est levée. Au passage, je jette un coup d'œil dans la cuisine, personne. À dix heures, elle est déjà attablée. Fin mai, le soleil matinal donne vite, il fait déjà brasiller les carreaux de la salle à manger, de biais, à gauche, il forme une tache éclatante. Elle est bien là, devant sa tasse de café. Sur l'assiette, un toast aux trois quarts grignoté. Elle flotte dans sa chemise de nuit en coton blanc, déployée, comme un fanion dans les replis de lumière. Difficile de décrypter son expression, elle a encore les traits tirés, le visage chiffonné de ses fatigues nocturnes. Un peu tassée sur sa chaise, l'air vacant, le regard vague. Mon couvert a été mis, je m'assieds à ma place habituelle, face à la fenêtre. Je demande

— Tu as bien dormi ?
— J'aurais bien dormi, si ta fille n'avait pas mis la télévision si fort dès son réveil.
— Tu as dû te coucher très tard.
— Je me suis couchée quand j'ai eu envie.
— Mais naturellement, tu es libre.

Elle n'a plus rien dit. Elle s'est renfrognée dans son silence. J'ai dégluti mon café, à petites gorgées. Les ruisselets brûlants me réchauffent, et puis la bourbe matinale s'allège, mes pensées s'aèrent, ma tête, peu à peu, se clarifie. Je la regarde droit dans les yeux, face à face. Je dis

— Tu as eu l'air de bien t'amuser hier soir...
— Oui, j'aime avoir mes amis autour de moi, je n'aime pas vivre comme un ours. Et toi ?
— Je me suis bien amusé aussi. Pour du monde, il y avait du monde, si on aime la foule. Mais la fête n'est pas finie, elle continue.

Elle a dû entendre quelque chose dans ma voix,

une vibration particulière je l'ai vue dresser l'oreille, se redresser sur son siège. Je sors une enveloppe de ma poche, je la pose sur la table.

— J'ai un cadeau à te faire, en échange du beau stylo que tu m'as offert. Un autre genre d'écriture, tout aussi utile... Je l'ai reçu hier matin, tu l'as attendu assez longtemps, c'est mon décret de divorce.
— Pourquoi ne me l'as-tu pas dit hier?
— Je voulais te faire une surprise, quand on serait seuls. Hier, je savais qu'il y aurait trop de monde, pendant la fête, on ne pense pas aux choses sérieuses. Alors, voilà, tiens.

Elle n'a pas pris l'enveloppe, pas bougé la main. Elle a fait semblant de ne rien voir, de ne rien entendre. Puisqu'elle ne dit rien, j'enchaîne.

— Maintenant que j'ai mon divorce et que tu as ton poste, quand est-ce qu'on se marie? Il est bon de s'installer solidement dans l'existence, après toutes nos péripéties.

Elle a voulu dire quelque chose, n'a pas pu dire, et puis a dit

— Écoute, je ne t'épouserai pas.
— Tiens, pourquoi?
— Je ne t'aime plus, ou plutôt, je ne te désire plus. J'ai de l'affection pour toi, de la tendresse, mais...
— Je vois, de beaux restes, les parties nobles de l'âme, mais les parties basses... Alors, qu'est-ce qui va arriver?

Elle s'est renfoncée dans son mutisme. Moi, je m'impatiente

— Je te demande, qu'est-ce qui va arriver, hein, maintenant que je viens de divorcer, pour toi ?
— Je te quitte, je n'irai pas en France avec toi cet été, je reprends ma liberté. Tu peux garder l'appartement, je te le laisse.
— Vide, en emportant les meubles, en t'enfuyant, en m'abandonnant, après toutes ces années, après tout ce qu'on a fait, vécu ensemble, après... Je ne comprends plus.

C'est venu malgré moi, ça m'a échappé dans un cri, du fond de la gorge, du tréfonds de l'être

— Mais qu'est-ce que je vais devenir ? Je ne peux pas vivre sans toi. JE T'AIME, MOI !
— Je regrette, j'ai essayé de me persuader toute l'année, de me dire que c'était de mon intérêt de rester avec toi, que je devrais... Mais je ne peux pas. Ça fait des années que je n'ai plus envie de toi.
— Bon dieu, si c'est des petites aventures qu'il te faut, moi, je m'en fous, comme hier soir, tu auras les tiennes, j'aurai les miennes, entre nous, ça ne se situe pas à ce niveau, l'amour ne passe pas à hauteur de cuisses, mais de tête !
— Tu sais bien que ça ne marcherait pas, tu serais jaloux. Je te connais. Et puis, ce n'est pas de ce genre d'union que je rêve, à ton âge, peut-être, c'est très bien, pas au mien...
— Mon âge, ton âge, il aurait fallu y penser plus tôt ! Avant, par exemple, de me demander de divorcer, par exemple, en février 76, par exemple, quand tu m'as appelé au téléphone pour me dire que tu avais obtenu ta bourse, mais que tu ne

m'accompagnerais à Paris qu'à condition que! Tu connaissais mon âge et ton âge, à l'époque, ça n'a pas changé depuis... C'est toi qui m'as posé pour condition de divorcer, ALORS QUE TU NE M'AIMAIS DÉJÀ PLUS, sacrée salope...

J'ai senti la fureur me monter du ventre, la rage me contracturer le torse, je crie

— Tu ne m'as pas demandé de divorcer par désir, mais par vengeance...
— Tu aurais voulu rester à Queens?
— Ce que je veux, c'est moi que ça regarde!

j'ai été secoué d'un drôle de ricanement, comme un grelot dans le gosier, j'en étais tout agité des pieds à la tête, entre le rire et les larmes, une boule énorme m'a roulé dans le thorax

— Ça, c'est farce! Des cocus comme moi, on n'en voit pas à tous les coins. Marivaux, il a écrit *la Double Inconstance,* Henri de Régnier, *la Double Maîtresse,* moi, je fais mieux encore. En même temps, le même jour, je reçois UN DOUBLE DIVORCE!

J'en suis abasourdi, éberlué, je ne peux pas croire, impossible, un mauvais rêve, un cauchemar

— Dis, tu ne vas pas me quitter?
— Si, à la fin de la semaine, quand tu t'en iras en France pour l'été. Lorsque tu reviendras en septembre, je serai partie.

Les noires amandes veloutées ne rayonnent plus, le regard fulgurant s'est terni, elle parle d'une voix sourde, mais ferme.

— Ah! c'est comme ça...

Un formidable soubresaut m'a trituré toute la tripe, m'a arc-bouté pantelant contre la table en un hoquet, à demi soulevé par un spasme déjà je bondis, la main déjà descendue fébrile, fourrée rageuse dans la poche de ma robe de chambre, à gauche j'avais mis la lettre, l'arrêté du tribunal, à droite le couteau à cran d'arrêt

— *Daddy, what is happening, is there something wrong ?*

Je l'avais oubliée complètement, à l'autre bout de la triple pièce, perdue là-bas, devant la télé, de dos, dans ses songes, assise sur un des fauteuils de chrome, le visage maintenant inquiet, le cou tendu vers moi, j'ai dû crier très fort pour l'arracher à son émission du dimanche, elle s'est soudain retournée, l'œil effaré, moi, tout entier à ma fureur sacrée, je n'y pensais plus du tout, à ma fille

CODA

(IN CAUDA VENENUM)

Le 21/7/76

Ma chérie,

Un mot rapide de mon bureau, au sortir de ma dernière classe. Bien reçu UNE de tes deux lettres aujourd'hui seulement   J'espère recevoir ta seconde lettre avant de m'embarquer   Je te garde quelques instants sur ma poitrine et te lirai ce soir à tête et à cœur reposés

Et voilà. Aujourd'hui, à 11 heures 23 du matin, j'ai signé avec Claude l'acte de séparation   Je ne dis pas que cela a été gai ni facile, je suis bourré de tranquillisants à éclater et j'ai palpitations et vertiges à dégringoler. Mais voilà qui est fait. Ce n'est donc pas le même homme que tu trouveras à mon arrivée, puisque c'est un homme «libre» et qui t'a choisie, en totalité, — pour la totalité de la «semaine» et, je l'espère, de la vie! I go to you with open arms and open heart

Cœur lourd, pourtant. Ce soir, ma dernière soirée avec la gosse à Flushing. Elle est merveilleuse, s'efforçant dans sa petite tête de faire face à mon départ, sans sensiblerie. J'essaierai d'en faire autant. Maintenant, elle est partie chez sa grand-mère et j'avoue que j'aimerais bien pouvoir me réveiller à Paris ! Encore cinq longues et terribles journées, à faire mes valises, à me détacher de Queens — pour de bon

  Je t'aime, je pense à toi de tout mon être,

TON

August 20

Très chère

    Merci de ta lettre. J'espère que tout va finalement s'arranger dans ta vie. Profite de la bonne volonté de Serge et accepte, pour changer, d'être bien traitée. Car cela aussi peut changer. Si tu décides de rester avec lui, prends-en une fois pour toutes ton parti. Beaucoup, dans l'existence, dépend de la façon dont on s'applique. Nous devons apprendre à recevoir, à donner et à pardonner

    Annie et Suzy sont venues la semaine dernière. Annie séjournait chez ses parents, mais elle a passé du temps avec nous. Naturellement, nous avons parlé de toi et de Serge et de Paris. Elle m'a semblé de bonne humeur et m'a déclaré qu'elle prenait goût à Yorkville. Quant au temps il ne saurait être plus beau, simplement superbe

    Ta sœur est déjà en train de

        Write soon   Love and kisses
                          Mama

HAPPY BIRTHDAY

       D'après le travail de détective de ta mère, je présume que tu es maintenant de retour à Paris de ton voyage en Italie. Je déduis aussi de ses remarques que l'aspect physique a laissé à désirer. Et le reste? C'est-à-dire, Serge et toi, en tant que couple. C'est la grande question de cette année. En tout cas, une des grandes questions

      malgré tes lettres, je ne peux pas dire que je comprenne où en sont les choses entre toi et lui. Je me demande si le «déclin» dont tu parles n'est pas simplement ta peur de confronter la réalité   peut-être que je me mets le doigt dans l'œil   mais j'ai l'impression qu'une partie de toi s'est «résignée» ou déterminée à aller de l'avant et à l'épouser, dès qu'il aura obtenu son divorce   et/mais   que c'est une décision «raisonnable»   et qu'une autre partie de toi veut réellement te dégager   mais que tu ne sais comment t'y prendre, tant que tu es à Paris   d'où ce «déclin» lent mais sûr   ou encore j'ai l'impression que   si tu pensais que ne pas te marier avec Serge n'était pas névrotique, ne faisait pas partie de ce que tu appelles ton incapacité d'aimer etc. etc.   si tu cessais de croire que de toute façon on est coincée, alors autant l'être avec lui   tu voudrais en fait le quitter   Toutes ces suppositions montrent que tu es tout aussi discrète à ton SUJET que moi au mien   si je ne dis pas grand-chose (ce qui me paraît impossible!) c'est que mes sentiments/attitudes sont confus   ce n'est pas, selon tes termes, «more agony and ecstasy», mais moins des deux   enfin, je veux dire, quand P. me touche, je ne me trouve plus mal, certes, mais on fait superbement l'amour   ce qui pour moi est une expérience nouvelle

ÉCRIS   *Love*

A.

Saturday night live. Dear   You will be here in a month; I can't really believe it. I just finished a very drafty draft of my paper for the MLA

                    assez là-dessus, parlons de toi   il n'y a pas une seule ligne dans toutes tes lettres qui suggère que tu aies vraiment le désir de rester avec Serge   je ne dis pas que vous n'ayez plus d'affinités   je suis certaine que vous avez vos bons moments   mais chaque mot que tu écris indique une tout autre direction. Même si John n'est qu'un fantasme — et il ne l'est pas pour l'heure — et même si toute relation devient moins «romantique» après quelque temps   le fait que tu trouves Serge crampon est très grave   et puis, que je te dise. Ton hésitation, ta tergiversation à t'acheter les affaires dont tu as besoin ne sont qu'un écran à ton indécision réelle : épouser Serge

I miss you and I love you

A.

Dear

  L'essentiel est que je suis plus heureuse quand tu es là ; la vie a, sans l'ombre d'un doute, plus de saveur, sans parler de réalité

     impossible de dissimuler la PLACE *que tu occupes dans mon économie : j'ai beau diversifier mes investissements, toi, tu es toi*   *et ce qu'il y a de curieux, c'est que ta fonction — pourquoi pas — érotique est liée au* QUOTIDIEN. *Je veux dire il y a des gens qui sont formidables une fois par semaine, mais qui perdraient de leur intérêt à doses régulières — mais pas toi*

     je ne sais que dire à propos de John. Plus précisément, comment peut-il avoir une telle importance pour toi ? Ce n'est pas un jugement moral, c'est une question   *cela me rappelle ma rupture avec Jerry oui exactement, quand j'ai décidé d'abandonner la vie commune et de me plonger dans les « affres » passionnelles*   *mon expérience n'a pas été très heureuse, Dieu sait. Mais quelle est donc la réponse, si la « vie avec Serge » n'a pas pour toi un poids plus grand, ne suscite pas, comment dire, plus d'élan en toi, que la tentation des « affres », la périlleuse poursuite de la passion (excuse l'allitération) ? La vie est-elle un simple arrangement ?*

    si le couple est la solution alors j'ai commis une erreur monumentale en quittant Jerry   *tu vois je ne suis d'aucun secours*   *ni à toi ni à moi*

  je donnerais tout pour que tu sois là   *quand je te parle je redeviens un être de raison*   *non que tu ne sois (parfois) aussi irrationnelle que moi*   *c'est l'échange qui*

stabilise   j'aimerais pouvoir vomir.
J'ai l'impression que ce dont j'ai avant tout
besoin, c'est d'une purge.

Love
A.

January 11. Tuesday. Je crois que j'ai pris
froid pendant la nuit. C'est étrange. Je suppose
que j'avais besoin d'un symptôme. Je tiens à
t'écrire quelques lignes, maintenant que je suis
sortie de ma crise noire, sans te déprimer

*   dans mon existence antérieure de*
«désespérée», j'étais du moins mieux «foca-
lisée»   je n'aimais pas ce que j'avais, mais
je VOULAIS autre chose (même par méprise, par
déplacement). À présent, c'est le moins qu'on
puisse dire, je n'ai plus aucun centre d'intérêt.
Comme toujours, mon domaine symptomatique,
ce sont LES HOMMES. Mon psy (bénie soit la chère
âme!) prétend que je n'accorde/n'ai accordé
aucune priorité au fait d'«aimer», de construire
des rapports amoureux. Nous sommes tombés
d'accord que, pour moi, les hommes ont une
fonction purement symbolique: j'ai besoin d'un
homme dans ma vie comme garant de ma
«normalité». (Même être une maîtresse, avoir un
amant, me suffisent, à cet égard.) Le fait que j'aie
un homme prouve que je ne suis pas une «anor-
male», un monstre. Mais, en réalité, le sentiment
d'aimer, d'éprouver un tendre souci, d'être à mon
aise et bien dans ma peau, bref, me sentir «moi-
même» n'a rien à voir avec un homme (en tant
qu'individu) — tous les sentiments euphoriques
sont liés, mais oui, aux femmes. Ce qui me rend

très nerveuse. Mais expliquerait aussi beaucoup
de choses. En quel sens aller, désormais ? Certes,
cela ôte un peu de venin à l'animosité que
j'éprouve envers P.; du moins, cela me force à
réfléchir à ma position de SUJET dans notre petit
duo maladif. Je n'y mets pas beaucoup d'amour —
malgré tout le « Sturm und Drang ». Est-ce que je
désire aimer, lier mon sort à celui d'un homme ? Il
semblerait qu'à chaque fois que j'en ai eu l'occasion, j'ai couru dans la direction inverse. Mais
alors, comment expliquer toute l'énergie, la passion, la souffrance investies dans la chasse à
« l'homme » ?

        l'autre jour,
j'ai rencontré Jerry chez Zabar (ah ! l'Upper West
Side !) naturellement mon cœur ne fait pas
toc-toc quand je le vois/lui parle mais il a
encore une signification dans la sémiotique de
l'absence/présence je continue à désirer le
voir bien que je ne sache pas clairement pourquoi
    est-ce jamais clair   il devait
monter chez moi la nuit dernière mais m'avait
posé un lapin tout ce que je puis dire
c'est que ça compte pour moi quand il me dit
qu'il me trouve « mignonne » ou n'importe quoi
d'autre je me demande ce qui serait
arrivé si pendant qu'on était ensemble j'avais
compris qu'il m'AIMAIT   pourquoi
ne puis-je comprendre ces choses pendant qu'elles
durent ? ? ? ? ? ? ? pire j'interprète négative-
ment je ne profite de rien pas étonnant que je ne perçoive que le manque j'ai
comme une gomme magique qui efface le texte que
j'ai là sous les yeux

        Your

        A.

January 19. Dear ——— *Yours of Jan. 14
arrived today malgré toutes tes plaintes, tu
as l'air d'aller bien morose plus qu'autre
chose moi aussi j'ai à me plaindre de
mon corps une de ces journées à nerfs je ne
peux pas respirer, j'ai chaud et froid, je n'arrête pas de courir aux toilettes mieux vaut
encore être déprimée ça s'appelle l'angoisse et/mais ce qui me rend furieuse
c'est que pendant que je jouis dans ma
tête de toutes ces «pulsions» confuses (tellement bon de se sentir vivante) mon corps
somatise à cent à l'heure colite insomnie
la panoplie complète des symptômes*

*j'ai reçu
quelque chose à quoi je m'attendais vaguement une carte postale sensuelle de Sylvie je ne sais que dire elle a eu la
même réaction que moi exactement la même à la
scène avec Linda ce qui arrivera quand elle
reviendra je n'ai aucune idée*

*j'ai mal dormi j'essaie de ne pas
prendre trop de comprimés j'ai rêvé de
vagues scénarios angoissés d'abandon qui
t'impliquaient toi et Serge pas de lettre
de toi je ressens une privation*

Love

A.

*January 27. Thursday morning. Dear Do
you realize that I have had only 2 letters from you*

*since you returned to Paris from your Christmas
trip to New York? Not a lot. I feel deprived*
pour continuer notre conversation lors de ton
passage

　　　　Qu'est-ce que cela signifie de dire que
le pénis/phallus est un objet de désir et de
fantasme? et en quoi est-ce différent du désir
d'être «casée», c'est-à-dire de se sentir à l'aise
dans le système p/p

　　　　　　　ce qui revient encore à
dire: fonctionner mieux, quand on est à deux,
dans la «sphère publique», semble être la loi de
notre acculturation et de notre symbolisa-
tion

　　　　cela n'est pas très clair je voudrais
essayer de préciser

　　　　　　　voici ce que je dirais: je
suis érotisée quand je veux acquérir un homme.
J'ai le sentiment, mais oui, que montrer aux
hommes qu'on les désire au lit est leur forme
ultime de soutien, selon tes propres termes. J'ai
changé d'idées à ce sujet. Je croyais que tout ce
dont ils avaient besoin, c'était de tirer leur
crampe. Mon expérience récente me prouve que ce
qui les excite vraiment est le fait de nous exciter.
Ce qui signifie: c'est NOUS qui leur disons que
NOUS valorisons le principe p/p. Une fois que j'ai
(que nous) AVONS un homme, le p qui reste est le
Phallus, pas le pénis; tel est le réconfort (non
érotique) que nous ressentons à être «associées» à
la puissance phallique. D'une part, c'est la preuve
de notre normalité; de l'autre, c'est notre rapport
au monde du pouvoir dont nous sommes exclues.
Quant à moi, je soupçonne que j'éprouve un
ressentiment violent devant le fait qu'ils détien-
nent le pouvoir que je désire pour moi-même — je

me rappelle ce que tu disais, que tu ne voulais pas tellement AVOIR *Serge qu'*ÊTRE *Serge*

c'est certainement vrai de mon attitude envers P. Je veux sa position, son prestige, sa discipline de travail. Si j'obtenais soudain par miracle le pouvoir que j'aimerais acquérir, je me demande, en tout état de cause, si je pourrais encore désirer un homme

je sais que tout cela est un peu incohérent, mais c'est une question, après tout, capitale et complexe

j'aurais voulu que tu m'en dises davantage sur cette interview dans Marie-Claire *est-ce que les «lesbiennes» (je ne saurais dire à quel point je suis devenue chatouilleuse à propos de telles étiquettes, et l'appellation de «gay» ne me satisfait pas non plus) désirent* LE CON *(je songe à la remarque de Susan qu'il n'y a rien de plus beau), ou bien est-ce que ces femmes pensent/sentent* EN DEHORS *(au-delà ?) du paradigme de puissance p/p ? En ce qui me concerne, cela reviendrait à admettre que les hommes ne sont pas ce qui compte, bien que j'aie passé des années et des années à cultiver ce rapport, avec un piètre succès. En d'autres termes, si je devais resymboliser ou désymboliser ou établir le contact avec... quoi ? Je me souviens d'une conversation curieuse que j'ai eue avec Sylvie il y a quelque temps*

on était sorties dîner et je m'apprêtais à prendre le métro pour rentrer c'était un samedi soir et j'ai voulu acheter le Times *comme elle est étrangère je lui ai expliqué le syndrome du* Sunday Times *elle m'a demandé si je lisais les deux cents pages de l'édition dominicale je lui ai répondu que non et qu'en fait bien des fois je la lisais à peine*

mais que je ne pouvais supporter l'idée de ne pas
l'avoir à ma disposition   elle m'a
dit   c'est comme avec les hommes   les
deux « besoins » sont fonction du manque

> *je n'éprouve absolument pas ce*
sentiment à l'égard des femmes : je suis consciente
que, chaque jour, j'aimerais que tu sois disponible
pour moi. Alors qu'en réalité, ma ration de P. me
suffit amplement (ce que je déteste, c'est de n'être
pas toujours sûre que j'aurai ma ration hebdoma-
daire, un point c'est tout)

> *on peut ainsi résumer les choses*
pour   l'instant, j'aime encore baiser des
types, parce que c'est ce que je sais faire. Je me
sens toujours « incomplète », si je n'ai pas
d'homme dans ma « raison sociale ». Mais, sur le
plan de la vie quotidienne, je crois que je serais
très heureuse si, par exemple, je connaissais assez
de femmes intéressantes avec qui sortir. Cela fait
partie du problème : tant de femmes sont liées aux
hommes ; et une seule femme ne peut pas suffire,
pas plus qu'un seul homme   WRITE LOVE

A.

Feb. 4. Dear   R. a fini par me convaincre
d'aller à un concert avec lui   au programme
de la soirée donc concert à Carnegie Hall puis
dîner   puis   danser   dans   un   club   privé
appelé   moi j'hésitais un peu   sa femme
s'est absentée pour affaires   j'ai mon cours
du lendemain à préparer   bref   et puis
je venais de passer un après-midi merveilleux
avec P.   il avait apporté plusieurs chapitres de
son manuscrit pour me les montrer tu sais que ce
genre de geste est mon point faible   j'étais

donc très fatiguée d'avoir fait l'amour et de
fantasmer des projets futurs de «nouvelle
vie» qui incluent toujours P. du
genre me faire enfiler par lui à 54 ans dans une
chambre de l'hôtel Algonquin tu vois ça
d'ici (je ne t'ai pas parlé de mardi soir
avec Sylvie mais j'y reviendrai) donc on
va à Carnegie Hall et R. a l'air vachement chic
(une séance de gymnastique et de lampe à
bronzer) à l'entracte j'ai découvert à ma
grande surprise que j'avais mes règles je me
suis dit que je ne tiendrais pas jusqu'à la
discothèque à dîner R. m'a entretenu de
ses frustrations domestiques de ses bagarres avec
sa femme moi j'ai commencé à avoir des
crampes et je ne savais pas quoi faire je ne
voulais pas le décevoir mais je me sentais mal il
a fini par me reconduire et comme on était
assis dans la voiture il me dit «je sais bien
que vous n'allez pas me demander de monter mais
je vous demande tout de même» lui et moi
on était tous deux sur la défensive j'avais peur
qu'il ne découvre la vérité sur P. et je me suis
dit (avec ma logique perverse) peut-être que c'est le
moment de coucher avec lui maintenant il
verra que je suis une femme comme les
autres sûrement pas aussi experte au lit
que la sienne ou lui-même et ça lui pas-
sera qu'en penses-tu? il m'a
appelé le lendemain matin pour savoir si j'allais
bien j'ai pensé ce genre de pouvoir
est vraiment effrayant

oui Jerry est revenu l'autre soir et nous
avons fait l'amour pas du sublime au
fond je déteste qu'il me caresse mais une fois
que c'est dedans ça va j'ai eu du plaisir à ce

contact mais je ne pense pas que ça va devenir régulier

       Sylvie est venue mardi soir   je ne savais pas du tout ce que j'allais faire   comment ça allait se passer   je songe certainement à «m'essayer» selon ton euphémisme dont je te remercie   peut-être que c'est seulement dans ma tête   l'idée me fascine   mais la réalité est une autre histoire   toute la soirée je me suis demandée ce qui ARRIVERAIT   je peux entendre mon psy d'ici   à plusieurs reprises elle m'a touchée   et si ça ne m'a pas exactement glacé le sang   je me sentais quand même frigide   et puis elle a eu l'air fatiguée comme si elle attrapait un rhume   ça m'a dégrisée alors on a décidé d'attendre que nos peurs s'envolent   ce qui veut dire que pour moi rien n'est résolu en termes purement physiques (si ça existe) elle me plaît moins que Lynn   dont le teint brillant et le grain de la peau sont si attirants   mais son discours est séducteur

     au secours   pourquoi n'es-tu pas LÀ !?

         WRITE MORE PLEASE   *LOVE*

                        A.

February 13, 1977

Dear   Tu peux parler d'existences // entre nous   comme toi depuis vendredi je souffre d'un rhume atroce   et c'est arrivé d'un seul coup en l'espace de 5 minutes

*je voudrais continuer notre analyse
du principe P(hallus)/p(énis)/c(on)   si
j'en ai la force   quelques remarques en
vrac   P. m'a dit un jour (par plaisanterie?) qu'il ne baise, qu'il n'aime baiser que des
doctoresses ès lettres (je suis sûre qu'il y a des
exceptions)   ce n'est que l'envers de
ta merveilleuse formule : un pénis avec un
diplôme   ce n'est pas par hasard que
quand P. et moi sommes ensemble   ou bien
nous intellectons — s'il existe un tel verbe —
          ou bien nous baisons*

                              *la question alors
est : pourquoi le facteur p(énis) disparaît, tandis
que le facteur P(hallus) reste fort, mais domesti-
qué. Nous avons déjà discuté de cela. Pourtant :
comment se fait-il que certains couples survivent
à la perte du désir en faveur d'une amitié, d'une
association intellectuelles, de type familial ?*

                                        *je
me demande si toi et Serge atteindrez jamais ce
niveau ; non qu'il soit jamais, je suppose, énoncé
comme tel ; mais accepterez-vous tous deux (c'est,
je crois, plus son problème que le tien) que le désir
ne soit pas ce qui maintient la cohésion du foyer et
qu'il doive en conséquence être satisfait au-
dehors ? J'imagine combien cela serait dur pour
Serge, étant donné son histoire personnelle. Pour
revenir à ta lettre : pourquoi est-ce que le P de
John t'excite davantage que celui de Serge ? À
moins que tu ne commences à distinguer entre
pénis avec agrégation, doctorat, etc. Et pour
revenir à moi : le P de Jerry n'était pas suffisant
pour me stimuler à la longue et c'est là le dernier
mot du // Serge/Jerry*

                    quant aux femmes : les

seules qui aient la moindre chance de nous plaire,
à nous, homosexuelles rentrées — j'utiliserai pour
le moment ta catégorie —, sont des femmes dont
les cons sont phalliques, c'est-à-dire médiatisés. Il
est intéressant d'imaginer ce qui arrive aux
jeunes Françaises, par exemple, qui ont Kristeva
et Cixous pour modèles — au lieu de Ledieu et
consorts. Et peut-être qu'en France, où les intellectuelles, les femmes écrivains, etc. jouissent d'une
considération réelle, il est plus facile pour de
jeunes femmes (Sylvie, et ce que je puis deviner en
lisant la littérature « underground », Sorcières,
etc.) de valoriser complètement la femme. Et de
vivre leur bisexualité   l'envers de la médaille,
d'après ce que je peux voir ou lire, c'est que les
femmes ne désirent d'autres femmes que par le
truchement de la figure maternelle ; jusqu'à ce que
cela soit résolu d'une façon ou d'une autre, nous
resterons à jamais solitaires. Et hétéro. Finalement, le c n'acquerra le statut de C — ne sera
symbolisé — que si nous acceptons la féminité
comme positive — et je pense que nous en sommes
encore très loin, hélas   une dernière petite
note dans le paradigme du baisage   P. m'a
dit que Martha lui avait dit que R. n'arrête pas
de lui téléphoner — pendant l'absence de sa
femme —   je raconte toutes ces histoires
à P.   pour la beauté du geste — et aussi parce
que je sais qu'il ne peut pas me faire de reproches
et que ça l'ennuie profondément   donc un
tuyau très utile : je n'ai plus à me sentir coupable
vis-à-vis de R.   sa position m'horripile   non que Martha et moi n'ayons des traits
en commun mais enfin cette errance du désir
chez R.   ce n'est pas croyable   et tout ça
par peur de la solitude   nom de Dieu ils ne
peuvent même pas rester tout seuls une semaine

    mon rhume m'abrutit je m'ar-
rête   tiens   je ne sais si c'est la pensée que
je devais passer vendredi soir avec Sylvie qui l'a
occasionné   entre   parenthèses   nous
avons couché dans le même lit   il était si tard
et nous avions à discuter de certaines choses le
lendemain matin   mais c'est resté tout à
fait chaste et charmant

                    LOVE

                                        A.

February 23 1977 . . . . Dear

                                    I woke
up this morning in the (quiet) throes of an anxiety
attack. There are many contributing factors, but
one involves you — that is you in Paris

                                    entre
parenthèses : est-il vrai que Sartre et Simone
n'aient jamais couché ensemble ? ? ? ? ? ? ? Je n'ai
pas vu le numéro du Nouvel Obs, mais apparemment il y a eu un écho dans Newsweek
pour terminer, voilà. J'ai différé de te le dire, parce
que je ne suis pas encore sûre moi-même de ce que
j'en pense. J'ai couché avec Sylvie. Je préférerais
que cela reste entre nous, — Serge inclus, c'est-à-
dire exclu. Nous n'avons pas « été jusqu'au bout »,
je veux dire jusqu'au maximum de ce qu'on peut
faire selon mon scénario à moi (comme tu vois, je
ne suis pas très sûre de mes termes). Mettons que
nous ne nous sommes « sucées » en aucune
manière. Nom de Dieu. J'ai l'impression qu'il est
encore trop tôt pour dire ce que tout cela signifie
pour moi. Je voulais que ça arrive ; je voulais
savoir. Ç'a été étrangement NATUREL. Une surprise agréable de trouver la similarité, au lieu de

                                        465

la différence; et nous sommes faites suivant le même modèle: le haut et le bas du corps à l'opposé, des poitrines androgynes et des fesses «féminines». La scène n'avait aucune qualité de «représentation», simplement je n'avais aucune idée de ce que je faisais (devais faire), aussi ai-je fait ce que je sais que j'aimerais qu'on me fasse. Je me sentais plutôt intimidée. Ça n'a pas du tout été un trip. Et ç'a été bien bon de prendre le petit déjeuner avec une amie le lendemain matin. Il est peut-être prématuré de le dire, mais il me paraît certain que faire l'amour avec une femme ne fait pas de vous une lesbienne. Mon univers symbolique reste intact — pour le meilleur ou pour le pire; du moins, jusqu'ici. J'avais l'habitude de me moquer de la bisexualité; ce n'est peut-être pas si bête. Pourquoi ne pas avoir les DEUX options? Cela ne m'a pas semblé/ne me semble pas une expérience radicalisante. C'était une expérience, quand même. D'un côté, je suis vraiment assez contente, de l'autre, je suis soulagée de n'avoir pas été traumatisée. Je crois aussi qu'il est bon de l'«avoir fait» avec quelqu'un qui ne met pas des majuscules partout. Voilà, je t'en dirai davantage, quand j'aurai assimilé tout cela.

　　　　j'attends avec impatience (la litote du siècle) ton retour

　　　　　　WRITE MORE　　　　*LOVE*

　　　　　　　　　　　　　　　A.

March 12 .... Dear

　　　　　This is going to be a grumpy letter, for many reasons

　　　　　normalement j'aurais dû avoir un coup de fil de P. aujourd'hui — et voilà, je ne sais pas quand je vais le voir

tiens,
où est-ce que j'étais ce matin, un vendredi, le jour
où j'aime d'habitude à baigner dans l'intimité de
mon petit home à moi ? Devine : chez le gynéco.
Pourquoi ? Parce que je n'ai pas eu mes règles. Et
que je mourais de peur. Pas d'être enceinte (ce
serait assez difficile, je crois). Mais parce que je
me sens bizarre : mon corps a besoin de cette
délivrance. Je me demande presque si je ne me
suis pas fabriqué ce retard pour avoir une bonne
raison (c'est-à-dire urgente) d'abandonner la
pilule. Tu sais, je n'irai jamais plus chez un
gynéco mâle, si je puis l'éviter. Vraiment sensass.
La doctoresse a probablement mon âge (ita-
lienne ?), très pratique (heimisch), elle a l'air d'une
ménagère petite-bourgeoise de banlieue, genre
infirmière bavarde. J'ai appris que j'avais un
beau vagin !! Qui le savait ?? Et aussi un bassin
bien constitué.

si je veux un bébé il faudrait que je m'y
mette   les problèmes chromosomiques ont déjà
augmenté selon les probabilités — mais on peut
les détecter par amniocentèse — et ils ne bouge-
ront pas jusqu'après la quarantaine   bref
tous mes organes (et mes seins) sont en excellente
forme   il ne me reste plus qu'à trouver un type
qui veuille être le père   sans trop tar-
der   en attendant je n'ai aucune
idée quand j'aurai mes règles et ma sinusite refait
des siennes

LOVE

A.

April 20 Dear

    Yours of April 14 arrived to-day j'attendais ta bande magnétique, je regrette ma remarque. Oui, c'est moi qui avais mal fait marcher le magnétophone, j'ai vérifié. Non, ce n'était pas de ta faute. Simplement. je me sentais si frustrée

    savais-tu que Sylvie et Linda se connaissent j'adorerais voir Sylvie et Dounia ensemble

  ta phrase «je crois que tu n'en es plus au même point que l'année dernière, parce qu'à présent tu travailles» me donne le frisson. Je ne travaille pas; et l'incorporation de P. comme surmoi est loin d'être complète. Mais tu as raison, ce serait un immense progrès. Et puis. oui, je suis d'accord avec toi, quand je ne suis pas au trente-sixième sous-sol, je m'aime davantage à cause de l'«appréciation» de P. Malheureusement, l'inverse est aussi violemment vrai

Friday midnight. Comme d'habitude, je n'ai pas quitté l'appartement avant six heures (pour aller au cinéma avec Sylvie) et j'ai trouvé ton paquet avec ton enregistrement et aussi ta lettre. Inutile de dire, ça m'a rendue folle de penser que c'était là à m'attendre tout l'après-midi et que maintenant il fallait remettre jusqu'au soir la joie de t'entendre

April 27 Dear

    The first order of business is the mail j'ai seulement reçu hier la dernière lettre je croyais que tu étais en train de faire un enregistrement mais quand même je me

sentais horriblement négligée même quand j'écou-
tais ta bande la plus récente et commençais à
enregistrer ma réponse   quelque chose m'ar-
rêtait   résultat   il y a eu des moments de
terrible compétition entre nous   partout où je
vais on me demande de tes nouvelles   ce
qui est parfait   quelquefois on mentionne ton
nom ou c'est moi qui le mets sur le tapis et déclare
que tu es ma meilleure amie   mais quand
Barbara Schmaltz a cité dans son séminaire de
Hunter ta phrase de Signs sur le formalisme et le
féminisme   je sais que tu m'as toi-même
citée dans cet article   et Barbara m'a aussi
citée comme quelqu'un qui travaille dans ce
domaine   pourtant j'ai senti un pincement
au cœur   en entendant qu'on alléguait ainsi
ton autorité   du coup te voilà consacrée
THÉORICIENNE   et moi je n'étais qu'une
nullité

                    et puis récemment je parlais
avec Rosalyn d'un grand séminaire à organiser   je lui ai dit que je ferais volontiers
partie du comité de patronage   elle m'a dit
qu'elle avait déjà pensé à moi   et m'a
demandé si j'avais d'autres noms à proposer
         je dis « je vais réfléchir »   Rosalyn
demande « Pourquoi ne proposeriez-vous pas cela
à »   je réponds « naturellement »
eh bien j'ai été toute retournée de n'avoir pas
prononcé ton nom la première   et puis elle
ajoute « quand vous lui écrirez pourquoi ne pas lui
demander de faire elle-même une communication
l'année prochaine »   j'ai songé à ton article
de l'an dernier et elle a dit qu'il y avait des fonds
pour le traduire etc. avec beaucoup d'insistance   je ne pouvais m'empêcher de pen-

*ser   pourquoi ne pas me demander à
moi   naturellement   ma   raison   me
dit   Rosalyn a dû supposer que je lui aurais
proposé quelque chose si j'avais quelque chose à
proposer   mais la jalousie comme tu sais est
insensible à ce genre d'apaisement   en
tout cas ça me débecte d'éprouver tous ces trucs et
d'en parler   on pourra mieux s'y attaquer de
vive voix*

*Saturday April 30. Dear
          Your mother called
this morning and interrupted one of my worst
syndromes : lying in bed (at 11:15) and not being
able to think of a single reason to get up. Probably
my pre-period yuckies and all that*

*J'ai vu P. hier pour la dernière fois avant son
départ pour Paris   j'étais calme ayant
épuisé mon hystérie mercredi soir   je n'ai pas
beaucoup d'espoir   si seulement je pouvais
décentraliser son rôle   mais ce n'est pas dans
la nature de mon économie de l'économie du
désir   j'attends avec impatience le dernier livre de Barthes là-dessus   je voudrais
t'en dire plus et mieux   bien sûr je veux P. pour
moi tout seule   je l'aime profondément bien
que je sache qu'il n'a que des qualités aimables   je suis certaine qu'il est impossible à
vivre   ostensiblement il est très serviable sur le
plan des tâches ménagères   bon père bon fils
les obligations etc.   mais il est incroyablement frustrant à cause de son aliénation fonda-*

470

mentale par rapport à lui-même   il n'a pas besoin des gens (sauf de son fils)   il a besoin de structures   je puis facilement imaginer combien sa femme est solitaire dans ce mariage   je suis sûre que je serais tout aussi solitaire   et qu'est-ce qui l'empêcherait d'avoir une maîtresse comme moi s'il vivait avec moi   sur le plan fantasmatique je le voudrais tout entier   mais je suis trop réaliste pour même imaginer que cela puisse arriver   quand j'imagine une autre vie ce n'est pas avec lui   je n'ai pas les yeux dans ma poche je regarde autour de moi   malheureusement

Monday. I hate this letter. Je ne veux pas t'envoyer ces lignes avant de revenir de chez mon psy, dans l'espoir que je serai de meilleure humeur

         eh bien tu vois   mon instinct ne me trompait pas   j'ai reçu ta lettre du 26 avril et aussi ton enregistrement sur bande   je t'ai lue je t'ai entendue   quel soulagement   la liaison est rétablie entre nous

          eh bien non, je n'aurais pas même imaginé que tu aies pu appeler John, mais ça m'impressionne! À ce propos, je tiens à te signaler que tu as épelé «sweetheart» deux fois «sweatheart»...
          soit dit en passant le paragraphe de ta lettre où tu analyses le paradigme de la demande coïncide exactement avec ce que j'éprouve pour P.: si l'on demande, on ne reçoit rien; si l'on donne, on reçoit quelque chose. Le // entre nous tient, d'un bout à l'autre. Mais ce qui

471

m'a tout de même surprise, c'est ta phrase:
« Comme tu sais, j'ai toujours senti que, quoi qu'il
puisse arriver d'autre, je ne pourrais jamais
quitter Serge avant que son livre ne soit sorti... »
J'ai ressenti le même choc que la fois où tu m'as
déclaré: « Comme tu sais, je suis amoureuse de
John Rubin depuis treize ans... » Ou bien je suis
particulièrement stupide, ou depuis quand est-ce
que tu dis ça? En tout cas, je suis soulagée
d'apprendre qu'avec John la porte reste ouverte,
surtout eu égard aux récents événements (et prises
de conscience) concernant Serge, sa fille cadette...
et toi. Sa fille est une réalité écrasante... Je sais
que tous les gosses sont insupportables au stade
œdipien, mais il s'agit en ce cas de tout autre
chose. Cesse de t'accuser, elle est objectivement
épouvantable, et Serge n'est clairement d'aucun
secours. Je ne veux pas être méchante, mais, au
lieu de Fils, *lui serait-il jamais venu à l'idée*
d'écrire un livre qui s'appellerait Père?

WRITE A LOT   LOVE

A.

— Dire que si je n'en avais pas eu l'idée, tu
n'aurais même pas eu la curiosité d'aller regar-
der...
— Non, probablement pas.
— Tu n'es pas curieux.
— Depuis Ève, c'est votre spécialité à vous.
— Ça me dépasse, tu n'aurais jamais pensé à

non des cartons j'en ai tellement dans la
cave   mes débris mes détritus entassés sur les
étagères plein les placards   j'avoue il y en a je
les laisse ficelés à dormir sous la poussière   je

ne les réveille jamais pourquoi faire non   trop
d'années j'ai fouillé dans mon bric-à-brac intime
tiroirs à rêves poches à souvenirs   maintenant
j'oublie   bribes de phrases de ma mère fragments d'enfance fragrance de phrases exhumées
des vieilles lettres d'amour   elle avait laissé les
siennes parmi les cartons amoncelés vaisselle
verres pendant les voyages en bas rangés   dans une caisse sous un ancien numéro
jauni des *Lettres Françaises* un *Monde des Livres*
desséché   non moi j'aurais laissé cela enterré et
puis on aurait jeté un jour avec mon corps à la
voirie tous mes cadavres   place nette au prochain locataire

— Eh bien, tu aurais eu tort, tu avais là, à portée
de la main, sans le savoir
— Oui, je reconnais

76 77 les années-lumière clignotent se sont mises à
tournoyer sens dessus dessous San Francisco
New York Paris s'emmêlent mes temps se mélan-
gent mes lieux s'enchevêtrent   si loin au plus
profond pris dans un entrelacs de mémoire m'oppresse   76 77 mes années-fumier me remontent
aux narines pestilence de tant de jours pourris
miasmes écœurantes m'étourdissent   quand
j'ai lu ces liasses de lettres comme une émanation
marécageuse m'a saisi enfoncé dans ce relent ce
renvoi méphitique qui m'envahit

des jours tellement écrasé hébété dans ma tête j'ai
dû me coucher au milieu de la journée   des
après-midi de ténèbres englouti vivant dans la
poix morne un poids mort accablé au-delà de mes
forces   sur le couvre-lit rouge épais du divan de
mon bureau au fond du couloir sombre étendu sur

mon catafalque plongé dans des torpeurs de plomb des heures

et puis   secoué d'éclairs soudains sillonné de fureurs fulgurantes zébré d'hallucinations toni-truantes en zigzag orages immobiles silencieux sous le crâne à éclater   je me suicide ou je la tue   torture aux tempes des suées d'angoisse qui perlent images de meurtre couteau tubes de barbituriques qui dansent sous les yeux à vous faire hoqueter du besoin à vous labourer la poitrine de spasmes   retombant en râlant sur le lit

elle   mon fantôme   moi son fantoche   on a tâtonné huit ans dans nos fantasmes sans jamais une fois nous toucher   huit ans entiers l'un devant l'autre nus pourtant inconnus   j'ai fini par quitter pour elle foyer famille à la poursuite de son ombre   n'a été qu'une image impalpable chair étrangère huit ans côte à côte on est chacun passé à côté de l'autre   amour raté on s'est manqués

— Comme ça, tu ne la regretteras pas! On embellit toujours les souvenirs. Tu vois, elle ne t'aimait même pas, c'est l'autre type, John, qu'elle aimait. Depuis treize ans, avant même de te connaître...
— Ce n'est même pas lui qu'elle aimait, c'était Annie!

ou bien sa mère   qu'est-ce que ça fait qui on aime   au bout du compte un leurre on n'aime jamais que soi   et soi on est aussi un mirage enchaîné à un corps à corps lutte intestine des désirs qui se battent entre eux s'ébattent parmi les autres   on agrippe qui on peut au hasard le premier venu la première Vénus fait l'affaire   dessus on accroche notre panoplie intime notre drapeau on les grime à nos couleurs   quand même c'est farce   toute remuée de sanglots *quand est-ce que tu quittes ta femme* la voix qui tremble *jure-moi qu'on ne sera jamais plus séparés le week-end* veut pas perdre un instant de moi une bouchée ramasse la moindre de mes miettes *je veux un enfant de toi* crescendo des demandes cascade des récriminations marée des plaintes

pas moi c'était John pas John Annie   elles se gouinent l'une par Sylvie interposée l'autre à l'aide de son John pâle éphèbe mollasse cupidon un peu mollusque chair tendre un homme qui vous baise à peine est doux comme de la peau de femme ça caresse l'âme   moi-même d'ailleurs n'a jamais été mon type nez saillant tout anguleuse sa villosité aux mamelles son côté mec pas mon genre ne suis pas si sûr de son sexe   avec elle moi aussi j'ai eu ma petite excursion homosexuelle   plaisait à mon côté tapette

— Toutes les femmes ne sont pas comme elle, tu sais.
— Non, ni tous les hommes comme moi.
— N'oublie pas, ce sont des Américaines.
— Ce n'est pas une question de pays, mais d'époque. Toi, tu n'es sans doute pas de ton temps !
— Et toi, tu te crois du tien ?
— Je ne sais pas, ça dépend des jours.

on prend une autre on recommence   forcé pas tout à fait folle la guêpe logique   je m'attendais

au pire car le pire est toujours sûr j'étais certain
qu'à mon retour de Paris   après mon somp-
tueux anniversaire quand je reviendrais dans les
lieux   elle serait évaporée morte   lorsque j'ai
poussé la porte d'entrée dans le vestibule par terre
j'ai trouvé le grand miroir du hall tombé brisé les
fragments aigus sur le parquet   presque tous
les meubles disparus les trois pièces du devant
désertes   elle avait dans la salle à manger
laissé la table ronde des dîners sous le lustre aux
huit branches et trois chaises   à pas lents le
thorax dans un étau la tête qui tinte   un
appartement quand on l'habite à deux des années
une fois vide   retentit comme un glas martèle
les tempes un tocsin à toute envolée   me frappe
au cœur partie peux pas croire évanouie çà et là
des traces   tableaux de son père aux murs une
estampe   elle s'estompe déjà dissipée au bout
du couloir à bout de forces sur mon bureau j'ai
trouvé sa lettre   dans l'enveloppe   soudain
tellement silencieux si solitaire son absence si
épaisse sa présence m'écrase tout entier secoué de
sanglots

tellement vide   seulement moi le vide   je suis
comme la nature j'en ai horreur un type naturel   dès mars j'avais prévu septembre   pas si
bête mars et Vénus à un raout d'étudiants invité je
connais mes échéances   elle va me plaquer à la
rentrée dès qu'elle sera sûre de son pain poudre
d'escampette aussitôt qu'elle aura un poste
moi j'attends pas   faut prévoir m'y prends
à l'avance   clou de la soirée un clou chasse
l'autre une sacrément jolie môme autrichienne
en chair temps de changer de continent de
relief adieu l'Amérique je varie ma géogra-
phie   gainée dans un fourreau de velours bleu

foncé côtelé toute la soirée la côtoie sur ses manches des fermetures Éclair partout brillent   moi prompt comme la foudre sexy m'excite elle dit *I am in one of your courses — Das habe ich schon bemerkt, ich bin nicht blind*   tombe pas dans l'oreille d'un sourd dans l'œil d'un aveugle ronde des sourires valse des langues dans le tourbillon des bruits soudain déclare   *je suis en train de divorcer* je dis *moi aussi quelle coïncidence et ce soir qu'est-ce que vous faites — Rien j'ai tout mon temps*   du coup on a été dîner dans un restaurant espagnol l'autre garce en tournée savante à son colloque de Hopkins   je dis *montons chez moi* elle dit *moi je ne ferais jamais çà à mon mari en son absence* réponds *on est à la fin du XXe siècle faut être moderne*   elle a ri on a bien rigolé ensemble pas mal éméchés de mèche je dis *tiens mettons-nous dans son grand lit ce sera plus confortable* elle dit *croyez-vous* je dis *mais oui*   moi dans ma chambre je n'ai que des lits jumeaux   dans sa chambre à elle on est mieux il y a le grand lit à deux places

Table

Cahiers de l'Herne
(Extraits du catalogue du Livre de Poche)

Julien Gracq   4069
   Julien Gracq, le dernier des grands auteurs mythiques de la littérature
contemporaine. Par Jünger, Buzzati, Béalu, Juin, Mandiargues, etc. Et un
texte de Gracq sur le surréalisme.

Samuel Beckett   4934
   Mystères d'un homme et fulgurance d'une œuvre. Des textes de Cioran,
Kristéva, Cixous, Bishop, etc.

Louis-Ferdinand Céline   4081
   Dans ce Cahier désormais classique, Céline apparaît dans sa somptueuse
diversité : le polémiste, l'écrivain, le casseur de langue, l'inventeur de
syntaxe, le politique, l'exilé.

Mircea Eliade   4033
   Une œuvre monumentale. Un homme d'exception, attaché à l'élucida-
tion passionnée des ressorts secrets de la vie de l'esprit. Par Dumézil,
Durand, de Gandillac, Cioran, Masui...

Martin Heidegger   4048
   L'œuvre philosophique la plus considérable du XXᵉ siècle. La métaphy-
sique, la pensée de l'Être, la technique, la théologie, l'engagement
politique. Des intervenants prestigieux, des commentaires judicieux.

René Char   4092
   Engagé dans le surréalisme et chef de maquis durant la seconde guerre
mondiale, poète de la dignité dans l'épreuve et chantre de la fraternité
des hommes, René Char confère à son écriture, au lyrisme incantatoire,
le style d'un acte et les leçons d'un optimisme en alerte. Par Bataille,
Heidegger, Reverdy, Eluard, Picon, O. Paz...

Jorge Luis Borges   4101
   Enquêtes, fictions, analyses, poésie, chroniques. L'œuvre, dérive dans
tous les compartiments de la création. Avec Caillois, Sabato, Ollier, Wahl,
Bénichou...

Francis Ponge   4108
   La poésie, coïncidence du parti pris des choses et de la nécessité
d'expression. Quand le langage suscite un strict analogue du galet, de
l'œillet, du morceau de pain, du radiateur parabolique, de la savonnette
et du cheval. Avec Gracq, Tardieu, Butor, Etiemble, Bourdieu, Derrida...

Henri Michaux   4107
   La conscience aux prises avec les formes et les intensités de la
création. Par Blanchot, Starobinsky, Lefort, Bellour, Poulet...

Composition réalisée par COMPOFAC - PARIS

IMPRIMÉ EN FRANCE PAR BRODARD ET TAUPIN
Usine de La Flèche (Sarthe).
LIBRAIRIE GÉNÉRALE FRANÇAISE - 6, rue Pierre-Sarrazin - 75006 Paris.

ISBN : 2 - 253 - 05456 - 9   ◈ 30/6862/4